JN437876

야누스로 그려진 근대
—근대와 주체의 지성사

하상복

서강대에서 정치학, 사회학, 철학을, 브뤼셀 자유대학에서 철학을, 파리9대학에서 정치학과 사회학을 공부하고 현재 목포대학교에서 가르치고 있다. 근대의 상징론적 해석에 관심이 많다. 주요 저서로는 『권력의 탄생』(2019), 『죽은자의 정치학』(2014), 『광화문과 정치권력』(2010), 『빵떼옹』(2007) 등이 있다.

서강학술총서
142

야누스로 그려진 근대

- 근대와 주체의 지성사

하상복 지음

서강대학교출판부

서강학술총서 142

야누스로 그려진 근대
—근대와 주체의 지성사

초판 1쇄 발행 | 2023년 10월 27일

지 은 이 | 하상복
발 행 인 | 심종혁
편 집 인 | 하상응
발 행 처 | 서강대학교출판부
등록 번호 | 제2002-000170호

주 소 | 서울특별시 마포구 백범로 35(신수동)
전 화 | (02) 705-8212
팩 스 | (02) 705-8612

ISBN 978-89-7273-388-1 94300
ISBN 978-89-7273-139-9 (세트)

값 33,000원

* '서강학술총서'는 SK SUPEX 기금의 후원으로 제작됩니다.

"세상 모든 동물은
발성과 동시에
청취의 욕구를 지닌다.
어떤 말을 한다는 것은 분명
타자의 대답까지도
필요한 문장인 것이다."
(안 리타, 『사랑이
사랑이기 이전에』, 51)

책머리에

서구의 역사적 시기 구분에서 '근대'는 중세 이후 혹은 근세 이후에 도래한 시대로 이해되곤 한다. 근대는 무엇보다 역사적 시간 개념이다. 그러나 우리가 전근대(pre-modern), 근대(modern), 탈근대(post-modern) 또는 전통(tradition)과 근대라는 관계적 개념을 사용할 때가 있는 바, 그렇다면 여기서도 근대는 시간 개념에 속할까? 그렇지 않아 보인다.

오히려 근대는 근대 이전과 이후의 시간을 규정해주는 중심 개념으로 나타나는 듯하다. 전근대는 아직까지 실현되지 않은 근대로 해석될 수 있는데, 그렇다면 근대는 전근대가 궁극적으로 지향해야 하는 목적론적 개념이 된다고 말할 수 있을 것이다. 또한 전근대라는 말 속에는 마땅히 지녀야 할 근대적인 것들이 결여되어 있는 상태라는 의미가 숨어 있는 것처럼 보인다. 전통과 근대라는 이분법적 개념에서도 우리는 그와 유사한 의미론적 상황을 만난다. 하나의 독립적 개념으로서 전통은 자신의 독자적인 가치를 지니고 있는 문화적 실체로 정립되지만, 그것이 근대와 만날 때에는 대단히 부정적인 개념의 세계로 들어오게 된다. 근대의 대비어로서 전통은 과거에 속한 것들을 희구하는 태도로서 퇴행적인 정신의 동의어로 사용되곤 한다.

한편, 탈근대라는 개념은 근대에 대한 부정이거나 초월적 개념으로 성립하지만, 본질적으로 그 용어 역시 접두사 '탈'(post)이 붙은 파생어라는 점에서, 자립적이라기보다는 근대에 종속된 것으로 이해될 수 있다. 근대의 한계를 넘어서려는 개념으로서 탈근대에는 여전히 근대적인 것들이 투사되어 있다는 말이다. 그리하여 탈근대 논쟁에는 근대의 무엇을 계승하고 무엇을 폐기해야 하는가가 중심 이슈가 되곤 하는 것이다. 역사적 시간의 차원에서 근대 이후를 현대라고 호명할 수 있지만, 근대라는 개념에 의지하지 않고 근대 이전과 근대 이후를 부를 실체적 개념을 우리는 아직까지 만들어내지 못하고 있다.

근대는 단순히 역사를 가를 때 필요한 시간 개념이 아니다. 그것은 긍정적이든, 부정적이든, 특정한 가치와 이념을 내포하고 있는 목적론적 개념이며 또한 당위론적 개념이다. 개념의 실천적 세계에서 근대는 오히려 뒤의 의미를 강하게 끌어안으면서 운동해온 것으로 보인다. 역사 속에서 과거의 어떤 세계와도 다른, 독자적 의미와 가치의 세계로 잉태되어 태어나 성장하고 목적론과 당위론의 위상을 한층 더 강화해나가면서 일반 개념으로 스스로를 정립했다. 그리하여 근대는 모두가 따라야할 보편적 유토피아가 되었다. 그 이상향에 도달한 사람과 그렇지 못한 사람 사이에 우열과 위계가 만들어졌다.

하지만 전근대가 도달해야 할 규범적 거울이자, 탈근대를 규정짓는 비판적 준거로서 근대는 처음부터 보편적이고 일반적인 당위와 목적의 개념이 아니었다. 그것은 17-18세기 유럽이라는, 특정한 역사적 시공간에서 태어난 특수한 개념이었다. 그런데 그것이 어떻게 그로부터 벗어나게 되었을까? 자기 앞의 시간과 자기 뒤의 시간을 규정하고 나아가 지배하는 독자적 실체로서 근대의 힘과 원리는 어디에서 유래하는가?

본질적으로 근대는 '창조'의 시대였다. 창조란 본래 신의 권한에 속하는 것인바, 근대는 절대자적 창조에 도전하고, 시도하고, 도달했다. 그 창조로 이룩된 세계는 아무도 상상하지 못한 것이었고, 그 점에서 가히 유토피아라 불릴만했다. 위대한 보편의 세계, 놀랄만한 인공의 세계로서 근대는 과거의 어떤 시대에서도 그에 필적할 만한 사례를 찾을 수 없다는 점에서 자기만의 완전함으로 자립했다. 그러므로 근대는 다른 시대의 파생어일 필요가 없었다.

우리는 근대의 그 위대한 창조주를 '주체'로 부른다. 주체는 절대적 진리의 관념을 보유하고 있음을, 그 관념을 현실 속에 완벽하게 구현하고 있음을 보여줌으로써 절대자에 버금가는 존재가 되었다. 그렇지만 그 주체가 창조한 세상은 영원히 낙원으로 남아 있지는 못했다. 에덴의 주인공들이 맞닥뜨려야 했던 비극처럼, 근대의 이상적 세계에는 이기적 욕망과 극단적 대결과 파국적 미래라는 어두운 그림자가 드리워졌다. 근대를 창조한 주체가 역사의 법정으로 소환되었다. 심판대 위에서는 주체의 본질과 속성, 탄생과 성장, 빛과 어두움, 미래적 희망과 절망에 대한 논쟁이 치열하게 전개되었다. 그리고 그 심판은 여전히 진행중이다.

이 연구는 이러한 문제 지평 위에 서 있다. 우리는 주체가 어떻게 탄생했고 자라났는가, 그 주체의 위대한 창조가 왜 파괴로 변질되어야 했는가, 라는 질문에 답할 역사적 파노라마를 추적함으로써 근대를 역사적으로, 지성사적으로, 정치학적으로 사유하고자 한다.

필자는 근대 이성에 대한 철학적 비교론을 시작하면서 연구의 반경을 근대 주체에 대한 역사적, 지성사적 탐구로 확장하는 작업을 시도해왔다. 지난해 서강대 출판부의 연구지원공모에 선정되어 연구를 보다 내실 있게 진행할 수 있었다. 이 자리를 빌려 부족한 연구 주제를 긍정적으로 평가해주신 서강대 출판부에 감사 드린다. 언제나 그렇듯 아내 나양과 딸 연재는 힘든 연구과정을 포기하지 않고 진행해나가는 데 든든한 버팀목이다. 고마운 마음이다.

2023년 봄과 여름 사이

목포대 연구실에서

하상복

목 차

1장

프롤로그

1장
프롤로그

1. 근대와 주체의 두 얼굴

근대도시 파리의 외형은 오스만(Georges–Eugène Haussmann)의 도시계획으로 탄생했다. 황제 루이 나폴레옹은 1853년 6월 그를 파리 시장으로 임명해 파리의 공간 대 개조를 명령했다. 오스만은 자연발생적으로 만들어져 상호 연관성을 찾을 수 없었던 파리의 도로를 전체적인 상관성과 연결성이 구현되는 도로로 바꾸었다. 좁고 구불구불한 길들은 넓고 직선으로 뻗은 길로 만들어졌다. 그러한 도로 건설을 통해 "새로 건설된 철도역 사이를 이어주는 흐름, 도심과 주변부 간의 흐름, 좌안과 우안 사이의 연결, 레알 같은 중앙시장 안팎의 흐름, 휴식지역의 출입, 산업지구와 상업지구 간의 흐름 등 모든 것이 [……] 원활해졌다."[1] 이어서

---

1 데이비드 하비, 김병화 옮김, 『모더니티의 수도 파리』, 글항아리, 2019, p. 204.

오스만은 소규모로 분산되어 있던 운송회사들을 하나로 통합해 도시인들의 운송 능력을 획기적으로 증대했다. 이러한 거대한 변화에 이어 파리는 20개의 구역으로 구분되어 효율적인 공간 관리의 기틀을 마련했다. 교통망이 촘촘하게 연결된 도시 속에서 유동인구의 수와 규모 또한 엄청나게 늘어났다. 새로운 기술로 탄생한 가스등이 파리를 밝히면서 도시의 밤은 한낮과 같았다. 시장은 당대 선진 공법을 통해 상수도와 하수도 시설을 혁명적으로 개선함으로써 근대 도시 파리의 폭발적 확장에 대비했다.

사상가 하비(David Harvey)는 그와 같은 대역사(代役事)가 필요했던 근원적 이유를 당대 자본주의에서 찾고 있는데, "자본주의 과잉 축적의 문제로 대규모 과잉 사태를 빚은 자본과 노동력이 나란히 존재하는데도 그것들을 재통합하여 이윤을 낼 수 있는 방법을 찾을 수 없었던 상태"[2]에 대한 국가적 해법이었다는 이야기다. "점점 더 복잡해지고 효율적으로 되어가는 자본주의 생산과 소비의 조직"[3]에 부합하는 물적 토대를 마련해야 했던 것이다. 자본주의 생산과 소비의 중심, 파리를 네트워크로 만들어 노동력과 상품 유통이 활발하게 이루어지는 도시로 개조하는 일은 그러한 위기에 대처하기 위한 매우 긴요한 과제가 아닐 수 없었다. 상품과 인력 유통을 위한 물적 기반인 파리의 철도망은 획기적으로 늘어나, 파리와 외곽, 프랑스와 다른 나라를 긴밀하게 연결해나가고 있었다.

---

2 하비, 『모더니티의 수도 파리』, p. 174.

3 하비, 『모더니티의 수도 파리』, p. 176.

그런데 파리의 그와 같은 근대성에는 자본주의와 함께 근대국가의 정치적 논리가 작동하고 있었다. "19세기 중반 프랑스라는 나라는 당대의 필요에 부응해 국가 구조와 관행을 근대화하려 애쓰고 있었다"[4]라는 하비의 주장처럼, 자본의 이윤 유지와 확장을 위해 국가가 개입했지만, 그러한 적극적 개입이 가져온 물질적 화려함과 찬란함은 국가의 대외적 권위와 위상을 보여주는 정치적 스펙터클이었다. 파리의 만국박람회가 바로 그것이었다. 오스만의 도시는 결국 "자본의 순환이 진정한 제국주의적 권력이 되어버린 어떤 도시였다."[5]

자본과 국가가 만들어낸 이 도시는 보편적 욕망의 도시였다. 계급, 지위, 성과 관계없이 모두는 돈, 물질, 명예, 기회, 성공을 욕망했다. 형식적으로 신분제 질서가 해체된 이 근대 도시에서는 모두가 자유로운 욕망의 주체가 될 수 있었다. 그 열망을 충족하기 위한 현장에는 지난 시절 사적인 공간에 머물러야 했던 여성이 진입했고, 이주자들도 들어오기 시작했다. 하지만 그 욕망은 무엇인가를 소유하는 것만이 아니라, 화려하고 자극적인 시각 이미지들을 소비하는 것이기도 했다. 벤야민(Walter Benjamin)이 분석한 아케이드[6]는 그러한 욕망의 결정체였다. 인공적 빛으로 도시를 채운 스펙터클한 무대는 모두를 받아들이는 평등의 장소였다. 그러나 모두가 자신이 바라는 것을 손에 넣을 수는 없었다. 여전히 노동자는 자본가의 착취 아래 있었으므로 빈자의 문턱은 높아갔다. 파리는 차별과 불평등의 도시였다. 그리하여 가난한 자와 노

---

4 하비, 『모더니티의 수도 파리』, p. 254.

5 하비, 『모더니티의 수도 파리』, p. 206.

6 발터 벤야민, 김정아 옮김, 『아케이드 프로젝트 1, 2』, 문학동네, 2005.

동자들은 불평등과 차별을 없애기 위해 사회적 연대를 시도했다. 사회주의 혁명의 구호와 실천이 일상화되었다. 정치적 근대가 확립한 민주주의가 그 조건이자 목표가 되었다. 하비는 이 근대 도시 파리의 양면성을 아래처럼 묘사했다.

> 1850년의 파리는 사회적, 경제적, 정치적 문제와 가능성이 끓어오르고 있는 도시였다. 어떤 사람은 파리가 병들과 정치적 고통으로 와해되었으며 계급투쟁으로 찢기고 퇴폐와 부패와 범죄와 콜레라가 범벅이 된 자기 몸뚱이의 무게 때문에 가라앉고 있다고 보았다. 다른 사람들은 파리를 개인적 야심이나 사회적 진보를 이룰 수 있는 기회의 땅으로 보았다. 도시가 담고 있는 가능성의 신비를 열어줄 올바른 열쇠만 발견된다면 서구 문명 전체가 바로 그것에서 변형될 태세를 갖추고 있었던 것이다.[7]

역사적 전례를 찾을 수 없는 이 근대적 도시의 충격은 사회학을 탄생시켰고, 그 신생 학문은 근대도시의 본질을 탐구하고 미래를 전망했다. 분석과 예견은 희망과 절망, 새로움과 구태, 풍요와 빈곤 사이 어딘가에 자리하고 있었고, 그 점에서 근대 도시는 하나의 형식과 내용으로 규정하기 어려운 실체로 나타났다. 한 쪽에서 보면 유토피아였고, 다른 쪽에서 보면 디스토피아였다. 인공적 구조가 삶을 지배하게 된, 밤이 또 다른 낮이 된, 욕망이 모두에게 평등하게 배분된, 권리가 보편적인 주장이 된 역사적 시간은 과거에는 없었다. 그와 반대로, 계급 착취가 그처럼 눈에 보이지 않는 교묘한 방식으로 이루어진, 욕망과 좌

7 하비, 모더니티의 수도 파리』, pp. 171–172.

절 사이의 사회적 간격이 그렇게 넓었던 역사적 사례를 찾기도 힘들다.

파리의 것이자 유럽의 다른 도시들의 것이기도 했던 그 근대성은 19세기 후반부터 서구의 땅을 넘어 자신의 운동 원리를 바깥으로 확장하고 보편화해나갔다. 그야말로 제국의 시대라는 막이 오른 것이다.

* * *

2011년 5월 27일, 프랑스 국립도서관이 보관 중이던 외규장각 의궤가 한국으로 돌아왔다. 같은 해 4월 1, 2차분으로 148책이 돌아온 것을 시작으로 반환이 약속된 297책이 모두 한국으로 돌아왔다고 언론은 보도했다. 국립중앙박물관은 그해 7월부터 두 달 예정으로 '145년 만의 귀환 – 외규장각 의궤'라는 제목의 특별전 개최를 알렸다. 이는 1991년 우리 정부가 외규장각 도서 반환 요청을 한 이래 20년간의 기나긴 논쟁과 협상의 결과다. 오랜 시간 한국과 프랑스의 역사학계와 문화계를 뜨겁게 달구었던 의궤 반환 문제의 기원은, '145년 만의 귀환'이라는 특별전 명칭이 말해주듯이, 1866년으로 거슬러 올라간다.

1860년대 초반부터 조선은 문호를 개방하라는 주변 열강의 정치군사적 요구에 시달려왔다. 1866년 1월 함경도에 닻을 내린 러시아 군함의 시위가 시작되었고, 그 해 8월 미국 상선 제너럴셔먼호가 대동강에 나타나 통상을 요구하고 약탈행위를 자행하면서 조선과 군사적 충돌을 일으켰다. 그로부터 얼마 지나지 않은 10월 프랑스 군함 7척이 강화도에 진주해 자국 선교사 처형을 초래한 병인박해의 책임을 묻고 조선에 개항을 요구했다. 한 달 이상 강화도에서 치열한 싸움을 벌인 프랑스는 패퇴해 물러갔지만 강화도 외규장각에 보관되어 있던 수많은 도서들을 약탈해갔다. 2011년에 한국으로 돌아온 297권의 의궤들이 그 속에 포함되어 있었다. 우리의 귀중한 문화재가 다시 제자리를 찾았다는 면에서 의궤 반환은 의심할 여지없이 국가적·국민적으로 축하할 일이지만 그 반대의 생각과 정서 또한 없지 않을 수 없다. 이는 역설적으로 19세기 중후반부터 경쟁적으로 몰아친 서양 제국주의의 공격과 침탈의 역사가 21세기까지도 완전히 해소되지 않았음을 보여준다.

흥선대원군의 조선은 근대 제국주의 열망의 무대가 될 것을 강요받았다. 그러나 조선의 태도는 명확했다. 해결해야 할 우선적 과제는 세도가들의 부패정치를 청산하면서 왕조의 정통성을 복원하는 데 있었고, 그 점에서 서구의 제도와 문화를 받아들이는 것은 왕조의 기틀을 다시 세우는 데 결코 도움이 되지 않는다고 판단했다. 쇄국은 그런 의지의 귀결이었다. 병인양요의 승리에 이어 제너럴셔먼호 사건을 구실로 강화도에 나타난 미국을 격퇴한 1871년 신미양요의 경험은 쇄국정책에 더 큰 힘과 정당성과 호소력을 부여했다. 하지만 나라의 문을 닫는 정책은 그리 오래 지속되지 못했다. 직접적으로는 1875년 가을에 발생한 운요호 사건을 빌미로 조선의 개항을 밀어붙이려 한 일본의 야욕을 막지 못했던 탓이다. 1876년 2월 26일에 체결된 병자수호조약(강화도조약)으로 일본은 조선의 식민 지배를 향한 장기 프로젝트에 시동을 걸게 된다.

자신의 의지대로 이웃국가와의 불평등 조약을 체결하면서 제국주의의 맹아를 보인 일본 또한 조선처럼 서양에 대해 오랜 시간 쇄국정책을 펴왔다. 하지만 일본은 1853년 '검은 배'를 타고 와 개항을 요구한 미국에 굴복했다. 이로써 봉건국가에 변화의 문이 열리고 새로운 체제를 향한 거대한 내부 투쟁이 시작되었다. 승리한 세력은 1868년에 메이지유신을 선포하고 서구 제도와 물질문명의 적극적 도입을 통해 국가 발전의 토대를 닦았다. 그로부터 채 10년이 되지 않아 일본은 서구가 자신에게 강요했던 개항과 교역에 관한 불평등 원칙을 조선에 그대로 적용하면서 제국주의 경쟁에 뛰어들었다.

막부국가에서 천황국가로의 체제 이행을 통해 후발 제국주의 반열에 오르게 된 일본의 발전 모델은 본질적으로 서구문명이 진행한 근대화 모델이었다. 당대의 영향력 있는 사상가 후쿠자와 유키치가 1885년 3월 16일에 「시사신보」(時事新報)에 기고한 '탈아론'(脫亞論, だつあろん)이라는 제목의 글이 그 사실을 명료하게 보여준다. 후쿠자와는 서구화의 물결은 피할 수 없으며, 그것은 모든 국가가 따라야 할 문명화와 발전의 길이라고 주장했다. 일본은 아시아를 벗어나 서구와 친밀한 관계를 맺어야 한다고 후쿠자와는 역설했다. 한국과 대만을 총독부 체제로 직접 통치한 일본 제국주의가 식민지 중심에 세운 총독부 건물이 일본 혹은 동양의 전통양식이 아니라 19세기 후반 서구, 특히 독일에서 유행하던 건축양식이라는 사실은 후쿠자와 논리의 물리적 · 미학적 재현으로 해석될 만하다.[8]

아이러니하게도, 서양의 강력한 군사력과 경제력에도 굴복하지 않

8 하상복, 『광화문과 정치권력』, 서강대 출판부, 2010, p. 182.

았던 조선은 서구세계의 모방을 통해 근대적 국가체제로 이행한 일본에 의해 문호를 개방해야 했다. 조선은 곧 일제의 식민지로 전락한다. 정치적 억압과 경제적 착취의 제국주의 지배는 조선이 내재적인 동력에 의지해 자기 고유의 근대사회로 나아갈 가능성을 봉쇄해버렸다.

일본 제국주의로부터의 해방은 구 식민지 조선, 지리적으로는 한반도라는 공간에 새로운 정치공동체 형성의 조건을 만들어주었다. 하지만 그것은 실현 가능성이 낮은 희망이었다. 다가올 정치적 미래와 과업의 무대가 한민족의 거시적이고 미시적인 삶이 오랜 시간 영위되어온 한반도로 설정되는 것은 한 치의 의심도 없는 당위적 명제였지만 그럼에도 현실은 그렇게 전개되지 못했다. 한반도라는 지리적·역사적 공간은 정치적으로, 이데올로기적으로 상이한 두 체제로 분리되었다. 그리고 1950년부터 3년간 치러진 내전은 두 체제가, 다름을 벗어나 적대성의 지평 위에 서도록 강제했다. 남한과 북한은 분단으로 불리는 또는 대결로 명명되는 조건 위에서 각자 고유한 궤도를 따라 발전을 도모해왔고, 그 근본적 구조는 여전히 변화하지 않고 있다.

한국에 초점을 맞추어보면, 발전을 견인하기 위해 동원되고 이식된 자본주의와 자유민주주의의 이상과 가치는 이른바 '근대화'(modernization)라는 개념으로 압축된다. 그 근대화의 본질적 형식과 내용은 서구가 이룩한 변화와 발전의 철학과 제도와 프로그램이었다. 서구적 근대화의 길이야말로 한국이 따라야 할 전범으로 간주되었다. 그 결과, 한국사회를 아우르고 있는 제반 제도에서 서구적인 것과 무관한, 또는 그 영향력을 무시할 만한 예들을 찾기는 어려워 보인다. 그것은 한국사회를 서구중심주의(euro-centrism, western-centrism)로 개념화하는 것이 설득력을 갖게 했다. 이렇듯 서구중심주의는 한국사회의 보편적 발전 패러다임으로 작용해왔다.

한국은 지금으로부터 150년 전에 힘과 자신감으로 무장한 서구열강을 만나야 했다. 그것은 우리의 의지가 아니라 그들의 의지였다. 서구 앞에서 조선은 버티지도 못했고, 서구적인 것을 받아들이지도 못했다. 그리하여 우리보다 앞서 서구를 수용한 일본 제국주의의 오랜 지배의 고통을 감수해야 했다. 일본 식민지배 속에서 조선은 왜곡된 형태로 혹은 변형된 형태로 서구를 경험했고, 그 서구는 해방 이후 새로운 사회체제를 형성해나가는 데에 결정적인 영향을 미쳐왔으며, 지금도 우리는 그 영향권에서 결코 자유롭지 않다. 조선 후기부터 근현대 한국에 이르는 그 오랜 시간 동안 이렇듯 서구는 우리를 압박하고 유혹하며 우리 삶에 긴 영향력의 궤적을 만들어왔다.

이와 같은 역사학적 · 정치학적 문제 지평에 설 때, 서구가 조선을 대상으로 하고자 했던 논리와 의지와 욕망을 이해하려면 그 정신적 · 이념적 근원에 자리한 근대와 '근대성'(modernity)의 본질을 묻지 않을 수 없다. 서구가 거대한 군함을 이끌고 조선의 문을 두드릴 수 있었던 것, 그리고 그 문을 열려고 한 것, 조선에 들어와 하고자 했던 논리와 의지와 욕망의 근원에 서구의 근대와 근대성이 자리 잡고 있기 때문이다. 우리는 서구가 정치, 군사, 경제, 문화 등 모든 영역에서 압도적이고 범세계적인 패권을 행사할 수 있게 한, 그리하여 서구가 아닌 대륙과 지역과 사람들을 '비서구'라는 형용사 이외 달리 부를 수 없게 만든,

하지만 그 힘과 의지가 해방된 세계를 만들기보다는 대결과 갈등의 파국을 초래하게 한 서구 근대와 근대성의 얼굴을 추적하려 한다.

2. 근대와 주체의 생성과 소멸

헝가리 출신의 사상가 만하임(Karl Manheim)은 서구문명이 봉건적 전통을 벗어나 근대로 나아가게 한 정신적 동력과 관련해 "세계에 대한 기존 관념이나 해석을 불식할 수 있는 하나의 새로운 **사고방식**"[9]의 형성을 이야기하고 있다.

> 이러한 방향에서 가장 중요한 최초의 발자취는 무엇보다도 **의식철학**의 발생에서 찾아볼 수 있다. 의식이란 하나의 단일체로서, 그 속에 담겨 있는 여러 요소가 서로 응집성을 띠고 있다는 생각은 특히 독일에서 사상적 대단원을 매듭지을 만큼의 문제로 부각되었다. 즉 여기서는 우리의 주변을 둘러싼 그 개괄적 양상의 파악이 더욱 힘들어지는, 무한한 다양성으로 채색된 세계 대신에 주관, 주체의 통일성을 바탕으로 한 응집력을 행사하는 세계 체험으로 대두되었으니, 이와 같은 주체는 적어도 세계 형성에 관한 여러 원리를 단순히 수용하는 것이 아니라 자발적으로 스스로의 내면 그 자체에서 이를 조성하게 마련인 것이다.[10]

우리는 만하임의 이 주장에서 '주체(subject)'라는 개념에 주목한다.

9 카를 만하임, 임석진 옮김, 『이데올로기와 유토피아』, 김영사, 2012, p. 177(강조는 원문).

10 만하임, 『이데올로기와 유토피아』, p. 178(강조는 원문).

주체는 의식을 지닌 존재인데, 이 의식은 세계를 통일적으로 체험할 수 있는 힘이고, 세계에 대한 수동적 감지를 넘어 그것을 능동적으로 재구성할 수 있는 능력이다. 이 의식이 주체의 속성인 것은, 세계에 적극적으로 접근해 그것을 자신의 '내적 기준'에 따라 파악하고 '다시 구성해내는' 정신적 역량이기 때문이다.

여기서 세계와 그 세계를 만나는 주체로서 인간이 세계와 맺는 관계가 과거와 근본적으로 단절되고 있다는 점에 주목할 필요가 있다. 서양 고대 인식론에서 인식 대상으로서 세계는 진리를 담지하고 있는 실체였다. 세계 안에 객관적으로 존재하고 있는 진리를 인간이 자신의 직관 또는 이성으로 알아가는 것이 인식론의 본질이었다. 중세 인식론에서 세계는 신적 진리를 내포하고 있는 무대였고, 인간은 계시를 통해 또는 신으로부터 부여받은 이성적 능력으로 세계의 진리를 파악하는 것이 인식론의 핵심적 구조였다.

하지만 근대는 그러한 인식 원리와 근본적으로 결별하고 있다. 근대 인식론에서 세계의 진리는 그 안에 객관적으로 존재하지 않는다. 그러므로 근대의 진리 인식은 진리를 '파악'하는 일이 아니다. 오히려 근대는 진리를 '구성'하는 일이다. 그러한 인식론에 설 때, 근대적 의식에게서 세계는 객관적 세계와, 관념으로 일컬어지는 표상 세계로 엄밀히 구분된다. 근대적 의식은 표상 세계에서 운동하고 있는데, 이 표상 세계를 자기의식의 형식 속에서 체계적으로 재구성하는 작업이 인식의 본질이다. 그러니까 근대 의식은 자기 앞에 자신의 내적 원리가 관철되는 표상 세계를 만들어냄으로써 진리 인식에 도달하는 것이다. 그렇게 근대는 인간 의식에 내재되어 있는 진리 발견의 주체적 역량을 찾아내고자 한 시대였다.

근대정신의 출발점으로 간주되는 15세기 르네상스는 세계 인식과 구성에 관한 매우 독특한 원리인 원근법(perspectives)을 만들어냈다. 사상가 드브레(Régis Debray)는 로고스페르(logosphère), 그라포스페르(graphosphère), 비디오스페로(vidéosphère)라는 세 개의 이념형적 개념으로 서양 문명에서 시각 이미지 생산과 목적에 관한 원리가 어떻게 변모해갔는가를 추적하고 있다. 드브레는 근대적 이미지 원리를 그라포스페르로 명명하면서 그 중심에 원근법이 자리한다고 말하고 있다. 미를 향한 인간 정신의 이론적 결과물인 이 원근법을 통해 예술이라는 세계가 탄생한다. 드브레에 따르면, 근대적 이미지 세계는 "틀, 색조의 증감, 균형, 도표화 등을 수단으로" 하는 이 원근법을 자연에 적용함으로써 자연을 풍경이라는 새로운 세계로 만들었다. 이 풍경화는 "혼란한 세계를 그림으로 변형시키는" 과정으로서, "우리 눈앞에 갑자기 광채에 싸이고 진귀하며 보기 드문 꽃밭을 펼치면서 경이로움을 집 안에 끌어들이는" 결과를 산출했다. 풍경화는 자연이라는 "천한 것을 '그림 같이 아름답게' 묘사할 만한 것으로 판단하면서 향유하는"[11] 일이다. 말하자면 풍경화는 무질서하고 혼돈에 갇힌 자연세계를 인간 정신에 구현되어 있는 미적 질서의 논리를 적용해 새롭게 탄생시키는 과정인 것이다. 여기서 인간 정신은 추악하고 더러운 세계에서 아름답고 순수한 세계

11 레지스 드브레, 정진국 옮김, 『이미지의 삶과 죽음』, 글항아리, 2011, pp. 304–306.

를 만들어내는 주체임을 입증한다.

미에 대한 헤겔(G. W. F Hegel)의 관점은 그러한 근대적 논리를 명확히 보여주고 있다. 헤겔은 『미학강의』(*Ästhetik oder Die Philosophie der Kunst*)에서 자연미와 예술미에 대해 이렇게 말하고 있다.

> 우선적으로 예술미가 자연미보다 우월하다고 주장할 수 있다. 그 까닭은, 예술미라는 것은 다름 아닌 정신으로부터 탄생한 미, 정신으로부터 다시 태어난 미이기 때문이다. 정신과 정신의 산물이 자연과 자연의 현상들보다 우월하듯이 예술미도 자연미보다 우월한 것이다. 사실 형식적으로 보면 인간의 뇌리에 스치는 아무리 보잘 것 없는 착상조차도 자연의 어떤 산물보다 더 우월하다. 왜냐하면 정신성과 자유가 나타나 있기 때문이다.[12]

헤겔은 책의 여러 곳에서 이러한 관점을 환기하고 있다. 그는 "자연미는 정신에 속해 있는 미의 반사에 불과한 것으로서 불충분하고 불완전한 양태"에 불과하다거나, "자연미에 있어서는 판단의 기준이 없이 무 규정적인 것 안에 있다는 느낌이 든다"[13]고 말하고 있다. 그와 달리 예술미는 "감각적인 현실과 유한성"[14]으로부터 인간을 해방시키는 정신의 실천적 투영이기 때문에, 그 속에서 우리는 정신에 구현된 이상과 진리를 발견한다는 것이다. 그러한 맥락에서 헤겔은 자연과 풍경을 대비시킨다. 헤겔에 따르면 "정신에 의해 산출된 작품이 단순히 자연적인

12 G. W. F. 헤겔, 두행숙 옮김, 『헤겔미학강의1』, 은행나무, 2021, p. 28.

13 헤겔, 『헤겔미학강의1』, pp. 29–30.

14 헤겔, 『헤겔미학강의1』, p. 39.

경관 자체보다 더 우월하다."[15]

자연과 풍경을 대비시키는 르네상스의 근대는 풍경이라는 이상적 아름다움의 이미지를 만드는 주체로 예술가를 탄생시켰다. 그들은 헤겔이 말한 이상과 진리와 자유로움을 미적 세계에서 구현하고자 했다. 이 예술가들은 정신 속에 자리 잡은 미적 관점을 적용함으로써 자연에 미적 통일과 질서를 부여할 능동적 주체로 나타난다.

그런데 이러한 미적 주체의 관념은 지적, 실천적 계기들 속에서 확장되어 나갔다. 인간의 주체성은 아름다움을 넘어 종교적 구원의 세계에서도 모습을 드러냈다. 신성로마제국의 청년 신학자 루터(Martin Luther)는 죄 사함과 구원을 소망하고 신에게 호소할 권리가 사제에게가 아니라, 신앙인 일반에게 부여되어 있음을 성경을 근거로 주장하면서 종교개혁의 문을 열어주었다. 루터는 당대의 가톨릭 교리를 신봉하는 자들과 맞서 싸우는 한편, 라틴어를 읽을 수 없는 민중들에게 그들이 해독할 수 있는 언어로 번역된 성서를 보급해 자신의 주장이 성경의 말씀임을 인지시키면서 새로운 신앙의 원리를 보급해나갔다. 이러한 방식으로 종교개혁은 신앙 차원에서의 개인주의를 탄생시켰고, 이제 그 신앙적 개인들은 사제라는 중재자 없이 신과 직접 소통할 권리와 자격을 지닌 능동적인 주체로 거듭난다. 이렇게 종교개혁은 개인주의 이념과 결합하고 그 결과물로 개신교를 탄생시킴으로써 서구 근대정신을 향한 또 하나의 길을 열어주었다. 이것은 근대성에 천착하는 사상가

---

15 헤겔, 『헤겔미학강의1』, p. 82.

바우만(Zygmunt Bauman)의, 종교개혁에 관한 테제다.[16]

서양 중세는 오랜 시간 신을 정점으로 하는 절대적 질서의 세계로 운동해왔다. 그러한 중세적 질서는 르네상스와 종교개혁으로 근본적인 균열을 초래하기 시작했고, 17세기 자연과학혁명 속에서 한층 더 급진적인 해체 양상을 보였다. 근대 자연과학자들의 새로운 관찰과 추론이 시작되기 전까지 우주는 내적 생명과 에너지의 실체이거나 신의 의지를 구현하고 있는 세계로 이해되어 왔다. 우주에 존재하는 것들의 운동이 생명체의 내적 목적성과 지향성으로 그리고 신의 절대적 의지로 설명되고 해석되어야 했던 이유는 거기에 있다. 하지만 근대의 천문학자와 역학자들은 우주에 대한 그러한 전제들을 설정하지 않았다. 그들은 우주를 경험적 관찰과 수학적 추론으로 파악해야 할 물리적 우주로 바라보았다. 따라서 그 우주의 진리를 발견하기 위해서는 관찰자의 투명한 지각력과 엄밀한 추론력이 필요했다. 근대 자연과학자들은 자신들의 관찰과 추론의 과정을 수학적 언어의 세계로 정립함으로써 우주의 진리에 도달한다고 생각한 사람들이었다. 그들에 의해 물활론적, 종교적 우주관이 해체되고 물리적, 기계적 우주관이 탄생하게 된 것이다. 이제 자연은 인간 정신이 지향하는 과학의 빛으로 그 모습이 드러나길 기다리는 수동적 대상으로 간주된다.

만하임은 이와 같은 패러다임의 근본적 변화를 "이제부터의 세계는 오로지 주체와 관계한 '세계'로서 존재하는 가운데 바로 이 주체의

---

16 H. Gutierrez, "Protestantism and contemporary individualism – dialoguing with Zygmunt Bauman(1925–2017)," *Spectrum*, 2017.

의식 작용은 세계상을 형성하는 데 없어서는 안 될 구성 요인으로 등장하기에 이르렀다"[17]는 명제로 정리하고 있다.

르네상스로부터 자연과학혁명에 이르는 긴 시간을 거치면서 서구 문명은 세계에 대한 일관된 논리 구조로서 의식을 지닌 인간을 만들어 냈다. 이제 인간은 의식 작용을 통해 세계를 자신의 의지와 욕망대로 파악하고 재구성해내는 주체가 되었다. 근대 인식론은 그와 같은 주체적 능력을 보유한 근대적 인간[18]의 철학적 프레임이다. 인식 주체와 인식 대상(세계)의 엄격한 구분 위에[19] 정립된 근대 인식론의 구도에서 진리 발견의 궁극적 원리는 인식 주체에게 부여되고 있다는 사실에 주목해야 한다. 근대 인식론의 역사를 종합한 칸트(Immanuel Kant)의 철학에 따르면 인간의 인식은 감각 경험에서 출발한다. 그 경험은 물론 인식 대상으로서 세계에 의해 촉발되는 행위이지만, 그렇다고 해서 세계가 인식의 주체가 될 수는 없다. 세계는 인식 주체에게 인식을 위한 질료적 정보들을 제공하는 것에 불과하기 때문이다. 인식이란 세계로부터 확보한 무 규정적이고 질서 잡히지 않은 감각 정보들을 인식 주체의 의식이 자신의 선험적 형식들을 통해 정돈하고 통일하며 구성함으로써 "세계의 내적 본질과 성질", "세계의 내면성"을 파악하는 과정이다.[20]

그와 같은 인식론에 비춰볼 때, 근대의 인식 주체는 세계를 자신의

---

17 만하임, 『이데올로기와 유토피아』, p. 179.

18 M. Mark, *Modern Ideologies*, St. Martin's Press, 1973, p. 7.

19 J. 헤센, 이강조 옮김, 『인식론』, 서광사, 1986, p. 20.

20 김상봉, 『자기의식과 존재사유: 칸트철학과 근대적 주체성의 존재론』, 한길사, 2009, p. 35.

의식으로 새롭게 구성하려는 의지와 욕망을 지닌 존재로 나타난다. 그 새로움이란 합리적인 언어 명제들의 형식으로 세계를 재구성한다는 의미다. 그것은 원근법의 논리로 자연 세계를 재구성하려는 미적 주체의 행위와 정확히 일치한다. 통일성과 응집성과 단일성을 지닌 의식적 주체라는 만하임의 개념은 이러한 인식론 위에서 성립한다. 근대적 의식은 논리적 상관성과 인과성이라는 합리적 원리로 세계를 파악하고자 한다. 따라서 근대적 진리 투쟁의 본질은 누가 더 합리적이고 논리적으로 세계를 설명해내는가의 문제로 귀결된다.

그런데 칸트의 인식론으로 종합된 근대 인식론의 주체는 단순히 철학적 진리 발견자로만 나타나지 않는다. 김상봉은『서로 주체성의 이념』에서 근대적 주체에 내재되어 있는 권력과 지배의 논리를 발견한다.

> 아르케를 인식한다는 것은 사물의 생성과 존재를 지배하는 근원적인 권력에 참여한다는 것을 의미한다. 앎이란 앎의 대상을 생각 속에서 따라 체험한다는 것, 즉 대상의 생성과 존재를 생각 속에서 반복하고 재생한다는 것을 의미한다. [……] 이런 의미에서 우리가 사물을 온전히 인식할 때, 우리는 대상을 지배하는 권력에 참여한다. 우리가 사물의 근거를 인식한다고 해서 곧바로 우리가 사물에 대한 현실적 지배자가 되는 것은 아니지만, 어떤 것이 생겨나고 존재하는 원리를 파악하고 있다는 것은 그것의 생사의 원리를 안다는 것이요, 적어도 사유의 지평 속에서 그 사물의 있음과 없음을 주관한다는 것이니, 이는 적어도 잠재적으로 그 사물을 좌우하고 지배할 수 있는 권력을 얻는다는 것을 의미하기 때문이다.[21]

21 김상봉,『서로 주체성의 이념: 철학의 혁신을 위한 서론』, 길, 2007, p. 142.

근대적 주체는 세상에 관한 완전한 앎을 갖게 되는 것, 세상에 관한 지적 권력과 지배력을 확보하는 것을 자유와 해방의 길이라고 이해했다. 그 점에서 헤겔이야말로 자유와 해방을 향한 근대적 주체의 지적 도정에 대한 거대한 파노라마를 우리에게 그려준 사람이었다. 세계에 대한 완전한 지식이 자유와 해방인 것은, 세상이 가하는 위협을 주체가 완전히 인지하고 통제할 수 있기 때문이다. 그렇지만 주체가 인식론적으로, 실천적으로 획득하게 될 자유와 해방이 세계에게도 적용되는 것은 아니다. 세계는 주체의 지적 의지와 욕망 아래에 종속될 수도 있기 때문이다. 세계는 자신의 고유한 법칙을 지닌 실체로서가 아니라 주체의 합리성으로 재구성될 운명이다. 그 이전까지 세계는 혼돈과 무질서를 벗어나지 못하는 부정적 대상에 불과하기 때문이다.

이러한 인식론은 주체가 세계의 자율성을 인정하지 않는 것을 전제로 한다. 주체에 의해 재구성되는 세계라는 근대 인식론의 구도는 정치적 실천으로 발현되었는데, 말하자면 근대의 정치적 주체들은 자신들의 정치적 의식 속에 내재된 진리 형식을 따라 세계를 재구성하려 했다는 이야기다.

서구 문명 속에서 근대 시민혁명과 산업혁명으로 구체화된 그러한 진리 의지는 서구의 시공간을 넘어 확장되는데, 이른바 비 서구 세계 또한 서구의 진리 형식에 맞추어 개조되고 재구성되어야 할 대상으로 간주되었다. 오리엔탈리즘은 그러한 정치인식론이 응축된 이념이었고 제국주의는 그 이념의 정치적 발현이었다. 하지만 그 과정의 귀결은 문명적 파국이었다. 세계 대전과 식민지와 홀로코스트가 그것을 증명한다. 진리 발견이라는 이름 아래 주체가 세계를 자신의 진리로 재구성할 대상으로 간주하는 근대적 정신성을 서구의 비판적 지성들이 폭력의 근원으로 보았던 근본적 이유는 거기에 있다. 나치의 탄압을 피해 미국으로 망명한 두 사상가 호르크하이머(Max Horkheimer)와 아도르노(Theodore Adorno)의 기념비적 저서 『계몽의 변증법』(*Dialektik der Aufklärung*)에는 계몽 개념을 축으로 근대적 주체에 대한 비판적 사고가 넓고 깊게 전개되고 있다. 계몽은 근대이성과 합리성의 의식으로 세계를 완전히 새롭게 만들고자 하고, 그것이 가능하지 않은 세계라면 소멸시켜야 할 대상으로 간주해왔다는 것이 두 사상가의 통찰이었다.

서구 근대 주체가 만들어낸 파국적 상황 앞에서 새로운 희망을 향한 사유가 시작되는 것은 하나의 필연이었을 법하다. 그리고 그 출발은 마땅히 근대적 주체 관념에 대한 비판적 사유이고, 그 주체를 넘어설 대안적 주체에 대한 상상에서 시작될 것이었다. 후설(Edmund Husserl)의 현상학은 우리에게 근대적 주체를 넘어서려는 선구적 상상력의 지평을 열어준다. 지향성을 본질로 하는 현상학은 자립적이고 자기완결적인 근대적 주체 개념의 정당성을 뒤흔들면서 상호성에 입각한 새로운 주체 개념을 끌어냈다. 서구 근대가 축조해온 주체와 세계의 구도는 상호성의 사유 앞에서 근본적으로 해체되어야 했고, 존재와 존재, 인간과 인간 사이의 연관성과 상호의존성을 의미하는 '상호주체성'(inter-subjectivity) 개념을 제시하기에 이른다. 서구 근대의 위기를 의사소통합리성에서 찾고자 하는 하버마스(Jürgen Habermas)의 사회철학은 의사소통행위이론을 통해 그 개념을 공유하고 있다.

한편, 우리는 상호성, 상호주체성의 패러다임과 아주 다른 상상력을 만나는데, 주체 자체를 부정하고 해체하려는 사유다. 프랑스 지성계를 중심으로 형성된 구조주의(structualism)가 그것이다. 언어학과 인류학에서 조형된 구조라는 개념은 이후 철학, 정신분석학, 문학 등으로 확장되면서 서구 근대가 탄생시킨 주체의 죽음을 선언했다. 이어서 근대적 주체에 도전하는 또 하나의 혁명적 사유로서 푸코(Michel Foucault)의 윤리적 주체와 들뢰즈(Gilles Deleuze)의 다양체 개념도 만나게 된다. 그리고 근대적 주체가 자신의 대상으로 간주해왔던 타자에 대한 본격적인 반성이 시작되는데, 레비나스(Emmanuel Lévinas)의 타자 철학이 그 선구적 시도라 할 것이다. 타자철학은 타자가 주체의 존재 근거라는 윤리학을 통해 주체 대 대상으로서의 타자라는 근대적 관계를 근본적으로 전복한다.

* * *

세상의 진리를 알고, 그것을 기준으로 세상을 개조하고 개조할 수 있다고 스스로를 신뢰한 근대적 주체는 그렇게 탄생해, 계몽, 진리, 선, 이상, 유토피아라는 자신의 내면적 가치를 외부로 투사하면서 전대미문의 새로운 세계인 근대를 만들었다. 하지만 내부로부터 스스로를 파괴할 모순적 원리를 지닌 존재이기도 했기에 근대적 주체는 찬미의 대상이자 해체의 대상이 되는 역설에 놓인다.

이 책은 서구 근대의 정신적 원리로서 그 주체가 어떻게 태어나고 위기를 만나며 해체될 운명에 처하게 되는지를 역사와 지성사의 흐름 속에서 추적하고 있다. 이야기는 15세기 이탈리아 피렌체에서 싹트고 꽃핀 혁명적 문예운동 르네상스에서 시작한다. 서구 근대는 절대자로 단단히 틀지어진 정신구조로부터 인간을 구출하는 르네상스 인간주의(humanism) 운동에서 그 최초의 동력을 확보했기 때문이다.

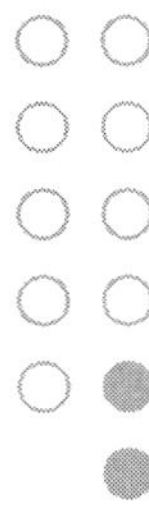

2장

신의 세계에서 인간의 세계로

2장

신의 세계에서 인간의 세계로

1. 르네상스와 새로운 인간 관념의 태동

독일 철학자 힐쉬베르거(Johannes Hirschberger)는 대작 『서양철학사』에서 르네상스를 "어디서나 으뜸가는 것과 가장 위대한 것을 찾으려 한" 시대로, 그러나 "그 으뜸가는 것과 가장 위대한 것에 관한 생각(관념)은 이미 중세적인 것이 아니라 세계와 인간에 대한 새로운 감정으로 나타난"[1] 시대로 평가했다. 그의 주장을 따라 르네상스를 철학, 문학, 예술, 정치 등 모든 지성의 영역에서 중세와는 사뭇 다른 사유 형식과 내용이 태동하고 운동한 시간으로 규정하면서 우리는 그 문명적 양상의 중심을 차지하는, '세계와 인간에 대한 새로운 관념과 사고'를 향한 지적 · 문화적 열정에 대해 이야기하고자 한다.

1 요하네스 힐쉬베르거, 강성위 역, 『서양철학사: 상』, 이문출판사, 1987, p. 41.

중세를 지배해온 기독교적 죄의 원리가 투사된 인간관, 그러니까 신에 의한 구원을 궁극의 목표로 삼고 육체의 욕망을 멀리하며 영혼의 정화에 매진할 것을 명령하는 종교적 규범의 인간관은 오랜 시간 유일하고도 절대적인 진리로 군림해왔지만 중대한 역사적 변화의 물결 위에서 다시 사유되고 비판받기에 이른다. 그와 같은 의미심장한 결과는 르네상스 문예운동의 발상지인 이탈리아 반도 내부의 사회경제적 움직임과 그 바깥의 정치적 운동에 의해 추동되었다.

주지하는 것처럼, 이탈리아 도시국가는 지중해 무역에 힘입어 유럽의 다른 지역들보다 상업자본주의가 빠르게 성장했다. 그 중에서 가장 눈에 띄는 지역이 피렌체였다. 상업의 발달은 부유한 상인계층의 증가를 가져왔고, 그들의 활발한 무역활동은 이질적인 문화와의 접촉과 교류를 촉진했다. 그와 같은 양상으로 말미암아 세상에 대한 새로운 태도가 형성되기 시작했다. 유럽의 중세적인 전통을 재 사유하고 재검토하려는 태도, 기독교적 삶만이 유일하게 선한 것은 아니라는 태도, 세속적인 삶, 물질적인 삶이 우리 앞에 놓여 있고 그 또한 가치 있는 것이라는 태도다. 한편, 15세기 중반 이탈리아에는 고대 그리스와 로마 문명을 연구하는 학자와 문헌들이 동로마제국으로부터 대규모로 들어오기 시작했다. 그것은 오스만터키 제국의 부상으로 동로마제국이 군사적 위협을 받아 결국 멸망하게 되는 역사적 사건에 기인한다. 동로마제국의 고전고대 학자들이 동방 신흥 제국의 공격을 피해 이탈리아로 건너온 것이다. 그 결과 이탈리아 도시국가의 지식세계에는 고전고대에 관한 학문적 관심이 확산되기에 이른다.

중세 기독교의 지적·도덕적 패권에 의해 망각되어 왔던 고전고대 지식과 문화의 부활은 후마니타스(humanitas)라는 새로운 지식체계의 부상으로 이어졌다. 그리스어 파이데이아의 라틴어 번역어인 후마니타스는 야만적인 것(barbaritas)에 대비되는 개념으로, 참다운 인간, 인간다운 인간이 되기 위해 갖추어야 할 도덕적·지적 교양을 의미했다. 그러니까 이 후마니타스는 "인간의 정신을 최고도로 개발시키고, 덕과 지혜를 구비한 완전한 인간, 교양 있는 인간을 육성하는 것"[2]을 목표로 한 지식이었다. 그리스와 로마 세계가 추구한 덕과 지혜와 교양을 갖춘 인간의 육성은 원죄를 사함 받고 구원을 얻는다는 기독교적 신앙 목표와 멀리 떨어져 있다. 그것은 현세에서의 만족과 행복 실현을 지향하는 것이었다. 그 점에서 후마니타스는 신학과는 달리 내세가 아니라 현세에서의 이상을 추구하는 학문이었다. 그 후마니타스 정신이 르네상스의 지성들을 매혹하면서 15세기 이탈리아에는 세계와 인간에 대한 새로운 인식 패러다임이 조형되기에 이른다. 몇 가지 범주로 그 혁명적 새로움에 다가가 보자.

우선 르네상스는 기독교가 조형한 인간 관념을 넘어서는 새로운 철학적 상상력이 펼쳐진 시간이었다. 그 힘은 '고대의 재탄생'이라는 말이 의미하는 것처럼, 고대 그리스 철학을 통한 인간 이해가 만든 것이었다. 르네상스는 플라톤, 아리스토텔레스와 같은 고대 그리스 철학자가 새로운 해석의 옷을 입고 부활한 시간이었고, 중세 기독교 교리에 비춰볼 때 대단히 이단적인 사유인 신비주의가 유행한 시간이었다.

2 강영한, 『르네상스와 유토피아 사상』, 탐구당, 1989, pp. 88–89.

1440년 피렌체에 설립된 플라톤 아카데미는 플라톤 재탄생의 거점이었는데, 거기서는 그리스 정신과 기독교를 종합하는 일이 주된 관심사였다. 그 점에서 플라톤 아카데미에는 중세의 정통 기독교 원리에서 벗어나 이교주의가 태동할 가능성이 도사리고 있었다. 피코 데라 미란돌라(Pico della Mirandola)의 철학은 그와 같은 이교주의 철학의 가장 명확한 양상들을 보여주었다. 미란돌라는 종교적 감정을 기독교의 특수성으로 묶어두지 않고 인간의 자연스런 감정으로 확대 해석했다. 플라톤의 이데아적 보편성에 입각해 종교적 심성을 해석한 미란돌라는 기독교를 감싸고 있는 종교적 심성을 보편적인 종교적 심성의 하나로 축소해 버렸다. 그렇게 중세 기독교의 종교적 특권성과 우월성이 유지될 수 없는 논리가 태동했다. 미란돌라는 그처럼 기독교의 전통에서 벗어나 인간의 본질을 사유했다. 그는 『인간의 존엄에 관한 언설』(*Oratio de hominis dignitate*)이라는 저작에서 인간을 무한히 변신할 수 있는 능력을 갖춘 존재로 그려냈다. 인간은 "무한한 과정 속에서 언제나 새로운 것을 창조하고 이 창조를 통해 자신을 실현한다"[3]는 점에서 위대한 존재로 이해되었다. 중세 기독교에서 무한함이란 신만의 능력일 터인데, 이제 인간이 그 무한한 힘을 부여받는 것이다. 그렇게, 스스로를 창조의 신으로, 땅 위의 하느님으로 느끼게 되는 인간에 대한 철학적 디자인이 진행되고 있었다.

플라톤과 함께 아리스토텔레스도 부활했다. 플라톤 철학이 오랜 망각의 시간을 지나 다시 태어났다면, 아리스토텔레스는 중세 스콜라

3 힐쉬베르거, 『서양철학사: 상』, p. 49.

철학의 근간이라는 위상을 벗어나면서 새롭게 등장했다. 그 작업의 핵심에는 폼포나치(Pietro Pomponazzi)가 있었다. 폼포나치는 기독교적 아리스토텔레스에 맞서 비기독교적 아리스토텔레스를 정립하려 했다. 중세 기독교는 인간의 영혼이 불멸한다는 믿음 위에 서 있었고, 그것은 아리스토텔레스의 철학에서 논리적 정당성을 부여받았다. 그러나 폼포나치는 그 종교적 믿음을 받아들이려 하지 않았다. 그는 1516년에 출간된, 철학자와 신학자의 격렬한 논쟁을 불러일으켜 결국에는 태워 없어진 저서 『영혼불멸론』(*De immortalitate animae*)에서 인간의 영혼불멸설을 공격했다. 흥미롭게도 역시 아리스토텔레스 철학의 엄밀한 해석에 기반을 둔 것이었다. 그가 이해한 인간은 불명확한 존재였다. 복잡하고 애매모호한 성질, 불멸성과 사멸성의 중간에 위치한, 영원하지도 유한하지도 않은 이중적 존재였다. 인간에 대한 새로운 관념이 그 길을 만들어내고 있었다.

한편, 르네상스는 "모든 신비적인 것에 맥을 못 추는 감정"[4]의 시간이기도 했다. 파라첼수스(Paracelsus)의 철학을 이야기할 수 있는데, 그는 자연과 생명에 대한 지식이야말로 인간이 추구해야 할 가장 위대한 가치라고 천명하면서 그것을 얻는 과정으로서 사물에 대한 경험을 중요하게 생각했다. 자연과 세상에 대한 경험적 탐구의 귀결점에서 파라첼수스는 물, 불, 공기, 흙이라는 네 가지 근원적 물질(원소)을 발견했다고 믿었다. 그에게서 그 물질들은 창조의 힘이고 정신이었다. 주지하는 것처럼, 물질의 세계에서 우주의 기원을 찾으려는 상상은 이미 고대 그

4 힐쉬베르거, 『서양철학사: 상』, p. 61.

리스 철학자의 선구적인 시도였다. 또한 카발라(kabbala)도 유행했는데, 유대교에 기원들 두는 카발라는 종교가 철학의 형식을 통해 합리화되는 것에 반대하고, 전해져 내려오는 비밀스런 종교적 지혜를 존중하는 태도를 지칭한다. 이러한 카발라에 영감을 받은 이들 – 앞에서 설명한 미란돌라도 그 중 한 사람이었다 – 은 주술과 마술의 힘을 통해 세상과 자연의 비밀을 만날 수 있다는 신비주의에 열광했다. 그와 같은 이단적 사유로부터 만들어진 인간은 기독교적 인간과 근본적으로 달랐다. 자연에 대한 경험적 인식을 통해 세상의 근원을 알아내고, 비합리적인 감성으로 세계의 진리를 파악할 수 있는 인간 관념은 철학적 합리성에 토대를 둔 신학적 진리 발견을 주창한 중세 스콜라주의와 중대한 거리를 둔 것이었다.

르네상스 정신은 인간의 신체에 새로운 관심을 투사했다. 중세 기독교의 몸은 죄, 유혹, 타락, 속죄, 구원과 같은 종교적 메시지의 대상[5]이었다. 그 몸은 수난과 대속과 부활을 의미하는 예수 그리스도와 성인의 몸이거나 낙원에서 추방당한 죄의 몸이었다.[6] 그 몸은 그리스도의 몸이기 때문에 신성한 것이고, 죄인의 몸이기 때문에 억압되어야 할 것이었다.[7]

이러한 사실에 비추어보면, 르네상스의 몸은 전통과의 근본적 결

---

5 북이너스, 『르네상스 미술과 아름다움』, 에디터, 2015, p. 36.

6 자크 젤리스, 「몸, 교회 그리고 신성함」, 다니엘 아라스 · 로이 포터 · 조르주 비가렐로 외 지음, 주명철 옮김, 『몸의 역사 1: 르네상스로부터 계몽주의 시대까지』, 길, 2014, p. 19.

7 자크 르 고프 · 니콜라스 트뤼옹, 채계병 옮김, 『중세 몸의 역사』, 이카루스미디어, 2009, p. 43.

별을 보여준다. 몸은 종교적 의미로부터 점차적으로 분리된다. 그것은 절대적 조화의 세계로부터 떠나야 할, 신의 분노와 심판의 존재가 될 원초적 인간의 운명을 알려주는 표징도 아니며, 인간의 원죄를 대속하기 위해 처절하게 희생제물이 되어야 할 성물도 아니고, 부활이라는 기적을 증거 하는 상징도 아니다. 르네상스의 몸은 현세적 삶의 무대로 내려온다. 이제 몸은 현실을 살아가는 인간의 의지와 감정과 욕망이 터하고 있는 그리고 그것들을 발현하는 장소가 된다. 후마니타스를 실천하는 자리이기 때문에 그 몸은 결코 부정적이지 않다. 오히려 그 몸은 가장 이상적이고 완벽한 조화와 균형의 관념을 감각화하는 매력적인 대상으로 인식된다. 인간의 몸은 "피조물 가운데 가장 아름다운 작품"으로 등장한다. 그리하여 르네상스는 "이처럼 신성하고 아름다운 몸을 주시하는 시선"[8]을 조각, 회화, 건축 등 수 많은 표상들로 구체화한다.

"고전고대 이래 최초로 등장한 청동 누드 상"으로, "고전의 부흥을 알리는 증거이자 르네상스라는 새로운 정신이 마침내 출현했다는 증거"[9]로 평가받고 있는 도나텔로(Donatello)의 1440년 경 작품인 '다비드'에는 그와 같은 시선이 잘 드러나고 있다. 비록 성서의 인물과 이야기를 다루고 있지만, 그 예술적 형식과 관련해 이미 신체 표상의 고전고대 양식을 반영하고 있다는 점에서 새로운 몸의 등장을 선언하는 작품으로 이해할 수 있다. "중세 이후 최초의 실물 크기 누드 환조"라는 위상을 지닌 다비드의 몸은 콘트라포스토(contrarpposto)를 취하고 있다.

8 젤리스, 「몸, 교회 그리고 신성함」, p. 21.

9 피터 머레이 · 린다 머레이, 『르네상스 미술』, 시공아트, 2013, p. 41.

"왼발을 뒤쪽으로 약간 들고 있어 무게 중심이 오른쪽 다리 위에 완전히 떨어지게 됐고, 이로 인해 신체는 유연한 S자형을 형성하고 있는"[10] 자세다. 기원전 5세기 고대 그리스 조각에서 최초로 시도되어 로마로 이어진 뒤 중세에서 사라졌다가 르네상스 예술에서 다시 부활한 신체 자세인 콘트라포스토는 인간 육체의 이상적 아름다움을 재현하기 위한 기법으로 발명되었다. 이 콘트라포스토가 만들어내는 이상적인 신체미를 위해서는 균형과 비례가 수반되어야 한다. 도나텔로가 재현해 낸 다비드의 몸은 그러한 원리에 부합한다. 다비드는 완전한 나신으로 등장함으로써 신체의 진실을 남김없이 드러내고 있다. 여기서 신체는 은폐되어야 할 부끄러운 대상이 아니다. 그것은 완벽한 미의 형상으로서 완전하게 드러내어야 할 대상이다. 그렇게 다비드의 신체는 대단히 부드럽고 유연하며 조화로운 선의 미학을 보여주고 있다. 그리고 골리앗의 머리를 쳐다보는 얼굴과 칼을 든 손은 콘트라포스토와 결합해 승리한 영웅의 당당함을 감각화하고 있다. 이렇게 르네상스 조각의 선구적 인물인 도나텔로의 조각상은 가장 이상적 미를 구현하고 있는 신체, 현세를 살아가는 인간이 추구하는 정치적 의지와 욕망을 담고 있는 신체를 드라마틱하게 재현해내고 있다.

우리는 도나텔로의 다비드를 미켈란젤로(Michelangelo Buonarroti)의 1504년 작품 '다비드'에서 다시 만날 수 있다. 미켈란젤로의 다비드는 도나텔로의 다비드와 동일한 콘트라포스토 자세를 취하고 있지만, 신

---

10 이수진, 『르네상스 조각과 건축의 상관성 연구: 미켈란젤로를 중심으로』, 창원대학교 교육대학원, 2008, p. 7.

체에 대한 묘사에서 한층 더 강건함과 용맹함을 담아내고 있다. 근육을 갖추고 있는 팔과 다리와 몸통은 남성적 미를 잘 드러내고 있으며, 자신감 있는 콘트라포스토 자세를 통해 승리를 향한 영웅의 이미지를 인상적으로 재현해내고 있다. 다비드의 이와 같은 강인한 신체는 당시 피렌체의 정치적 위기에 대한 상징적 구원자로 해석되기도 한다. "로렌초가 죽은 후 프랑스의 침략, 메디치가의 분란, 사보나롤라의 집권과 몰락, 로마 교황청과의 적대감 등으로 피렌체는 불안한 시기였고, 그들의 생명이라 할 상업도 해적이나 산적들로부터 위협을 받아 시민들은 자신들과 도시를 지켜줄 강력한 수호신을 요구했다"[11]는 해석이다. 이제 신체는 정치의 옷을 입고 현실세계로 내려온다.

한편, 보티첼리(Sandro Botticelli)의 작품 '비너스의 탄생'은 인간 신체에 대한 르네상스의 시각을 보여주는 회화의 한 사례로 다가온다. 아래 해석이 말해주고 있듯이, 그림 속 비너스의 몸은 기독교의 몸과 뚜렷이 대비된다.

> 하늘을 뜻하는 푸른 망토와 땅을 뜻하는 붉은 색 드레스로 온몸을 가린 채 시선을 내리깐 정숙한 성모상에 익숙해 있던 당시 사람들에게 나체의 이교 여신상이 준 충격은 대단했을 것이다. 중세의 이브가 그 나체로 유혹과 타락을 상징한 반면, 이 비너스는 너무도 자랑스럽고 당당하게 자신의 완벽한 나신을 드러내고 있고, 그 아름다움이 너무도 고귀하고 감미로워 속되다거나 천박하다거나 치욕스럽다는 느낌은 전혀 들지 않은 고아한 분위기를 연

11 유성웅, 「신의 의지와 힘을 인간의 의지와 힘으로 대체시킨 반역자」, 『미술세계』, 1985, 1월호, p. 144.

출하고 있다.[12]

보티첼리의 비너스 나신은 낙원 바깥으로 추방당하는 타락한 인간의 벌거벗은 몸이 아니다. 그의 몸은 생명으로 가득 찬 순수하고 순결한 몸이다. 그 생명에너지로 가득 찬 비너스의 몸은 기독교의 창세기 이야기와 근본적으로 다르다. 신화 속 비너스는 신의 거룩한 말씀과 행위가 아니라, 하늘의 신 우라노스의 잘려진 성기에서 흘러나온 피에서 태어났다. 물에서 태어난 비너스는 바람의 신 제피로스와 그의 부인 클로리스가 부는 성애의 바람에 밀려 땅 위로 올라오고 있고, 시간과 계절의 신 호라이가 조화를 상징하는 외투를 비너스에게 입히려 하고 있다. 비너스의 몸은 현세적 인간세계의 몸 그 자체다. 보티첼리의 또 다른 작품 '비너스와 마르스'는 '비너스의 탄생' 속 비너스의 순수한 생명의 몸과는 달리, 성적 욕망을 지닌 몸으로 그려지고 있다. 잠들어 있는 전쟁의 신 마르스와 그를 기묘한 눈빛으로 쳐다보는 사랑의 신 비너스, 그리고 그 사이에서 마르스의 귀에 대고 소라 고동을 부는 사티로스, 이 회화는 명백히 성적 욕망에 사로잡히고 그것을 갈구하는 남녀의 모습이다. 특히 고개를 뒤로 젖히고 잠을 자고 있는 마르스의 나신은 성욕을 채우고 만족해하는 모습으로 해석된다. 성욕에 사로잡힌 반인반수의 생명체 사티로스가 그러한 해석의 근거가 된다.

르네상스 정신은 육체에 대한 기독교적 도덕관에 사로잡히지 않았다. 원죄의 인간이 신의 계시를 알아 구원받기 위해서는 육체의 욕망을 멀리하면서 영혼을 갈고 닦아야 한다는 교리에 기원하는 부정적으

12 북이너스, 『르네상스 미술과 아름다움』, p. 36.

로 채색해온 인간의 몸과 다양한 정념과 욕망을 르네상스는 새롭게 들여다보고자 했다. 그 속에서, 여러 의지와 욕망으로 채워진 현세적 존재로서의 인간이 태동하고 있었다. 많은 학자들이 르네상스 정신의 출발점을 페트라르카(Francesco Petrarca)[13]로 삼는 데에는 페트라르카가 중세적 인간과는 근본적으로 다른 인간상을 문학적 상상력으로 그려내었다는 사실과 무관해보이지 않는다. 램브래히트는 그것을 "세속성"[14]이라고 말했다. 고향 토스카나에 머물지 않고 이웃나라를 다니면서 경험한 학문적 교류를 통해 고전고대에 대한 여러 지식을 쌓은 페트라르카는 중세를 비판하고 그리스와 로마로의 복귀를 강력하게 주장했다. 그는 중세와는 근본적으로 다른 새로운 인간의 모습을 자신의 문학에 담아냈다.

그것은 현실을 살아가는 인간이었다. 그 인간에게는 내세에서의 구원만큼 현세에서의 삶과 의지와 감정도 중요한 것이었다.[15] 페트라르카 문학의 최대 걸작으로 평가받고 있는, 366편의 서정시들로 구성된 『칸초니에레』(*Canzoniere*)는 남녀의 사랑과 이별, 그로 인한 갈등과 번민의 마음을 노래하고 있다. 시집은 "가슴 깊이 사랑에 빠지고 시간의 흐름을 통해 인간의 생과 사의 운명을 깊이 느끼게 된", "과거와 현재 그리고 미래에 대한 사려와 고달픔으로 지치고 마침내 외로움에 싸여 살

---

13 제라르 르그랑, 정숙현 옮김, 『라루스 서양미술사: 르네상스』, 생각의나무, 2004, p. 16; S. P. 램브래히트, 김태길 · 윤명로 · 최명관 옮김, 『서양철학사』, 을유문화사, 1983, p. 308; 강영한, 『르네상스와 유토피아 사상』, p. 7.

14 램브래히트, 『서양철학사』, p. 308.

15 강영한, 『르네상스와 유토피아 사상』, p. 11.

다가 탄식의 소리를 지르며 자비를 갈망하는"[16] 인간의 심정을 노래로 승화하고 있다. 그의 또 다른 작품 『트리온피』(*Trionfi*)는 인간 영혼의 성장과 완성을 노래하고, 현실적 삶에서의 성공과 신앙이 양립 가능하다고 주장하고 있다. 또한 『자기 자신과 많은 사람들의 무지에 대하여』(*De sui ipsius et multorum ignorantia*)에서 이탈리아의 선구적 인문주의자는 인간의 본질과 의미, 인간의 운명에 대한 성찰과 인식을 강조했다. 페트라르카는 『파밀리아레스』(*Familiales*) 제4권인 「방투산 등정기」에서 새로운 시간관념을 보여주었다. 그는 "종말의 신학적 시간, 구원이라는 궁극적 목적을 향한 일직선적인 시간을 부인하고 갈망, 불확실, 저항, 다시 오르려는 시도, 다시 내려감 등의 존재론적 굴절이 있는 인간의 시간"[17]을 발견한다. 종교적 인간이 아니라 스스로의 힘으로 운명을 개척해가는 인문주의적 인간이 등장하고 있었다.

르네상스 인문주의 정신을 이야기하자면 보카치오(Giovanni Boccaccio)를 지나칠 수 없다. 피렌체에서 어린 시절을 보낸 보카치오가 1353년에 집필한 소설 『데카메론』(*Decameron*)은 흑사병을 피해 모인 일곱 여성과 세 남성이 열흘 동안 나눈 100편의 이야기를 통해 운명과 사랑이라는 인간의 조건을 정면으로 마주하고 솔직하게 다루고 있다. 소설의 서문은 괴로움, 사랑, 인내, 고통, 질투, 욕망 등, 인간이 피할 수 없는 여러 감정을 이야기하고 그것이 초래하는 심리적 어려움을 위로하

16 이상엽, 「프란체스코 페트라르카의 『칸초니에레』 연구」, 『이탈리아어문학』, 제14집, 2004, p. 172.

17 이승수, 「보카치오의 『데카메론』에 나타난 이탈리아 초기 인문주의 – 운명과 사랑의 테마를 중심으로」, 『이탈리아어문학』, 제43집, 2014, p. 315.

고자 책을 썼음을 밝히고 있다. 그것은 작가의 경험에서 우러나온 교훈이었다.

> 그러나 저는 이루 말할 수 없는 인내와 고통의 시간을 보냈습니다. 사랑하는 여인이 무정해서가 아니라 왕성한 욕구에서 나온 과도한 불길이 제 가슴을 태웠기 때문입니다. 그 불길은 도가 넘게 타올라 저는 늘 뭔가 부족한 듯했으며 필요 이상으로 괴로움을 느끼곤 했던 것입니다. 그렇게 괴로워하는 가운데 어떤 친구와 나눈 즐거운 대화와 그의 진정 어린 위안이 제 가슴을 식히기에 충분했습니다.[18]

보카치오 고민의 근원에는 사랑하는 사람을 향한 자신의 욕구와 그에 따른 괴로움이 놓여 있었다. "르네상스 휴머니스트들에게 공통된 가장 현저한 특징은 자아와 개성에 대한 고도의 자각이었다"[19]는 해석이 보카치오에게도 적용 가능하다. 여기서 더 나아가 그의 소설은 개인의 특수한 감정이 인간의 보편성으로 확장될 가능성을 보여준다. 그 점에서 보카치오는 인간에 대한 심층적 이해의 문을 열어주고 있다.

보카치오의 소설은 인간의 피할 수 없는 운명과 그 운명으로부터 벗어나기 위한 주체적 노력을 이야기하고 있다. 그는 이야기꾼의 입을 빌려 "우리가 어리석게도 우리 탓이라고 생각했던 모든 일들이 사실은 운명의 손아귀 안에 들어 있고, 결국에는 운명의 보이지 않는 법칙에 따라 이곳에서 저곳으로 또 저곳에서 이곳으로, 우리가 전혀 알 수 없

18 조반니 보카치오, 박상진 옮김, 『데카메론1』, 민음사, 2012, p. 16.

19 강영한, 『르네상스와 유토피아 사상』, p. 10.

는 어떤 질서에 따라 끊임없이 변화하고 있잖아요"[20]라고 말하고 있다. 그리고 『데카메론』에는 자신이 부딪힌 운명적 상황을 극복하기 위해 재치와 기지와 능력을 발휘하는 인물들로 가득 차 있다. 서양 중세가 바라본 운명이 신의 섭리로 순종해야 할 필연이라면, 르네상스 인문주의자가 바라본 운명은 인간을 다양하게 반응하게 하고 행동하게 하는 환경이다. 운명은 체념하는 인간을 만들기도 하지만, 스스로의 노력을 통해 필연의 벽을 넘어서려는 인간을 만들어내기도 한다. 보카치오는 "운명과 싸우기 위해 계산을 하고 미리 내다보고 방어할 줄 아는", "돌연한 공격에 재빨리 자신을 방어하며 결단력 있게 결정을 내리는"[21] 인간을 그리고 있고, 그 점에서 인간의 자질로서 지혜를 강조한다.

보카치오 소설 속 주인공들은 사랑을 갈구한다. 그런데 그 사랑은 신과 절대자를 향한 초월적 사랑으로 환원되지 않는다. 오히려 그 사랑은 육체적 쾌락을 포함해, 현세를 살아가는 인간이 갖고자 하는 욕망으로 확장된다. 중세는 인간의 성적 사랑을 억압해야 할 불결한 욕망으로 간주했지만, 보카치오는 그것을 인간을 움직이는 본원적이고 자연스런 힘으로 보았다. 그에게서 성애는 인간을 생명력으로 약동하게 하는 원천이었다. 성직자가 얼마나 강렬한 육체적 욕망에 사로잡혀 있는가를 풍자하는 이야기들이 말해주고 있듯이, 너무나도 강력한 열망이기 때문에 종교적 도덕원칙도 그것을 막을 수 없는 것이다. 그렇게 사랑은 운명과 함께 인간 삶을 이끌어가는 궁극적 힘으로 등장한다.

---

20 보카치오, 『데카메론1』, p. 155.

21 이승수, 「보카치오의 『데카메론』에 나타난 이탈리아 초기 인문주의 – 운명과 사랑의 테마를 중심으로」, p. 325.

여기서 우리는 운명과 사랑으로 인간사가 움직인다는 보카치오의 문학적 목소리가 운명과 덕이 우리 인간사를 이끌어가는 두 힘이라는 마키아벨리(Niccolò Machiavelli)의 정치적 목소리와 겹치는 것을 감지한다. 자신의 재치와 기지로 운명을 헤쳐 나가는, 이성에 대한 성적 욕망을 지닌 보카치오의 인간은 마키아벨리에게서 정치적 운명을 자신의 지혜로 돌파해가며 정치권력을 욕망하는 인간으로 등장한다. 피렌체 출신의 마키아벨리는 이탈리아가 작은 국가들로 분열되어 있었기 때문에 스페인, 프랑스 등 주변 강대국들의 끊임없는 외교적 간섭과 군사적 침략에 시달리는 정치적 운명을 피할 수 없음을 자각했다. 하지만 보카치오의 인간들이 그러했듯이, 인간은 그 운명을 수동적으로 받아들일 수만은 없는 존재라고 보고, 운명에 맞서는 군주라는 정치적 인물을 앞세워 그가 갖추어야 할 역량을 마키아벨리는 제시한다. 그의 대표 저술 『군주론』(*Il Principe*)에는 운명을 넘어설 수 있는 정치적 지혜와 수완과 기지가 역사를 통해 흥미롭게 묘사되고 있다. 마키아벨리는 군주가 지녀야 할 정치적 능력에 대해 도덕과 덕성에 관한 전통적 이분법을 따르지 말 것을 제안한다. 마키아벨리는 이렇게 말한다.

> 그러나 '인간이 어떻게 사는가'는 '인간이 어떻게 살아야 하는가'와는 너무나 다르기 때문에, 일반적으로 행해지는 바를 행하지 않고 마땅히 해야 하는 바를 고집하는 군주는 권력을 유지하기보다는 잃기가 십상이다. 어떤 상황에서나 선하게 행동할 것을 고집하는 자는 많은 무자비한 자들에게 둘러싸여 몰락을 자초할 것이 불가피하다. 따라서 권력을 유지하고자 하는 군주는 필요하다면

부도덕하게 행동할 태세가 되어 있어야 한다.[22]

전통적 도덕관념을 넘어서야 한다는 이 주장의 핵심에는 정치권력에 대한 열망이 자리하고 있다. 강력한 권력은 내부 분열과 외부 간섭으로부터 이탈리아를 보호할 수 있는 중대한 수단이기 때문이다. 우리는 중세 정치사상과의 비교를 통해 마키아벨리의 정치적 사유가 갖는 근대성에 대한 인식에 도달할 수 있다. 성 아우구스티누스(Saint Augustinus)의 『신국론』(*De Civitate Dei*)에 깔려 있는 국가와 권력에 대한 이해 위에서 논의에 접근해보자.

413년-427년 사이에 쓰인 『신국론』은 국가를 두 개로 구분하고 있다. 신의 나라와 인간의 나라다. 신국은 인간이 원죄를 짓기 이전에 살았던 나라를 의미하는데, 하나님의 의지가 지배하는 곳, 자유가 실현되는 곳이다. 그와 달리 인국은 죄를 지은 인간이 추방될 타락한 나라를 말하며, 하나님의 의지가 아니라 인간의 의지가 지배한다. 신국이 하나님에 대한 사랑으로 채워져 있다면, 인국은 인간의 이기적 욕망, 즉 자기애에 사로잡힌 땅이다. 인국은 세속적이고 현세적인 이기적 야망이 실천되고 있다는 점에서 대단히 경멸스러운 곳이다. 성 아우구스티누스가 비판해마지 않은 당대의 로마야말로 인국의 구체적인 모델이었다. 탐욕으로 광대한 식민지를 소유한 로마제국은 하나님의 뜻과 의지에 가장 대립적인 곳이었다. 아우구스티누스에게서 가장 중대한 과제는 신국을 회복하는 일이었으나 그것은 궁극적으로 신의 주권에 속

22 니콜로 마키아벨리, 강정인 옮김, 『군주론』, 까치, 1994, pp. 106-107.

하는 것이었다. 그렇지만 인국 속에서 살아가는 인간이 신을 향해 나아가고자 하는 노력을 포기할 수는 없다. 그것이야말로 인간의 참된 소명이기 때문이다. 인국 속에서 신의 나라를 회복시키려는 구체적인 노력은 평화의 구현이다. 여기서 지상의 국가와 세속권력은 평화를 만들어내고 유지함으로써 자신의 정당성을 부여받을 수 있다. 인국과 정치권력은 근본적으로 인간 타락의 결과물이지만, 평화를 이끌어냄으로써 인간의 고통을 줄여주는 역할을 수행할 때 존재이유를 확보하게 된다.[23] 성 아우구스티누스의 정치사상은 세속국가와 권력의 정치적 당위와 유용성을 인정한다는 면에서 전적으로 중세적인 정치적 사유 속에 머물러 있는 것은 아니지만, 그럼에도 그 존재근거를 기독교의 초월적 가치에 두고 있다는 점에서 중세 정치사상의 태도를 유지하고 있다고 말해야 한다.

국가와 권력에 대한 마키아벨리의 생각을 보여주는 『군주론』은 중세적인 사유로부터 뚜렷한 단절을 보여주고 있다는 점에서 『신국론』과 극적으로 대비된다. 아우구스티누스가 이교도에 의해 로마가 초토화되었다는 소식을 듣고 『신국론』을 저술했던 것처럼, 마키아벨리 또한 이탈리아가 프랑스, 스페인 등 이웃 강대국들에 의해 침탈당하는 모습을 보고 『군주론』을 저술했다. 동일한 혹은 유사한 역사적 배경 속에서 두 책과 두 정치사상이 탄생했지만, 위기를 돌파하고 문제를 해결하는 면에서는 근본적으로 다른 길을 걷는다. 아우구스티누스가 하나님이 만든 본래의 나라인 신국의 회복을 궁극적 해결책으로 제시하는

23 R. N. 버어키, 권용립 · 신연재 옮김, 『정치사상사』, 녹두, 1985, pp. 132-142.

반면에 마키아벨리는 그 답을 신과 기독교가 아니라 세속적 힘의 증대와 실천에서 찾고 있다. 마키아벨리는 『군주론』 제26장에서 다음과 같이 말했다.

> 이탈리아가 이런 야만적 잔인함과 모욕으로부터 자신을 구원해줄 누군가를 보내 달라고 신에게 얼마나 기도하고 있는지를 사람들은 압니다. 또한 누군가 깃발을 높이 든다면 이탈리아가 기꺼이 따를 준비와 자세가 되어 있다는 것도 압니다. 지금 이탈리아가 희망을 걸 대상은 다른 누구도 될 수 없습니다. 오직 당신께서 속해 계신 빛나는(메디치) 가문뿐입니다. 당신께 부여된 운명의 힘과 비르투, 신의 은총, 그리고 당신 가문이 군주를 맡고 있는 교회의 힘을 통해 당신께서는 스스로 이 구원의 우두머리가 되실 수 있습니다.[24]

마키아벨리는 현실적인 차원에서 피렌체 메디치 가문의 통치자들이 비루트(virtue)를 쌓아 운명을 돌파할 것을 요구하고 있다. 그러기 위해서 군주는 국가를 다스리고, 민중을 조직하는 문제에 대한 태도를 확립해야 하고, 통치를 위한 심성과 의지가 대단히 치밀해야 한다. 군주와 통치자는 단순한 도덕적 이분법에 빠지기보다는 전략적 자세에 입각해 비난, 관용 베풀기, 잔인함, 인색함, 자비로움, 신의 등의 문제를 상황에 적합하게 실천해야 한다. 마키아벨리가 피렌체, 나아가 이탈리아에 요구한 것은 기독교적 정치 원리의 회복이 아니라 상대국의 침략을 방어할 수 있을 만큼 강대한 힘과 노련한 전략 위에서 강한 국가

---

24 N. 마키아벨리, 박상훈 옮김, 『군주론』, 후마니타스, 2014, pp. 341–342.

를 만드는 것이었다. 그것은 대단히 세속적인 기획이었다.

마키아벨리의 정치적 사유는 중세적 국가 비전과의 근본적인 결별이고 새로운 국가비전의 태동이다. 종교적 질서에 자리를 잡는 국가, 정치공동체가 아니라 인간의 현세적인 필요와 의지에 터하는 국가와 정치공동체를 꿈꾸는 새로운 정치적 비전의 태동이다. 마키아벨리가 군주의 덕성을 제시하기 위해 사용한 개념인 비르투가 그 점을 잘 보여주고 있다. 비루트는 종교적 덕성이나 의지가 아니라 현실 속의 제약과 장애를 뛰어넘을 세속적 힘과 능력이다. 그 점에서 마키아벨리의 정치사상은 신의 세계로부터 벗어나 인간적 세계로의 이행을 선언한 르네상스 정신의 정치적 표현이라고 할 수 있다.

2. 원근법과 세계의 창조자, 인간의 등장

마키아벨리는 당대 이탈리아의 혼란과 분열을 극복하고 통일을 이루어낼, 군주의 지침서 『군주론』에서 당대 일반사람들이 보이는 인식태도를 묘사한 바 있다.

> 사람들은 일반적으로 손으로 만지기보다는 **눈으로 보아서** 당신을 판단한다. 보는 것은 모두에게 허용되지만 만지는 것이 허용되는 사람의 경우는 거의 없기 때문이다. 모든 사람은 밖으로 드러나는 당신의 모습을 볼 수 있지만 당신이 어떤 사람인지를 만져서 느낄 수 있는 사람은 극히 소수에 불과하다. [……] 모든 사람의 행동, 특히 군주라고 하는, 아무도 그에게 이의를 제기할 법정이 없는 존재의 행동에서 사람들은 최종적 결과에 주목하게 된

> 다. 따라서 군주가 국가를 획득하고 잘 유지하게 되면 그 수단은 모든 사람에 의해 명예롭게 칭송받을 만한 것으로 평가된다. 일반 대중은 외양과 결과에 의해 설득되기 때문이다.[25]

마키아벨리는 이처럼 시각적 이미지에 대한 당대인들의 깊은 의존성을 간파하고 군주를 향해 과감한 주장을 하고 있다. 이를 통해 우리는 피렌체의 르네상스가 시각 이미지의 시대였음을 감지할 수 있다. 사물의 외양이라는 시각적 이미지가 사람들의 판단과 믿음을 결정할 만큼 놀라운 영향력을 행사하고 있기 때문이다.

서구문명사에서 시각 이미지는 긍정적 평가와 부정적 평가를 함께 받아온 이중적 존재였다. 우선, 이미지에 대한 부정적 태도는 플라톤의 철학에 기원을 두고 긴 시간 이어져왔다. 가령, 플라톤이 『국가』(*Politeia*)에서 든 동굴의 비유와 침대의 비유는 시각적 이미지에 대한 부정적 해석의 극단을 보여주고 있다. 어두운 동굴 속의 죄수는 자기 앞에서 움직이는 그림자들을 본다. 그는 실제로 동물들이 소리를 지르면서 움직인다고 생각하지만 사실 그것은 동물 모양의 형상이다. 죄수는 자기 뒤에서 펼쳐지고 있는 사태의 진실을 알지 못한다는 것이다. 그는 뒤를 돌아보지 못하는 방식으로 묶여 있기 때문이다. 이 비유를 통해 플라톤은 그림자라는 시각 이미지가 진리 인식의 장애물이라는 사실을 말하고 있다. 이어서 플라톤은 세 개의 침대, 즉, 관념으로서의 침대(침대의 이데아), 물질로서의 침대(현실 속의 침대), 이미지로서의 침대(그림 속의 침대)를 이야기한다. 이 세 침대의 존재론적 가치는 동등하

25 마키아벨리, 박상훈 옮김, 『군주론』, p. 281(강조는 필자).

지 않다. 현실 속의 침대와 그림 속의 침대는 모두 침대의 이데아를 모방한 것이기 때문에 그 가치에서 열등하다. 더욱이 화가가 그린 이미지로서의 침대는 현실 속 침대의 모방이라는 점에서 그 존재론적 가치가 가장 열등하다. 플라톤이 화가를 필두로, 이미지를 만드는 이들에 대해 대단히 혹독한 평가를 내리고 있는 이유는 거기에 있다. 그들은 "진리에서 멀리 떨어져 있는 자신의 작품들을 만들어내며, 우리 안에서 분별(지혜)과는 멀리 떨어진 상태로 있는 부분과 사귀면서 건전하지도 진실하지도 못한 것과 동료가 되고 친구가 되"[26]려 한다는 것이다.

시각적 이미지가 진리 인식을 가로막는 장벽이라는 부정적 관점은 역사적 시간을 지나 700년대 동로마제국에서 성상파괴운동이라는 종교적 양태로 재연되었다. 신에 관한 일체의 이미지 창조와 그에 대한 숭배를 금지한, 726년에 선포된 레오3세의 성상숭배금지 칙령에서 그 적대적 역사가 시작된다.

서양문명은 기독교를 공인한 이래 시각적 이미지로 신을 형상화하는 것이 교리적으로 타당한가를 놓고 오랜 시간 논쟁을 벌여왔다. 유대교를 포함해 모든 유일신교는 근본적으로 이미지에 적대적이었다. "모든 유일신교는 본래 표상을 두려워한다. 그리하여 성상파괴를 주장하기도 한다. 그들이 보기에 이미지는 장식적인 것이며 기껏해야 암시적이다. 항상 본질을 벗어난 지엽적인 것에 불과하다."[27] 유대교의 교리적 기원을 갖는 기독교가 이미지를 일종의 우상으로 간주하면서 신의 존

26 플라톤, 박종현 옮김, 『국가/정체』, 서광사, 2005, p. 603a–b.

27 드브레, 『이미지의 삶과 죽음』, p. 119.

재를 드러내기에는 적합하지 않다고 인식해온 것은 너무나 타당해 보인다.

하지만 기독교는 시각 이미지에 대해 언제나 적대적이지는 않았다. 예수의 존재성으로부터 부여받은 영감의 영향이다. 예수는 신의 관념성과 이미지의 물질성이 공존하고 있는 존재로, 그렇기 때문에 유일신교의 교리 속에서 적대적 관계에 머물러 있던 관념과 물질이 화해할 수 있는 정당한 근거로 인식되었다. 그는 "인간이자 신, 말씀이자 육신"이고, "신격화한 육신이거나 승화된 물질"[28]이라는 인식이다.

그리하여 기독교는 유대교와 달리, 예수에 대한 다양한 이미지 제작과 숭배의 양상을 보여 왔고, 로마 황제 콘스탄티누스가 기독교를 수용한 이후 이미지에 대한 기독교의 열광은 한층 더 강력한 모습으로 전개되었다. 결국 680년의 6차 콘스탄티노플 회의와 692년 트룰란 시노드(Trullan synod)에서 이미지 숭배의 교리적 정통성이 확립되었다. 하지만, 로마가톨릭교회의 그와 같은 노선에 맞서서 동로마제국의 정치권력은 이미지 숭배를 우상으로 보는 근본주의적 태도를 확고히 했다. 물론, 그 문제는 순전히 종교적 차원에 국한된 것은 아니었다. 성상 제작과 판매를 통해 금전적 이득을 얻어온 동로마교회 성직자들의 경제력 확장을 막기 위한 황제가 시도한 정치적 전략의 결과물이었다. 하지만 그럼에도 그 일차적 문제의식은 물질적 이미지가 신의 본질을 인식하는 데 장애물이라는 유일신교 원칙에 대한 믿음에 있었다. 레오 3세는 성상숭배금지 칙령에 이어 730년에는 성당의 모든 이미지 제거를 명

28 드브레, 『이미지의 삶과 죽음』, p. 136.

령하는 칙령을 공표했다. 그러한 이미지 배척 행위는 그의 아들 콘스탄티누스 5세에게서 더 격렬하게 나타났는데, 황제는 754년 콘스탄티노플 공의회를 개최해 일체의 종교적 이미지 숭배 금지를 서약하게 했고 그에 반발하는 사람들을 처형하기도 했다.[29]

그러나 성상 파괴운동은 동로마의 땅에서 그치지 않고 16세기 유럽의 종교개혁을 계기로 다시 부활했다. 루터를 필두로 종교개혁가들은 가톨릭교회를 채우고 있는 여러 종교적 이미지들과 그것을 매개로 치러지는 의식들을 비합리적인 미신적 제도라고 격하하면서 이미지 숭배를 비판했다. 이미지 배척에 가장 적극적인 태도를 보인 사람은 아마 칼뱅(Jean Calvin)이었을 텐데, 그는 기독교 성인들에게 이미지를 봉헌하는 태도를 타락한 욕망이라고 주장하면서, 하나님과 우상은 결코 공존할 수 없다고 역설했다. 이미지에 대한 그의 적대적 태도는 그의 저서 『기독교 강요』(*Institutio Christianae Religionis*)에 잘 나타나 있다. 칼뱅은 "보이는 하나님을 갈망하여 나무와 돌, 금과 은, 혹은 생명이 없고 썩을 어떤 다른 물질로 신들을 만들려 하는 야수 같은 어리석음이 온 세상에 퍼져 있다"[30]고 강조했다.

지금까지의 논의를 염두에 두고 마키아벨리의 외양에 대한 문제로 다시 돌아가 보자. 다수 피치자들은 외양, 즉 시각 이미지를 기준으로 사태를 평가하고 판단한다는 마키아벨리의 주장은 단순히 대중의 정치의식에 대한 사상가의 개인적 관점으로 들리지 않는다. 오히려, 서양문

---

29 송태현, 『이미지와 상징』, 라이트하우스, 2005, pp. 32-33.

30 장 칼뱅, 이은선 옮김, 『기독교 강요』, 지식을만드는지식, 2014, p. 40.

명사에서 긴 논쟁과 대립의 대상이 되어 온 이미지가 종국적으로 르네상스의 도래를 통해 이미지 찬미 열망이 승리하는 시대로 진입했음을 알리는 문화적 신호로 해석된다.

하지만 그 열망은 절대자와 그의 이미지를 존재론적으로 동일화화면서 이미지를 숭배의 대상으로 삼는 종교적 열정과는 근본적으로 다르다. 르네상스는 이미지를 향한 열광의 시대였다는 점에서 기독교적 전통을 잇고 있는 듯하지만, 상징적 실체로 이미지를 바라는 종교적 태도와는 전적으로 상이했다. 르네상스는 이미지에서 종교적 열망을 떼어내고 그 자리에 세속적 열정이라는 새로운 원리를 이식했다. 근대의 문화적 문을 열어준 르네상스는 건축, 회화, 조각, 문학 등으로 이미지를 숭배했지만 그것은 과거처럼 신과 구원이 아니라 인간과 현세적 욕망의 대상이었다.

르네상스의 인간주의는 그러한 열정 속에서 이미지 제작을 위한 새로운 기법을 발명했다. 과거와의 근본적인 단절을 특징으로 하는 그 원리를 서양미술사는 '원근법' 또는 '투시법'이라 부른다. 원근법은 2차원 평면에 3차원 공간의 깊이를 시각적으로 만들어내는 회화기법이다. 잘 알려져 있는 것처럼, 이 원근법은 르네상스 건축가 브루넬레스키(Filippo Brunelleschi)가 1425년에 실험을 통해 입증하고, 그로부터 10년 뒤 피렌체의 예술 이론가 알베르티(Leon Alberti)가 『회화론』(*Della Pittura*)을 통해 이론화하고 체계화한 이미지 제작술이었다.

1425년, 브루넬레스키는 피렌체 산 지오바니 교회 앞 광장에서, 그리고 시뇨리아 궁 앞 광장에서 흥미로운 실험을 했다. 첫째는 산 지오바니 성당 그림과 거울을 이용해 그림이 아니라 실제로 성당을 보고 있는 시각 효과를 산출하는 실험이었고, 둘째는 시뇨리아 궁과 그 앞의 광장 이미지가 실재인 것처럼 보여주는 실험이었다.

브루넬레스키는 캔버스에 산 지오바니 교회를 원근법의 원리를 따라 정확하게 그린 다음, 캔버스 속 교회의 중심축이라고 생각되는 자리에 구멍을 뚫었다. 이어서 그는 교회를 등지고 서서, 한 쪽 손에는 거울을 들고, 다른 쪽 손으로는 캔버스 속 그림이 거울에 비추어지는 자세를 취했다. 그리고 그림 뒤편의 구멍을 통해 거울을 들여다보면서 거울 속의 교회 건물이 주변 풍광과 정확히 일치하도록 그림의 위치를 조정했다. 그렇게 일치하는 순간, 그는 실제로 교회와 그 주변 풍경을 바라보는 것과 같은 시각효과를 느낄 수 있었다.[31] 다음, 브루넬레스키는 시뇨리아 궁의 양쪽 앞면과 그 주변의 사물들을 원근법의 원리를 따라 그렸다. 그는 궁과 주변 광장의 이미지가 실제 궁과 광장을 정확하게 가리도록 캔버스의 위치를 이동시켰다. 그러한 위치에서 바라보면 마치 실제로 궁과 궁 주변을 바라보고 있다는 착각을 일으킨다. 실제 궁과 이미지로서의 궁이 정확한 비례의 거리를 유지하면서 캔버스 속 이미지가 실재 궁과 광장인 것처럼 보이는 효과가 산출된 것이다.[32] 반복하자면, 이 두 실험에서 매우 흥미로운 점은 평면 공간에 그려진 시각 이미지가 실재하는 입체적 사물처럼 보이는 효과가 발생한다는 사실이다. 그 이미지가 실제 건물 주변과 정확히 공간적 일치를 이루면서 마치 현

31 주은우, 『시각과 현대성』, 한나래, 2003, pp. 176–179.

32 주은우, 『시각과 현대성』, pp. 185–188.

실을 보는 것과 같은 착각을 일으킨 것인데, 이러한 효과가 가능하기 위해서는 무엇보다 캔버스 속 이미지가 화가의 위치와 시각을 기준으로 사물과의 정확한 공간적 비례 관계에 자리해야 한다.

이러한 입체 이미지를 만들려면 원근법적 메커니즘이 필요하다. 즉 캔버스 공간의 무한 수렴 효과를 만들어내는 소실점을 기준으로 분할된 공간 속에 이미지를 비례적으로 배치해야 하는데, 그 소실점은 그림을 그리는 화가가 실제 대상과 맺는 눈의 위치와 일치하는 자리에 들어가야 한다. 브루넬레스키의 실험에서 캔버스 속 이미지가 실제 건물인 것과 같은 시각적 착각을 일으킨 데에는 그 이미지를 정확한 비례원리에 따라 그렸기 때문이고, 화가의 눈과, 실제 건물과 구멍을 통해 바라보는 건물 이미지의 위치가 정확히 일치했기 때문이다. 또한 두 번째 실험에서 알 수 있듯이, 화가의 눈이 실제 건물과 이미지로서 건물의 위치가 일치하도록 정확한 지점을 찾아냈기 때문이다. 그러니까 화가의 공간 인식을 따라 찍히게 되는 소실점이야말로 원근법 이미지가 정확한 3차원 효과를 산출하기 위한 궁극적 원리다.

이처럼 브루넬레스키는 원근법의 근본적인 원리를 경험적으로 제시해주었다. 하지만 그는 소실점의 위치와, 재현될 대상물의 상대적 크기를 정해주는 거리점의 위치를 화폭 위에 만들기 위한 과학적 원리는 알지 못했다. 그 과제는 10년 뒤 알베르티에 의해 밝혀지게 되는데 그에게서 회화의 궁극적 목표는 이스토리아(istoria)라는 개념에 연결된다. 회화는 감상하는 사람의 영혼을 고양해야 한다는 말이다. 알베르티는 조화와 비례미를 바탕으로 가장 정확하게 표상된 이미지가 그러한 목표를 가능하게 한다고 생각했다. 하지만, 입체적 대상을 평면 공간에 담아내는 일, 그러니까 캔버스에 담긴 이미지가 실제 공간 속의 모습과 동일한 시각적 양태를 지니도록 하는 일은 간단하지 않다. 그러기 위해서는 기하학과 수학의 원리를 따라 캔버스 공간을 가장 엄격하게 분할하고 그에 맞추어 사물들의 크기와 위치를 정할 수 있는 지식을 요청한다. 그것은 곧 소실점과 거리점을 설정하는 과학적 원리로 귀결된다.[33] 캔버스 속의 이미지는 소실점과 거리점의 공간적 그물망 위에서 일정한 비례적 크기와 위치를 차지한다. 물론 그 공간적 그물망의 궁극적 기준은 그림을 그리는 화가의 눈의 위치이고 그에 일치하는 소실점은 실제 사물의 크기와 위치, 그리고 캔버스 속 이미지의 크기와 위치가 정확히 일치하는 기준으로서, 바로 그 일치 위에서만 이미지의 실재 효과가 발생한다.

평면 공간의 기하학적 분할과 수학적 배치에 관한 합리적 지식과 기술을 요구하는 원근법은 이제 과학적 지식과 훈련의 세계로 진입한다. 예술적 전문성을 가르치는 아카데미가 르네상스 시대에 본격적으로 만들어지고 예술가의 사회적 위치가 상승하게 되는 것은 그러한 이유였다.[34]

드브레는 "'그림 같은'이라는 형용사는 이탈리아어로 '피토레'(pitore), 즉, 그림이라는 말에서 나왔다"[35]고 주장하는바, 여기서 우리는

---

33 주은우, 『시각과 현대성』, pp. 158–173.

34 김영나, 「르네상스 미술가와 미술교육: 워크숍에서 아카데미로」, 『미술사논단』, 12월호, 1995, pp. 85–86.

35 드브레, 『이미지의 삶과 죽음』, p. 304.

이미지와 실재 간의 역설적 관계를 인식한다. 시각 이미지로서 그림은 실재하는 사물의 표상과 재현이기 때문에 플라톤 철학의 존재론적 차원에서는 실재 사물의 모방물이지만, 미적 차원에서 '그림 같은'이라는 표현은 실재의 이미지가 실재보다 이상적이거나 완벽하다는 의미를 내포하고 있다는 사실에 비추어보면, 이미지가 실재 사물보다 더 우월한 위상을 차지하는 의미로 다가오기 때문이다.

서구적 기원에서 이미지는 자신의 원본보다 우월한 위치나 뛰어난 가치를 지닌 적이 없었다. 플라톤의 철학에서 이미지는 이데아로 불리는 관념의 파생물이었고, 종교적 세계에서 이미지는 절대자의 존재를 드러내는 우회적 상징으로 간주되었다. 그렇게 보면, 르네상스는 이미지의 존재성에서 근본적인 전환을 가져온 시대였다고 말할 수 있다. 이제 사람들은 이미지에 매혹된다. 이미지가 실재를 판단하는 준거가 된다. 그런데 이미지의 이와 같은 르네상스적 전환의 힘은 사실 이미지 자체에 있는 것이 아니다. 오히려 그 전환의 동력은 가장 이상적이고 완벽한 이미지를 만들어내는, 아카데미의 화가로 표상되는 비범한 능력의 보유자에게서 발견할 수 있다. 르네상스가 뛰어난 예술가의 시대가 되어야 했던 이유는 거기에 있다.

르네상스의 원근법은 실재 현실의 공간과는 완전히 다른 원리가 운동하는 공간, 즉 예술가의 합리적이고 과학적인 지식이 투사되는 캔버스 공간을 창조해냈다. 물론, 이전 시대에서도 이미지를 만들어내는 회화 공간은 존재했지만, 그 시대의 캔버스와 르네상스 시대의 캔버스는 본질적으로 다르다. 무엇보다 이전 시대의 캔버스는 절대자 세계의 존재론적 연장이었다. 달리 말하자면, 성스러운 존재의 이미지가 그려질 화폭은 실재 성스러운 존재의 공간과 분리되어 있지 않았다. 그 두 공간은 상징적으로 연결되어 있었는데, 성화의 세계를 바라보고 느끼는 것은 곧 성스러움의 세계로 나아가는 상징적 통로라는 의미다. 하지만 르네상스 시대의 캔버스 공간은 현실 속의 공간과 근본적으로 다르다. 현실 공간이 질적인 특수성을 본질로 한다면, 캔버스 공간은 그러한 질적 특성이 완전히 제거된, 수학적 합리성으로 구획할 수 있는 등질적인 추상이 지배한다. 따라서 현실 공간과 캔버스 공간은 완전히 상이한 두 개의 공간이다.

주은우는 원근법에 대한 파노프스키(Erwin Panofsky)의 연구(『상징적 형식으로서 원근법』)를 바탕으로 르네상스 원근법의 특성에 접근하고 있다. 먼저, 원근법이 적용되는 캔버스 공간은 "기하학적으로 합리화된 수학적 공간"이며, "무한 공간"임을 이야기한다. 캔버스 공간은 소실점과 거리점의 교차로 만들어지는, 합리적 계산 원리에 따라 분할된 부분 공간들로 구성되어 있다. 사실 현실 세계에서 그러한 공간은 존재하지 않는다. 왜냐하면 모든 공간은 자신의 질적 특성을 지닌, 그래서 합리적으로 분할될 수 없는 공간이기 때문이다. 그리고 사물의 무한 수렴 효과를 시각적으로 산출하는 소실점은 이론적인 차원에서 그 캔버스 공간이 무한 공간이라는 인식을 만들어낸다.[36]

그 두 상이한 공간이 원근법의 주체를 통해 시각적으로 연결된다. 물리적 공간의 사물이 수학적 공간에서 이미지로 만들어진다. 그렇다

---

36 주은우, 『시각과 현대성』, p. 193.

면 그 물질과 이미지의 원근법적 연결은 종교적 실재와 이미지 사이의 상징적 연결과 어떻게 다른가? 우리는 원근법을 통한 연결에 대해 상징이라고 부르지 않는다. 오히려 그것을 '재현'(representation)이라고 명명한다.[37] 재현이란 자연적 공간 속의 사물을 감각적으로 다시 드러내는 과정이다.[38] 중요한 사실은 상징과 달리, 이 재현의 과정을 통해 탄생한 이미지는 본래의 사물과 감각적 유사성을 갖지만 결코 동일한 것이 아니라는 점이다. 왜냐하면 그 재현 과정에는 재현 주체의 주관적 관점이 투사되기 때문이고, 나아가 재현이 이루어지는 공간은 자연적 공간과 근본적으로 다르기 때문이다. 알베르티가 정립한 것처럼, 르네상스 회화의 핵심적 목표는 그림을 감상하는 사람의 영혼을 정화하는 데 있다. 그렇다면 그 이미지는 실재 사물의 객관적 반영일 수가 없다. 나아가, 객관적 반영이라는 것은 불가능해 보인다. 자연적 공간 속의 사물을 수학적 합리성이 지배하는 등질적이고 추상적인 공간 속에 완전히 동일한 양상으로 드러낼 수는 없기 때문이다. 오히려 주체의 미적 의지에 따라 사물은 이스토리아에 부합하는 이미지로 재현되면서 전혀 다른 위상과 가치로 창조된다. 따라서 캔버스 공간은 객관적 모방과 상징의 자리가 아니라 주체에 의한 미적 창조의 자리로 이해되어야 한다.

앞서 살펴본 것처럼, 합리적인 무한 공간 위에 실재 사물을 이미지로 표상하는 작업과 관련해, 그 이미지가 실재 사물과 완전한 시각

37 하상복, 『이미지, 상징 · 재현 · 운동의 일굴』, 커뮤니케이션북스, 2016, pp. 35–39.

38 J.–C. Martin, "Introduction: représentation et pouvoir à l'époque révolutionnaire (1789–1830)," *Représentation et pouvoir: le politique symbolique en France(1789-1830)*, Presses Universitaire de Rennes, 2007, p. 13.

적 동일성 효과를 창출하기 위해서는 소실점의 위치가 이미지 제작 주체의 눈의 위치와 같아야 한다. 그것은 곧 캔버스 공간을 지배하는 존재로서 '주체'가 탄생했음을 의미한다. "이리하여 소실점과 눈은 일치한다. 이것은 새로운 주체의 개념이다. 원근법 화면에서 이미지들을 배치하는 중심으로서의 소실점은 곧 가시적 세계를 배치하는 중심으로서의 보는 사람의 눈이기 때문이다."[39] 소실점의 위치는 캔버스 공간 속 이미지의 양태를 결정해주는 궁극적 기준이 되는데, 그 점에서 이미지 제작 주체의 눈이야말로 무한한 캔버스 공간을 주관하는 절대적 존재가 된다. 버거(John Berger)는 이 관점을 보다 멀리 밀고 나가는데, 그것은 곧 우주를 관장한 신의 존재에 비유될 만한 양상이다. 신이 우주의 중심을 차지하는 것처럼, 이제 무한 공간의 중심에는 인간이 자리한다.[40]

신의 절대성에 필적할 이 주체는 합리적 정신의 소유자다. 그는 자연에 존재하는 대상물들을 캔버스라는 수학적 공간 위에, 조화와 비례의 원리에 입각해 가장 이상적인 이미지, 즉 이스토리아를 산출하는 이미지로 만들고, 그 이미지가 이상적 미의 준거가 된다. 이러한 맥락에서 드브레는 르네상스 이후 이미지가 예술이 되고, 자연과 구별되는 세계로 풍경이 탄생했다고 주장한다. 르네상스 문예운동으로 탄생한 예술적 주체는 합리적 사유가 실천되는 수학적 공간 위로 자연을 끌어올려 이미지로 재구성한다.

---

39 주은우, 『시각과 현대성』, p. 195.

40 J. Berger, Ways of Seeing, British Broadcasting Corporation and Penguin Books, 1972, p. 16.

예술적 주체의 정신 속에는 이상적 이미지를 창조할 수학적, 기하학적 원리가 내재되어 있다. 따라서 캔버스 공간이란 사실상 주체가 자신의 미적 정신 속에서 정교하게 구현한 아름다움의 주관적 형식이 시각적으로 구체화되는 자리다. 르네상스 원근법의 주체는 미적 정신을 본질로 하는 주체인바, 주은우는 르네상스의 미적 주체를 데카르트의 사유 주체와 동일시하는 논리의 확장을 시도하고 있다. 그의 입론을 수용한다면 이미 르네상스의 원근법 속에 근대의 철학적 주체 원리가 투영되어 있는 것으로 해석하게 된다. 주은우는 그 입론을 원근법의 소실점에 내재하는 순수한 형식을 통해 끌어내고 있는데,[41] 사실상 데카르트의 주체는 순수한 형식으로서 사유 능력에 의해 주체로 성립한다는 점을 환기할 수 있다. 우리는 그 논리에 동의하면서, 원근법의 주체가 미적 정신을 본질로 하는 존재로서 그 정신 속에 내재하는 진리 형식에 입각해 실재 사물을 이상적 이미지로 재구성한다는 점에 주목할 필요가 있다. 그렇게 보면 원근법의 주체는 이미 데카르트의 이성적 주체만이 아니라 칸트의 오성적 주체를 예비하고 있다는 해석도 가능해 보인다.

이 근대 철학의 주체가 대상의 존재 근거와 진리 발견의 원리에서 특권적 위치를 차지하고 있는 것처럼, 원근법적 주체는 미적 진리의 이름으로 대상물을 재구성해내는 배타적 권리를 지닌, 일종의 특권적 존재가 된다. 그러므로 아무나 재현의 주체가 될 수 없다. 대상세계의 미적 질서에 대한 이상적 규칙체계를 인식하고 있는 존재에게만 부여되

41 주은우, 『시각과 현대성』, pp. 208–225.

는 특별한 권리인 것이다. 철학적 진리는 진리형식을 선험적으로 보유하고 있는 철학적 주체에 의해 드러나는 것이라는 근대 인식론은 본질적으로 원근법적 원리와 다르지 않아 보인다. 예술가의 작품은 단순히 자연세계의 모방이 아니라, 미적 진리를 구현하려는 주체가 재구성하고 질서화한 세계로 이해된다.

그것은 곧 인간과 자연 사이에 권력관계가 성립되었음을 의미한다. 예술적 주체는 자신의 미학적 눈과 동일한 지점에 소실점을 지정함으로써 자연 세계 속의 대상을 이미지로 재현할 수 있는 확고한 시공간적 좌표를 확보하게 된다. 그로부터 주체는 대상을 자신의 미적 의지대로 이끌어가고 통제하는 힘이 되어 미적 차원에서 우월한 존재로 정립된다. 이미지 제작 주체는 대상세계를 가장 아름답게 재구성해낼 수 있는 원리와 규칙의 체계를 자기 안에 지니고 있다는 점에서 진리의 주체가 된다. 그렇게 보면, 그가 이미지로 재구성해내기 전까지 대상세계는 미적 이상성을 확보하지 못한 상태로 머물러 있을 뿐이다. 드브레의 주장을 다시 가져온다면, 이상적인 미적 질서를 갖춘 풍경이 되기 이전까지 대상세계는 혼란스런 상태를 벗어나지 못하고 있는 것이다.

그런데, 르네상스가 탄생시킨 원근법 공간에 구현되는 주체성은 예술적 원리로 종결되지 않았다. 그 원근법은 정치권력의 논리로 적용되어 정치적 주체성을 드러내는 원리가 되었다. 여기서 우리는 르네상스 유럽에서 새로운 통치술로 발명된 인문주의 왕권(humanistic kingship)[42]

42 Ralph E. Giesey, "Models of rulership in French royal ceremonial," Sean Wilentz(ed.), *Rites of Power: symbolism, ritual and politics since the Middle ages*, University of Pennsylvania Press, 1985, p. 51.

의 유행을 이야기해야 한다. 인문주의 왕권은 권력의 미적 표상을 위한 이미지 동원을 본질로 한다.[43] 르네상스 시대 권력은 화려하고, 찬란하고, 압도적이고, 감동적인, 그래서 피치자들의 감성을 뒤흔드는 예술적 이미지들로 자신을 재현하려 했다. 그러한 이미지의 마술을 통해 군주는 평범함과 거리를 둔 존재, 그리하여 정치적으로 추앙할만한 존재로 탈바꿈한다. 르네상스 시대에서 이미지 창조를 통한 재현의 과정은 권력자가 실천한 가장 중대한 정치적 기술(art)이었으며 도시 전체가 그것을 위한 무대로 동원되어 왔다. 그 통치술은 이미지의 생산과 조작 위에서 작동하는 행위라는 점에서 연극에 비유된다. 그러나 연극은 인문주의 통치술의 단순한 비유가 아니라 실제로 동원된 매우 중요한 통치의 장르였고,[44] 원근법이 연극의 정치적 구성의 핵심적인 원리로 기능해왔다는 사실에 우리는 주목한다.

> 원근법은 창조의 특권적 도구로 나타난다. 원근법은 단지 절대적 명증성으로 현실이 드러나게 하는 기하학적 기법을 넘어 창조자를 그가 재현한 세계 바깥에 위치하게 하는 정신적 활동 총체다. 예술가의 세계관을 왜곡할 가능성이 있는 모든 주관성을 제거하면서 원근법은 무엇보다 정치적 지배집단에 봉사하는 이데올로기 도구로 등장한다. 연극에서 원근법은 무대 구성의 방식과 배우가 움직이는 배경에 응용되었고 그렇게 중세미학과의 단절을 보인다.[45]

43 G. Balandier, *Le pouvoir sur scènes*, Balland, 1992, p. 35.

44 J.–M. Apostolidès, *Le prince sacrifié: théâtre et politique au temps de Louis XIV*, Editions de Minuit, 1985, p. 28.

45 Apostolidès, *Le prince sacrifié*, p. 34.

정치인류학자 발랑디에(Georges Balandier)의 주장을 따른다면, 르네상스 시대에서 권력과 이미지의 미학적 결합과 그 실천으로서의 연극은 매우 강력한 정치적 효과를 산출했다. 발랑디에는 마키아벨리가 내보인 외양 문제를 '이미지 제작'으로 바꿔 말하면서 그것의 정치적 효과에 주목하고 있다. 연극무대에서 이미지로 둘러싸인 군주는 "우주의 창조자, 예언자 혹은 영웅과 동일시되고, 군주의 기획은 종교와 그 의례, 그러니까 제도로 확립된 신성성과 한 쌍이 되어 성스러워진다"[46]는 것이다. 원근법의 공간에서 중심을 차지하는 소실점, 즉 그 공간을 지배하는 주체의 시선은 바로 연극 무대 위 군주의 시선이다. 군주의 몸이 소실점의 자리다. 군주는 연극무대라는 무한 공간을 지배하는 절대자로 재현된다. 이것이 바로 발랑디에가 말하는, 르네상스 시대의 연극적 지배와 무대권력이다.

한편 주은우는 인문주의 왕권의 실천에서 정원의 위상을 이야기하는데, "군주 국가에서는 국가로서의 체면을 과시하는 동시에 군주의 정통성을 주장해야 할 필요성이 차츰 더 높아짐에 따라 정원 시설을 호화롭게 하는 경향을 띠었는데, 대중은 군주의 정원을 보고 처음으로 고도로 발달한 정원 문화와 만나게 되었다"[47]고 설명하고 있다. 그러한 통치술의 무대로서 정원의 대표적 사례로 그는 프랑스의 베르사유 정원을 들고 있다. 주지하는 것처럼, 베르사유 정원은 규칙적인 도형들의 연속체로 이루어진 기하학적 공간의 표상이다. "자를 대고 그은 듯

46 Balandier, *Le pouvoir sur scènes*, p. 14(원문을 맥락에 맞게 일부 수정).

47 주은우, 『시각과 현대성』, p. 342.

한 도로, 가위질이 잘 된 수목들과 버팀목이 제대로 정비된 공원, 나무 울타리, 연못, 기계 장치로 작동되는 분수와 샘 등은 자연 그 자체와는 동떨어진 것들"[48]이다. 베르사유 정원을 자연을 미적 이미지로 재구성하는 원근법의 공간으로 이해할 수 있다는 것이다. 건축가 르노트르(André LeNôtre)는 권력자의 장엄함과 편재성을 보여주는 시각적 환상의 힘을 이해하고 있었고, 그의 공간정치학적 아이디어는 베르사유 정원 기획에서 실현되었다. 정원의 소실점은 궁의 중심에 서서 정원을 바라보는 군주의 시선과 일치하는데, 그 점에서 태양왕은 그 거대한 정원의 중심을 차지한다. 세상의 중심에 서서 그 무한한 우주를 자신의 정치적 의지에 따라 가장 이상적인 정원으로 만든 루이14세의 위대함이 원근법적 공간 구조에 투사되어 있는 것이다.[49]

르네상스 시대에 발명된 원근법은 자신의 미적 이념을 따라 자연을 해석하고 재구성하는 예술적 주체의 탄생을 알리고 있다. 합리적 사유 능력을 지닌 특별한 인간으로서 그 주체는 이제 자신의 정신과 눈과 손의 패권이 관철되는 캔버스 공간의 중심을 차지하는, 이미지의 창조자가 된다. 그 점에서 원근법은 자신의 의지대로 새로운 세계를 창조하는 합리적 주체의 시대인 근대를 알리는 최초의 운동이었다.

48 주은우, 『시각과 현대성』, p. 343.

49 A. Leone, "La princesse de Clèves and the politics of Versailles Garden Design," *Mosaic*, 27/2, 1994, pp. 28–29.

3장

종교개혁과 주체적 신앙인의 탄생 그리고 유토피아의 실천

3장
종교개혁과 주체적 신앙인의 탄생 그리고 유토피아의 실천

1. 16세기 유럽, 종교개혁의 드라마

1517년 10월 31일, 비텐베르크 대학에서 성서학을 가르치던 루터는 대학 부속 성당 정문에 '95개조 반박문'을 게시했다. 반박문의 몇몇 조항들을 살펴보면 다음과 같다. '교황은 그 직권으로 교회의 권위를 이용해서 징계나 그 어떤 벌도 용서할 권세를 갖지 못한다'(5조), '면죄부에 의하여 자신의 구원이 확실하다고 스스로 믿는 사람은 그것을 가르친 사람들과 함께 영원히 저주를 받을 것이다'(32조), '인간은 면죄부로 선하게 되지 못하며 사랑의 선한 행위로만 이 형벌로부터 자유롭게 된다'(제44조), '교황 자신도 면죄부로 영혼을 구원받지 못할 것이며 그 행위 자체도 헛된 것임을 알아야 한다'(52조), '하나님을 능욕한 죄까지도 면죄부로 사할 수 있다는 교황의 발언은 정신 나간 이야기다'(75조). 교황 레오10세가 주도한 면죄부 판매를 비판하는 공개 항의문이었다. 중세 기독교의 거대 권력과 권위에 대한 역사적 도전이었고 새로운 시대의 문을 여는 출발이었다.

시간을 거슬러 올라가 1514년 2월, 신성로마제국의 마인츠 대주교가 사망했다. 한 달이 지난 3월 9일 마인츠 주교좌성당 참사회는 알브레히트 폰 호엔졸레른(Albrecht von Hohenzollern)을 후계자로 선출했다. 마인츠 대주교는 대학 도시인 마인츠에 대한 세속적 통제권을 갖고 있을 뿐만 아니라 신성로마제국의 선제후 중 한명으로 황제선출권을 갖는 직위였음을 고려하면, 지명된 알브레히트로서는 그 직을 놓칠 수 없었다. 이 대주교 자리는 교황의 비준을 필요로 했다. 그런데 교황에게도 이 마인츠 대주교는 매우 중요한 정치적 이해관계가 걸린 자리였다. 그는 신성로마제국 황제 막시밀리안이 사망할 경우 자신의 이익에 부합하는 후임 황제 선출 전략을 구상하고 있었기 때문이다. 따라서 마인츠 대주교 자리를 놓고 마주앉은 알브레히트와 교황 레오10세는 공통의 이해관계를 갖고 있었다. 교황청은 이 정치적 문제를 경제적 이익과 묶어 해결하고자 했다. 그러니까 교황의 대주교 승인을 대가로 교황청에 당시 수공업자 1년 수입의 600배 이상에 달하는 막대한 기부금을 제공할 것을 요청한 것이다. 1506년부터 시작된 베드로 대성당 건축 기금을 마련할 필요가 있었던 교황청은 기부금 제공을 위해 큰 빚을 진 알브레히트에게 면죄부 판매를 허가하고, 그 판매 소득의 반은 알브레히트에게 귀속되어도 좋다는 조건을 제시했다.[1]

---

1 폴커 라인하르트, 이미선 옮김, 『루터, 신의 제국을 무너뜨린 종교개혁의 정치

면죄부 판매 담당으로 임명된 수도사 테첼(Johannes Tetzel)은 면죄부 구매로 받게 될 은총에 대해 선전했다. 면죄부로 모든 죄를 사함 받을 수 있으며, 자신의 죄를 고백할 고해신부를 자유롭게 선택할 수 있고, 교회의 영적 재산에 관여할 권리를 얻게 될 것이고, 연옥에 있는 죽은 자들도 자신의 죄를 사면 받을 수 있는 은총들이었다.[2]

면죄부를 판매하면서 테첼이 선전한 교황청의 훈령을 읽은 루터는 분노했다. 그의 지식과 믿음에 비추어볼 때, 면죄부를 산 민중들이 죄를 사면받아 천국으로 들어갈 수 있다는 선전은 거짓이었다. 그는 면죄부 판매의 부당함을 알리는 95개조 반박문을 내걸었다. 이어서 루터는 면죄부 스캔들의 직접적 책임자인 알브레히트에게 편지를 보냈다. 그는 면죄부가 자신들을 영원한 행복으로 이끌어줄 것이라고, 심지어 죽은 자들의 죄마저 사해준다고 민중들을 믿게 하는 행위를 비판하면서 그것은 영혼의 구원과는 아무런 관련이 없다고 주장했다. 그것은 죄의 사면이 아니라 오히려 교회법이 부과했던 벌의 사면에 불과할 뿐이라는 것이다.[3]

루터의 편지에 대해 알브레히트는 대단히 형편없고 상스러운 주장이라고 깎아내렸고 자신의 부하들에게 평가서 작성을 명령했다. 하지

학』, 미래의창, 2017, pp. 96–99. 이 면죄부의 기원은 십자군 전쟁으로 거슬러 올라간다. 기독교 성지 탈환을 명분으로 시작된 전쟁 비용 마련을 위해 교황 우르반 2세가 전비 기부자들을 대상으로 벌을 면제해주는 데서 시작되어, 교황 율리오 2세가 베드로 대성당 건축 기금 마련을 위해 발행한 면죄부로 이어졌다.

2 라인하르트, 『루터, 신의 제국을 무너뜨린 종교개혁의 정치학』, pp. 107–109.

3 라인하르트, 『루터, 신의 제국을 무너뜨린 종교개혁의 정치학』, pp. 111–112.

만 그 평가서에 대한 대주교의 반응은 좋지 않았고, 결국 신학자들의 조언을 받아 로마 교황청의 의견을 따르기로 결정했다. 교황 레오 10세는 1518년 2월, 추기경 데라 볼타(Gabriele della Volta)에게 루터의 문제제기와 저항을 신속하게 진압할 것과, 그렇게 되지 못할 경우 사태가 걷잡을 수 없이 확산될 것이라는 경고를 덧붙이는 지시를 내렸다. 그의 우려는 현실이 되었다.

1518년 3월, 독일 도미니크회 수도사들이 공개적으로 이단의 죄를 묻도록 교황청에 루터를 고발했다. 하지만 루터는 압박에 굴하지 않고 교황을 대상으로 자신의 정당성을 주장했다. 그는 자신의 반박문에 대한 상세한 주석을 담은 서신을 교황에게 보냈다. 루터의 편지를 받은 교황은 그를 로마로 소환해 재판을 시작하려 했다. 그해 7월 소환장이 루터가 머물고 있는 비텐베르크에 도착했다. 하지만 루터가 이에 응하지않자 교황은 신성로마제국에서 교황 특사로 활동하고 있는 카예탄(Thomas Cajetan) 추기경에게 소칙서(小勅書)[4]를 내려 루터의 소환을 서두를 것을 명령했다. 소칙서는 루터가 민중에게 잘못된 교리를 전파하고 있으니 교황 특사는 그를 가능할 빨리 소환해야 한다, 필요하다면 황제의 강제수단을 동원해 소환해야 한다는 명령이었다.[5]

이 문제에 대해 루터의 정치적 후견인이라고 할 수 있는 작센의 프리드리히 선제후가 개입했다. 그는 루터가 법적으로 심판받은 것은 아니라는 논리로 신성로마제국의 재판소에서 재판받을 수 있게 해줄 것

---

4 로마 교황이 내리는 가장 중요한 정식통지문서.

5 라인하르트, 『루터, 신의 제국을 무너뜨린 종교개혁의 정치학』, pp. 125–150.

을 교황청에 요구했다. 선제후는 루터를 체포해 로마로 소환하지 않겠다는 확약을 받고자 했고, 교황은 특사의 자유재량에 맡겼다. 결국 카예탄 추기경이 제국의 땅에서 루터를 심문하는 것으로 타협이 이루어졌다. 하지만 추기경의 심문은 면죄부의 신학적 정당성에 관한 두 사람의 차이와 적대감만을 확인한 채 마무리되었다. 이후 루터를 체포해 로마로 압송해야 한다고 주장하는 카예탄에 맞서 루터는 자신의 영주인 프리드리히 선제후에게 자신이 부당한 위협을 당하고 있음을 알렸다. 선제후는 루터를 보호하기로 결정했다.

1519년 7월, 갈등이 새로운 국면으로 접어들었다. 라이프치히에서 신학자 에크(Johannes von Eck)와 루터 사이에 교황의 우월적 권위, 면죄부의 주요 논리 중 하나인 연옥, 면죄부와 고해성사의 성서적 근거를 둘러싸고 신학 논쟁이 벌어졌다. 이 논쟁은 루터에게 상반되는 두 가지 결과를 가져다주었다. 신성로마제국 안에서 루터 교리해석의 영향력은 확대되어 나갔던 반면에, 교황을 그리스도의 적으로 간주하는 논리로 인해 교황청과 돌이킬 수 없는 적대 관계로 들어가게 되었다. 이제 루터는 로마로부터 이단자가 되어야 할 운명에 놓이게 되었다.[6] 이듬해 교황 레오 10세는 루터 문제를 교회법으로 마무리 지을 구상에 들어갔다. 그는 에크를 포함한 신학자와 여러 추기경을 불러 루터의 파문을 정당화할 칙서 작성을 명령했다. 루터는 로마로의 소환을 이행하지 않은 명령 불복종자의 벌과 이단의 교리를 내세운 벌을 받아야 할 처지

6 라인하르트, 『루터, 신의 제국을 무너뜨린 종교개혁의 정치학』, pp. 175–182; 조지 L. 모스, 이민경 옮김, 『종교개혁』, 탐구당, 1984, p. 46.

가 되었다. 교황은 1520년 6월 15일 파문위협칙서인 「주여! 일어나소서」를 발표, 루터에게 두 달 간의 유예기간을 허락하면서 자신의 죄를 인정하지 않을 경우 이단자로 파문할 것임을 경고하고 위협했다.

하지만 루터는 굴복하지 않았다. 그는 로마 교황과 그를 숭배하는 이들에 대한 비난과 공격을 담은 「로마의 교황청과 라이프치히의 유명한 로마주의자들에 반대해」라는 글을 인쇄해 보급함으로써 자신에 대한 지지를 확산하려 했다. 글에서 루터는 교황과 그를 따르는 사제들을 사리사욕에 빠진 이단자이고 성경을 욕되게 하는 자로 규정했다. 교회는 경건하고 성스러운 공동체 모델이 아니라 왜곡된 모델로 전락했다.[7] 루터는 이어서 「레오 10세에게 보내는 공개서한」을 써서 자신과 교황청과의 오랜 갈등을 이야기하고 문제의 참과 거짓을 정리했다. 로마교황청은 루터에게 출두명령을 내리고, 루터의 저서들을 이단서로 규정했다. 이제 둘 사이의 타협과 화해는 불가능해졌다. 1520년 12월, 루터는 비텐베르크 시 성벽 앞에서 파문위협칙서와 교회법에 관한 글들과 신학 논문들을 불태웠다. 이듬해 1월 3일 교황청은 루터의 파문을 알리는 칙서 「로마 교황은 이렇게 말한다」를 발표함으로써 루터 문제를 매듭지으려 했지만 이 과정에 신성로마제국의 정치권력이 개입했다.

1521년 3월, 황제 카를 5세는 루터를 보름스 제국회의에 소환했다. 황제 스스로는 루터 문제를 그렇게 깊게 생각하지는 않았지만, 당시 루터에 대한 호의적 여론을 무시할 수 없었다.[8] 이 결정으로 인해 교황의

7 라인하르트, 『루터, 신의 제국을 무너뜨린 종교개혁의 정치학』, pp. 202–203.

8 정원래, 「종교개혁 시기의 세 가톨릭 권력자들: 교황들, 카를5세, 그리고 프란시스1세」, 『신학지남』, 87(4), 2020, pp. 170–171.

루터 파문 결정의 무게가 줄어들었고, 상황은 루터에게 유리하게 돌아갔다. 1521년 4월 16일 보름스에 도착한 루터는 제국회의장에 서게 된다. 수차례의 심문과정을 거쳐 그해 5월 25일 칙령이 공표되었다. 이제 루터는 이단자가 되었다. 칙령은, 루터가 교회의 지혜를 버리고 그 자리에 자신의 판단을 가져다 놓는 죄를 저질렀다, 루터는 기독교도들을 교황의 폭정으로부터 구원한다는 미명 아래 스스로 최악의 폭군이 되었다, 루터라는 이 악마를 막기 위한 황제와 교황의 노력이 매우 시급하다, 이를 위해 모든 기독교도의 협력이 필요하다고 선언했다. 어느 누구도 루터를 자기 집에 들이거나 맞이할 수 없으며, 먹을 것, 마실 것도 줄 수 없으며, 숨겨줄 수도 없으며, 그 어떤 도움도 줄 수 없으며, 초청, 협력, 후원도 할 수 없다는 명령이 공표되었다.[9] 이 칙령은 공표일 기준 20일 후에 발효될 예정이었다.

루터는 그 사이 보름스를 떠나 작센으로 향할 수 있었다. 그 과정에서 프리드리히 선제후는 루터를 보호하기 위한 은밀한 작전을 추진했다. 황제는 루터를 교황과 마찬가지로 이단자로 생각하고 있었고, 그러한 연유로 선제후는 루터의 안전을 염려하지 않을 수 없었다. 선제후는 루터가 아무도 모르게 납치당한 것으로 꾸며 그를 안전한 장소에 머물게 하는 계획을 실행했다. 1521년 5월 4일, 루터가 튀링겐 숲의 알텐슈타인 성 근처에서 납치되는데 이러한 선제후의 작전 덕택으로 루터는 바르트부르크 성에 머물 수 있었다. 그 체류 기간 동안 루터는 성

9 라인하르트, 『루터, 신의 제국을 무너뜨린 종교개혁의 정치학』, pp. 281–282.

서의 독일어 번역이라는 기념비적인 작업을 수행했다.

루터와 교황청과의 싸움은 루터로부터 영향을 받은 개혁가와 혁명가의 투쟁으로 변모되고 확산되어가면서 새로운 국면으로 접어들었다. 우선, '급진파'로 분류되는 이들, 당시 기사계급의 군사적 지도자 지킹겐(Franz von Sickngen)과 그와 협력한 기사이자 사상적 지도자였던 후텐(Ultich von Hutten)의 개혁운동이 있었다. 이들의 싸움은 종교전쟁이었지만 자신들의 현실적 이해관계와 결합된 것이기도 했다. 투쟁에 참여한 기사들은 대체로 루터의 사상을 지지하는 개신도교로서 부패하고 반도덕적인 로마 교회를 개혁해야 한다고 생각했다. 또한 이들은 제후의 정치권력 증대가 가져올 자신들의 위상 하락에 맞서 자기들의 이익을 지키고자 했다. 이들은 1522년 트리어 교회공국에 대한 공격을 통해 자신들의 목표를 달성하고자 했다. 하지만 무력을 통한 개혁에 반대한 루터의 지지를 받을 수 없었고, 당시 제후들의 강력한 결속으로 인해 이들의 싸움은 성공하지 못했다.

그 사이, 루터 종교개혁의 발원지인 비텐베르크에서는 또 하나의 혁명이 시도되고 있었다. 그것은 1517년 루터와 에크와의 논쟁에 참여했던, 루터 개혁 프로그램의 강력한 지지자였던 신학자 칼슈타트(Karlstadt)가 주도한 싸움이었다. 칼슈타트는 루터의 개혁 노선을 따라 비텐베르크시에서 가톨릭 식 미사를 폐지하고, 평신도에게도 성만찬을 실시했으며, 성상을 철폐하는 등 종교의식에서 혁명적 변화를 실천했다. 민중들은 이와 같은 개혁 프로그램에 엄청난 지지로 화답했고, 교회 안의 성상을 끌고나와 불태우는 등 폭력적 투쟁에 가담했다. 그러나 루터는 그와 같은 방식에 동의하지 않았다. 그의 지지를 받지 못한 칼슈타트는 농민반란을 주도한 자라는 이유로 피신의 삶을 살아야 했다.[10]

다음으로 '재세례파'로 불리는 과격 급진주의 운동이 있었다. 유아세례를 부정하는 이 재세례파는 성령을 받은 자들만이 진정한 기독교인이고 그들만이 세례를 받을 자격을 가진다고 주장했다. 그 교파는 하나님의 택함을 받은 자들만이 죄 없는 깨끗한 인간이 되고, 이들만으로 이루어진 사회를 형성해야 한다고 믿었다. 이와 같은 노선으로 인해 재세례파는 루터로부터 심대한 비판과 공격을 받았다. 성서에 대한 올바른 인식과 이해를 통해 신의 뜻을 알고 은총을 받을 수 있다는 루터의 논리에 맞서 재세례파는 성령을 통해 신의 말씀과 의지를 파악할 수 있다고 주장하면서 성령의 은총이 없는 성서 이해는 무의미하다고 주장했기 때문이다.[11]

그러한 재세례파의 중심에는 뮌처(Thomas Münzer)가 있었다. 뮌처는 재세례파의 신앙을 정치운동으로 전환시킨 지도자였다. 그는 성령으로 다시 태어난 선택받은 사람들이 미래의 천년왕국을 위해 지상에 하나님의 나라를 세우는 사명을 실천해야 한다고 주장했다. 뮌처에게서 그 사명의 주체들은 탐욕과 사치의 유혹으로부터 자유로운 가난한 농민들이었다. 뮌처의 급진 종교사상은 1525년 뮐하우젠에서 농민봉기로 실천되었다. 그는 그 곳에서 농민을 포함, 가난한 민중들이 주체가

10 모스, 『종교개혁』, pp. 58-60.

11 김영한, 「루터와 뮌처」, 『서강인문논총』 20, 2006, p. 48.

되어 하나님 나라의 도래를 위한 정치적 소명을 완수할 것을 역설했다. 이후 운동의 열기는 다른 지역으로 확산되어 뮌처를 추종하는 농민군과 그들에 맞서는 영주들의 연합 군사력이 충돌하는데, 결국 여기서 농민군은 회복 불가능한 패배를 겪었고 뮌처 또한 1525년 5월 참수형에 처해진다. 하지만 뮌처가 꿈꾼, 민중들에 의한 하나님 나라 건설의 기획은 10년이 흐른 뒤인 1534년-1535년 사이 뮌스터에서 부활했다. 재세례파 교도들은 지역의 행정기관을 장악하고, 사유재산 금지, 필요에 따라 분배받는 공유제, 공동 식사제도, 일부다처제의 운영 등, 뮌처가 제시한 근본주의적 공산주의 사회를 세우려 했다. 하지만 뮌스터의 재세례파 조직 내부에서 권력투쟁이 일어나고 싸움에서 승리한 지도자의 공포정치가 초래되면서 혁명운동의 내적 동력은 점차적으로 약화되었다. 결국 제후들의 공격을 효과적으로 막아내지 못하면서 그들이 실현하고자 했던 유토피아의 꿈은 소멸되었다.[12]

한편, 급진파와 재세례파의 혁명적 운동이 일어나는 1520-30년대 신성로마제국의 이웃 지역에서는 온건한 신학자들에 의한 개혁운동이 활발하게 전개되고 있었다. 쯔빙글리(Ultich Zwingli)의 취리히, 부처(Martin Bucer)의 스트라스부르크, 칼뱅의 제네바 등이 그러한 도시였다.

루터의 영향을 받아 성서주의에 기반한 신앙관을 지닌 쯔빙글리는 그것에 입각해 로마 가톨릭교회 권력의 근간인 법률과 제도의 오류를 지적하고 67개의 논제를 올려 거대한 기득권 질서체제인 교회를 공개적으로 비판했다. 그 역시 면죄부 제도와 성상숭배가 성서의 원리에 맞

12 모스, 『종교개혁』, pp. 60-64.

지 않는다고 생각했고, 과도하고 지나친 율법 원리의 적용을 비판해마지 않았다. 쯔빙글리는 스위스 연방의 하나인 취리히에서 자신의 개혁을 추진하고자 했다. 교황을 지지하는 도시였던 취리히에서 기독교는 사제들의 심각한 성적 타락 등 윤리적, 도덕적으로 부패했다.[13] 그는 수도원을 폐지하고, 성직자의 결혼을 승인하며, 기독교인들이 저지르지 말아야 할 죄목들에 대한 징계제도를 설계하는 등, 개혁의 실천을 통해 취리히를 로마 가톨릭의 영향에서 자유로운, 택함을 받은 신앙인들의 종교공동체 위에서 신정정치(theocracy)로 운영되는 도시로 바꾸어내고자 했다.[14] 하지만 1531년 가톨릭 세력의 취리히 공격으로 사망하면서 쯔빙글리의 이상은 끝내 실현되지 못했다.

쯔빙글리와 마찬가지로 스트라스부르크의 부처도 루터 신학사상의 영향을 받은 개혁적 성직자였다. 독일 지역에서의 개혁적 성직자 활동으로 인해 수도원에 안정적으로 머물 수 없었던 부처는 1532년, 관용적 분위기가 지배한 개신교 도시 스트라스부르크로 이주해 거기서 시민권을 얻었다. 시민들에게 개혁적 신학사상을 가르친 부처는 이타적 삶의 중요성을 강조해마지 않았다. 그는 교회의 개혁에도 착수해 부패의 온상으로 간주되던 수도원을 철폐하고 그로부터 창출된 재산을 교육개혁에 활용했다. 그는 교육이 도시 전체를 새롭게 만드는 궁극적 힘이라고 생각해 시의 곳곳에 학교를 세워 남자와 여자 아이 모두 균등하게 교육을 받도록 했다. 부처는 그와 같은 교육 기회의 확장을 궁극

13 민경식, 「츠빙글리의 종교개혁과 『취리히 성서』」, 『Canon&Culture』 제11권 2호, 2017, pp. 103–104.

14 모스, 『종교개혁』, pp. 78–79.

적으로 빈민들이 자신의 굴레에서 벗어날 수 있게 하는 개혁적 제도라고 생각했다. 그는 또한 목사 양성을 위한 아카데미 설립에도 많은 힘을 쏟아 개혁적 도시로서 스트라스부르크를 완성해 나가려 했다. 하지만 1546년에 벌어진, 신성로마제국의 황제 카를 5세와 루터교를 신봉하는 제후들의 군사적 충돌인 슈말칼덴 전쟁이 부처의 운명을 바꾸어 놓았다. 전쟁에서 승리한 카를 5세는 패배한 제후의 도시들이 가톨릭적인 종교 강령을 택할 것을 강요했다. 그것은 스트라스부르크에도 해당되는 것이었는데, 시 참사회는 도시의 몰락을 막는다는 명분으로 강령 채택을 결정했지만 부처는 거부했다. 결국 그는 1549년 강제로 도시를 떠나야 했다.[15]

파리에서 신학과 법학을 공부한 칼뱅이 종교개혁이라는 역사적 물결을 타게 된 것은 1533년 자신의 친구 콥(Nicolas Cop)의 파리 대학 학장 취임 연설이 그 계기였다. 신임 학장은 가톨릭교회의 개혁 필요성을 강조했다. 이듬해에는 가톨릭 미사 반대가 공개적으로 선언되기도 했다. 기득권 질서는 연설과 선언의 종교적 정당성을 문제 삼았고, 당시 국왕 프랑수와 1세는 개혁파 세력의 탄압을 결심했다. 콥의 연설을 직접 작성한 것으로 알려진 칼뱅은 콥과 함께 파리를 떠나 남쪽 지방으로 피신해야 했다. 이후 그는 파리로 돌아왔지만 프랑수와 1세의 개신교 탄압이 심해지면서 다시 파리를 떠났다. 이후 그는 그의 벗인 부처가 개혁을 시도하고 있는 스트라스부르크에 머물고자 했지만 제6차 이탈리아 전쟁으로 인해 국경이 폐쇄되어 1536년 여름 제네바로 향하게

---

15 모스, 『종교개혁』, pp. 83–87.

된다. 그가 제네바를 택한 것은 무엇보다 자신과 우정을 나눈 젊은 신학자였던 파렐(Guillaume Farel)이 그곳에서 기독교 개혁을 시도하고 있었기 때문이다.[16]

1536년 5월 제네바 시민 총회는 개신교를 받아들이기로 결정했다. 제네바의 결정은 당시 주변의 대외적 압력과 영향력에서 벗어나 자신들의 자치를 지키고 경제적 이익을 확보하기 위한 전략의 결과물이었다.[17] 제네바를 개신교적 정체성과 균형적이고 실질적인 자치제 위에 굳건하게 세움으로써 이웃 나라들의 정치적 · 종교적 간섭을 막아낼 수 있다는 판단이었고 칼뱅은 그러한 역할을 수행할 적임자였다. 그가 제네바에 도착했을 당시 해결해야 할 일차적 문제는 시의 권력이 소수의 저명하고 부유한 사람들에 의해 장악되고 있었다는 점이었다. 칼뱅은 모든 제네바 시민들의 공개적 충성을 이끌어낼 신앙고백을 공표해 신이 원하는 삶을 지향하는 시민적 덕성을 통해 제네바시의 정치적 분열을 해결하고 질서정연한 사회를 만들어내려 했다.[18]

하지만 칼뱅의 개혁 프로그램은 지배력을 지니고 있던 집단의 반대에 부딪혔고 결국 그는 1538년 9월 제네바를 떠나야 했다. 그러나 칼뱅에 적대적이었던 세력의 권력남용에 따른 사회적 분쟁의 해결을 요청한 지지자들로 인해 1541년 다시 제네바로 복귀했다. 칼뱅은 목사회

16 모스, 『종교개혁』, pp. 90−94.

17 이양호, 「칼빈의 종교개혁의 사회사적 배경」, 『기독교사상』 29(10), 1986, pp. 35−36.

18 모스, 『종교개혁』, pp. 103−107; 박효근, 「주네브, 새로운 유토피아를 꿈꾸다」, 『서양중세사연구』, 46, 2020, p. 52.

와 당회를 두 축으로 하는 교회조직을 기반으로 제네바시를 도덕적으로 완성된 기독교 유토피아로 만들기 위한 노력을 기울였다. 세속적이고 비속한 향락이 금지된, 신의 뜻을 따라 살아가는 믿음의 공동체라는 유토피아였다. 칼뱅이 제네바에서 실천한 기독교 개혁운동은 유럽의 주변으로 확산되어 나갔고, 이른바 칼뱅의 신학을 공부하려는 사람들, 기독교 유토피아를 체험하려는 순례자들의 도시로 성장해나갔다. 이제 "새로운 예루살렘이 건설되었고 신앙의 여러 중심과 같은 것들을 창설하기 위한 추진력이 거기로부터 온 유럽을 휩쓸었다."[19]

2. 종교적 주체의 탄생과 유토피아의 실천

로마 교황청과의 종교적·정치적 갈등이 절정에 달하게 되는 1520년, 루터는 자신의 개혁 신학을 체계화하는 저술 작업에 박차를 가했다. 그 결과물 중의 하나가 「교회의 바빌론 포로에 대한 마르틴 루터의 서주」다. 여기서 루터는 미사, 세례, 고해성사, 서품 등 가톨릭교회의식의 정당성을 비판적으로 고찰하고 있다. 그는 미사와 관련해, 성직자들은 복장이 적절하지 않거나, 손이 더럽다거나, 기도 중에 말을 더듬는 등의 실수를 가지고 신도를 범죄를 저지른 죄인으로 만들곤 하지만, 오히려 그들이야말로 가장 비양심적인 인간들이라고 공격했다. 루터는 의례 형식을 통해 신도의 진실됨과 거짓됨을 판단해온 사제와, 그들이 신봉하는 가톨릭을 "가장 불경건하고 감사할 줄 모르는 우리 시대의

19 모스, 『종교개혁』, p. 123.

무가치한 종교"[20]라고 독설을 퍼부었다. 그러한 신랄한 언사 뒤에 루터는 다음과 같이 역설했다.

> 그러므로 합당한 준비와 합법적인 용법은 오직 믿음이니 우리는 믿음에 의해 미사, 즉 하나님의 약속을 믿는다. 따라서 누구든지 제단이나 성례전에 다가가고자 하는 자는 주님의 면전에 빈손으로 나타나지 않도록 조심해야 한다. 그러나 미사나 이 새 언약에 대한 믿음이 없다면 그는 빈손으로 오는 자다. 이러한 불신앙보다 하나님의 진리에 반해 행동하는 중한 불경건이 무엇인가?[21]

루터는 가톨릭교회와의 대결 속에서 자신의 신학을 정립하면서, 의례 절차라는 외적 형식과 성직자의 권위적 판단으로부터 신도들의 내면적 믿음으로 신앙의 핵심을 옮겨놓았다. 그것은 루터 신학을 세우는 절대적인 정초명제로부터 도출된 것이었다.

> 내가 말한 바와 같이 신은 예나 지금이나 약속의 말씀을 통해서가 아닌 다른 방식으로 인간과 관계하지 않았고 또 관계하지 않는다. 거꾸로 우리는 신의 약속의 말씀에 대한 믿음을 통해서가 아닌 다른 방법으로는 신과 관계를 맺을 수 없다.[22]

"논박할 수 없는 진리는 확고하다. 즉 신의 약속이 있는 곳에서는 누구나 스스로 서야 하고, 자기 믿음이 요구된다. 그는 스스로를 책임

---

20 마르틴 루터, 황정욱 옮김, 『독일 민족의 그리스도인 귀족에게 고함』, 길, 2017, pp. 181–182.

21 루터, 『독일 민족의 그리스도인 귀족에게 고함』, p. 182.

22 루터, 『독일 민족의 그리스도인 귀족에게 고함』, p. 180.

져야 하고, 「마가복음」 마지막 장에 기록된 것처럼 각자 자신의 짐을 져야 한다"[23]라고 개혁적 신학자는 이야기했다. 이제 하나님을 따르는 자들은 자신 바깥의 존재인 성직자와 가톨릭 교리가 아니라 자신의 '내면'을 들여다봄으로써 자기 신앙의 참과 거짓을 판단할 것을 요청받았다. 그렇게 그들은 신앙의 '주체'로 거듭나게 된다. 지난 시절 그들은 성직자라는 제도적 매개를 통해서 신과 마주하고 신의 목소리를 들을 수밖에 없는 종속적 존재였지만, 이제부터는 자신의 개별적인 믿음으로 신과 직접 마주하면서 신의 뜻을 알아야 하는 능동적 존재가 된다.

자신의 종교적 내면을 통한 반성과 성찰만이 신앙의 유일한 기준이 된다면 사실 가톨릭교회를 지탱하는 사제와 평신도의 구분은 무의미해지지 않을 수 없다. 왜냐하면 성직자든 일반 신도든 모두 인간으로서 자기 고유의 내면을 지니고 있는 동등하거나 평등한 존재이기 때문이다. 그로부터 루터의 매우 위험한 신앙원리가 도출된다. 이른바 만인사제설이다. 루터는 사제와 평신도의 차이를 완전히 부정했다. "사제와 평신도는 다만 봉사에 있어서만 차이가 있고", "모든 권리에서 평등하다."[24] 이제 전통으로 둘러싸인 기독교 세계를 근본적으로 뒤흔들 새로운 신앙인의 개념이 등장하게 된다. 자신의 개별적이고 고유한 믿음을 지닌 신앙인, 같은 무게의 권리를 지니고 있는 신앙인이다. 여기서 자율적이고 평등한 개인으로서 주체의 관념이 태동한다.

그러한 문제 지평 위에 설 때 루터는 근대정신의 선구자로 등장

---

23 루터, 『독일 민족의 그리스도인 귀족에게 고함』, p. 189.

24 루터, 『독일 민족의 그리스도인 귀족에게 고함』, p. 277.

할 수 있어 보인다. 그는 조밀하고 엄격한 조직과 위계를 벗어날 수 없는 거대한 가톨릭 종교 질서 속에서 자율적이고 개별적인 신앙의 주체를 탄생시켰기 때문이다. 여기서 우리는 근대란 주체로서 개인 관념의 탄생에서 출발하는 정신이라는 역사적 명제를 한 번 더 환기할 필요가 있다. 기독교 신학자 양명수는 루터를 "개인을 진리 인식과 실천의 주체로 만든"[25] 개혁가로 규정하면서 그 개인을 세 가지 차원에서 검토하고 있다. 교회로부터 독립해 있는 존재, 국가와 대중으로부터 독립된 존재, 주체적으로 진리를 인식하고 실천하는 독립적 존재로서 개인이다. 개인은 교회라는 제도적 권위가 아니라 자신의 내면을 통해 종교적 진리를 파악한다는 차원에서 독립적 존재이고, 국가라는 세속적인 정치적 세계와 거리를 두고 있고 그 속된 질서와 긴장하고 있는 내면적 세계를 지니고 있다는 점에서 자율적이고, 외부의 제도적 권위를 떠나 자신의 종교적 영혼에 의지해 종교적 진리를 알고 따른다는 점에서 자립적이다.[26]

루터가 탄생시킨 개인의 관념을 논의하면서 양명수는 '해석학적 주체'란 개념을 제시하고 있다. 해석학적 주체란 "성서를 읽거나 설교를 듣는 청중이 말씀을 각자 자기 삶 속에서 해석하면서 하나님의 뜻을 아는"[27] 존재를 말한다. 양명수에 따르면 루터의 해석학적 주체는 두

25 양명수, 『아무도 내게 명령할 수 없다: 마르틴 루터의 정시사상과 근대』, 이화여자대학교 출판문화원, 2018, p. 78.

26 양명수, 『아무도 내게 명령할 수 없다: 마르틴 루터의 정시사상과 근대』, pp. 80–90.

27 양명수, 『아무도 내게 명령할 수 없다: 마르틴 루터의 정시사상과 근대』, p. 130.

차원의 존재와 대립하는데, 첫째는 성서 해석을 독점해온 성직자와 같은 권위적 존재이고, 둘째는 하나님의 뜻을 알기 위해서는 성령에 의존할 뿐 지적 인식의 과정이 필요 없다는 당대 신비주의자들이 조형한 신앙적 존재다. 루터는 그들에 맞서, 하나님의 진리를 알기 위해서는 성서라는 외적인 말씀과, 그것에 대한 신앙인의 주체적 해석을 통해 인식하는 내적인 말씀이 충족되어야 한다고 주장했다. 따라서 진리를 알고자 하는 신앙인이라면 성서에 대한 있는 그대로의 이해력과 함께 성서의 이야기를 자신의 내면세계로 투영해 해석해내는 주체적이고 능동적인 능력이 요청된다.[28]

루터 신학에 내재하는 신앙적 주체로서 개인의 관념을 김덕영은 '개인화'와 '탈주술화'라는 개념을 통해 접근하고 있다. 김덕영에 따르면, 루터는 기독교인을 "직접 신과 교통할 수 있고 직접 신에게 호소할 수 있는 개인"으로 이해했다. 그는 루터 신학의 기본 이념을 "종교적 개인주의"로 정의하면서 루터가 "오직 성서, 오직 은총, 오직 믿음, 오직 그리스도를 내세워 기독교 신앙을 신과 인간 또는 신과 영혼의 직접적인 관계로 재설정했다"고 해석했다.

루터의 개혁을 계기로 이제 기독교는 "외면적 종교"에서 "내면적 종교"로, "종교적 집단주의"는 "종교적 개인주의"로 대체되었다.[29] 양명수가 제시한 해석학적 주체는 외적 권위에 대한 무조건적인 복종과 신뢰,

---

28 양명수, 『아무도 내게 명령할 수 없다: 마르틴 루터의 정시사상과 근대』, pp. 130–133.

29 김덕영, 『루터와 종교개혁: 근대와 그 시원에 대한 신학과 사회학』, 길, 2017, p. 229.

비이성적이고 비합리적인 경험에 근거한 믿음이라는 태도에 대립한다. 그는 성서를 엄밀하게 읽고 이해하는 바탕 위에서 그 의미를 자기 스스로 사유하고 성찰할 것을 요청받는 존재다. 그 점에서 그 주체는, 김덕영이 서술하고 있는 것처럼, 주술적 세계관으로부터 벗어나고 있는 존재다.[30]

앞서 살펴본 것처럼, 루터는 1521년 봄, 자신의 후견인 선제후의 배려 덕에 제국의 한 성에 안전하게 머물며 성서의 독일어 번역을 시도했고, 그것은 인쇄술의 발명에 힘입어 민중들에게 광범위하게 보급될 수 있었다. 인쇄술의 발명은 성경 지식의 확산을 촉진했는데, 무엇보다 누구라도 쉽게 구입할 수 있을 정도로 저렴한 성경을 대량으로 보급할 수 있었기 때문이다.[31] 아마도 당시 라틴어를 읽을 수 없었던 독일 지역의 민중들이 자신들의 생활어로 성서를 직접 접하게 된 것은 양명수가 이야기한 해석학적 주체 탄생의 중대한 계기였을 것이다. 성경의 말씀을 읽고 이해하며 성찰하는 신앙인의 면모가 등장하게 된 것이다.

베버(Max Weber)는 서구 근대정신의 본질을 합리화로 규정하고 그 핵심적 의미를 탈 주술화로 바라보았다. 그는 『프로테스탄트 윤리와 자본주의 정신』(*Die Protestantische Ethik und der Geist des Kapitalismus*)에서 서구 근대정신의 기원을 칼뱅교를 필두로 하는 개신교 분파들의 세계관에서 찾았다. 세속적 욕구와 활동, 특히 이윤 추구를 위한 합리적 계산과 전략이 죄 사함과 구원이라는 기독교 도덕의 원리 속에서 정당화된

30 김덕영, 『루터와 종교개혁: 근대와 그 시원에 대한 신학과 사회학』, p. 248.

31 오덕교, 『종교개혁사』, 합동신학대학원출판부, 2005, p. 29.

것에서 그 역사적 원리가 구축되었다는 이야기다. 그리고 하버마스는 『의사소통행위이론』(*Theorie des Kommunikativen Handelns*)에서 베버의 테제를 신과 신앙인의 의사소통으로 재해석하는 흥미로운 시도를 한 바 있다. 하버마스는 베버의 합리화 명제를 논의하면서 이렇게 말했다.

> 윤리적 합리화의 차원에서 그는 탈주술화를 무엇보다도 신자와 신(내지는 신적 존재) 사이의 상호작용에서 관찰한다. 이 관계가 인격체들 사이의 관계로, 즉 구원을 필요로 하는 개인과 도덕적으로 명령을 내리는 초세계적 구원 주체 사이에서 벌어지는 의사소통적 관계로 형성될수록 개인은 그의 현세적 관계들을 더욱 엄격하게 도덕 [……] 의 추상적 관점 아래 체계화할 수 있다.[32]

신앙인의 근대적 태도는 자신의 죄를 깨끗하게 하고 구원을 받기 위해 논리적 근거가 없는 물건이나 의례에 자신의 소망을 투사하지 않는다. 그는 신을 향해 무조건적으로 자신의 바람을 기원하지 않는다. 근대적 신앙인은 신과 자신을 인격적 관계로 설정하고 합리적이고 상호적인 의사소통을 통해 신의 명령을 자신의 내면으로 체화하고 도덕화한다. 근대적 신앙인의 세속적 욕망은 신과 자신의 소통을 통해 그의 내면에 도덕적 형식으로 자리 잡는다.[33] 이제 그는 무조건적인 주술적 기원이 아니라 자신의 내적인 믿음 위에서, 말하자면 신념윤리를 가지고 물질적 욕망을 충족하려 한다. 물론 그는 절대적으로 신에 종속

32 위르겐 하버마스, 『의사소통행위이론1: 행위 합리성과 사회 합리화』, 나남, 2006, p. 329.

33 하상복, 『하버마스의 '의사소통행위이론' 읽기』, 세창미디어, 2022, pp. 66-67.

된 존재이지만 그의 사회적 행위를 결정짓는 도덕적 근거는 그의 종교적 내면세계에 깃들어 있다는 점에서 주체적인 존재다.

이와 같은 맥락에서 루터 신학이 정립한 새로운 신앙인의 본질에 대한 논의를 볼 수 있는데, 존슨(Roderick J. Johnson)은 개인으로서 루터의 종교인을 세 차원에서 해석하고 있다. 첫째, 그는 세상의 인과론에 종속된 생명이 아니라 신의 피조물로서 자유로운 존재다. 둘째, 그는 신의 세계와 인간 세계라는 두 이질적 세계 앞에서 스스로 선택의 자유를 지닌 존재다. 셋째, 그는 신과 세상과의 관계 맺기에서 자유를 지닌 존재다.[34] 결국 루터가 그리고 있는 신앙인에게는 그의 사고와 판단을 결정짓게 해줄 어떠한 외적 의지처도 없다. 신과 세상을 마주하고 있는 그에게는 오직 스스로 생각하고 결정할 자유가 부여된 것이다. 그와 같은 주체적 신앙인의 탄생은 종교개혁에 관한 루터의 근본적 물음에서 도출된 혁명적 결론이었다. 형식주의와 권위주의에 사로잡힌 기독교를 개혁하는 문제에 답하기 위해서는 기독교의 궁극적 질문으로 돌아가지 않을 수 없다. 그리하여 루터는 '신은 누구인가', '인간은 누구인가', '신과 인간은 어떠한 관계에 놓여 있는가', '종교적 삶에서 신앙의 주체는 누구인가', '인간은 어떻게 구원을 받는가'와 같은 물음을 던지지 않을 수 없었고,[35] 거기서 "자신의 마음 안에서 자신의 의지를 들여다보고 성찰함으로써 신이 어떤 존재인지, 자신이 어떤 존재인지를 인식

34 R. Johnson, *Contribution of Martin Luther to the concept of individual liberty,* University of Montana, Graduate Student Theses, Dissertations & Professional Papers, University of Montana, 1965, pp. 134–136.

35 신혜진, 「루터와 칸트의 시대 인식과 개혁정신: '선' 판단의 주체 문제와 '자유의지'」, 『신학사상』 184집, 2019, p. 308.

하는"[36] 주체적 신앙인의 개념을 도출한 것이다.

한편, 루터의 주체적 신앙인 개념은 그의 종교적 반성의 결과물이기도 하지만, 당대의 거대한 문명적 변화와 밀접한 관련을 갖는다.[37] 이때의 문명적 변화란 르네상스다. 앞서 보았듯이, 르네상스는 근본적으로 새로운 인간 관념을 조형했다. 르네상스는 진리와 아름다움을 스스로 찾을 수 있으며 자신의 의지와 욕망을 주체적으로 실천하고 충족하고자 하는 새로운 인간을 만들어냈고 찬미했다. 이는 중세 기독교 인간론에서는 상상할 수 없는 혁명적 개념이 아닐 수 없다. 당대 유럽의 인문주의는 명백히 종교개혁의 필요성을 인지하고 열망한 개혁적 신학자들에게 큰 영향을 미쳤는데, 기독교 신앙인의 본질에 대한 새로운 사유가 그 구체적 결과물 중 하나다. 가령, 루터와 함께 종교개혁의 이념과 방향을 정립하는 데 크게 기여한 에라스무스(Desiderius Erasmus)가 주창한, 자유의지를 지닌 존재로서의 신앙인 개념[38]을 이야기할 수 있다.

한편 우리는 르네상스의 인본주의와 종교개혁의 연관성을 또 다른 관점에서 만날 수 있는데 바로 유토피아 개념이다. 만하임은 『이데올로기와 유토피아』(*Ideologie und Utopie*)에서 유토피아 의식과 관련해 인간의 현실과 그 현실에 대한 불만족의 대리물로서 소망의 시공간을 이야

---

36 신혜진, 「루터와 칸트의 시대 인식과 개혁정신: '선' 판단의 주체 문제와 '자유의지'」, p. 317.

37 신혜진, 「루터와 칸트의 시대 인식과 개혁정신: '선' 판단의 주체 문제와 '자유의지'」, p. 295.

38 류성민, 「나는 결코 루터를 따르지 않는다: 에라스무스의 '자유의지에 대하여'의 분석」, 『신학저널』 46집, 2020; 김요섭, 「개선과 개혁: 에라스무스와 루터의 종교개혁 이해 비교」, 『개혁논총』 42집, 2017.

기하고 있다.

> 이상이란 것은 예로부터 인간에 의한 역사적 생기현상을 수반하게 마련이다. 즉 그 때마다 기존의 현실에 만족하지 못하는 환상이 이와 같은 '소망의 공간'이나 '소망의 시간' 속에서 안식처를 찾았던 것이다. 그리하여 신화, 동화, 종교적 피안의 약속, 인도주의적 입장이 기초가 된 환상 또는 여행담 등은 모두가 현실화된 삶을 **간직하지 못한** 데 대한 제 나름의 욕구 불만적 표시라고 할 수 있으며 또한 그것은 모두가 현실화된 존재를 파괴하는 역작용 역할을 하는 유토피아로서의 가능한 존재 내용에 상응하려는 아름다운 보충물이라고도 할 수 있다.[39]

만하임은 유토피아라고 불릴 의식의 기본 구조를 하나의 현실과 그 현실의 심리적 대안이라는 이분법에서 찾고 있지만, 그렇다고 해서 그에게서 그것이 유토피아 의식의 본질은 아니다. 우리가 유토피아 의식이라고 말할 수 있으려면 다른 몇 가지 요소들이 포함되어야 하는데, 그 중 하나는 "언젠가는 역사적 내지 사회적 존재를 변혁시킬 만한 영향을 가할 수 있는 모든 존재 초월적 표상"의 형성이다. 또 하나는 "어떤 한 개인의 단순한 몽상이나 환상으로 등장하고 난 뒤 언제나 구체적인 사회학적 규정이 내려질 수 있는, 광범위한 계층의 정치적 욕구로의 전환"[40] 가능성이다. 그렇게 보면 유토피아란 특정한 현실이 초래하는 문제와 불만들을 담아낼 초월적 표상을 중심으로 그 표상의 가치와 이념에 동조하는 사회세력들의 정치적 실천 의식으로 해석해볼 수 있는

39 만하임, 『이데올로기와 유토피아』, pp. 424–425(강조는 원문).

40 만하임, 『이데올로기와 유토피아』, pp. 426–427.

데, 그러한 관점에서 만하임은 유토피아의 최초의 역사적 실천으로 뮌처의 천년왕국운동을 들고 있다. 만하임에게서 그 천년왕국운동은 "막연하게 피안의 세계에 대한 동경으로 일관되었던 희망이 갑자기 차안의 세계에서, 즉 바로 여기서 지금 곧 실현될 수 있는 체험의 대상으로 화하면서부터는 사회적 행동을 추동하는 거대한 힘의 구실을 하기에"[41] 이른 대 사건이었다. 만하임은 종교개혁 시기에 등장한 이 농민운동을 "세상사를 운명적인 것으로 받아들이거나 또는 '위로부터'의 조종에 의한 것으로 보는 것이 아니라 공동체로서의 모든 사회계층이 현세적 의미에서의 세계 형성에 의식적으로 참여한"[42] 사건으로 보고 있다.

김영한의 르네상스 연구에 기댄다면, 유토피아를 향한 의지와 열망이야말로 인본주의와 함께 르네상스 정신의 핵심적 원리다. 김영한은 유토피아 사상의 선구적 인물들인 모어(Thomas More)와 베이컨(Francis Bacon)이 설계한 유토피아 세계를 통해 르네상스 유토피아의 두 경향을 정리하고 있다. "이성과 덕성, 법과 질서를 통해 이상사회에 도달하려는 경향"과 "자연과 과학에 대한 깊은 신뢰"를 바탕으로 "모든 것에 대한 과학적 통제로 새로운 지상낙원을 건설하려는 경향"[43]이 그것이다. 이상적인 사회와 세계를 향한 인문학적 디자인은 본질적으로 당대의 불만족스런 사회적 현실의 대안적 구성물이다. 사유재산제도와 그것이 초래하는 불평등과 갈등은 공유제에 기초한 유토피아로, 자연의 가공할만한 부정적 결과가 가져오는 삶의 위기는 과학발전에 토대를 둔 유토피아의 열망

---

41 만하임, 『이데올로기와 유토피아』, pp. 436–437.

42 만하임, 『이데올로기와 유토피아』, p. 437.

43 김영한, 「루터와 뮌처」, p. 202.

으로 이어지려 하고 있었다. 여기서 중요한 사실은 사회적 문제와 위기를 해결해줄 이상적 세계를 가령 기독교의 종말론적 관점을 따라 신의 의지로 언젠가는 도래하게 될 궁극의 피안으로 환원하는 사고가 도전받기 시작했다는 점이다. 그러니까 이상사회는 절대자의 주권이 아니라 인간의 의지와 실천으로 도달할 수 있는, 도달해야만 하는 아름다운 세상으로 그려지고 있었다는 점이다. 인간의 미적 관념으로 탄생하게 되는 이상적 원근법의 세계는 이제 캔버스에 머물지 않고 현실의 시공간에 실현될 것이라는 인본주의적 희망이 유포되고 있었던 것이다.

그러한 문제 지평 위에서 우리는 만하임을 따라, 천년왕국운동을 르네상스 유토피아 정신과의 밀접한 연결 속에서 바라본다. 뮌처의 천년왕국운동은 단순히 "신자들이 모여 형성한 공동체 형태로 세워지는 것이 아니라 신의 선민이 칼을 가지고 불신자들을 제압하여 그리스도교 국가 형태로 세워지는 것"[44]이라는 이념에 입각해 있었다. 뮌처의 천년왕국운동은 신의 뜻이 지상에 실현될 것을 믿고 기다리는 수동적 천년왕국주의가 아니라[45] 인간의 의지와 힘으로 신의 세계를 창조해내려는 능동적 천년왕국주의였다.

그 점에서 루터에게서 출발한 종교개혁은 재세례파가 주도한 실천적 정치운동의 국면을 지나면서 근대성의 또 다른 차원을 주조하기에 이른다. 루터의 개혁신학에 맞선 뮌처의 실천신학은 하나님의 진리란 단순히 성서의 언어를 통해서만이 아니라 인간의 신체를 통해서도

---

44 박양식, 『종교개혁 시대의 천년왕국운동』, 한국학술정보, 2011, p. 143.

45 J. C. Davis, *Utopia & The Ideal Society: a study of English Utipian Writing 1516-1700*, University Press of Cambridge, 1981, pp. 30–36.

전달된다는 믿음 위에 서 있었다. 신은 오히려 성서가 아니라 살아 있는 인간에게 직접 계시하고 말씀을 전한다는 믿음을 뮌처는 확고히 지니고 있었다. 뮌처의 신학은 신자들이 신의 계시를 받아 내면세계의 변화를 체험하는 것이 신의 뜻이 아니라고 생각했다. 그들 내면의 변화는 자신들이 살아가고 있는 세속 세계의 변화와 떨어져 있지 않다. "완성된 내적 혁명으로부터 나오는 급진적 변혁은 개인적 영역에 한정되지 않고, 사회적, 정치적 관계까지를 포함하는 것이"라는 믿음 위에서 뮌처는 변화된 기독교인의 태도와 삶은 자연스럽게 세속 세계에서 기독교사회를 이룩해야 하는 운동으로 이어져야 한다고 주창했다.[46] 이렇게 뮌처의 천년왕국운동은 가난한 민중으로 불리는 신도들의 실천적 노력을 통해 평등한 사람들의 공유제 사회를 역사 너머가 아니라 '역사 속에서' 건설하려는 운동으로 실천되었다.[47] 만하임은 그 천년왕국운동에 내재되어 있던 개별적 종교성과 집단적 실천성의 놀라운 결합력을 이렇게 이야기하고 있다.

> 말하자면 광신적인 마력이나 무아적 황홀감이 여기서는 현세와의 유대를 감촉하기에 이르렀고 현세를 박차고 나가려는 긴장도가 이제는 바로 이 세계 내에서 폭발물 구실을 하게 되었으며 또한 불가능이 가능한 것을 잉태하는가 하면 절대적 명제로 수용되었던 것이 어느덧 현실적인 사상으로 변모했다. 이와 같이 근본적이고도 가장 극단적인 **근대적** 유토피아 형태는 하나의 특수한 실

46 박양식, 『종교개혁 시대의 천년왕국운동』, pp. 149–150.

47 알베르토 토스카노, 문강형준 옮김, 『광신, 어느 저주받은 개념의 계보학』, 후마니타스, 2013, p. 120.

> 체성과 소재에서 싹튼 것으로서 이는 토착적인 농민계급의 정신적 내지 신체적 감흥과도 합치할 뿐만 아니라 물질 위주의 지속성을 드러내면서 극히 정신적인 면도 지니고 있었다.[48]

종교개혁은 사유력과 반성력을 지닌 주체적 신앙인을 잉태했고, 스스로의 힘과 의지로 이상적인 기독교 세계를 지상에 실현하려는 혁명적 신앙인을 탄생시켰다. 이제 그와 같은 새로운 인간 관념은 자연과학혁명을 거치면서 과학적 합리성이라는 근대적 정신을 부여받는다.

---

48 만하임, 『이데올로기와 유토피아』, pp. 438–439(강조는 필자).

4장

자연과학혁명과 이성적 주체의 형성

4장

자연과학혁명과 이성적 주체의 형성

1. 근대 자연과학의 부상

1633년 4월 12일, 70세의 천문학자 갈릴레오(Galileo Galilei)는 로마 교황청 종교 재판소로 소환되었다. 그가 유포했다는 빈(反)성서적 우주론으로 인해 갈릴레오는 이단 심문소에서 종교 재판을 받아야 했다.

그런데 갈릴레오에 대한 성직자 집단의 반감은 이미 그보다 오래 전에 유포되고 있었다. 1613년 12월, 한 식사 자리가 발단이었다. 이 자리에서 메디치 가의 왕족들과 대학교수들은 갈릴레오의 제자였던 카스텔리에게 갈릴레오의 천문학적 발견의 내용을 묻고, 그것이 아리스토텔레스의 우주론과 어떻게 다른지에 대해 토론을 벌였다. 여기서 대공 코시모 2세의 어머니가 성서에 반하는, 지구가 움직인다는 생각의 신빙성을 의심했다. 카스텔리로부터 이야기를 들은 갈릴레오는 그 일이 초래할 문제들을 사전에 피하기 위해 대공의 어머니에게 편지를 보냈다. 하지만 그 편지 내용 중, 성서와 성직자의 권위에 도전하는 주장들이 들어 있었던 게 문제였다. 갈릴레오는 "우리가 물리적 문제를 토론할 때 성경 구절의 권위에서 시작할 게 아니라 감각적 체험과 필수적 실험에서 출발해야 합니다. [……] 성경은 만인에게 쉽게 이해되어야 하므로, 글자 그대로 해석할 때는 절대적 진리와 차이가 있는 말을 많이 합니다"[1]라고 말했다. 이 일로 갈릴레오는 도미니코회 한 수사의 선동적 공격을 받았고, 급기야 교황청이 개입하게 된다. 다행스럽게도 갈릴레오는 그의 가톨릭 신앙의 독실함을 증언하는 사람들의 도움에 힘입어 무죄를 받았다.

한편, 1623년에 새로운 교황으로 우르바노 8세가 즉위하는데, 그는 전임 바오로 5세와는 달리, 성서의 원리에 부합하지 않는 우주론, 특히 당대 코페르니쿠스의 지동설에 대해 심각한 적대감을 보이지는 않았다. 오히려 그는 그것을 가설과 사고실험에 지나지 않는 것으로 평가했고, 종교재판소가 과학을 억압하는 태도를 긍정적으로 생각하지 않았다.[2] 갈릴레오는 이러한 우호적 분위기 속에서 저술을 준비한다. 1632년에 『두 우주 체계에 관한 대화』(*Dialogo sopra i due massimi sistemi del mondo*)라는 책을 출간한다. 우주론을 주제로 세 사람이 벌인 나흘간의 토론을 담은 가상의 에세이였는데, 갈릴레오는 대화자들의 입을 빌려 아리스토텔레스의 자연철학을 비판하고, 태양을 회전하는 지구의

1 마이클 화이트, 김명남 옮김, 『교회의 적, 과학의 순교자 갈릴레오』, 사이언스북스, 2009, p. 372.

2 화이트, 『교회의 적, 과학의 순교자 갈릴레오』, p. 250.

움직임을 증명한다.[3] 이 책의 파장은 예상보다 컸다. 그에게 동정적이었던 교황은 갈릴레오의 재판소 출두를 명령했다. 결국 1633년 봄, 갈릴레오에 대한 종교재판이 시작되었고, 그해 6월 최종 판결이 내려졌다. 교황은 갈릴레오의 구금과 3년간 매주 한 번씩 7대 고해성사의 암송을 명령했다. 갈릴레오는 재판정에서 최후 진술을 했다.

> 저는 앞서 언급한 실수와 이단적 의견을 철회하고, 저주하고, 혐오합니다. 거룩한 교회에 반하는 그 어떤 실수와 교의에 대해서도 마찬가지입니다. 앞으로 저는 의혹을 살만한 내용을 말로든 글로든 주장하지 않을 것을 맹세합니다. 또한 이단이거나 이단으로 의심되는 사람을 알 경우에는 검사성성이나 제가 있는 곳의 재판관에게 고발하겠습니다. 나아가 검사성성이 제게 내렸거나 앞으로 부과하실 회개의 벌칙을 충심으로 따를 것을 맹세하고 약속합니다. [……] 저 갈릴레오 갈릴레이는 위에서 말한 대로 제 입장을 철회하고, 맹세하고, 약속하고, 구속하겠습니다. 제 손에 있는 진실한 증인 앞에서 철회서에 서명하고, 1633년 6월 22일에 로마의 미네르바 수도원에서 철회서를 한 단어 한 단어 낭송하는 바입니다. 저 갈릴레오 갈릴레이는 제 손으로 직접 위의 철회서를 작성했습니다.[4]

명백히 종교적 권위에 눌린 굴욕이었지만 갈릴레오는 성서의 신관과 우주관과 대립하는 자연철학을 주장했다는 이유로 이단으로 판정받고 8년간 잔혹한 고문을 당하며 화형에 처해졌던 부르노(Giordano Bruno)

3 화이트, 『교회의 적, 과학의 순교자 갈릴레오』, pp. 255–258.

4 화이트, 『교회의 적, 과학의 순교자 갈릴레오』, pp. 321–322.

의 사례를 모를 리 없었을 것이다. 교황청은 지동설을 철회한 갈릴레오의 형벌을 가택연금으로 낮추었다. 갈릴레오는 비록 당시의 종교적 질서를 돌파할 수 없었지만 그가 확신한 천문학적 지식은 결국 진리가 되었다. 그 진리를 발견해가는 과정 속에서 과학이라는 새로운 학문이 탄생했고, 이제 과학은 종교의 반대편에서 진리 발견의 보편 원칙과 절차로 자리 잡는다.

갈릴레오의 지동설과 대척점에 섰던, 서양 중세의 우주론적 관념은 지구가 우주의 중심이라는, 아리스토텔레스의 자연철학으로부터 유래하는 천문학적 믿음과 기독교적 신앙이 결합된 것이었다. 아리스토텔레스는 우주를 근본적으로 다른 원리의 두 세계로 구분했다. 우주의 중심인 지구로부터 달까지의 하월 세계(sublunar world) 또는 지상계와, 달로부터 그 바깥으로 이루어지는 초월 세계(superlunar world) 또는 천상계가 그것이다. 흙, 물, 공기, 불의 4원소로 구성되어 있는 지상계는 항상 변화의 지배를 받는 유동의 세계다. 반대로 천상계는 하늘의 원소로 불리는 제5원소(에테르)로 구성된 영구불변의 세계다. 지상계는 시작과 끝이 있는 유한한 직선운동의 지배를 받고, 그 세계를 이루는 물질들의 상이하고 복잡한 운동으로 작동한다. 반면 천상계에는 시작과 끝이 없이 언제나 일정한 속도의 등속원운동만이 존재한다. 지상계는 무거운 순서에 따라 흙, 물, 공기, 불의 순서로 배열되어 있으며, 지구는 가장 무거운 흙으로 구성되어 있고 그렇기 때문에 우주의 중심을 차지한다.[5] 그에 더해 우주의 중심인 지구는 고정된 채 움직이지 않는

---

5 김영식, 『과학혁명』, 민음사, 1991, p. 27; 스티븐 에프 메이슨, 박성래 옮김, 『과

다. 모든 물체는 우주의 중심을 향한다는 전제에 입각하면, 물체를 위로 던졌을 때 지구의 같은 지점으로 떨어진다는 것에서 증명될 수 있다는 논리에서다. 만약 지구가 움직인다고 가정한다면 결코 물체는 지구의 같은 지점에 떨어질 수 없을 것이다. 이러한 천문학적 세계관의 전통과 경험적 현상에 대한 논리적 추론의 결과 우주의 중심으로 부동의 지구가 있고 그 주위를 천체가 회전한다는 천동설이 확립된다. 그리스의 천문학자 프톨레마이오스(Claudius Ptolemaios)는 아리스토텔레스의 우주론을 바탕으로 『알마게스트』(*Almagest*) 제1권에서 움직이지 않는 고정된 실체로서 지구가 우주의 중심이며 태양은 그 지구 주위를 돈다고 주장했다.

중세의 우주론은 이러한 천문학적 전통 위에 서 있었는데, 예컨대, 15세기 중반에 활동했던 천문학자 포이어바흐(Georg Peuerbach)가 『행성들에 대한 새로운 이론체계』(*Theoricae novae Planetarum*)에서 제시한 천체 모델은 천동설 원리에 입각한 것이었다.[6] 고정된 지구가 우주의 중심이라는 천문학적 주장은 오랜 시간 중세 서양의 우주론을 지배해왔다. 아리스토텔레스 자연철학의 절대적 영향력이기도 하지만 기독교적 신앙관이 결합한 것이었다. 당대의 천문학 지식은 기독교의 세계관과 질서체계에 깊이 연결되어 있었고 그 점에서 지구가 회전한다는 것을 수용하기는 불가능했다. 절대자 하느님이 주재하는 곳인 지구가 상대적이고 변화할 수는 없었다. 지구가 태양 주위를 움직인다는 생각은 기독교

학의 역사I』, 까치, 1994, p. 45.

6 피터 디어, 정원 옮김, 『과학혁명: 유럽의 지식과 야망, 1500–1700』, 뿌리와 이파리, 2011, pp. 48–49.

적 신앙관에 부합하지 않는, 절대적 존재로서 신의 부정이다. 또 다른 예를 들면, 중세는 천체의 운동을 설명하기 위해 힘의 원리를 도입하고 그 힘을 지속적으로 가하는 존재로 천사를 가정했다. 그러므로 천체의 운동은 곧 신의 존재 증명이었다.[7]

이러한 천문학 패러다임에 대한 근본적인 도전이 15세기 후반부터 일어나는데, 그 출발과 관련해서는 코페르니쿠스(Nicolaus Copernicus)와 브루노를 이야기해야 한다. '코페르니쿠스 혁명'으로 불릴 만큼 당대의 절대화된 믿음에 도전장을 내민 코페르니쿠스는 천동설의 가설이 천체의 운동에 대한 당대의 여러 관찰 결과들을 효과적으로 설명해주지 못한다는 사실을 인식했다. 그는 1512년경에 『코멘타리오루스』(*Commentariolus*)라는 짧은 글을 통해 프톨레마이오스 천문학의 단점에 대한 분석을 시도했다. 그의 분석에는 항해술에 필요한 천체의 운동을 관찰하고 기록하기 위해 상당한 수준에 도달한 관측천문학의 관찰 결과가 이용되었다. 그는 가설에 관찰 결과를 맞추는 것이 아니라, 관찰 결과에 부합하는 새로운 가설을 찾는 방법으로의 이행을 시도했다. 그리하여 코페르니쿠스는 고대의 지적 세계로 거슬러 올라가 천체의 움직임을 적절히 설명해줄 가설을 찾아보았고[8], 결국 잊힌 가설, 사모스의 아리스타르코스(Aristarchus of Samos) 가설을 끌어들였다. 코페르니쿠스는 태양이 우주의 중심이라는, 사모스의 아리스타르코스 가설을 다시 소환했다. 알렉산드리아의 천문학자 아리스타르코스는 "지

---

7 곽영직 · 이문남, 『자연과학의 역사』, 북힐스, 2001, p. 81.

8 디어, 『과학혁명: 유럽의 지식과 야망, 1500–1700』, p. 69.

구는 날마다 그 축을 자전하고, 태양 주위를 원 궤도를 그리면서 1년에 1회 운행한다. 그리고 태양과 항성은 정지해있고, 행성은 태양을 중심으로 원 궤도를 그리며 운행한다"[9]는 이론을 제시했다. 코페르니쿠스는 지동설과 천동설 중에서 어떤 가설이 더 전체의 운동을 잘 설명해주는가를 사유했고, 결국 지동설의 손을 들어주었다.[10] 이후 그는 천체의 움직임을 직접 관측하고 그 결과들을 토대로, 태양을 중심으로 하는 행성계의 개념을 구축해 나갔다. 그 노력은 『천체의 회전에 관하여』(*De revolutionibus orbium coelestium*)란 책으로 결실을 맺었다.

새로운 우주관 형성의 또 다른 선구자였던 브루노는 코페르니쿠스의 제자였지만 자연과학자는 아니었다. 오히려 그는 기독교적 인간관에 맞서 확산되고 있었던 신플라톤주의 철학의 영향을 받은 인물이었다. 앞서 이야기한 것처럼, 르네상스 시대는 아리스토텔레스만이 아니라 플라톤 철학도 새롭게 유행하고 있었다. 플라톤 아카데미를 중심으로 퍼져 나간 신플라톤주의 철학에서 인간은 기독교적 피조물로 이해되지 않았다. 인간은 신과 같은 반열에 오를 수 있는 무한한 힘과 능력의 소유자로 나타났다. 그와 같은 철학적 상상력은 브루노의 우주관 형성에 큰 영향을 미쳤다.[11] 그는 인간 정신이 무한히 확대되는 우주를 창조할 능력이 있는 것처럼, 실재하는 우주 역시 마찬가지일 것으로 생각했다. 그러니까 지구를 포함하는 태양계는 그보다 큰 천계에 둘러싸여 있고

9 메이슨, 『과학의 역사I』, p. 56.

10 프랑수아 샤틀레, 심세광 옮김, 『이성의 역사 – 에밀 노엘과의 대담』, 동문선, 2004, pp. 81–82.

11 김영식, 『과학혁명』, pp. 32–33.

그 천계 역시 그보다 큰 천계에 둘러싸여 있다는 상상이다. 브루노는 무한히 확장되는 우주를 그리고 있었는데, 그의 상상력은 "셀 수 없이 많은 별들과 행성들을 가진, 그리고 외계 생명체들이 존재할 가능성이 있는 무한우주에까지 이르렀다."[12] 브루노의 우주론적 상상력은 인간의 무한한 정신적 능력을 토대로 한 것인데, 그 점에서 그의 철학은 기독교적 신성모독이었다. 왜냐하면 무한한 능력을 지닌 존재는 신밖에 없다고 생각되었기 때문이다. 결국 브루노는 이단자가 되었고, 1600년 화형에 처해졌다.

코페르니쿠스, 브루노와 같은 당대의 이단적 지식인들이 새로운 가설과 관찰과 상상력을 통해 그려낸 천체모델은 이론적이고 경험적인 차원에서 후대의 천재 학자들에게 강력한 영향력을 미쳤다. 코페르니쿠스와 마찬가지로 신플라톤주의 철학의 영감을 간직하고 있던 케플러(Johannes Kepler)는 코페르니쿠스가 주장한 태양 중심 천체모델에 처음부터 깊은 신뢰를 보냈다. 그러나 그가 코페르니쿠스의 모든 이론을 다 받아들인 것은 아니었다. 그는 태양을 중심으로 하는 천체 구조를 수용하면서도 코페르니쿠스 천문학이 기초하고 있는 운동 원리를 수용하지는 않았다. 그것은 당대 최고의 천체 관측가였던 덴마크의 티코 브라헤(Tycho Brahe)의 관측 데이터로부터 도출된 판단에 입각한 것이었다. 티코 브라헤는 왕국의 적극적인 지원에 힘입어 당대 최고의 관측소를 활용할 수 있었다. 케플러는 1599년에 타코 브라헤의 조수가 되었고 1601년 그가 사망하면서 엄청난 양의 관측 자료를 물려받았다. 천체의

12 데이비드 우튼, 정태훈 옮김, 『과학이라는 혁명』, 김영사, 2020, p. 210.

운동과 관련해 케플러는 자신이 추종한 코페르니쿠스의 등속원운동 가설을 티코 브라헤의 관측 결과와 일치시키려 노력했지만 실패했다. 결국 케플러는 등속원운동 가설을 폐기하고 대신 타원운동 가설을 도입했는데, 그 가설이 자신의 스승이 수행한 관측 결과에 한층 더 부합한다는 사실을 인식했다.[13]

그렇게 보면 브라헤의 천체 관측은 케플러의 탄생을 예비하는 지적 성과로 이해할 수도 있지만, 그 자체로 중대한 혁명적 의의를 지니고 있었다. 브라헤는 다른 별보다 유난히 밝은 별을 발견했는데, 수 개월간의 관측을 통해 그 별의 색깔이 흰색에서 붉은 색으로 변해가는 것을 알아냈다. 또한 브라헤는 혜성을 관찰하면서 그것이 기존의 주장처럼 기상현상이 아니라 일종의 천체라고 주장했다. 색깔을 바꾸는 별과 하늘을 뚫고 나가는 혜성의 존재는, 하늘은 수정천구로 구성되어 있고 어떠한 생성이나 소멸도 없는 완전한 세계라는 아리스토텔레스 천체론의 핵심적 가정을 흔드는 사례들이었다.[14]

케플러의 천체 법칙과 그것을 기반으로 하는, 천체 운동에 관한 정확한 관찰 결과는 당대의 많은 천문학자들로 하여금 코페르니쿠스의 태양중심설을 수용하게 했다. 하지만 그것은 전문 영역에서의 발견과 설득이었기 때문에 일반 사람들에게까지 지동설이 확산되기 위해서는 더 많은 시간과 노력이 필요했는데, 그 일은 갈릴레오의 몫이 되었다. 우리가 앞서 이야기한, 종교 스캔들을 일으키고 금서 목록에 포함되어

13 메이슨, 『과학의 역사I』, p. 146; 김영식, 『과학혁명』, pp. 36–39.

14 곽영직 · 이문남, 『자연과학의 역사』, p. 105.

야 했던 문제의 책 『두 우주 체계에 관한 대화』를 갈릴레오는 라틴어가 아닌 이탈리아어로, 일반 사람들이 쉽게 이해할 수 있도록 일상적 용어로 썼다는 사실을 예로 들 수 있다. 종교재판 또한, 비록 그가 의도한 것은 아니었지만, 결과적으로 태양중심설에 대한 대중들의 관심을 불러일으킨 사건이었다.

케플러와 동시대인이었던 갈릴레오는 케플러에게 자신이 코페르니쿠스주의자임을 고백한 것으로 알려져 있다. 갈릴레오는 자신이 직접 만든 망원경을 통해 태양과 여러 행성들을 관찰함으로써 당대의 권위적 이론이었던 아리스토텔레스 우주론이 많은 문제가 있음을 인식했다. 그는 육안으로 보았을 때보다 훨씬 더 많은 별들이 밤하늘에 떠 있음을 관측했고, 별들의 크기가 실제로는 대단히 작다는 사실을 알아냈다. 이러한 관측은 결국 브루노 등이 상상한 반 기독교적인 무한 우주 가설을 뒷받침해줄 의미 있는 근거들이었다. 또한 금성이 달처럼 차고 기우는 것, 목성 주위를 위성 네 개가 운동하고 있다는 것, 태양 표면의 흠집으로 보이는 흑점이 있다는 것을 관측했다. 이러한 정밀한 관찰은 천계가 어떠한 변화도 없는 완전한 세계라는 아리스토텔레스 자연철학과, 모든 천체가 지구를 중심으로 운동한다는 프톨레마이오스 천동설이 우주의 진실을 말하지 않는 증거라고 갈릴레오는 생각했다. 갈릴레오는 자신이 관찰한 천체의 모습과 운동이 코페르니쿠스의 천문학 이론을 통해 더 잘 설명된다고 판단했다.[15]

---

15 김영식, 『과학혁명』, pp. 40–42; 곽영직 · 이문남, 『자연과학의 역사』, p. 111; 디어, 『과학혁명』, p. 135.

갈릴레오의 천문학적 작업은 또 한 사람의 부르노를 만들어낼 강력한 폭발력을 지닌 것이었다. 코페르니쿠스 우주관을 정당화할, 역으로 철학과 신학의 결합체로 탄생해 오랜 시간 절대적 진리로 믿어온 프톨레마이오스 우주관의 붕괴를 초래할 이론이었기 때문이다. 처음에는 작은 사건으로 끝날 것 같던 천문학 스캔들은 1616년 로마교황청이 금서목록작성회의에서 코페르니쿠스의 태양중심설을 비난하고, 갈릴레오의 책, 『두 우주 체계에 관한 대화』를 문제 삼아 종교재판을 결정하면서 대 사건으로 비화될 위험에 놓이게 되었다. 외견상 종교재판은 갈릴레오가 자신의 주장을 철회하면서 큰 파장 없이 봉합된 것으로 보이지만, 그가 수십 년 간 기획해 집필한 그 '금서'에는 당대 자연적 인식체계를 뒤흔들 혁명적 사유가 담겨 있었다. 그 점에서 그 책은 금서가 될 만했다.

> 이 저서는 비단 천문학 영역에서뿐 아니라 역학 분야에서 마치 고대체계의 추종자들에 반하여 문제 전체를 성문화하려는 것처럼 광범위하게 반 아리스토텔레스 체계의 전 분야를 섭렵한 것이었다. 그의 저서는 아리스토텔레스의 학설을 단 하나의 점에서 공격하는 것은 소용없으며, 즉 파리의 스콜라 학자들이 한 것처럼, 임페투스 이론으로 운동을 해석함에 그 분야의 한 귀퉁이에서 시도하는 것은 소용없으며, 단순히 조각그림 붙여 만들기의 빈자리를 메꾸는 데 전혀 다른 조각그림으로 메꾸어 넣는 것과 같다는 사실에 대한 증거가 되는 것이었다. 필요한 것은 체계를 대치하는 일이었으며, 어느 의미에서는 전 아리스토텔레스의 종합이 급작스레 뒤집힌 경우와 같이 보였다. 이것이 갈릴레오가 왜 그렇게 중요한

가 하는 이유다.[16]

갈릴레오는 가택연금 속에서도 자신의 혁명적 사유를 계속해 나갔다. 천문학을 넘어 사물의 보편적 운동법칙에 관한 진실을 그는 알고 싶어 했다. 결국 갈릴레오의 역학(力學)은 아리스토텔레스의 운동론을 해체시켜버렸고, 근대 물리학 체계를 향한 결정적인 토대를 만들어 내었다. 천문학과 마찬가지로 당대의 역학 또한 아리스토텔레스 자연철학 위에 정립되어 있었다.

아리스토텔레스의 운동론에 따르면 운동은 본질적으로 사물의 고유한 성질에 관계한다. 앞서 살펴본 것처럼, 아리스토텔레스는 천상계와 지상계를 구별하고 있고 그 두 세계의 운동이 본질적으로 다르다고 인식했다. 천상계의 물체는 무게가 없고 깨지지 않는 완전한 성질을 지니고 있기 때문에 완전무결한 원운동을 하는 반면에 불완전한 성질을 지닌 지상계의 물체는 특정한 방향을 향해 직선운동을 한다는 것이다. 지상계 운동에서 그 방향은 물체의 내적 성질에 따라 달라진다. 가령, 어떤 물체가 위로 향하는 이유는 그 물체가 가볍기 때문이고 아래로 떨어지는 이유는 무겁기 때문이라는 식이다. 이러한 논리를 따른다면, 무게가 다른 두 물체를 떨어뜨릴 때 더 무거운 물체가 더 빨리 떨어진다는 결론에 도달한다.

하지만 갈릴레오는 이러한 운동론의 모순을 인식하고 사고실험과 엄밀한 추론과 논증을 통해 새로운 운동론을 만들어나갔다. 먼저, 갈

16 허버트 버터필드, 차하순 옮김, 『근대과학의 기원』, 탐구당, 1986, p. 85.

릴레오는 모든 물체는 종류나 크기에 관계없이 동일한 속도로 낙하한다는 법칙을 추론했다. 서로 다른 종류의 두 물체를 떨어뜨린다고 가정할 때, 그 둘의 낙하속도는 다를 것이다. 그러나 두 물체의 낙하 속도의 차이는 매체의 밀도가 작으면 줄어들 것이다. 가령 두 물체를 물처럼 밀도가 큰 매체에서 떨어뜨릴 때의 낙하 속도 차이보다 공기와 같이 밀도가 옅은 매체에서 떨어뜨릴 때의 낙하속도 차이가 더 적다는 것이다. 논리적으로 추론할 때, 매체의 밀도가 점점 줄어들면 낙하속도의 차이 또한 줄어들 것이고, 결국 진공에서의 낙하라면 두 물체의 속도 차이는 없어질 것이다.[17] 이러한 과정을 통해 갈릴레오는 물체의 운동을 사물의 내적 특성으로 이해하는 전통적 운동론의 오류를 밝혀내었다. 또한 갈릴레오는 사물의 무거움과 가벼움은 절대적인 성질이라는 아리스토텔레스의 법칙에 도전했다. 아리스토텔레스에 따르면 가벼운 성질을 지니고 있는 사물은 언제나 위로 향해야 하지만, 만약 그 물체가 자신보다 더 가벼운 것들로 둘러싸여 있다면 올라가기보다는 아래로 떨어질 것인바, 그렇다면 물체의 성질은 절대적인 것이 아니라 상대적인 것이라고 말해야 한다고 갈릴레오는 생각했다.[18] 전통적 운동론에 대한 갈릴레오의 도전은 계속되는데, 아리스토텔레스의 자연학에 따르면, 끊임없이 힘이 작용할 때 물체는 같은 속도로 운동한다. 하지만 갈릴레오는 지속적으로 힘을 받는 물체의 속도는 일정한 시간마다 증가한다는 것을 알아냈다.[19]

---

17 김영식, 『과학혁명』, p. 54.

18 김영식, 『과학혁명』, p. 55.

19 메이슨, 『과학의 역사I』, p. 166.

이처럼 전통적 운동론의 논리를 격파해간 갈릴레오는 운동 원리에 대한 근본적인 문제의식 속에서 지구 위에서 일어나는 설명하기 어려운 운동을 해명하려 했다. 예컨대, 높은 탑에서 떨어뜨린 공이 낙하하는 동안 지구가 움직이는데도 뒤로 처지지 않고 탑 아래에 떨어지는 현상, 빠르게 회전하는 지구의 운동을 사람들이 느끼지는 못하는 현상과 같은 것들이다. 첫째 현상의 경우, 지상의 모든 물체는 지구의 원운동을 지니고 있기 때문으로, 둘째 현상은 운동의 상대성 원리, 즉 운동은 운동 하지 않은 물체에 대해서만 상대적으로 나타난다는 논리로 설명했다.[20]

당대의 인식론적 질서에 대한 근본적 도전은 이처럼 코페르니쿠스로부터 갈릴레오에 이르는 천문학 세계에서 시작되었지만, 그와 같은 혁명적 사유는 그 영역에 국한되지 않았다. 인체 또한 새로운 사고가 전개될 또 하나의 영역이었다. 17세기 초반 생리학이 탄생하기까지 인간의 신체는 고대 그리스의 의학자 갈레노스(Galenos)의 의학 이론을 토대로 이해되었다. 갈레노스는 인간 생명에서 가장 중요한 혈액이 심장의 우심실에서 간막이벽을 통과해 좌심실로 이동한다고 상상했다. 또한 인간은 영양분을 몸으로 흡수하는 소화기능, 인체의 생명력과 기운을 끌어들이는 호흡기능, 두뇌와 정신활동을 가능하게 하는 신경기능을 통해 생명을 유지한다는 원리를 제시했다. 갈레노스는 이러한 기능들이 각각 자연의 영(natural spirit), 생명의 영(vital spirit), 동물의 영(animal spirit)을 통해 이루어진다고 믿었다. 소화기능은 음식물이 들어

20 김영식, 『과학혁명』, pp. 57–58.

와 각종 장기를 거쳐 자연의 영, 즉 피로 바뀌어 혈관을 타고 온몸으로 전달되고 영양분으로 소모되는 운동이며, 호흡기능은 심장에 들어온 피가 폐로 들어온 공기를 받아 생명의 영으로 바뀌어 기운과 열 등으로 소모되는 운동이며, 신경기능은 생명의 영이 인체의 특정한 곳에서 동물의 영으로 바뀌어 뇌에 전달되고 신경을 통해 온몸으로 퍼져 정신활동으로 소모되는 운동이다. 중세 시대에 이르기까지 받아들여졌던 갈레노스 이론은 16세기 이래 해부학적 지식의 축적으로 문제점들이 드러났지만 그럼에도 궁극적으로, 생성되어 온몸에 전달된 피가 신체활동으로 소모된다는 점은 굳게 신봉되었다.

코페르니쿠스가 『천체의 회전에 관하여』를 출간한 1543년에 해부학자 베살리우스(Andreas Vesalius)가 『인체의 구조에 관하여』(*De Human Corporis Fabrica*)란 저술을 출간했다. 갈레노스의 인체이론에 근본적으로 도전한 책이었다. 베살리우스는 혈액이 간막이벽을 통과해 우심실에서 좌심실로 이동한다는 갈레노스의 주장을 의심했다. 그는 해부학적 지식을 통해 간막이벽이 매우 두꺼운 근육질로 구성되어있다는 사실을 알아내고 혈액이 그곳을 통과하는 것이 가능하지 않다고 주장했다. 이어서 그는 프랑스에서 연구하고 있던 스페인 의사 세르베투스(Michael Servetus)와 함께 혈액이 어떻게 심장에서 운동하는가를 알아내고자 했다. 세르베투스가 주도한 연구를 통해 피는 허파를 통해 우심실에서 좌심실로 이동한다는 사실이 밝혀졌다. 세르베투스는 갈레노스가 제시한 인체의 생명 유지 원리에 대해서도 비판했는데, 그는 인체 안에 자연의 영, 생명의 영, 동물의 영이라는 세 개의 영이 존재한다는 것을 부정했다. 세르베투스는 세 개의 영이 따로 존재하는 것이 아니라, 혈액 속에 하나의 영이 있을 뿐이며, 나아가 그 영이란 곧 혈액이라고 주장했다. 이 의학이론으로 세르베투스는 칼뱅의 종교 탄압을 받았는데, 영과 피가 동일하다고 본다면 영혼도 소멸한다는 결론에 도달할 것이기 때문이다. 1553년 세르베투스는 화형에 처해졌다.[21]

세르베투스가 제시한 혈액순환론은 종교적 탄압으로 인해 수면 아래에 머물러 있다 영국에서 다시 회자되기 시작했다. 영국의 의학자 하비(William Harvey)는 동물 약 40종의 혈관과 심장의 관찰을 통해 심장 근육의 수축이 혈액운동을 일으키는 원인이라는 사실을 알아냈다. 하비는 1628년에 출간된 『심장과 피의 운동에 대해』(*De motu cordis et sanguinis*)에서 혈액 순환에 관한 과학적 이론을 정립했다. 하비는 혈액이 심장, 동맥, 정맥을 이동할 때 나타나는 변화를 세밀하게 관찰함으로써 혈액순환의 역학적 체계를 확립했다.[22] 혈액 순환을 인체의 주요 기관들의 관계와 기능으로 이해하고자 했다는 점에서 하비의 의학이론은 새로운 인식론의 차원을 제시했다고 말할 수 있다. 왜냐하면 그 전까지는 혈액의 순환이라는 물리적 현상을 영이나 혼이라는 비 물리적 원인에서 찾으려 했기 때문이다.

천체와 인체의 구조 그리고 운동 원리를 알아내고자 하는 지적 노력들 속에서 전근대적 자연철학과는 근본적으로 다른 사유체계의 자연과학이 탄생했다. 이러한 일련의 탄생 과정을 '자연과학혁명'이라 부

---

21 메이슨, 『과학의 역사I』, p. 228-231.

22 메이슨, 『과학의 역사I』, p. 236.

른다. "근대자연과학의 개념, 방법, 제도적 기초를 형성한 이 혁명"[23]을 이끈 천문학자, 역학자, 생리학자, 철학자는 오랜 기간 전통과 관습과 권위의 이름으로 수용되어왔고 참된 것으로 믿어온, 자연과 인간에 대한 지식에 근본적인 의문을 제기하기 시작했다. 그런데 그들이 철학적 또는 신학적 정통성의 외피를 두르고 있던 지식에 도전할 수 있었던 이유는 맹목적인 용기 때문이 아니었다. 그것은 자신들의 진리 발견 방법에 대한 강력한 신뢰 위에서였다.

오늘날 우리가 과학(science)으로 부르는 그 방법은 의심을 본질로 한다. 과학은 진리로 간주되고 호명되는 것을 무조건적으로 수용하지는 않는다. 그것은 검증되기 전까지는 진리로 확정될 수 없는 가설에 머물러 있다. 경험적 관찰 혹은 실험 결과가 그 가설을 뒷받침해줌으로써만 진리의 자리로 진입할 수 있다. 그렇지 않으면 그 가설은 폐기되어야 한다. 코페르니쿠스는 당대 천문학적 진리로 믿어온 지구중심설을 그대로 따르지 않았다. 그것은 천체 운동의 구체적인 관찰을 통해 입증되어야 하는 가설이었다. 하지만 그 전근대적 가설은 당시 별들의 움직임을 정확히 설명할 수 없었고, 따라서 그 가설은 더 이상 유효하지 않았다. 그는 고대 천문학자의 태양중심설을 새로운 가설로 세웠다. 케플러 또한 등속원운동 가설을 그대로 수용하지 않았다. 그는 그 가설을 티코 브라헤의 경험적 관찰 결과에 비추어 그 타당성을 검증했으나 관측 결과를 적절히 설명해주지 못한다고 판단해 그 가설을 폐기하고 타

23 John Henry, *The Scientific Revolution and the Origin of Modern Science*, Palgrave MacMillan, 1997/2008, p. 1.

원 운동 가설을 도입했다.

근대 자연과학의 방법 위에서라면, 경험적 데이터를 통해 검증되지 않은 진리는 존재할 수 없었다. 그것이야말로 그 이전, 특히 중세와의 근본적인 단절을 만들어낼 태도였다. 중세 서양이 진리라고 생각한 지식은 고대의 지적 전통과 기독교적 신앙의 결합으로 만들어진 것이었다. 그 본질적 특성 속에서 진리는 거부하거나 저항할 수 없는 지적 권위와 신학적 논리에 의해 정당화된다. 여기서 경험은 가설을 입증해주는 근거가 아니라, 선험적으로 확정된 진리를 확증해주는 토대로 작용한다. 지적, 신학적으로 참일 수밖에 없는 진리이므로 경험들은 그에 맞추어 설명되어야 하는 것이다. 이러한 논의와 관련해 과학사가 버터필드(Herbert Butterfield)는 "중세의 지성인들은 성직자계급이었고 지적 영도권이 성격상 종교에 있었기 때문에 당시의 자연과학은 좀 더 넓은 철학체계 안에서 예속적 지위를 지니고 있었다고 함이 그럴싸한 이야기"[24]였다고 말한다. 그러한 지적 체계에서는 종교적 세계와 자연적 세계가 뒤섞이고, 자연의 운동과 종교적 논리가 혼재될 수밖에 없었다. 예컨대, 중세 천문학은 천사라는 존재를 끌어들여 천체의 운동을 설명하려 하지 않았던가. 중세는 자연 세계 바깥에서 그 세계의 원인을 찾으려 했고 그 궁극의 원인은 언제나 절대자이고 신이었다.

근대 자연과학은 그러한 방법을 진리 발견과는 거리가 먼 비과학적인 태도라고 비판했다. 그들이 이야기한 과학적 태도란 그 두 세계를 엄격히 구분하는 것이다. 그러니까 자연에 관한 진리는 자연 세계 내

---

24 버터필드, 『근대과학의 기원』, p. 95.

부로부터 도출되어야 하는 것이지 그 바깥의 권위나 규범에 의해 확보될 수 없다는 이야기다. 그러한 구분 위에서, 과학은 진리를 발견하려 한다면 세계의 내부로 들어가 그 세계의 내적 원리를 파악해야 한다고 말한다. 근대 자연과학이 관찰과 실험을 진리 발견의 핵심적 방법으로 삼은 것은 그러한 이유에서다. 하비는 혈액의 운동 원리를 알기 위해 신체 내부로 들어가 심장을 직접 관찰했고, 티코 브라헤는 천체의 운동을 관측하고 데이터를 모았다. 또한 갈릴레오는 중력의 원리를 이해하기 위해 높은 곳으로 올라가 낙하 실험을 시도했다.

하지만 관찰과 실험은 사실 근대 자연과학에서 기원하는 방법이 아니었을 뿐만 아니라 과학자들만이 추구한 방법도 아니었다. 어떻게 보면 관찰과 경험에 대한 근대 과학자들의 절대적 옹호는 서양 중세에 그 뿌리를 두고 있는 연금술적인 전통과 무관하지 않은 것처럼 보인다. 자연과학혁명의 기운이 약동하는 16세기 서구 유럽에는 헤르메스주의(Hermeticism)로 불린 태도가 부상하고 있었다. 마술적 자연관 위에 서 있던 헤르메스주의는 자연을 단순히 수동적으로 관조하는 데서 벗어나 그것에 일정한 작용을 가하고 변형하는 작업을 통해 무엇인가를 얻어내는 능력을 신뢰하는 경향이 있었다. 또한, 관찰과 실험은 당시 장인들이 물건을 만들기 위해 활발하게 시도해온 실용적 방법이기도 했다.[25] 이 문제와 관련해 우리는 "16세기의 장인적 전통은 노만과 같은 뛰어난 실험가를 낳을 수는 있었지만 이론가를 배출하지는 못했다"[26]는 입

25 메이슨, 『과학의 역사I』, p. 148.

26 메이슨, 『과학의 역사I』, p. 149.

론을 언급할 수 있다. 장인들이야말로 반복된 관찰과 실험의 대가들이었지만 그것을 실용적 목적으로 이용했을 뿐 그 자연 세계로부터 일반적인 원리를 도출하는 능력을 지니고 있지는 못했다. 또는 그들의 실용주의가 굳이 그러한 필요를 만들어내지 않았을 수도 있었을 것이다. 헤르메스주의와 같은 실험정신은 본질적으로 근대정신과는 거리가 멀었다. 왜냐하면 그들에게서 자연은 단순히 물질세계가 아니었기 때문이다.

근대 과학은 반복된 관찰과 실험의 결과를 가설에 대응해 가설의 진리 여부를 판단한 뒤에 가설을 유지하거나 폐기한다. 폐기된 가설 대신 대안적 가설을 도입해야 한다면, 그 새로운 가설을 관찰과 실험을 통해 검증한다. 가설이 유지되는 경우라면 그 가설을 다시 새로운 경험세계에 비추어 일반화의 길을 시도한다. 그런데, 경험으로부터 가설의 진리 여부를 인식하거나, 새로운 가설을 끌어내거나, 가설의 일반화를 위한 엄밀한 절차를 수행할 지적 역량은 쉽게 확보되는 것이 아니다. 정확한 데이터를 얻기 위한 엄밀한 관찰 조건과 실험 조건의 구축이라는 경험적 능력과 함께, 가설과 경험세계의 논리적 대응관계를 파악하고, 경험적 데이터로부터 가설적 명제를 도출해내는 추론적 능력을 동시에 요구하기 때문이다. 영국의 철학자 베이컨이 근대과학의 핵심적 방법을 경험적 능력과 합리적 능력의 결합에서 찾고자 했던 이유[27]는 거기에 있다.

---

27 메이슨, 『과학의 역사I』, p. 152.

2. 이성의 주체와 근대 공간의 조형

근대 과학은 세계에 대한 정확한 관찰, 엄밀한 실험 기술, 데이터의 논리적 해석과 추론에 의지해 진리를 발견할 것을 명령했다. 그리하여 망원경과 현미경을 만들어 관찰 능력을 배가하려 했고, 현실에 부응하는 실험 공간의 구축을 가능하게 하는 기술을 개발했고, 인간의 이성적 능력을 연마함으로써 사물의 본질을 이해하고자 했다. 근대 과학의 이러한 방법론은 궁극적으로 인간을 진리의 주체로 세우는 과정에 다름 아니었다. 그 인간은 기존의 편견과 선입견의 굴레를 벗어던지고 오직 자신의 감각과 정신의 능력만으로 세계의 진리를 인식하려는 존재로 나타난다. 그 점에서 근대 과학이 탄생시킨 인간은 본질적으로 이성과 합리성을 본성으로 하는 진리 주체였다.

아리스토텔레스의 자연철학에서 우주는 달 아래 세계(지상계)와 달 위 세계(천상계)라는, 서로 섞일 수 없는 질적으로 완전히 다른 둘로 구분되었다는 사실을 환기해본다. 변화무쌍한 직선운동의 세계와 어떠한 생성과 소멸도 없는 영원한 등속운동의 두 세계다. 질적 차이의 우주라는 아리스토텔레스의 관념은 물체의 운동에 대한 인식에서도 동일하게 드러난다. 아리스토텔레스는 물체의 운동을 자연적 운동과 비자연적 운동으로 구분했다. 자연적 운동이란 물체 자체의 본연의 성질로 인해 발생하는 운동이다. 가령, 무거운 물체가 내려가고 가벼운 물체가 위로 올라가는 것이다. 그와 달리, 비자연적 운동은 외부 원인에 의해 발생하는 운동이다.

아리스토텔레스의 이중적 우주 관념과 운동 원리는 16세기 중반부터 천문학과 역학을 이끈 천재들의 근본적인 도전에 부딪혔다. 근대자연과학은 우주의 구조와 운동을 설명할 때 전통적 관점이 취했던 질적인 차원을 분석의 영역에서 완전히 배제하려 했는데, 바로 거기서 우리는 근대자연과학의 혁명성을 만난다. 예컨대, 코페르니쿠스의 새로운 우주론은 천상계와 지상계를 구분하지 않았다. 그 우주론은 태양을 중심으로 천체들이 동일한 운동 원리 아래 회전하는 모델이었다. "하늘과 땅 사이에 질적인 차이가 있다는 하나의 근본적인 생각을 팽개침으로써 코페르니쿠스는 한층 더 간단한 체계를 얻을 수 있었다."[28] 그것은 케플러의 천문학 이론에서도 마찬가지였다. 케플러는 태양을 중심으로 하는 천체들의 배치를 물리적 힘이 관장하는 운동이라는 단일의 원리로 설명하고자 했다.[29] 갈릴레오 또한 코페르니쿠스의 천문학을 지지함으로써 아리스토텔레스의 우주론을 무력화했을 뿐만 아니라 새로운 역학이론을 세움으로써 아리스토텔레스의 운동론을 해체했다. 그는 내적 성질 속에서 물체의 운동을 이해하려는 아리스토텔레스의 운동론을 비판하면서 동일한 운동법칙에 따른 단일의 운동론을 정립했다. 운동이란 본질적으로 힘이라는 물리적 요인에 의해 발생하는 현상일 뿐, 운동하는 물체의 속성이라든지, 목적과 같은 질적 요인과는 무관하다고 갈릴레오는 생각했다.

샤틀레(François Châtelet)는 『이성의 역사』(*Une histoire de la raison*)에서, 코페르니쿠스에서 갈릴레오로 이어지는 천문학 혁명에 내포된 궁극적

28 메이슨, 『과학의 역사I』, p. 147.

29 Henry, *The Scientific Revolution and the Origin of Modern Science*, p. 25.

의의를 가상의 이야기를 통해 밝히고자 하는데, 두 천재는 지구에 사는 사람에게 자신들이 수행하고자 하는 궁극의 목표를 다음과 같이 전해주고자 했다.

> 당신은 세계가 당신이 보는 바 대로라고 생각하시겠지요. 저는 정신을 통해 당신을 태양 위로 초대해서 거기서 세계를 보도록 제안하려 합니다. 그러면 당신은 현실이 투명해지는 것을 깨닫게 될 것입니다. 지구에 머물 때, 당신은 극도로 복잡한 체계에 입각해 서로서로 위에서 움직이는 구체들을 상상했을 것입니다. 저와 함께 태양으로 가는 데 동의하신다면, 그리하여 순수정신, 인지성 탐구로 당신을 변형시키는 데에 동의하신다면, 당신은 그 복잡한 세계가 당신을 중심으로 선회하는 유성들의 **단순한 궤도**들임을 아시게 될 겁니다.[30]

이 가상의 이야기는 근대 자연과학의 본질적 지향이 무엇인가를 잘 말해준다. 그것은 세계를 가능하면 간결하고 단순한 원리로 환원하려는 지적 의지이자 욕망이다. 스승 브라헤의 천문 관측 데이터를 바탕으로 천체의 운동을 이해하고자 했던 케플러의 궁극적 목표는 간명한 법칙들을 따르는 천체 운동 모델을 만드는 것이었다. 그리하여 그는 행성은 태양을 중심으로 타원을 그린다(1법칙), 태양에서 행성에 그은 선은 같은 시간에 같은 면적을 그린다(2법칙), 행성이 궤도를 일주하는 데 소요되는 시간의 제곱은 태양으로부터의 평균거리의 세제곱에 비례한다(3법칙)와 같은 세 개의 법칙을 규명했다. 무질서하고 무원칙적으로

30 샤틀레, 『이성의 역사』, p. 92(강조는 필자).

보이는 태양계 행성 운동의 진리는 세 개의 법칙을 따라 전개된다는 것이다.

반면, 아리스토텔레스 자연철학이 그리고 있는 세계와 사물의 운동은 매우 복잡하다. 그는 우주를 질적으로 다른 두 세계로 구분하고 있으며, 그 두 세계를 구성하는 사물들의 운동이 동일하지 않다고 이야기한다. 또한 아리스토텔레스는 사물을 단순한 물리적 실체로 보지 않고 자신의 고유한 본성과 속성을 지니고 있는 복합적 실체로 이해한다. 그와 같은 사물의 운동은, 자신만의 특징적인 속성을 따르고 자신의 본성을 실현하는 방향으로 진행되는 자연적 운동과, 어떤 외적인 요인에 의해 일어나는 비자연적 운동으로 구분된다. 가령, 흙은 무거운 속성을 지니고 있기 때문에 땅으로 향하는 운동을 하고, 공기는 가벼운 속성을 지니기 때문에 하늘로 오르는 운동을 한다. 하나의 씨앗이 물과 영양분을 흡수해 싹을 틔우고 자라는 성장운동은 그 씨앗 속에 잠재되어 있는 본성을 실현하려는 것이다. 또한 비자연적 운동에서도 사물들의 속성 차이에 따라 다른 운동이 일어나는데, 예컨대, 동일한 힘이 작용하더라도 무거운 물체와 가벼운 물체의 낙하 속도는 다르다는 논리다. 그렇게 아리스토텔레스는 사물의 운동을 목적인, 형상인, 질료인, 작용인의 네 원리로 설명하고 있다.

하지만, 앞서 언급했듯이, 갈릴레오는 아리스토텔레스의 자연철학을 수용하지 않았다. 그의 우주론과 운동론은 너무나 복잡해서 보편적 원칙을 찾을 수 없기 때문이다. 질적으로 상이한 구조와 본성과 속성으로 구성되어 있는 세계와 사물의 보편적 운동 원리를 찾는 것은 가능하지 않다. 세계와 사물의 운동에 관한 보편 법칙이 있다고 생각한 갈릴레오는 천체의 움직임을 매우 간명한 원운동으로 설명하는 코페르니쿠스 모델을 수용했고, 치밀한 사고실험과 정교한 실험 장치들을 이용해 사물의 운동에 관한 보편 법칙을 찾으려 했다. 그러기 위해서는 무엇보다, 아리스토텔레스 자연철학의 주요 원칙들을 제거해야 했다. 질적으로 상이한 세계와 자신의 고유한 속성을 지니고 있는 사물이라는 관념을 없애야 했다. 세계는 단일한 공간으로 구성된 물리적 실체이며, 모든 사물은 외부 힘에 의해서 움직이는 물질이라는 사고로의 전환이 필요했다. 결국 갈릴레오의 자연과학 세계는 사물들의 차이를 만들어내는 질적인 속성이 배제된 측정 가능한 양적 사물들로 구성되기에 이른다.

> 맛, 빛깔, 소리, 냄새 등은 그에게는 비교적 관심 밖의 문제였다. 그런 것들은 만일 인간이 코와 귀, 혀와 눈을 갖지 않는다면 존재하지 않을 것이라고 그는 주장했다. 바꾸어 말하면, 과학은 측정과 계산이 될 수 있는 그러한 사물들에게 그 관심을 한정해야 할 것이었다. 무엇보다도 이러한 **수학**적 취급을 받지 못하는 그 밖의 대상들은 여전히 시간의 경과에 따라 동일한 기본요소들로 해체될 수 있을 것이다. 그것들은 어떠한 다른 것으로 전환되거나 바꾸어질 수 있을 것이며, 그리하여 논리전개의 후기 단계에서는 차례로 측정되고 양화될 수 있게 될 것이다.[31]

갈릴레오는 자연 세계의 움직임을 명쾌하고 간단한 원리로 파악하려고 했고, 그것은 그 세계와 사물을 측정 가능한 양적인 것으로 전환

---

31 버터필드, 『근대과학의 기원』, p. 107(강조는 필자).

하는 작업을 필요로 했다.[32] 그 말은 결국 구체적인 수학적 세계로의 환원이었다. 갈릴레오에게서 자연은 본질적으로 수학으로 자신을 드러내는 세계였다. 그는 "우주라는 책은 수학적 언어로 쓰였으며, 그 알파벳은 3각형, 원, 기하학적 도형으로 되어 있다고"[33] 생각했다. 자연 세계와 그 속에서 움직이는 사물들은 현상적으로는 질적으로 달라 보이지만 궁극적으로는 수와 수학적 등식으로 환원될 수 있는 동일한 대상들이었다. 갈릴레오 이전에 이미 케플러가 그러한 수학적 세계 모델을 시도했다. 케플러는 인간의 감각기관에 대해, 귀가 소리를 듣고, 눈이 빛깔을 보기 위한 기능인 것처럼, 인간의 정신은 양을 사고하기 위한 기능이라고 말했다. 만약 인간이 계량적 사고를 떠난다면 어둠 속을 헤맬 것이라고 이야기했다.[34]

그러나 근대 자연과학이 세계의 진리를 보여주는 가장 이상적인 지식으로 믿은 수학이 처음부터 그러한 위상을 차지한 것은 아니었다. 아리스토텔레스의 자연학에서 수학은 사물의 본질을 인식하는 데 탁월한 지식으로 간주되지 않았다. 사물의 본성은 정량적으로 드러나는 것이 아니라고 생각했기 때문이다. 그러한 이유로 아리스토텔레스를 따르는 철학자들은 "수학은 그 대상의 진정한 본질에 대해서는 어떠한 것도 알아낼 수 없으며, 단지 피상적으로 정량적인 성질들만을 다룰 수

32 프리조프 카프라, 이성범 · 구윤서 옮김, 『새로운 과학과 문명의 전환』, 범양사, 1985, p. 52.

33 버터필드, 『근대과학의 기원』, p. 109.

34 버터필드, 『근대과학의 기원』, p. 109.

있을 뿐이"[35]라고 간주해왔다. 물론 그렇다고 해서 수학이 무용한 학문으로 간주된 것은 아니었다. 수학은 자연세계의 본질을 이해하는 데 필요한 하나의 지적 도구일 뿐이라는 생각이 지배해왔고, 그것은 중세에까지 유효한 흐름이었다.[36]

하지만 16세기 후반부터 수학에 대한 기존의 관념을 흔드는 지적 흐름이 만들어지는데, 예수회가 그 변화의 중심이었다. 예수회는 자신들이 운영하는 대학의 교육 프로그램의 중심에 수학을 놓았을 뿐만 아니라 예수회 소속 수학자들이 수학의 탁월함을 전파하도록 했다. 예수회의 수학자로, 로마 대학의 수학교수였던 클라비우스(Chriostoph Clavius)가 지도적 인물 중 한 사람이었다. 그는 수학이 진리에 대한 어떠한 증명능력도 갖지 못한다는 당대의 인식이 오류라고 주장하면서 수학의 지적 지위를 상승시키기 위해 노력했다. 그의 지적 열정은, 철학적 논변을 구축해가면서 수학의 진리 발견 능력의 탁월함을 제시하려는 제자들에게로 이어졌고, 결국 수학이야말로 자연세계에 대한 신뢰할만한 지식을 만들어낼 수 있다는 믿음의 확산을 가져왔다. 자연세계의 수학적 재구성을 통한 진리 인식의 확실성을 굳게 믿은 갈릴레오는 클라비우스의 친구였다.[37]

그와 같은 자연세계의 법칙화와 수학적 환원에서 뉴턴(Isaac Newton)의 연구는 정점을 알리는 지적 사건이었다.

---

35 디어, 『과학혁명』, p. 128.

36 Henry, *The Scientific Revolution and the Origin of Modern Science*, p. 19.

37 디어, 『과학혁명』, pp. 129–131.

뉴턴의 『자연철학의 수학적 원리』(*Philosophiae naturalis principia mathematica*)는 세계상의 수학화의 정점으로 간주될만하다. 사과를 땅에 떨어뜨리게 하는 것과 같은 힘에 의해 지구가 태양의 궤도를 운동한다는 사실을 세운 것으로 유명한 그 책은 그 이상을 수행했다. 그것은 케플러 천체운동법칙의 진리를 수학적으로 증명했으며, 달과 혜성의 운동에 관한 근대적 이론을 정립했다. 천계와 지상계를 이해하는 데 수학의 유용함을 보여주었고, 초월세계와 하월세계의 상이한 물리학이라는 아리스토텔레스의 구분을 결정적으로 논박했다. [……] 뉴턴은 원심력을 완벽하게 이해할 수 있었으며, 유체 속 사물의 운동을 이해할 수 있는 기초를 닦았다. 이 유체역학은 소리의 속도는 그 소리가 지나가는 매질의 압력과 밀도에 따라 달라진다는 이론을 가능하게 했다. 그와 그의 동료들이 속해 있던 기계론적 철학에 미친 가장 결정적인 영향력으로서 그는 관찰 가능한 거시 세계의 효과가 어떻게 미시 현상의 관점에서 설명될 수 있는지를 수학적으로 증명해보였다. 뉴턴의 프린키피아 출간으로, 16세기에 시작된 자연철학의 수학화를 향한 움직임이 완성되었다.[38]

뉴턴은 자연과학의 목표가 관찰과 실험을 통해 자연에 대한 일반적인 규칙 또는 법칙을 발견하고 그 법칙을 통해 자연에 존재하는 사물의 인과관계를 인식하는 데 있다고 이야기했다.[39] 자신의 선배 연구자들로부터 시작된 그와 같은 지적 의지와 열정은, 앞의 인용문이 언급한 『자연철학의 수학적 원리』로 결실을 맺었다. 총 3권으로 구성된

38 Henry, *The Scientific Revolution and the Origin of Modern Science*, p. 31.

39 우튼, 『과학이라는 혁명』, p. 503.

『원리』는 1권과 2권에서 각각 저항이 없는 공간과 저항이 있는 공간에서 힘과 운동에 관한 수학적 원리를 보여주고 있고, 3권에서는 질량을 지닌 모든 물체들 사이에는 서로 잡아당기는 힘, 즉 만유인력이 작용하고 있음을 가정하고 1권에서 제시된 힘과 운동의 법칙들을 이용해 케플러가 제시한 행성 운동을 수학적으로 증명하고 있다. 모든 물체는 다른 것이 그 상태를 변화시키지 않는 한 똑같은 상태에 남아 있으려 하고(관성의 법칙), 운동하는 물체는 직선으로 그 운동을 계속하려 하며(힘과 가속도의 법칙), 운동하는 물체가 강한 것에 부딪히면 그 운동을 잃지 않고, 약한 것에 부딪혀서 그것을 움직이게 하면 그것에 준만큼의 운동을 잃는다(작용-반작용의 법칙)는 법칙들이 그것이다. 선배 과학자들의 연구 성과를 기반으로 정립된 뉴턴의 물리학적 정리는 천체의 운동과 지상계의 운동을 단일의 원리로 설명하는 보편법칙을 제시했다는 데에서 그 혁명적 독창성을 볼 수 있다. 그것은 아리스토텔레스 이래 엄격하게 유지되어온, 그 이후 근대자연과학자들이 비판해왔던 천상계와 지상계의 구분을 수학적 형식의 법칙으로 해체해버렸다는 의미다.

뉴턴에 이르러 종합되고 완결된 근대 자연과학은 과거와는 근본적으로 상이한 자연세계상을 창조했다. 지난 시절 자연은 근대과학이 발견하고 정리한 법칙과 방정식으로 온전히 드러날 수 없는, 상이한 본성과 속성의 존재들이 운동하는 세계였다. 그 자연은 물리적 세계로 환원될 수 없는, 때로는 신비로운 힘과 영혼으로 채워진 생명체이거나, 때로는 신의 의지가 가득 찬 신성한 장소로 간주되어 왔다. 따라서 그와 같은 자연의 비밀을 풀기 위한 열쇠는 철학이어야 했고 종교이어야 했다.

하지만 코페르니쿠스 이래 근대 자연과학자들은 그와 같은 전통적인 자연관을 해체하고, 수학적 방정식으로 정리될 수 있는 간명한 법칙의 지배를 받는 사물들의 세계로 자연을 정의했다. 그리하여 자연은 거대한 '물리학적 장소'로 이해되기 시작했다. 자연은 힘과 운동이라는 두 개의 원리를 따라 상호작용하는 물질의 세계인 것이다. 그와 같은 자연 속에서라면, "스콜라 철학자들이 믿고 있던 것처럼, 각 개체가 갖고 있는 혼의 종류, 즉 식물혼, 동물혼, 이성혼 등 위계적인 질적 분석을 통해 각 개체의 위치를 우주적 질서 속에 확정하게 되는, 다시 말해서 이 질적인 개체들이 질서 있게 존재하는" 또는 "세계를 구성하는 존재는 우주적 주변에 있는, 만물 중 가장 완전한 신에서, 천계에 있는 여러 계급의 천사를 거쳐 지상의 인간, 동물, 식물, 광물에 이르기까지 질서 있는 거대한 연쇄를 구성하는"[40] 세계상은 더 이상 유효하지 않다.

엘리아데(Mircea Eliade)는 근대적 세계상이 도래하기 이전까지 인류는 성과 속이라는 이중적 공간 관념의 지배를 받아왔다고 주장한다. 말하자면 질적으로 상이한 공간 관념이 지속해왔다는 것이다. 그런데 근대가 도래하면서 전통적인 공간 관념은 해체되었고, 그 자리에 완전히 탈 신성화된 세속적인 공간상이 자리를 잡게 된다.[41] 존재성에서 근본적인 차이를 갖기 때문에 이질적일 수밖에 없는 두 공간의 경계는 허물어진다. 성스러움과 속됨이 모두 물리적 동질성으로 환원되

40 메이슨, 『과학의 역사I』, p. 182.

41 M. 엘리아데, 이은봉 옮김, 『성과 속』, 한길사, 1998, pp. 182–183.

었기 때문이다. 엘리아데가 말하는 것처럼, 근대적 공간은 신성함, 성스러움, 초월과 같은 질적 개념들과의 연결을 더 이상 멈추고 수학과 물리학의 형식들로 환원된다. 한마디로 근대는 공간을 '탈 마법화'[42]한 것이다.

그러한 맥락에서 이진경은 근대적 공간을 "위치나 형태, 거리나 체적 모두가 대수적인 수로", "그 물리적인 특성이나 종교적인 의미 등 모든 특성과 무관한 대수적인 좌표로 환원"된 공간으로 바라보고 있다. 그리하여 근대적 공간은 "수만큼이나 동질적이고 대수적으로 계산되며 일정한 단위에 의해 분할 가능한 추상적 공간이 되었다." 그 공간은 수학적 정량화가 가능하지 않은 질적인 것들을 모두 제거한, 그리하여 "형태와 성질이 사라진" 일종의 "텅 빈 공간"으로 나타난다.[43]

이와 같은 공간 관념의 극단적 양상을 우리는 데카르트(René Descartes)의 철학 개념인 '연장'(extension)에서 만날 수 있다. 역학 분야에 대한 깊은 연구를 통해, 뉴턴과 함께 근대자연과학의 체계화에 깊은 영향을 끼친 데카르트는, 뒤에서 본격적으로 논의하겠지만, 자연세계를 순수한 물리적 공간을 의미하는 연장으로 개념화했다. 그 연장의 반대편에는 정신이라는 개념이 자리하는데, 그 점에서 공간은 정신, 영혼과 같은 실체와는 무관한, 전적으로 물리적인 장소로 나타난다. 그러니까 데카르트는 "물리적 우주에서 성질들을 추방하기 위해 그 성질들을 비 자연학적 영역, 즉 인간의 정신 영역으로 보내버린"[44] 것이다. 그

42 우튼, 『과학이라는 혁명』, 13장.

43 이진경, 『근대적 시공간의 탄생』, 그린비, 2010, pp. 207–208.

44 디어, 『과학혁명』, p. 171.

리고 공간의 속성은 질적인 것이 사라진 연장이기 때문에, 아무리 복잡해보여도 수학적 원리를 통해 완전하게 드러날 수 있다고 데카르트는 생각했다. 이와 관련해 버트(E. A. Burtt)는 다음과 같이 주장하고 있다.

> 자연 세계가 무엇이든 간에 그 세계는 명백히 기하학적이며, 그 세계의 구성 요소들은 확장된 운동이거나 형태화된 운동이다. 우리가 다른 모든 질적 특성에서 벗어나 그것들을 운동들로 환원한다면, 자연 진리의 문을 여는 유일하고 잘 들어맞는 열쇠가 수학일 수밖에 없다는 사실이 명확해진다.[45]

근대자연과학이 주창한 것처럼, 양적 실체들이 자리를 차지하고 운동하는 자연 세계의 본질이 수학으로 드러난다고 할 때, 그 수학은 모든 특수성, 고유성, 질적 특성들을 추상화하면서 그 추상적 실체들의 논리적 관계를 보편화하려는 지적 의지라고 말할 수 있다. 화이트헤드(A. N. Whitehead)의 말을 빌리자면, "예컨대, 오직 물고기에만 적용된다거나, 돌에만 적용된다거나, 또는 빛깔에만 적용된다거나 하는 수학적 진리란 없는 것이다. 순수 수학을 다루고 있는 동안만은 우리가 완전 절대의 추상적 세계에 있게 되는 것이다."[46] 화이트헤드는 이 수학적 추상화와 보편적 논리화를 수행하는 힘을 이성이라고 말하고 있다. 그러니까, "이성은 어떠한 존재들이건 간에 그것들이 특정의 순수

---

45 E. A. Burtt, *The Metaphysical Foundations of Modern Science*, A Doubleday Anchor Book, 1954, p. 106.

46 A. N. 화이트헤드, 오영환 옮김, 『과학과 근대세계』, 서광사, 2008, pp. 49-50.

한 추상적 조건들을 만족시키는 어떤 관계를 가질 때, 그 존재들은 다른 순수한 추상적 조건들을 만족시키는 다른 관계들을 반드시 갖는다는 점을 인정하라고 강력히 요구한다는 것이다."[47] 이 근대적 이성을 화이트헤드는 보다 엄밀한 용어를 사용해 '논리적 이성'으로 명명하는데, 이 논리적 이성은 "임의의 한 구체적 계기를 이루고 있는 존재들 사이의 여러 관계들에 대해 동시에 적용될 수 있는 일반적인 추상적 조건들 전체" 즉, "패턴의 형식"[48]을 찾으려 한다.

아마도 뉴턴은 복잡하고 무질서하게 운동하고 있는 것처럼 보이는 자연세계를 관장하는 보편적인 패턴의 형식을 찾으려는 논리적 이성의 전범으로 간주될 만하다. 뉴턴은 선배나 동료 연구자의, 역학에 관한 다양한 관찰과 실험들을 연구의 기본적 토대로 삼았지만 그러한 경험적 데이터로부터 도출되는 개별적 사실에 만족하지 않았다. 왜냐하면 자연과학의 궁극적 과제는 자연세계의 보편적 패턴을 찾는 것이기 때문이다. 그러기 위해서 뉴턴은 관찰과 실험 현상들에 대한 엄격한 인식을 바탕으로 그러한 경험적 현상들을 설명해줄 원인들을 제시하고, 그 원인과 현상들의 관계를 수학적 방정식을 통해 증명하는 절차를 수행했다.[49]

이제 화이트헤드가 말한 그 논리적 이성이야말로 자연세계의 진리를 파악할 압도적인 힘으로 인식된다. 코페르니쿠스로부터 뉴턴에 이르는 근대자연과학의 천재들은 그러한 논리적 이성의 표상들이었다. 그런데 주지하는 것처럼, 서양의 역사에서 이성이라는 개념은 근대의

47 화이트헤드, 『과학과 근대세계』, p. 50.

48 화이트헤드, 『과학과 근대세계』, pp. 57-58.

49 램브레히트, 『서양철학사』, p. 390.

발명품은 아니다. 이성은 아마도 고전고대 세계로 그 기원이 올라갈 것인 바, 우선, 그리스적 어원의 이성은 '로고스'(logos)라는 개념에 연결된다. 말로 해석될 수 있는 이 로고스는 무의미한 소리에 대비된다. 모으다, 연결하다와 같은 어원을 갖는 이 로고스는 의미를 갖는 단어들을 모으고 연결함으로써 의미의 총체를 만들어내는 언어능력을 가리킨다.[50] 한편, 라틴어 어원으로서 이성은 계산하다, 측정하다와 같은 의미를 지니고 있는 것으로서, 대상에 대한 정확한 사고력을 가리킨다.

이러한 어원을 따라 고대 서양에서 이성은 크게 세 차원의 의미로 이해되어왔다. 첫째, 이성은 불완전하거나 잘못된 인식에 맞선, 정확한 인식을 의미한다. 또한 이성은 감각, 의견, 관습 등에 의지한 인식과는 달리, 보편적인 것, 타당한 것을 지향하는 인식이다. 이성적 인식은 현상과 외양을 넘어 실재에 도달하게 하는 힘이다. 둘째, 지적 능력으로서 이성은 진리에 도달하기 위한 직관 또는 추론이다. 추론으로서의 이성이 상관성과 인과성의 연쇄를 따라 참된 것을 파악하는 사고력이라면, 직관으로서의 이성은 추론을 거치지 않고 직접적으로 진리를 인식하는 능력이다. 셋째, 이성은 인식 영역을 넘어 실천력으로 확장되는데, 말하자면 참된 것을 행함이라는, 덕의 실천을 위한 토대다.[51] 한편, 서양 중세에서 이성은 믿음과 계시와의 연관 속에서 이해되었는데, 전적으로 인간의 인식인 이성은 신의 계시와 그로부터 얻은 믿음에 종속된 부차적인 것이라는 관점과, 인간의 이성은 계시, 믿음과는 별개로

---

50 샤틀레, 『이성의 역사』, p. 32.

51 Gilles-Caston Granger, *La raison*, PUF, 1955/1993, pp. 9–12; 백종현, 『이성의 역사』, 아카넷, 2017, pp. 77–83.

절대자의 진리에 도달할 수 있는 선천적인 능력이라는 관점이 경쟁했다. 여기서 이성은, 앞서 이야기한, 올바른 순서와 절차를 따라 진리를 파악하는 추론 능력과 동일시된다.[52]

근대 자연과학이 자연의 진리 인식을 위해 절대적으로 신뢰한 이성, 논리적 이성은 서양 고전고대와 중세 이성의 전통을 이어받고 있다. 논리적 이성은 보편적인 법칙을 만들기 위해 경험세계를 엄격하고 정확하게 계산하고 측정해야 하며, 경험세계를 관통하는 보편적 원리를 파악하기 위해 정교한 논리적 추론을 수행해야하기 때문이다. 논리적 이성의 실천으로서 수학은 그러한 논리적 추론의 이상적인 모델을 제시한다. 그러나 근대의 논리적 이성은 자연과의 관계에서 전근대의 이성과는 근본적으로 다른 길을 향하고 있다. 예컨대, 플라톤 철학에서 세계는 이데아계와 현상계로 구분되는데, 그 구분은 본질적으로 존재론적이었다. 말하자면, 이데아계는 순수하고 절대적인 개념들의 세계로, 현상계는 감각적인 것들의 세계로 존재한다는 것이다. 그리고 현상계의 개별적 존재들은 이데아계로부터 보편적 개념을 받아 자신의 의미를 지니게 되는데, 그 점에서 이데아계는 현상계의 존재 근거가 된다. 가령, 현상계의 삼각형은 이데아계에 존재하는 삼각형의 개념을 부여받음으로써 삼각형으로서의 존립근거를 확보한다는 것이다.

그런데 근대 자연과학은 그와 같은 철학적 구도를 해체했다. 삼각형의 예를 든다면, 근대에 들어 "삼각형은 더 이상 외부적 실체로 존재

52 Granger, *La raison*, pp. 13–14.

하지 않고", 오직 "인식 주체와의 관계 하에서만 가치를 지니"[53]게 되었다는 말이다. 이제 자연 세계의 진리는 이데아계의 빛을 비춤으로써 드러나는 것이 아니라, 인간의 논리적 이성에 내재하는 계산력과 추론의 힘이 수학의 형식을 통해 자연 속으로 투사되어 자연을 수의 형태로 재구성함으로써 드러난다. 그럼으로써 인간의 이성은 자연의 진리를 드러낼 주체적 원리로 부상한다. 이제 자연의 진리는 수와 등식으로 환원되어 논리적 명증성의 형식으로 드러날 운명에 놓이게 된 것이다.

그러한 진리 패러다임은 이성적 사유주체를 진리 인식의 궁극적 토대로 성립시켰다. 이제 합리적 인간은 객관적 실체로서 이데아, 만물의 주재자로서 절대자의 위치에 서서 자연 세계에 진리의 빛을 투사하는 진리 주체가 되었다. 그러한 맥락에서 우리는 데카르트가 "인간을 자연의 지배자이자 소유자로 만드는 것"을 "단기간에 실현 가능한 프로그램으로 생각했으며",[54] "세계를 정복하기 위한 길로 나아갔다"[55]는 철학적 평가를 마주한다. 흥미롭게도, 이와 같은 이성적 주체는 이미 자연을 기하학적-수학적 공간 속에 재구성하려는 원근법적 형식 속에서 그 모습을 드러냈고,[56] 이후 근대 철학에서 진리 인식의 주체로, 그리고 근대 정치학에서 진리 실천의 주체로 다시 모습을 드러낸다.

53 샤틀레, 『이성의 역사』, p. 95.

54 샤틀레, 『이성의 역사』, p. 95.

55 Granger, *La raison*, p. 15.

56 우튼, 『과학이라는 혁명』, p. 279.

5장

근대철학과 진리 인식 주체의 출현

5장

근대철학과 진리 인식 주체의 출현

1. 합리론의 주체: 진리 인식 능력의 본유적 담지체

데카르트는 1641년의 작품 『성찰』(*Meditationes de Prima Philosophia*)에서 거짓된 것을 참된 것으로 믿어온 과거를 반성하면서 진리를 인식하기 위한 근본주의적 태도로의 전환을 다짐했다. 그는 "젊었을 때 나는 너무나 많은 거짓된 것을 참된 것으로 인정했고, 그것을 근거로 구축된 모든 것이 얼마나 의심스러운가를 알게 되면서 언젠가 내가 과학에서 무언가 확고하고 영속적인 것을 확립하기 위해서는 내 생에 한 번은 일체를 근본으로부터 뒤집어엎어 기초부터 새로 시작하지 않으면 안 되겠음을 느꼈다"[1]고 고백했다. 당연시되어온 모든 믿음과 명제를 부정함

1 R. 데카르트, 소두영 옮김, 『방법서설/성찰/철학의 원리/정념론』, 동서문화사,

으로써 진리를 만날 길을 찾는 이른바 '방법론적 회의'의 철학적 선언이다.

잘 알려진 것처럼, 데카르트에게서 최초의 의심 대상은 자신의 감각 기능을 통해 받아들인 세계의 내용이다. 데카르트가 그 세계를 의심의 첫 대상으로 삼은 이유는 "가장 참된 것으로 인정하고 받아들였던 모든 것은 감각을 통해서 또는 감각의 매개를 통해 받아들인 것"[2]이기 때문이다. 자신의 눈으로 보고 귀로 듣는 것과 같은 감각행위로 감지된 세계를 의심하는 것은 쉽지 않다. 하지만 그는 이 지점에서 현실 세계와 꿈의 세계를 구분하지 못할 때가 있음을 환기하면서 감각으로 감지되는 세계가 실제로 존재하는 현실인지를 어떻게 확신할 수 있는가, 라고 자문한다. 데카르트는 "깨어 있는 것과 꿈을 꾸고 있는 것을 구별해줄 수 있는 어떤 징표도 없다는 사실을 알게 된다. 나는 이런 사실에 소스라치게 놀라게 되고, 그 놀라움이 너무 커서 내가 지금 여기 깨어 있다고 생각하지만 사실은 꿈꾸고 있는 것은 아닌가 생각할 정도"[3]라고 말하고 있다.

감각 기관으로 들어오는 세계의 존재 불확실성이라는 결론은 데카르트를 감각이 전혀 관여하지 않는 세계에 대한 성찰로 이끈다. 가령 수학적 논리의 세계를 이야기할 수 있다. 데카르트에 따르면 2+3 = 5라든가, 네 개의 변을 갖는 도형 = 4각형과 같은 수학적 명제들은 감각과는 무관한, 오로지 논리적 사유의 힘으로 인식되는 것들로서 그것들

2007, p. 87.

2 데카르트, 『방법서설/성찰/철학의 원리/정념론』, p. 88.

3 데카르트, 『방법서설/성찰/철학의 원리/정념론』, p. 89.

은 "눈을 뜨고 있건 잠을 자고 있건" 언제나 동일한 진리 형식으로 나타난다고 말할 수 있다. 데카르트는 이 비감각적 수학 세계의 진리 가능성에 접근하지만 또 하나의 의심의 과정을 실행한다. 우리가 어떤 지식을 확실하다고 믿을 때, 가령 신이 우리의 지적 능력을 거짓된 명제를 참된 명제로 인식하도록 만들었다는 주장을 어떻게 반박할 수 있을 것인가, 라고 데카르트는 묻는다.[4] 그와 관련해 데카르트의 또 다른 의심은 악마의 가설로 이어지는데, 예컨대 "진리의 근원인 최선의 신이 아니라 최고의 힘을 갖는 동시에 교활하고 악의에 찬 악마가 나를 속이기 위해 온 힘을 기울이고 있다"[5]고 생각한다면 나의 합리적 추론 능력으로 얻은 지식이 확실하다고 믿을 수 없을 것이다.

결국 데카르트는 "내가 일찍이 참이라고 생각했던 것 속에서 의심을 허용하지 않는 것은 하나도 없다는 사실을 고백하지 않을 수 없"[6]게 되었다. "이 [세상에] 확실한 것은 아무 것도 없다는"[7] 궁극적 결론 앞에서 데카르트는 그렇다면 그처럼 의심할 수 없는 확실한 위의 명제는 어떻게 나에게 들어왔는가, 라고 자문한다. 감각적 능력도 아니고, 추상적 지식들을 수용하는 추론 능력도 아니다. 앞의 것은 불확실한 것들을 확실한 것으로 착각하게 만들기 때문이고, 뒤의 것은 악마나 신의 개입에 의해 자명한 진리에 대한 착각을 일으킬 수 있기 때문이다. 여기서 데카르트는 매우 중요한 인식에 도달한다. 감각이 초래하는 착

4 데카르트, 『방법서설/성찰/철학의 원리/정념론』, p. 90.

5 데카르트, 『방법서설/성찰/철학의 원리/정념론』, p. 92.

6 데카르트, 『방법서설/성찰/철학의 원리/정념론』, p. 91.

7 데카르트, 『방법서설/성찰/철학의 원리/정념론』, p. 94.

각에 빠져 있다고 하자, 그리고 "교활한 기만적 존재가 있어서 나를 속이고 있다고"[8] 하자. 그 사실을 인정한다고 하더라도 착각하기 위해서는, 속임을 당하기 위해서는 '나'라는 존재가 있어야 한다는 것이다. 데카르트는 "일체의 것을 곰곰이 살펴보고 [주의 깊게 검토하고 검토한] 끝에 결국 '나는 있다, 나는 존재한다'는 이 명제는 내가 이것을 말로써 표현할 때마다, 혹은 마음속으로 생각할 때마다 필연적으로 참된 것으로 내세우지 않을 수 없을 것이다"[9]라는 논리에 도달한다. 그렇다면 불확실하고 참되지 않은 외부 세계의 존재성에 맞서 유일한 참된 존재로서의 '나'는 명백히, 사유하는 존재다. 나는 나의 감각적 정보의 확실성 유무를 사유하고, 수학적 추론 명제의 진리 여부를 사유하는 존재이고, 그러한 의심의 사유를 통해 감각적 세계와 추상적 세계의 불확실성을 만나야 했다. 하지만 역설적으로 바로 그러한 이유 때문에 사유하는 존재로서의 나, 라는 명석 판명한 진리를 만나게 된 것이다. 이것은 데카르트가 『정신지도를 위한 규칙들』(*Regulae ad directionem ingeni*)에서 진리를 찾기 위한 규칙으로 제시한, 확실하고 의심할 수 없는 인식만을 신뢰해야 한다는 제2규칙[10]의 적용이었다.

이제 데카르트의 철학적 사고는 사유하는 나의 진리성 위에서 외적 존재와 세계에 대한 새로운 인식으로 향한다. 데카르트는 '사유하는 나'의 속에 들어있는 관념들의 원천을 묻는다. 그는 다음과 같은 전제,

---

8 데카르트, 『방법서설/성찰/철학의 원리/정념론』, p. 95.

9 데카르트, 『방법서설/성찰/철학의 원리/정념론』, p. 95.

10 R. 데카르트, 이현복 옮김, 『방법서설, 정신지도를 위한 규칙들』, 문예출판사, 2004, p. 19.

즉 "그 어떤 것도 무에서는 생길 수 없을 뿐만 아니라, 더 완전한 것, 즉 자기 속에 더 많은 실재성을 포함하는 것은 덜 완전한 것, 실재성을 덜 포함하는 것에서는 생길 수 없다는 결론"[11]에서 출발해 다른 많은 관념들은 나의 사유과정의 결과물이지만 오직 신의 관념만큼은 나의 사유 바깥에서 그 근원을 찾아야 한다는 결론에 도달한다. 왜냐하면 "신이라고 부르는", "무한하고, 영원하고, [불변의] 독립적인, 전지전능한" 존재로서의 신의 관념은 유한하고 영원하지 않은 나의 존재에서는 나올 수 없기 때문이다. 따라서 나의 바깥에서 "신은 필연적으로 존재한다고 결론짓지 않으면 안 되"[12]는 것이다. 나아가 이 신의 관념은 유한한 감각활동을 통해 경험적으로 만들어낼 수는 없는 것이기 때문에 타고난 관념이라고 결론내리지 않을 수 없다.

이 전지전능한 신의 존재성이 명석판명하게 확증된 자리 위에서 데카르트는 대상 세계의 인식을 보증할 수 있는 두 가지 전제들을 확립해내고 있다. 첫째, 신이 나를 속이지는 않는다는 것이다. 왜냐하면 기만과 사기는 불완전성을 뜻하고 그렇기 때문에 그러한 행위는 신에게는 어울리지 않기 때문이다. 둘째, 나는 신이 부여한 판단 능력을 지니고 있는 바, 신은 속이지 않는 존재이므로 나의 판단 능력이 갖는 진리성을 의심하지 않아도 좋다.[13] 이러한 전제 위에서 데카르트는 대상세계를 감지하고 인식하는 나의 감각과 지각의 진리 능력을 신뢰하게 되었다. 그러므로 내가 오감으로 보고 듣고 느끼는 감각적 정보들은 허구

---

11 데카르트, 『방법서설/성찰/철학의 원리/정념론』, pp. 110–111.

12 데카르트, 『방법서설/성찰/철학의 원리/정념론』, pp. 114–115.

13 데카르트, 『방법서설/성찰/철학의 원리/정념론』, pp. 124–125.

일 수 없고, 그로부터 나의 신체 또한 존재성을 확보한다. 그렇다면 내 신체가 감지하는 정보와 그로부터 만들어지는 관념은 어디서 유래하는가? 데카르트는 그것이 "나의 동의를 구하지 않고 나에게 찾아온다는" 점에서, "대상이 감각기관에 현전해 있지 않으면 감각하고 싶어도 감각할 수 없다는"[14] 점에서 대상세계의 존재를 받아들일 수밖에 없다고 이야기하고 있다.

진리를 발견하기 위한 방법론적 회의를 통해 데카르트는 명석 판명한 진리로 사유하는 나의 존재를 증명해내었다. 그리고 그러한 사유하는 실체로서의 나를 근거로 신의 존재를 증명하고, 신의 존재 증명을 따라 신체와 외부 세계의 존재를 끌어내었다. 그러한 회의의 과정을 따라간다면, 데카르트적 진리 인식의 출발점은 사유체로서의 나, 라는 존재라고 말할 수 있다. 신은 무한하고 영원한 존재라는 점에서 인간보다 우월함을 지니고 있지만 역설적으로 그 신의 존재 근거는 사유하는 나, 라는 직관적 진리 위에서 확보되고 있다. 이제 세상에 대한 진리 인식은 사유하는 인간 위에 정립되기에 이른다.

데카르트의 사유하는 자아가 진리의 궁극적 출발점인 것은 그의 의식 속에 본래적으로 내재하고 있는 관념과 명석 판명한, 직관적인 사유능력에 기인한다. 앞서 논의한 것처럼, 그 자아는 신, 무한, 영원과 같이, 경험에 의지하지 않는 본래적 관념을 지니고 있고, 그것을 통해 신의 존재를 근거지우고, 명석 판명한 사유의 힘에 의해 외부세계의 존재를 확증해낸다. 그러므로 그는 스스로의 의식에만 의존해 진리를 찾

14 데카르트, 『방법서설/성찰/철학의 원리/정념론』, p. 145.

아가는 자립과 자율의 존재이므로 그러한 의미에서 우리는 그 존재를 주체라 부를 수 있다. 이러한 맥락에서 렘브레히트는 데카르트 철학의 의의를 다음과 같이 설명하고 있다.

> 데카르트는 후일의 많은 사상가들로 하여금 자아에 대한 인식을 인식론의 확립을 위한 기본요건으로 보게 했다. 실로 근대 철학에 끼친 데카르트의 영향 가운데서 가장 깊은 것은 이들 사상가로 하여금 인식론적 탐구는 자아로부터, 즉 자아의 내면적인 의식의 상태와 자아의 주관적인 제 심상으로부터 시작해야 한다고 생각하게 만들었다는 사실이다.[15]

그처럼, 데카르트 이후의 근대철학은 인간 의식의 본질을 정립하고 그 위에서 진리 인식의 방법과 과정을 구축하는 것을 공통 과제로 설정해왔다. 따라서 근대의 인식론은 주체의 인식론이고, 그 인식론의 길을 열어준 최초의 철학적 공로자가 데카르트라고 말할 수 있을 것이다. 하지만 이후, 인식 주체로서 인간의 본질에 대한 이해와 그 주체에 의한 진리 인식의 과정과 방법은 데카르트와 동일하지 않았다. 데카르트의 철학적 전제를 수용하기도 하면서 그것을 넘어서려고 하거나, 그 전제에 맞서 대립하는 양상을 보였다.

데카르트 철학체계 내에서 주체로서 인간은 매우 모순적인 모습으로 나타난다. 데카르트에 따르면 사유와 연장(공간 점유)은 서로 섞일 수 없는 상이한 속성인 바, 정신은 사유를 본질로 하는 실체이고, 몸은 연장을 본질로 하는 실체다. 그리하여 데카르트는, 앞서 살펴본 것

15 램브레히트, 『서양철학사』, p. 340.

처럼, 몸 없는 정신적 실체로 사유하는 인간이라는 논리적 결론에 도달했다. 하지만 문제는 현실 속에서 그러한 인간은 허구가 아닐 수 없다는 사실이다. 데카르트 이후 근대 철학자들은 이 모순을 풀지 않을 수 없었는데,[16] 그들은 이 문제를 풀어냄으로써 진리 주체의 자립성과 자율성을 보다 확고히 하려 했다.

먼저 우리는 라이프니츠(Gottfried Wilhelm von Leibniz)의 철학이 데카르트가 세운 진리 주체의 모순에 대한 흥미로운 해법을 제시하고 있고, 그럼으로써 자립적이고 자율적인 진리 주체의 철학적 원리를 한층 더 견고하게 만들고 있는 모습을 본다. 라이프니츠 철학의 핵심에는 '모나드'(monad)가 놓여 있다. 라이프니츠는 『이성에 근거한 자연과 은총의 원리』(*Principe de la nature et de la grâce fondée en raison*)와 『모나드론』(*Monadologie*)에서 모나드 개념을 중심으로 우주와 인간의 존재 원리를 구성해내고 있다. 라이프니츠는 실체를 "활동할 수 있는 하나의 존재"로 정의하고 단순실체와 합성실체로 나누고 있다. 단순실체는 "부분을 갖는 않는 존재자"이고, 합성실체는 그러한 단순실체의 집합이다. 단순실체가 부분을 갖지 않는다는 것은 분할될 수 없다는 의미이며, 분할될 수 없다는 것은 곧 공간을 점유하는, 형태를 지닌 물질이 아님을 뜻한다. 라이프니츠는 그러한 단순실체를 모나드로 명명하고 있다.[17]

그런데 그러한 단순성과 분할불가능성만이 모나드의 본질은 아니다. 분할될 수 없는 하나의 궁극적 실체로서 모나드는 외부에 전혀 의

16 박삼열, 「데카르트 실체 개념의 문제점과 후대 합리론자들의 해결방안」, 『철학논집』 20권, 2010, p. 141.

17 고트프리트 빌헬름 라이프니츠, 『신인간지성론』, 아카넷, 2020, pp. §1–§3.

지할 필요가 없는, 오직 자기 고유의 내적인 질로 스스로의 존재성을 확립하고 있는 자립적이고 자기 완결적인 실체다. "모나드에는 만물이 들락날락할 창이 없다"[18]는 비유가 모나드의 그러한 특성을 말해준다. 관련해 라이프니츠는 "어떠한 외적인 원인도 모나드 내부에 영향을 끼칠 수 없기 때문에 모나드의 자연적 변화는 하나의 **내적인 원칙**에서 온다"[19]라고 말하고 있다. 모나드가 물리적 형태 없는 궁극적 실체라고 볼 때 모나드의 존재를 근거지우고 변화를 만들어내는 근원으로서 '내적인 길', '내적인 원칙'이란 곧 정신이다. 여기서 우리는 어떠한 물질성도 부여받고 있지 않은 오직 자신의 내적인 사유능력만으로 존재성을 확보하는 데카르트의 자아를 연상한다.

하지만 라이프니츠는 사유와 연장의 이원론, 즉 정신과 신체를 구분한 데카르트에 동의하지 않는다. "무수한 다른 모나드로 합성된 하나의 질량에 둘러싸여 있다"[20]고 하면서 라이프니츠는 모나드가 몸을 지니고 있음을 명확히 한다. 그 몸을 통해 모나드는 바깥 세계를 욕구하고 그 세계 인식의 계기를 마련한다. 여기서 라이프니츠는 서로 상이한 실체성을 지니는 정신과 몸의 유기적 연결 관계를 뇌의 한 부분으로 설명하면서 모순에 빠진 데카르트와는 달리, "모나드의 지각과 몸의 운동 사이에는 처음부터 작용원인 체계와 목적원인 체계 사이에 예정되어 있는 완전한 조화가 있"고, "거기에는 하나가 다른 하나의 법칙을

18 라이프니츠, 『모나드론 외』, 책세상, 2020, p. §7.

19 라이프니츠, 『모나드론 외』, 2020, p. §11(강조는 원문).

20 라이프니츠, 『신인간지성론』, p. §3.

변경하지 않고 일어나는 영육의 일치와 물리적 합일이 있다"[21]고 하면서 데카르트의 철학적 난국을 넘어서려 한다.

라이프니츠는 우주와 자연이란 "신의 최상의 지혜"에 따라 창조된 세계이므로 그 속에는 우연이란 존재할 수 없다고 생각한다. 모든 존재는 신의 필연적 법칙에 따라 운동한다. 라이프니츠가 부르는 충족이유율이다. "전 우주의 질서는 있을 수 있는 가장 완전한 것일 뿐만 아니라 창조자의 관점에 따라 전 우주를 표상하는 살아있는 거울이라는 것으로 귀결된다."[22] 우주와 자연 속의 모나드는 모두 신의 산물로서 신의 필연적 법칙의 반영체, 즉 거울이다. 가령 동물과 인간 모두 모나드다. 하지만 모든 모나드가 동일한 위계에 서는 것은 아니다. 영혼의 모나드라고 부를 수 있는 동물은 자신의 욕구를 가지고 외부 세계를 지각한다. 동물은 그렇게 욕구와 지각의 운동을 통해 신의 법칙을 따른다. 하지만 정신의 모나드로서 인간은 그렇지 않다. 라이프니츠는 동물의 지각과 인간의 통각을 구분한다. 동물의 지각은 외부 세계의 지각 정보에 대한 내적인 반성인 통각은 아니다. 동물들은 욕구를 가지고 외부 세계를 지각하지만 반성적 능력을 지니지는 못한다. 동물들은 자신의 지각을 통해 수용한 정보들을 이성적 체계로 질서화하고 재구성하지는 못한다. 반대로 인간은 우주와 자연에 구현된 신의 필연적 법칙을 알고 질서를 구축할 수 있는 정신적 모나드다. 라이프니츠는 "필연적이고 영원한 진리에 대한 인식이 우리를 동물과 구분해준다. 그리

21 라이프니츠, 『신인간지성론』, p. §3.

22 라이프니츠, 『신인간지성론』, p. §12.

고 이러한 인식은 우리를 신의 인식으로 끌어올리며 우리에게 이성과 과학을 부여한다. 이것이 흔히 말하는 우리 안에 있는 합리적 영혼 또는 정신"[23]이라고 말한다. 인간의 정신은 신의 필연적 법칙을 인식할 수 있으며, 그것을 통해 신의 세계를 모방할 수 있고, 신의 세계로 들어갈 수 있는 자격을 부여받는다. 하지만 정신의 모나드로서 인간이 신의 법칙을 인식하고 신의 세계를 그릴 수 있는 것은 이미 그 정신 안에 법칙과 세계가 본유적으로 내재해 있기 때문이다. 라이프니츠에 따르면, 모나드로서 인간이 신의 세계에 대한 진리를 인식할 수 있는 것은 인간 정신에 내재한 본래적 관념 덕택이다.

본유관념에 대한 강력한 그의 지지는 영국 경험론의 논리를 비판한 작품 『신인간지성론』(*Nouveaux essais sur l'entendement humain*)의 핵심을 차지한다. 라이프니츠는 작품 속 테오필루스의 입을 빌려 "누군가 그 관념을 영혼의 깊은 곳에 놓아두지 않아도 그 관념 자체는 우리의 영혼 깊은 곳에 존재하지 않을 수 없습니다. 그리고 신의 영원한 법칙들 중 일부는 더 잘 읽을 수 있는 방식으로, 또 일종의 본능과 같은 것으로 그곳에 새겨져 있습니다"[24]라고 말했다. 라이프니츠는 산술학, 기하학 등의 지식을 구성하는 관념의 본유성을 주장하면서 그러한 지식 관념들은 경험을 통한 것이 아니라 이미 정신에 내재한 것들이고, 우리는 정신을 주의 깊게 사유하고 정돈하면서 그러한 지식 관념들을 발견한다고 말했다.[25]

---

23 라이프니츠, 『모나드론 외』, p. §29.

24 라이프니츠, 『신인간지성론』, p. 66.

25 라이프니츠, 『신인간지성론』, p. 69.

이처럼, 라이프니츠의 형이상학이 디자인한 존재로서 인간이라는 모나드는 데카르트의 자아처럼, 본유관념을 바탕으로 사유함으로써 진리를 발견하려는 정신적 실체다. 하지만 그렇다고 해서 그의 인간이 정신과 몸의 이원론에 서 있는 것은 아니다. 그 모나드는 몸을 통해 욕구와 지각을 수행함으로써 외부 세계와의 관계를 맺을 수밖에 없도록 신에 의해 운명 지어진 존재이며, 자신의 정신을 통해 신의 필연적 법칙을 인식하는 존재다. 라이프니츠에게서 인간은 몸과 정신이 신의 법칙에 의해 모순 없이 결합된 존재로, 자신의 정신 안에 신의 법칙이 내재하고 있어서 내적인 사유에 의해 진리를 발견할 수 있는 자립적 주체로 나타난다.

본유관념을 지닌 인간이라는 데카르트적 개념을 지지하면서 그가 제시한 이원론의 한계를 돌파해 자립과 자율의 진리 주체를 조형하려 한 또 한 사람으로 우리는 스피노자(Baruch Spinoza)를 이야기할 수 있다. 스피노자는 『지성교정론』(*De intellectus emendatione*)에서 "우리는 지성이 사물을 오류 없이 가능한 한 완전하게 인식하도록, 처음에 우리가 할 수 있는 만큼, 지성을 교정하고 정화하는 방법을 안출해내야 한다"[26]고 말했다. 이러한 목적을 위해 스피노자는 진리 인식에 관한 네 개 양식을 범주화한다. 소문을 통해 얻은 정보를 통한 인식(제1의 양식), 자신의 개별적인 경험을 바탕으로 획득한 인식(제2의 양식), 타당하지 않은 원인을 통한 추론으로 얻은 인식(제 3의 양식), 본질적 원인으로부터 얻은 인식(제 4의 양식). 스피노자에 따르면 "오직 제4의 양식만

26 B. 스피노자, 황태연 옮김, 『에티카』, 비봉출판사, 2014, p. 14.

이 사물의 타당한 본질을 파악"[27]하는 인식이다. 스피노자는 『에티카』(*Etica*)에서 그처럼 사물의 본질 파악을 위한 인식론적 경로를 엄밀한 기하학적 추론을 통해 밝히고자 한다. 진리 인식을 위한 철학적 작업에서 스피노자의 길은 근본적으로 데카르트와 다르지 않아 보인다. 데카르트가 방법론적 회의로 불리는 명석판명하고 직관적인 사유의 과정을 통해 확고한 진리를 파악하려고 한 것처럼, 스피노자 또한 개념에 대한 정의, 공리, 정리, 증명으로 이어지는 엄밀한 기하학적 추론을 통해 신과 인간의 본성을 밝히고, 진리 인식을 위한 이상적 양식을 이야기하고 있다. 스피노자의 추론과정은 그가 불완전한 인식으로 규정한 제 1, 2, 3 양식들을 멀리하고 오직 존재하는 것의 본성에 대한 직관적 방법과 인과라는 본유적 관념에 입각해 진리 발견의 길을 제시하려고 한다.

하지만 그 경로 위에서 스피노자의 인간은 데카르트의 인간과 근본적으로 다른 존재로 나타난다. 이는 무엇보다 실체에 대한 인식 차이에서 유래한다. 스피노자는 실체의 본성을, 다른 실체로부터 산출될 수 없는 것, 즉 자기 원인에 의해 필연적으로 존재해야 하는 것으로 이해하고, 그 실체를 무한성을 본성으로 하는 존재로 정리하고 있다(제1부 정리6, 7, 8).[28] 이어서 스피노자는 실체의 속성에 대한 논의를 이어가면서 실체의 속성이란 그 본질을 구성하는 것이기 때문에 그 자체에 의해 파악되어야 하는 것으로 정리하고 있다(1부 정리 10). 스피노자는

---

27 스피노자, 『에티카』, p. 19.

28 이하 정리와 증명은 『에티카』의 내용임.

이어지는 정리를 통해 오직 신만이 유일한 실체이며, "존재하는 모든 것은 모두 신 안에 있고, 신 없이는 그 어떤 것도 존재할 수도 파악될 수도 없다"(제1부 정리 14, 15)고 말하고 있다. 사유와 연장을 서로 본성을 달리하는 상이한 실체로 이해하는 데카르트와 달리, 스피노자는 그 둘을 신으로 불리는 실체의 속성들에 속한 것으로 이해하고 있다.

신의 본성에 대한 직관적 추론 위에서 스피노자는 인간의 본성에 대한 이해로 이행한다. 우리는 데카르트의 논변을 따라, 인간은 정신과 신체를 가진 생명체이고, 그 두 속성의 본질을 각각 사유와 연장이라고 말할 수 있다. 스피노자에 따르면 모든 존재는 유일한 실체로서 신의 속성이 변용된 것인 바, 인간 또한 예외가 아니다. 인간이 사유와 연장이라는 두 속성의 변용으로 만들어진 존재라면, 그 속성은 신이라는 실체의 속성이 아닐 수 없다(제2부, 정리1, 2). 그런데 여기서 데카르트는 인간 정신과 실체의 본성으로서 사유와 연장을 서로 상이한 실체로 보기 때문에 그 둘 사이에 어떠한 연관성과 결합관계도 상정하지 않는다. 그러므로 신체 없는 정신이라는, 기묘하지만 논리적으로는 가능한 실체가 성립한다. 반대로, 사유와 연장을 신이라는 실체의 무한한 속성들에 속한 것이라고 주장하는 스피노자의 관점에서 데카르트적 정신은 성립하지 않는다. 스피노자의 인간은 오히려 신의 두 속성인 사유와 연장이 서로 분리되지 않은 채 공존한다. 그러한 차원에서 스피노자는 "인간의 정신을 구성하는 관념의 대상은 신체다. 즉, 현실적으로 존재하는 어떤 일정한 연장의 양태다."(제2부 정리 13) "인간의 정신은 신체가 자극받아 변화된 변용의 관념을 통해서만 인간 신체 자체를 인식"한다(제2부 정리 19)고 정리하고 있다.

만약 인간의 정신이 신체적 지각의 한계 안에서만 작동하는 것이라면, 우리는 데카르트처럼 신체 없는 순수한 정신이라는 형식 위에서 진리 주체를 정립할 수 없게 된다. 신체 속에 존재하고 있는 스피노자의 주체는 그로 인해 발생하는 인식의 한계를 벗어나 사물의 본성과 참된 인과에 대한 인식을 확보함으로서 자신의 진리성을 확보하는 경로를 전개해나간다. 그러한 차원에서 진리 주체의 형성과 관련해 인간 신체의 운동 원리에 대한 이해는 필수적이다. 인간의 신체와 정신은 서로 상이한 속성을 지니고 있지만 그렇다고 해서 그 둘이 분리되어 존재하지는 않는다. 가령 신체가 무기력할 경우 정신도 능동적이지 못할 수 있으며, 정신이 어떠한 생각을 하느냐에 따라 신체의 활동력도 달라지기 때문이다(제3부 정리 11, 12). 그렇기 때문에 진리를 인식할 수 있는 정신의 문제는 신체의 문제와 분리되어 있지 않은 것이다. 스피노자에 따르면 모든 존재는 자신의 존재성을 지속하려는 의지와 노력으로서 코나투스(conatus)를 내재하고 있다. 이 코나투스의 운동 속에서 인간 정신은 기쁨의 욕망과 슬픔의 욕망을 갖는다. 존재성의 지속이라는 코나투스의 본성에 입각하자면, 정신은 자기 신체의 활동 능력을 증대하고 촉진하려고 노력하는 반면, 신체의 활동능력을 감소시키거나 억제하고자 노력한다. 스피노자는 앞의 것을 기쁨의 욕망으로, 뒤의 것을 슬픔의 욕망으로 명명하고 있다. 기쁨은 인간이 보다 큰 완전성으로의 이행이며, 슬픔은 인간이 보다 작은 완전성으로의 이행이다(제3부, 감정의 정의 2, 3).

자연적 본성으로서 코나투스는 기쁨을 유지하거나 강화할 것을, 슬픔을 없애거나 약화할 것을 명령한다. 하지만 언제나 이 코나투스의 명령을 따라 사는 것은 아니다. 어떤 인간은 슬픔과, 분노, 시기, 증오 등, 슬픔의 여러 변형 감정들에 빠져 자신의 활동능력을 감소시키기 때문이다. 스피노자는 그러한 상태를 수동, 무능력으로 정의한다. 그처럼 수동과 무능력이라는 상태에 빠진 사람들의 근본적 문제는 자신의 부정적인 감정에 대한 적합한 인과성을 이성적으로 인식하지 못한 채, 그와 같은 감정에 사로잡힌다는 사실이다. 스피노자에 따르면 "무능력은 인간이 자기 외부에 있는 사물에 의해 휘둘리"는 것인 반면, "참다운 덕은 이성의 지도에 따라 생활하는 것"(제4부 정리 37의 주석1)이다. 스피노자는 무능력에 빠진 예속적 존재에 맞서, 자신의 이성에 입각해 사태의 원인에 대한 적합한 인식 능력을 지닌 자로 자유로운 존재를 세운다. 스피노자는 "나는 이성에 의해서만 인도되는 사람을 자유롭다고 말한다"고 이야기하고, "타당한 관념만을 갖는 사람"으로 정의한다(제4부 정리67, 68 증명). 스피노자가 말하는 타당한 관념, 적합한 관념을 보유한 이성적 인간은 궁극적으로 신에 대한 인식을 지닌 존재이고(제4부 정리28, 36 증명), 그러한 존재야말로 자유인이다. 모든 것들의 필연적 근거이자 원인인 신에 대한 인식이야말로 인간이 수동과 무능력에 사로잡히지 않고 사태의 원인을 명석판명하게 이해함으로써 능동적으로 존재하게 한다.

데카르트의 인식론 프로젝트는 진리 발견의 궁극적 근거로서 사유하는 존재를 탄생시켰다. 이 존재는 일체의 경험에 의존하지 않을 뿐만 아니라 자기 바깥의 외적 존재에게도 의지하지 않는다. 오직 자신의 이성적 직관과 추론적 사고만으로 세상에 대한 인식을 수행한다. 그의 인식을 이끄는 직관과 추론의 힘은 후천적 경험이 아니라 자신의 정신 안에 본래적으로 각인되어 있는 능력이다. 그 점에서 그는 명백히 인식론적 주체라고 부를 만하다. 하지만 데카르트의 진리 주체는 정신과 신체가 서로 분리되어 있는 존재라는 점에서 완전한 자립성과는 거리가 멀어 보인다. 라이프니츠와 스피노자가 철학적으로 조형한 진리 주체는 데카르트 주체의 그와 같은 한계를 넘어선다. 그 주체는 신체와 정신이 분리됨 없이 공존하고 있는 존재이기 때문이다. 그럼에도 라이프니츠와 스피노자의 주체는 데카르트의 주체처럼 정신에 내재하는 본유관념을 통한 이성적 사유를 통해 진리를 찾아간다. 수학적, 기하학적 사고처럼, 경험에 의존함이 없이 오직 엄밀하고 명석 판명한 논리구조를 따라 진리를 발견하려는 주체를 우리는 합리적 주체라고 부를 수 있고 철학사는 그와 같은 인식론 모델을 합리론으로 명명한다.[29]

2. 경험론의 주체: '경험적 관념'의 보유체

당대의 모든 철학자가 합리론적 진리 주체 모델에 동의한 것은 아니었다. 본래적 관념을 보유하고 있는 이성적 존재라는 합리론의 주체를 부정하는 철학자들은 인간의 진리 인식 능력은 이성과 무관하다고 말한다. 이들은 경험에 기초한 지각과 인식에 대한 부정적 태도를 보이

29 힐쉬베르거, 『서양철학사: 하』, p. 54.

는 합리론과는 달리 오직 경험만이 진리 인식의 길이라고 말하고 있다. 경험론자로 불리는 이들은 "감각적인 경험 자체가 모두이며, 완성이며, 전체다. 이 경험이 진리와 가치 [……] 를 결정짓는다"[30]고 주장한다. 잘 알려져 있는 것처럼, 우리는 로크(John Locke), 흄(David Hume), 버클리(George Berkeley)의 철학을 통해 경험론의 세계로 들어갈 수 있다.

로크는 1690년에 출간된 『인간 지성에 관한 에세이』(*Essay concerning Human Understanding*)에서 저술의 목적을 이야기하고 있다. 그는 인간의 마음이 생각할 때 사용할 수 있는 모든 것(심상, 개념 등)을 관념으로 정의하면서 그와 같은 관념이 어떻게 인간의 마음속으로 들어오는가를 탐구하고자 한다.[31] 명백히 이것은 본유관념을 받아들이면서 이성적 사유를 통한 본유관념의 작용으로 진리를 발견할 수 있다는 합리론에 맞서는 질문이다. 로크는 그러한 차원에서 '본유적 사변 원리는 없다'는 명제로 저술을 시작하고 있다. 그는 합리론을 기초지우는 근본적인 인식론의 기초를 환기하고 그 토대를 허무는 논리적 과정을 제시하려 한다. 로크는 "지성 안에는 몇 가지의 본유 원리, 일차적 개념, 공통 개념, 말하자면 사람의 마음에 새겨진 문자가 있어 영혼이 맨 처음 생길 때부터 받아들여서 세상에 가지고 나온다는 것이 일부 사람들 사이에 확립된 의견"이라고 말하면서 자신은 "본유적 인상의 도움 없이 지식에 도달할 수 있으며, 또 그런 원초적 개념이나 원리 없이도 (어떻게 – 필자) 확실성에 이를 수 있는가"[32]를 밝히려 한다.

---

30 휠쉬베르거, 『서양철학사: 하』, p. 291.

31 존 로크, 정병훈 외 옮김, 『인간지성론』, 한길사, 2014, p. 65.

32 로크, 『인간지성론』, p. 67.

로크는 보편적 동의(universal consent)에 대한 문제에서 출발한다. 인간이 경험과는 무관하게 본유 관념을 가지고 있다면 그 관념은 모든 인간에 내재하고 있는 것일 터이며, 그렇다면 그 관념에 대한 보편적인 수용이 가능하다고 말할 수 있을 것이다. 로크는 전 인류가 보편적으로 동의할 관념은 존재하지 않는다고 주장하면서 만약 본유 관념이 존재한다고 하면 모든 인간의 보편적인 수용과 동의가 가능할 것이고, 따라서 보편적 동의를 이끌어낼 관념이 없다면 본유 관념도 존재하지 않는다고 생각한다. 그는 두 가지 사례를 드는데, '있는 것은 있다', '동일한 사물이 있으면서 동시에 없을 수는 없다'와 같은 지식명제다. 즉, 동일률과 모순율인바 로크는 그 두 명제야말로 "본유적이라는 자격을 가장 잘 인정받는 것들"[33]이라고 생각한다.

하지만 그러한 인정과는 달리, 그 명제들에 대해 알지 못하는 사람들이 적지 않다고 로크는 주장한다. 그러니까 만약 그 명제들이 본유적이라고 한다면, 모든 인간이 그 명제를 알고 있어야 한다는 것이다. 로크는 어린아이와 백치의 예를 들면서 자신의 논리를 전개해나간다. 그들이 앞의 두 철학적 공리를 알고 있다고 볼 수 없는데, 공리들은 본유 관념의 존재를 증명할 가장 확실한 사례이므로 우리는 본유 관념이 존재하지 않는다는 추론으로 나아갈 수 있다. 왜냐하면 본유 관념을 가지고 있는 사람이라면 예외 없이 "그런 진리를 알고 동의해야"[34]하기 때문이다. 로크는 "마음이 결코 알지 못하며 의식하지 못하는 명제

33 로크, 『인간지성론』, pp. 68–69.

34 로크, 『인간지성론』, p. 69.

가 마음속에 있다고 말할 수는 없다"[35]고 주장한다. 따라서 "만약 '있는 것은 있다'와 '동일한 사물이 있으면서 동시에 없을 수는 없다'는 이 두 명제가 자연에 의해 새겨진다면 아이들은 그것을 모를 리 없고," "유아들과 영혼을 가진 모든 것은 필연적으로 지성 속에 그 명제들을 가져야 하며, 그 진리를 알고 거기에 동의해야 한다."[36] 로크에게서 본유 관념을 가지고 있다는 것은 필연적으로 그 관념이 사람의 정신 속에 떠오르지 않을 수 없다는 것을 의미한다. "만약 본유 진리가 있다면, 이것은 필연적으로 가장 맨 먼저 생각되는 것이어야", "즉, 마음속에서 맨 처음 나타나는 것이어야 한다는 것은 명백하다"[37]고 로크는 주장하고 있다. 하지만 어린아이들을 포함해, 이른바 지적 능력이 떨어지는 사람들이 그와 같은 본유 관념을 알고 있다고 볼 수는 없어 보인다.[38]

로크는 자신의 입론에 대한 가능성 있는 반박을 제시한 뒤 그에 대한 반론을 시도한다. 어린아이가 동일률, 모순율을 모른다고 해서 그것이 본유 관념의 존재를 부정하는 것은 아니다. 본유 관념은 이성을 통한 사유를 통해 인식되는 것인 바, 어린아이가 성장해 자신의 이성을 사용할 능력을 갖추게 되면 자기 정신 안의 본유 관념을 인식할 수 있을 것이라는 논리다. 하지만 로크는 어린아이나 미개인으로 불리는 사람들이 앞서 예로 든 공리를 모르다가 사리 분별력을 지니는 수준에 도달하더라도 그것을 인식하지 않는 경우가 있음을 이야기한다. 로

35 로크, 『인간지성론』, p. 70.

36 로크, 『인간지성론』, p. 71.

37 로크, 『인간지성론』, p. 88.

38 로크, 『인간지성론』, p. 89.

크는 여기서 우리가 본유적이라고 말하는 관념은 사실상 마음속에 본래부터 새겨져 이성의 힘으로 알아내는 것이 아니라 다른 과정을 거쳐 발견된다고 주장한다.[39] 또한, 이성 능력의 사용을 통해 그 공리를 인식했다고 하더라도 그것이 본유 관념의 존재를 말해주는 것은 아니라고 로크는 말하고 있다. 아이들을 관찰해보면, 그들이 보유하고 있다고 간주되는 본래적 관념은 사실상 성장해가면서 타인과의 대화를 통해 습득한 것으로 이해해야 한다는 것이다.[40]

이어서 로크의 논의는 도덕에 관한 관념의 본유성 문제로 향한다. 로크가 이 실천적 도덕 원리의 본유성을 비판하는 궁극적 이유는 "그것들이 마음에 새겨진 생득적인 인상이 아니라는 의심이 다른 원리들에서보다 이 도덕 원리들에 대해서 더욱 강하다는 것을 명백히"[41] 보여주기 때문이다. 로크는 어떤 도덕관념이 본유적이라면 논쟁의 여지없이 보편적으로 수용되어야 하는데, 가령 신용과 정의와 같은 관념의 예가 보여주듯이, 모든 사람이 보편적으로 받아들이는 것 같지만 그렇지 않은 관념이 얼마든지 있다고 주장한다. 우리가 보편적 도덕 원리에 속한다고 보는 덕성이라든가 양심과 같은 관념들의 본유성에 대해서도 로크는 인정하지 않고 있다. 덕은 내적인 올바름이 아니라 특정한 유용성 때문에 준수되기도 하고, 양심 또한 사람들의 행동을 보편적으로 규제하는 원리가 아니라는 것이다. 이와 관련해 로크는 비양심적이거나 반도

39 로크, 『인간지성론』, p. 74.

40 로크, 『인간지성론』, p. 76.

41 로크, 『인간지성론』, p. 93.

덕적인 행위에 대한 예를 얼마든지 들 수 있음을 강조하고 있다.[42]

로크는 합리론의 차원에서 본유적이라고 생각하는 철학적, 종교적 관념들, 예컨대 동일성, 전체와 부분, 신 관념 등을 받아들이지 않는다. 로크는 동일성 관념에 대해 사람마다 상이한 기준과 내용을 가지고 있기 때문에 보편적 개념으로서의 동일성은 존재하지 않으며, 전체와 부분, 달리 말하면 전체는 부분보다 크다, 라는 명제의 본유성에 대해서도, 실제적인 상황에서 전체라는 관념과 부분이라는 관념이 상대적일 수밖에 없기 때문에 그 관념의 보편성을 주장하는 것은 타당하지 않다고 이야기한다.[43] 가장 궁극적인 종교적 본유관념으로 간주되는 신 관념에 대해서도 로크는 먼저, 당대의 인류학적 발견에 의지해 신을 의미하는 이름도 없고 신성한 의식도 없는 종족의 존재가 있음을 밝히면서, 그 사실은 신 관념이 본유적이지 않음을 말해주며, 설령 모든 인류가 신의 개념을 갖는다고 하더라도 그 사실로부터 신 관념의 본유성이 도출되지는 않는다고 주장한다.[44] 이제 로크는 본유적 신 관념이 존재하지 않는다는 것으로부터 다른 모든 본유 관념의 불가능성을 추론한다. 왜냐하면 다른 모든 본유적 관념은 궁극적으로 신 관념에 의거한다고 말할 수 있기 때문이다.[45]

이제 로크가 생각하는 인간은 이른바 '백지상태'(white paper)에 비유되는 정신을 지닌 존재다. 그 인간의 정신에는 본래적으로 각인된 관

42 로크, 『인간지성론』, pp. 94–100.

43 로크, 『인간지성론』, p. 124.

44 로크, 『인간지성론』, pp. 125–126.

45 로크, 『인간지성론』, p. 125.

념이 없음을 의미한다. 그렇다면 인간이 가진 다양한 관념들은 어디서 유래한 것인가? 로크는 "한마디로 **경험**에서라고 답한다." "우리의 모든 지식은 경험에 그 토대를 갖고 있다"고 주장한다. 보다 엄밀하게 이야기하자면 "우리가 **외부 감각대상**을 관찰하거나, **마음의 내적 작용**을 **스스로 지각하고 반성하여** 이 작용을 관찰할 때, **우리 지성은 사유의 모든 재료를 공급받는다**".[46] 인간의 감각기관은 감각 대상과의 접촉을 통해 우리 마음에 지각(perception)을 유도하고, 그러한 과정을 거쳐 우리는 특정한 관념 – 로크의 예를 들자면, **"노랑, 하양, 뜨거움, 차가움, 부드러움, 딱딱함, 씀, 달콤함** 등" – 을 획득한다. 그런데 인간의 정신 속에 만들어지는 관념은 외부 감각대상에 대한 관찰을 통한 지각작용으로 끝나지 않는다. 인간은 내적 감관(internal sense)를 지니고 있어서, 감각작용과는 대비되는 것으로서 반성이라 불리는 의식 작용을 통해 가령, "생각, 의심, 믿음, 추론, 인식, 의지"와 같은 관념을 획득한다. 인간이 얻는 모든 관념은 이 두 가지 작용으로부터 유래한다.[47]

본유관념에 대한 근본적인 부인에서 출발하는 로크의 경험론은 철학자 흄의 경험론에서 한층 더 급진적으로 전개된다. 흄은 로크 경험론의 발상을 수용하지만 로크가 반성적 인식을 통해 관념과 관념 사이의 관계에 대한 지식을 획득한다고 본 반면에, 그는 인간 정신 속에 구축되는 관념들의 관계에 대한 지식은 참된 것이라는 명제를 부인한다. 말하자면 지각과 반성을 통한 진리 획득의 근거를 인정하지 않는다는

46 로크, 『인간지성론』, p. 150(강조는 원문).

47 로크, 『인간지성론』, pp. 150–152(강조는 원문).

것이다.

흄은 자신의 저술 『인간의 이해력에 관한 탐구』(*An Enquiry concerning Human Understanding*)에서 관념의 기원을 묻는다. 그는 인간 정신의 지각 성질을 둘로 구분한다. 하나는 사고(thoughts)나 관념(ideas)이고, 다른 하나는 인상(impressions)이다. 이 구분의 기준은 지각 내용의 생동감 정도인데, 인상으로 불리는 지각 내용은 사고나 관념보다 더 생생하다. 사고나 관념이 덜 생생한 것은 감각기관을 통해 지각된 인상들을 반성함으로써 만들어지는 것이기 때문이다.[48] 따라서 흄은 관념과 사고는 인상이라 불리는 것들의 복사물이라고 생각한다. 이 명제가 참임을 말하기 위해 흄은 두 개의 논리를 끌어들인다. 첫째, 인간의 정신에 간직된 관념과 사고는, 그것이 아무리 복잡하다고 하더라도 단순 관념(simple idea)으로 환원된다는 것이다. 하나의 예로서, 신이라는 절대적 존재에 대한 관념도 인간이 지니고 있는 여러 관념들의 확장과 결합으로 만들어졌고, 그와 같은 관념들은 인상들의 반영이라고 흄은 주장한다.[49] 둘째, 인상을 받아들일 수 있는 감각기관에 결함이 있는 사람들은 특정한 감각을 수용할 수 없는 바, 그 사람의 경우 그 감각에 대응하는 관념을 가질 수 없다는 것이다. 흄은 맹인이 색깔에 대한 관념을, 청각장애인이 소리에 대한 관념을 가질 수 없다는 예를 들고 있다.[50] 이렇게 우리는 감각과 경험이야말로 관념들로 구성된 지식의 근원이라는

48 데이비드 흄, 김혜숙 옮김, 『인간의 이해력에 대한 탐구』, 지식을만드는지식, 2012, pp. 27–28.

49 흄, 『인간의 이해력에 대한 탐구』, pp. 30–31.

50 흄, 『인간의 이해력에 대한 탐구』, p. 31.

경험론의 근본적 명제를 흄에게서 다시 만난다.

흄은 우리가 감각적 인상에서 출발해 관념들을 만들어내고, 그 관념들의 연합을 통해 지식을 얻는다고 보면서 관념들의 연결을 만들어내는 원리를 찾아간다. "관념들을 연결하는 법칙들에는 오직 세 가지가 있을 뿐인데, 그것들은 **유사성(resemblance)의 법칙**, 시간 또는 공간에서의 **근접성(contiguity)의 법칙**, 그리고 **원인 또는 결과(cause or effect)의 법칙**"[51]이다. 흄에 따르면, 인간이 얻는 지식은 크게 두 범주로 나뉠 수 있는데, 관념들의 관계로 구성되는 지식과 외적인 사태들의 관계에 대한 지식이다. 앞의 지식은 수학, 기하학 등 추상적 관념들의 관계에, 뒤의 지식은 인간 정신 바깥 세계의 지각을 통해 획득한 관념들의 관계에 속한다. 앞의 지식이 유사성과 근접성의 법칙을 따라 형성되는 지식이라면, 뒤의 지식은 인과의 법칙으로 구성되는 지식이다. 직각 삼각형의 빗변의 제곱은 다른 두 변의 제곱의 합과 같다, 라는 사례가 말해주듯이 앞의 지식은 내적으로 확실하고 명증한 진리를 스스로 내포하고 있지만, 뒤의 지식은 그렇지 않다. 가령, 내일은 해가 뜨지 않을 것이다, 와 같은 명제는 참일 수도 있고, 거짓일 수도 있다. 여기서 우리가 그와 같은 사태에 관한 참된 지식을 얻고자 한다면 인과의 법칙을 엄격하게 적용해 관찰하고 파악해야 한다. "사태에 관한 모든 추론은 원인과 결과의 관계에 기초하고 있"기 때문이다.[52]

그렇다면 사태에 관한 참된 지식을 얻고자 한다면 그 원인과 결과

51 흄, 『인간의 이해력에 대한 탐구』, p. 39.

52 흄, 『인간의 이해력에 대한 탐구』, pp. 42–43.

에 대한 반복적인 경험적 관찰에 의지하지 않을 수 없다. 그러한 차원에서 흄은 **"원인과 결과는 이성에 의해서는 발견될 수 없고 경험에 의해서만 발견될 수 있다"**[53]는 명제를 지지한다. 이때 말하는 이성은 합리론이 본유관념을 바탕으로 수행하는 직관과 추론적 사유의 힘이다. 이 문제와 관련해 흄은 "이미 주어져 있는 관찰 결과의 도움을 받지 말고 그 대상으로부터 어떤 결과가 생길지에 대해 미리 말해보라고 한다면, 정신은 도대체 어떤 방식으로 이 일을 수행해나가야만 할지 누가 말할 수 있겠는가"[54]라고 질문한다. 만약 인과의 법칙이 경험에 의해서만 주어지는 것이라고 한다면, 그 법칙은 보편성을 지닐 수 없을 것이다. 귀납적 지식이 그러한 것처럼, 그 법칙을 위반하는 경험이 나타나지 않으리라고 확신할 수 없기 때문이다. 흄은 빵의 영양에 관한 사례를 들면서 "과거에 그랬었다고 하는 사실로부터, 미래에도 다른 빵이 다른 시점에서 반드시 나에게 양분을 제공할 것이며, 유사한 감각적 성질들에서 항상 유사하고 내밀한 힘이 꼭 따라 나올까? 그런 것들이 따라 나온다는 것은 결코 필연적일 수 없다"[55]라고 주장한다.

흄은 자신의 논리를 밀고나가, 결국 인간이 인과성을 보편적이고 필연적인 법칙으로 인식하는 것은 관습이나 습관 때문이라고 이야기한다. 경험의 반복을 통해 얻은 인과성의 지식을 우리는 보편적이라고 생각하지만 그것은 경험들의 축적으로 만들어진 관습과 습관의 결과물일 뿐이다. 한 사태의 원인과 결과 사이에는 어떠한 필연적 연관성도

53 흄, 『인간의 이해력에 대한 탐구』, p. 46(강조는 원문).

54 흄, 『인간의 이해력에 대한 탐구』, p. 48.

55 흄, 『인간의 이해력에 대한 탐구』, p. 57.

없다는 것이다. 그 점에서 흄은 "관습은 인간 삶의 위대한 안내자다. 우리의 경험을 유용하게 쓸 수 있도록 해주며, 또한 과거에 있었던 것과 유사한 일련의 사건들이 미래에도 일어날 것이라고 예상하게 해주는 유일한 원리는 바로 그 관습이다"[56]라고 말하고 있다. 인과적 법칙의 본유성과 그에 따른 보편성과 필연성을 부정하는 흄의 이러한 논리는 합리론이 기초하고 있는 진리 발견의 궁극적 토대를 뒤흔든다. 왜냐하면 인간이 진리의 주체라면 그것은 그의 정신 속에 본래적으로 내재해 있는 보편적 관념으로서 인과성에 기인하기 때문이다.

경험론에서 말하는 인식의 근본적 토대는 대상세계의 감각적 경험이다. 그렇지만 앞서 살펴본 것처럼, 경험으로부터 도출되는 지식에 대한 관점에서 로크와 흄은 상이한 스탠스를 취한다. 로크는 경험을 통한 관념의 인식 그리고 그러한 관념과 관념의 관계로 구성되는 지식의 타당성을 수용하지만 – 물론 경험적 세계를 넘어설 수 없는 지식이지만, 흄은 그것의 진리성을 받아들이지 않는다. 말하자면 그것은 반복적 경험이 만들어낸 관습적 지식에 불과하기 때문이다.

서양 철학사는 이러한 경험적 인식론의 역사에 흥미로운 또 한 사람을 세운다. 버클리다. 버클리의 경험론은 앞의 두 사람과 비교할 때 훨씬 더 급진적인데, 왜냐하면 로크와 흄이 경험이 일어나는 대상세계의 존재를 부정하지 않지만 버클리는 오직 감각 경험으로 형성되는 인간 정신 내부의 세계만을 존재하는 것으로 인정하고 있기 때문이다. 그에게서 대상세계는 인간 정신의 감각적 활동이 만들어내는 세계로 환

56 흄, 『인간의 이해력에 대한 탐구』, p. 77.

원되고 있기 때문이다.

먼저 버클리는 『인간 지식의 원리에 대하여』(*Treatise concerning the Principles of Human Knowledge*)에서 자신의 경험론적 위치를 명확히 한다. 보는 행위를 통해 빛과 색깔에 대한 관념을, 접촉 행위를 통해 딱딱함, 부드러움, 뜨거움, 차가움 등의 관념을, 후각 행위를 통해 향기에 대한 관념 등을 획득한다고 그는 말한다.[57] 관념의 기원이 지각적 경험에 있다는 경험론의 원리를 그 또한 수용하고 있다. 하지만 버클리는 로크, 흄의 경험론 철학이 생각하는 진리 인식에 대해 근본적으로 다른 접근을 시도함으로써 그들과 다른 길을 가고 있다. 로크와 흄의 핵심적인 철학적 물음은 인간의 관념이 어떻게 형성되는가, 그리고 그 관념이 대상세계와 얼마나 일치하는가에 관한 것이다. 로크에게서 감각 행위를 통해 얻은 관념, 즉 제1성질은 대상 세계의 객관적 반영이지만, 그러한 관념들에 대한 반성으로부터 만들어낸 관념, 즉 제2성질은 대상세계를 반영한다고 할 수 없다. 다음으로 흄은 경험을 통해 획득한 관념들과 그 관념들의 관계에 대한 지식은 반복된 습관의 결과물일 뿐 대상세계에 대한 객관적 반영이 아니라고 주장했다. 궁극적으로 이 문제는 관념과 세계의 일치, 즉 진리 인식에 관한 것이다. 버클리는 경험론 철학자들이 도달해야했던 모순적 상황, 그러니까 정신 속의 관념은 대상세계의 반영이면서도 결국 대상세계를 객관적으로 반영하지 못한다는 결론을 비판하면서, 참된 지식, 즉 진리 인식의 길을 찾아야 한다

57 G. Berkeley, *Principles of Human Knowledge, Three Dialogues*, Oxford University Press, 1996, p. 24.

고 생각했다. 이로부터, 회의주의의 극복이라는 버클리 철학의 과제가 모습을 드러낸다.[58]

버클리는 "우리의 생각, 정념, 상상력이 만들어내는 관념이 정신없이는 존재할 수 없다는 것은 모두가 인정하는 사실이다. 뒤섞인 것이든, 결합된 것이든, 우리의 감관에 새겨진 여러 감각과 관념은 그것들을 지각하는 정신이 아닌 다른 곳에서는 존재할 수 없음이 아주 명확하다"[59]고 주장한다. 가령, 내 앞에 탁자가 있다는 것, 향기를 내는 어떤 사물이 있다는 것, 소리가 있다는 것, 색깔이나 형태를 지닌 사물이 있다는 것을 우리는 어떻게 확신하는가, 라고 버클리는 물으면서 바로 우리가 그것을 감각적으로 느끼고, 냄새 맡고, 보고 있기 때문이라고 답한다.[60]

이렇게 이야기하면서 버클리는 로크의 경험론에 대한 비판을 시도한다. 로크는 인간의 감각 경험이 자신의 의지와 무관하게 일어난다는 점을 들면서 외적 사물의 세계가 존재한다는 것을 의심할 수 없다고 생각했다.[61] 물론 그 사물 인식은 감각적 경험의 영역을 넘어설 수 없다는 전제 위에 서 있다. 여기서 버클리는 로크에 맞선다. 그는 로크가 사물에 대한 경험으로부터 나온다고 생각한 제1성질, 즉 연장, 형태, 운동과 같은 관념들도 오직 정신 속에서만 존재하며, 그 어떤 것도 지

58 황설중, 「버클리의 회의주의」, 『철학연구』 제44집, 2011, p. 46.

59 Berkeley, *Principles of Human Knowledge, Three Dialogues*, p. 25.

60 Berkeley, *Principles of Human Knowledge, Three Dialogues*, p. 25.

61 소피아 로비기, 이재룡 옮김, 『인식론의 역사』, 가톨릭대학교 출판부, 2004, p. 173.

각되지 않는 실체로 존재할 수 없다고 주장한다.[62] 이렇게 버클리는 인간의 지각을 벗어나 있는 대상 세계의 존재 근거를 근본적으로 박탈한다. 버클리의 관점에서, 진리 인식에 대한 경험론의 모순적 상황이 발생하는 궁극적 이유는 그 존재 근거를 확신할 수 없는 대상 세계를 당연히 있는 것으로 전제하고 있기 때문이다. 그는 철학이 지각으로부터 사물의 존재를 확신하기 어렵다는 것을, 따라서 감각 세계와 사물의 진정한 본질을 구별할 것을 가르쳐 왔다고 하면서, 바로 그러한 논리에서 철학적 회의주의와 역설이 발생한다고 주장했다[63] 따라서 버클리는 대상 세계에 대한 관념적 표상이라는 철학적 논리를 받아들이지 않는 방식으로, 말하자면 관념 세계와 대상 세계의 관계 속에서 대상 세계가 존재한다는 전제를 없애버림으로써 그 모순을 넘어서려 한다. 그에게서 존재란 곧 지각된 존재다.[64] 버클리는 자신의 저술 『인간 지식의 원리에 대하여』에 대한 비판적 논리에 대응하기 위해 쓴 대화 방식의 책 『세 번의 대화』(*Three Dialogues between Hylas and Philonous*)에서 가상의 대화자인 필로누스(Philonous, 그리스어로 정신에 대한 사랑)의 입을 빌려 결론적 명제를 명확히 제시하고 있다. 직접적으로 지각하는 것이 실재하는 것이고, 직접적으로 지각되는 것은 오직 정신 속에서만 존재하는 관념들이라고 필로누스는 결론 내리고 있다.[65]

---

62 Berkeley, *Principles of Human Knowledge, Three Dialogues*, p. 27.

63 Berkeley, *Principles of Human Knowledge, Three Dialogues*, p. 103.

64 황설중, 「버클리의 회의주의」, p. 73.

65 Berkeley, *Principles of Human Knowledge, Three Dialogues*, p. 208.

3. 칸트와 진리 인식 주체의 완성

진리 인식과 관련해 합리론과 경험론은 명백히 상이한 방법론적 경로를 제시하고 있다. 합리론은 인간 정신 내에 본유적으로 각인되어 있는 관념과 그것을 바탕으로 하는 논리적 사유의 힘으로 진리를 인식할 수 있다고 주장하는 반면, 경험론은 진리 발견의 본유적 인식 능력을 받아들이지 않고, 지각 경험을 바탕으로 한 진리 인식의 길을 제시하고 있다. 또한 합리론과 경험론에 속하는 철학자들 내부에서도 진리 인식 원리상 차이를 보이고 있기도 하다. 합리론의 경우 진리 인식의 주체로서 인간의 정신과 몸의 관계에 대한 관점에서 상이하며, 경험론은 경험을 통해 획득한 진리의 객관적 근거에 대한 판단에서 중대한 차이를 보인다.

그럼에도 우리는 근대 인식론이 공통적으로 인간을 진리 획득의 궁극적 주체로 정립하고 있다는 점에 주목하지 않을 수 없다. 합리론과 경험론은 본래적 사유의 힘이든 감각적 경험 능력이든, 자신의 신체적, 정신적 활동을 통해 진리에 다가서려는 존재로서 인간을 인식론의 중심에 놓고 있다. 그 인간은 정신 속에 진리 인식의 원리를 내적으로 지니고 있거나 지각 활동을 통해 후천적으로 그와 같은 원리를 보유하고 있는데, 그 점에서 그 인간은 주체적 존재란 사실을 한 번 더 상기할 필요가 있다.

진리를 향한 지적 의지로서 인식론은 근대철학에서 탄생한 것은 아니다. 서양 고대자연철학으로 거슬러 올라가는 오랜 지적 시간을 품은 인식론은 자연과 우주의 존재와 운동을 만들어내는 궁극적 원리가 무엇이고, 인간은 어떻게 그러한 진리를 알 수 있는가에 답하려했다. 인식론의 전통을 따르면 철학자들은 물질적인 것에서부터 추상적이고 관념적인 것에 이르는 영역 속에서 자연과 우주의 진리를 찾으려 했다. 고대 자연철학자들은 불, 물, 흙, 바람, 공기 등 퓌지스(physis)로 불리는 물질 또는 수, 존재, 누스와 같은 추상 개념에 세상의 진리가 들어 있다고 생각했다. 그런데 서양 고대의 인식론은 그와 같은 궁극의 원리들의 인식에 대한 체계적인 방법을 정립하지는 못했다. 세상의 진리에 대한 그들의 인식은 직관에 의존하는 것인 바, 그에 관한 엄밀하고 체계적인 방법은 소크라테스의 철학에서 시작한다고 볼 수 있다. 소크라테스는 물질적이고 현상적인 세계를 관통하는 원리로 완전하고 영구적인 관념의 세계를 제시하고 그 진리를 인식하는 방법을 제시했다.

그 방법의 핵심에는 감각을 철저히 배제한 이성적 사유능력이 놓여 있는바 플라톤은 이데아 개념을 중심으로 진리의 존재와 인식에 대한 매우 정교한 체계를 완성한 철학자다. 플라톤의 동굴의 비유는 진리 인식에서 감각과 이성이 얼마나 대비되는 것인지를 말해주고 있다. 한편, 플라톤 철학의 영향을 받은 아리스토텔레스는 이데아가 세상의 원리임을 수용하지만, 플라톤처럼 이데아 대 현상, 관념 대 물질이라는 이분법적 세계와, 감관을 배제한 이성적 사유를 설정하지는 않았다. 오히려 그는 세계가 형상과 질료라는 개념적 관계로 통합되어 있음을 주장했고, 그 이데아 또는 형상 인식에서 감각의 능력을 배제하지도 않았다. "아리스토텔레스에 의하면 가시적 세계 속에 살고 있는 인간은 우선 감각적 사물을 인식한다. 인간의 인식 작용은 감각 지각과 더불어 시작한다."[66] 감각 지각을 통해 들어온 상에는 사물의 본질, 즉 형상이 잠재적으로 포함되어 있고 이성은 추상작용을 통해 그 감각적 상으로부터 사물의 본질을 인식한다.[67] 아리스토텔레스의 인식론은 중세 토마스 아퀴나스(Thomas Aquinas)의 인식론에 영향을 주게 된다. 아퀴나스 또한 진리 인식이 감각 경험에서 시작하지만 그 경험이 제공하는 감각적 상에 내재된 사물의 본질인 개념은 이성의 활동에 의해 인식된다고 생각했다.[68]

이러한 인식론은 그 원리와 절차에서 근대적인 것과 매우 유사해 보인다. 직관 능력, 감각과 사유 사이의 대립, 인식의 출발점으로서 감각활동, 감각 정보를 관념화하는 사유 능력 등은 근대적 인식론의 형식과 내용이기도 하기 때문이다.

하지만 우리는 근대 이전과 근대 이후의 인식론 사이에는 근본적인 차이가 존재한다는 사실을 말하지 않을 수 없다. 헤센은 아리스토텔레스의 인식론을 중심으로 근대 이전의 인식론을 서술하면서 "대상의 모사로서 인식"으로 규정했다. 그 개념에 대비해 근대의 인식론을 그는 "대상의 산출로서 인식"과 "대상의 파악으로서 인식"으로 명명했다. 대상을 모사하는 인식이 가능하기 위해서는 그 대상 세계가 객관적으로 존재하고 있음과 그 대상 세계 속에 진리가 내재되어 있음이 전제되어야 한다. 앞서 이야기한 근대 이전의 철학자들은 물질이든 관념이든 우주와 자연의 객관적 존재를 전제하고 그 세계의 본질을 인식

66 헤센, 『인식론』, p. 41.

67 헤센, 『인식론』, pp. 43–44.

68 로비기, 『인식론의 역사』, pp. 100–101.

하고자 했다. 그 점에서 그들의 인식론은 객관적 대상 세계가 지니고 있는 진리를 주관으로서의 인간 의식이 파악하는 과정이다. "여기에서는 객관이 제공하는 자가 된다. 이러한 전체 연관에서 객관은 주관에 대한 우위를 갖고 있다."[69]

그러나 근대의 인식론은 그러한 인식론적 전제 위에 서 있지 않다. 데카르트 인식론의 출발은 대상 세계의 존재가 확실치 않다는 전제 위에서 오직 사유하는 의식으로서 주체만으로 진리를 정립하고 있다. 데카르트 인식론과는 다른 경로를 밟으면서도 버클리도 종국에는 동일한 진리 지점에 도달한 것으로 보인다. 왜냐하면 그는 감각하는 자아를 발견함으로써 진리를 찾았다고 주장했기 때문이다. 버클리의 주체 또한 불확실한 대상 세계를 상정하지 않은 채 오직 자신의 감각 경험이 만들어내는 주관적 세계만을 확실한 것으로 받아들이고 있기 때문이다. 그와 같은 인식론적 지향은 합리론과 경험론의 다른 철학자에게서도 공통적으로 발견된다. 라이프니츠나 스피노자에게서는 인간의 이성에는 이미 세상을 관통하는 진리가 내재하고 있기 때문에 그 이성적 사유능력의 구현을 통해 진리를 인식할 수 있다고 생각했다. 로크와 흄은 자신들의 감각적 경험을 통해 형성된 관념 세계로 진리 인식의 무대를 한계지음으로써 진리의 차원을 주체 의식의 경계 안으로 설정했다.

이러한 차원에서 근대 인식론에서는 주관과 객관의 전근대적 관계가 역전된다. 그러니까 객관적 존재로서 대상 세계의 진리를 주관이 찾

69 헤센, 『인식론』, p. 48.

아내는 것이 아니라 주관이 자신의 사유를 통해 '산출'하는 것이거나 자신의 경험을 통해 '만들어내는' 것이다. 결국 근대의 인식론은 인식 주체의 사유하는 의식 또는 경험하는 의식이라는 주관성 안에서 운동하는 인식론이다. 그렇게 보면 근대 인식론에서의 진리는 객관과 주관의 일치, 말하자면 세계의 객관적 존재성에 대한 주관적 지식의 일치라는 차원에서 성립하지 않는다. 그 진리는 주관의 사유에 의해 구성된 합리적 세계 속에서 또는 주관의 지각을 통해 표상된 경험적 세계 속에서 발견될 운명이다. 근대 주체는 세계를 자신의 경험 안으로 끌어들이고 합리적 사유 원리로 재구성함으로써 세계에 대한 진리 인식의 우위를 확보한다. 이러한 근대 인식론을 체계화함으로써 근대적 진리 주체를 완성한 인물이 칸트다.

칸트는 자신의 작품 『순수이성비판』(*Kritik des reinen Vernunft*) 서문에서 "이 시대는 또한 이성에 대해, 이성이 하는 업무들 중에서도 가장 어려운 것인 자기 인식의 일에 새로이 착수하고, 하나의 법정을 설치하여 정당한 주장을 펴는 이성은 보호하고, 반면에 근거 없는 모든 월권에 대해서는 강권적 명령에 의해서가 아니라 이성의 영구불변적인 법칙에 의거해 거절할 수 있을 것을 요구한다. 이 법정이 다름 아닌 **순수이성 비판** 바로 그것이다"[70]라고 말하고 있다.

그렇다면 칸트가 말하는, 이성을 법정에 세우게 한 '이 시대'는 어떤 시대였는가? 절대주의체제의 유럽을 떠받치던 질서에 대한 근본적

---

70 임마누엘 칸트, 백종현 옮김, 『순수이성 비판1』, 2013, 아카넷, p. 168(강조는 원문).

인 도전이 일어나고 확산되던 시대로서 그 중심에는 이성이 있었다. 이성은 전통의 이름으로 정당화되어온 모든 권위들을 자신의 이름으로 새롭게 사고하고 심판했다. 규범적 실체이자 절차로서 이성은 그 내면의 목소리에 귀 기울이고, 그것이 제시하는 방법을 엄격하게 실천한다면 성공적으로 진리를 발견하게 될 것이었다. 인간 삶과 사회의 진리를 밝히는 자연법(natural law) 속에 규범으로서 이성이 내재하고 있고, 자연과학혁명을 이끌고 간 근대자연과학자들의 사고체계 속에 절차로서 이성이 모습을 드러낸 바 있다. 데카르트, 스피노자, 라이프니츠 등이 진리를 내재하는 실체이자 절차로서의 이성에 대한 무한한 신뢰를 보여준 합리론 철학자들이었다. 하지만 그와 같은 이성에 대한 무한한 인식론적, 도덕론적 믿음은 흄과 같은 철학자의 중대한 반대와 도전에 부딪히지 않을 수 없었다. 칸트는 진리 발견의 힘으로서 이성에 대한 흄의 비판과 관련해 "그는 일단 일반적으로 이성이라고 여겨왔던 우리 인식능력의 착각을 밝혀냈다고 믿었다"[71]라고 이야기했다. 자연의 보편적이고 필연적인 인과법칙에 대한 이성적 발견을 습관이 만들어낸 결과물에 불과하다고 선언한 흄의 회의주의 철학 이래 독일과 프랑스에서 등장한 경험주의와 반이성주의 사유운동에 의해 진리의 실체이자 절차로서 이성의 위기가 도래하고 있었다. 그러한 맥락에서 칸트는 이성의 형이상학이 처하게 된 난국을 이야기한다.

> **형이상학**은, 전적으로 경험의 가르침을 무시하는, 그것도(수학처럼 개념을 직관에 적용함으로써가 아니라) 순전히 개념만으로

71 칸트, 『순수이성 비판1』, p. 317.

> 써, 그러니까 이성 자신이 그 자신의 생도여야만 하는 곳에서 경험의 가르침을 무시하는 완전히 격리된 사변적 이성 인식으로서, 이제껏 학문의 안전한 길을 걸을 수 있을 만큼 그렇게 좋은 운을 얻지 못했다. 형이상학은 다른 어느 학문보다 오래되었고, 여타의 학문들이 모두 모든 것을 말살하는 야만의 목구멍에 완전히 삼켜 넘어가 버린다 할지라도 여전히 남을 것임에도 불구하고 사정이 그러하다.[72]

이성의 진리성에 대한 확고한 믿음이 위기를 맞는 시대 앞에는 두 개의 대립적인 길이 놓여 있는 것처럼 보인다. "이성주의 형이상학의 소멸"[73]에 대한 두려움을 벗어나기 위해 이성에 대한 형이상학적 전통을 고수하는 길이거나, 이성의 형이상학적 진리성을 전적으로 부정하는 회의주의의 길이다.

하지만 칸트에게서 이 두 길은 답이 아니었다. 전자는 이미 회의주의와 경험주의에 의해 그 진리의 토대가 심각하게 흔들리고 있기 때문이며, 후자는 진리 발견의 가능성 자체를 포기하는 결과를 초래할 것이기 때문이다. 이 두 길 사이에서 "칸트는 자기가 이러한 딜레마의 극단들 사이의 가운뎃길, 즉 이성을 절박한 자기 파괴로부터 구해주는 길을 발견했다고 생각했다." "이 가운뎃길은 다름 아닌 바로 순수이성 비판을 위한 그의 기획이었다."[74]

전통적 형이상학과 경험적 회의주의를 넘어서서 이성의 보편적이

---

72 칸트, 『순수이성 비판1』, p. 181(강조는 원문).

73 프레데릭 바이저, 이신철 옮김, 『이성의 운명』, 도서출판 b, 2018, p. 23.

74 바이저, 『이성의 운명』, p. 27.

고 필연적인 진리성 발견의 능력을 보장할 기획은 구체적으로 어떻게 가능한가? 그것은 두 개의 대립적 사유를 종합하는 것이다. 말하자면 경험주의의 철학적 원칙에 따라, 이성의 세계를 감각적 경험의 영역으로 한계 짓고, 합리주의의 철학적 원리를 수용해 이성을 감각적 경험의 결과물을 넘어서는 보편적인 것으로 정립하는 작업에서 가능하다. 칸트는 『순수이성비판』 서문에서 그 기획을 선언하고 있다. "시간상으로는 우리에게 어떠한 인식도 경험에 선행하는 것은 없고, 경험과 함께 모든 인식이 시작된다"[75]고 칸트는 말한다. 인간의 인식은 경험과 함께 출발하지만 그렇다고 해서 경험에서 진리 인식이 완성되는 것은 아니다. 왜냐하면 "경험은 우리에게 아무런 참된 보편성도 제공하지 못하기"[76] 때문이다. 경험은 이성에게 인식을 위한 자극과 호기심을 제공한다는 면에서 진리 인식의 매우 중요한 세계이지만, 이성이 진리를 인식하는 데에는 경험에서 얻은 원칙을 따르지는 않는다. 이성은 오히려 자명하고 보편적인 원칙을 가지고 경험세계를 인식한다. 칸트는 그것을 선험적 인식이라고 불렀다. 즉 경험주의자들이 이야기하는 것과 같이 경험의 축적으로 획득한 지식이 아니라, 경험으로부터 독립되어 있는 보편적이고 필연적인 지식을 따르는 인식이다.

인간은 자기 앞의 대상을 만나는 순간, 직관적으로 대상에 대한 표상을 획득한다. 칸트는 그 능력을 인간의 감성이라고 불렀다. 그 감성적 과정에서 인간이 주체적이고 능동적으로 활동하는 것은 아니다.

---

75 칸트, 『순수이성 비판1』, p. 214.

76 칸트, 『순수이성 비판1』, p. 203.

인간은 대상에 수동적으로 노출된 상태에서 대상에 대한 표상을 얻는다. 그것이 바로 경험이고, 그 경험을 통해 얻는, 현상으로 불리는 세계는 정돈되어 있지 않은 무 규정적 상태다. 질서 잡혀 있지 않은 무 규정적 상태의 세계에 질서를 부여하는 힘이 '형식'이다. 그런데 여기서 칸트는 경험주의자에 맞서서 그 질서의 형식은 경험을 통해 획득된 것이 아니라 인간의 정신에 선험적으로 준비되어 있어야 한다고 주장한다.[77] 여기서 칸트는 대상을 직관적으로 마주할 때 인간이 획득하는 표상을 면밀히 탐구한다. 인간은 경험을 통해 세계 내 대상에 대한 다양하고 구체적인 성질들을 받아들이지만, 그 직관적 과정에는 여러 성질들의 보편적 형식이 관여한다. 이때 합리론 철학의 원리를 만나는데, 가령 연장과 같은 개념이다. 대상 세계의 사물들은 자기 고유의 형태를 지니고 있고, 그러한 것들은 일정한 공간을 차지한다. 여기서 우리는 공간을 점유하는 대상의 형식으로서 연장이라는 순수한 개념을 만난다. 관련해 칸트는 "나는 그 안에서 감각에 속하는 것을 아무것도 마주하지 않는 그런 모든 표상을(초월적 의미에서) 순수하다고 부른다. 그러니까 감성적 직관들 일반의 순수형식은 마음에서 선험적으로 마주치는 것이고, 그 안에서 모든 잡다한 현상들은 일정한 관계에서 직관되는 것이다"[78]라고 말한다.

칸트는 대상에 대한 감각적 경험에는 대상의 구체적인 성질을 받아들이지만 그러한 직관적 경험의 순수한 형식으로서 시간과 공간의

77 칸트, 『순수이성 비판1』, p. 240.

78 칸트, 『순수이성 비판1』, p. 240.

개념이 수반된다고 말한다. 칸트에게서 "공간은 외적 경험들로부터 추출된 경험적 개념이 아니다. 왜냐하면 어떤 감각들이 나의 밖의 어떤 것(다시 말해, 내가 있는 곳과는 다른 공간의 장소에 있는 어떤 것)과 관계 맺어지기 위해서는, 또한 내가 그것들을 서로 밖에 그리고 서로 곁에 있는 것으로, 그러니까 한낱 다른 것이 아니라, 다른 장소에 있는 것으로 표상할 수 있기 위해서는 공간이라는 표상이 이미 그 기초에 놓여 있어야 하기 때문이다. 그러므로 공간이라는 표상은 경험을 통해 외적 현상의 관계들로부터 얻어올 수 있는 것이 아니고 오히려 이 외적 경험이라는 것 자체가 오로지 이 표상을 통해 비로소 가능하다." 이 공간은 "모든 외적 직관의 기초에 놓여 있는 선험적이고 필연적인 표상이다."[79] 그것은 시간에 대해서도 동일하다. 칸트에게서 "시간은 어떤 경험으로부터 추출된 경험적 개념이 아니다. 왜냐하면 만약 시간 표상이 기초에 놓여 있지 않다면, 동시적임이나 잇따름 자체가 지각되지 못할 것이니 말이다. 오로지 시간을 전제하고서만 우리는 몇몇의 것이 동일한 시간에(동시에) 또는 서로 다른 시간에(잇따라) 있음을 표상할 수 있다." 그 시간은 "모든 직관의 기초에 놓여 있는 필연적인 표상이다 [……] 시간은 선험적으로 주어져 있는 것이다."[80]

직관적 감성을 통해 우리 정신에 표상된 사물들의 무 규정적인 양상으로부터 인식이 시작된다. 그로부터 그 대상에 대한 진리를 얻기 위해 칸트가 말한 종합의 과정을 수행한다. 종합이란 일정한 단위 위에

79 칸트, 『순수이성 비판1』, p. 244.

80 칸트, 『순수이성 비판1』, p. 251.

서 표상들을 결합해 인식에 도달하는 과정이다. 이러한 종합을 통해 도달된 표상들의 통일적 파악은 궁극적으로 지성에 의해 개념적 인식에 이른다. 이를 위해 인간의 정신에는 이미 순수한 개념의 범주가 내재하고 있다. 이들은 양의 범주들(하나, 여럿, 모두), 질의 범주들(실재성, 부정성, 제한성), 관계의 범주들(내속성과 자존성의 관계, 원인성과 의존성의 관계, 상호성의 관계), 양태의 범주들(가능성, 현존성, 필연성)이다.[81] 그러니까 인간의 지성은 인식을 위한 순수한 개념들을 보유하고 있는데, 어떤 대상(들)에 대해 양의 차원에서 하나이거나, 여럿이거나, 모두라고 인식하는 범주이고, 질의 차원에서 어떤 것이거나, 어떤 것이 아니거나, 어떤 것은 아니라고 인식하는 범주이고, 관계의 차원에서 한 대상과 다른 대상이 실체와 속성의 관계이거나, 원인의 관계이거나, 서로 영향을 주고받는 관계라고 인식하는 범주이고, 양태의 차원에서 있을 수 있다거나, 실제로 있다거나, 반드시 있다고 인식하는 범주다.[82] 칸트에 따르면, 이러한 범주는 "지성이 선험적으로 자기 안에 함유하고 있는 [……] 순수한 모든 개념들의 목록"으로서, 그것은 "운에 맡겨 탐색한 결과로 나온 것이 아니다. 만약 그것이 귀납적으로만 추리된 것이라면 어느 누구도 그것들이 완전히 망라되었다고 결코 확신할 수 없고, 그뿐만 아니라, 그러한 방식에 의거해서는 결코 순수 지성에는 왜 다른 개념들이 아닌 바로 그 개념들만이 내재하고 있는가를 통찰할 수 없"[83]기 때문이다.

---

81 칸트, 『순수이성 비판1』, p. 298.

82 임마누엘 칸트, 백종현 옮김, 『실천이성 비판』, 아카넷, 2009a, p. 322.

83 칸트, 『순수이성 비판1』, pp. 298–299.

칸트는 로크를 언급하면서 인간 인식의 최초의 단계를 제시한 공로를 그에게 돌린다. 하지만 그렇다고 해서 "선험적인 순수 개념들의 연역이 결코 그렇게는 이루어지지 않는다"고 말하면서 로크 경험론의 한계를 지적한다. 그에 따르면, 그 개념들의 "출생증명서"는 경험에서 유래하는 것이 아니다.[84] 그것은 경험과 무관하게 인간의 정신에 내재하기 때문이다. 칸트는 본래적 이성이라는 합리론의 인식논리를 수용하고 있다. 이러한 방식으로 칸트는 당대 인식론의 두 지향을 결합하려고 한다. 그러한 종합의 노력은 "감성이 없다면 우리에게 아무런 대상도 주어지지 않을 터이고, 지성이 없다면 아무런 대상도 사고되지 않을 것이다. 내용 없는 사상은 공허하고, 개념 없는 직관은 맹목적이다"[85]라는 선언에서 명확하게 드러난다.

합리론은 인간은 정신을 본질로 하는 존재이며, 진리 인식의 완전한 실체로서 그 정신이 순수한 내적인 사유를 통해 진리에 도달한다고 주장한다. 칸트는 합리론이 정립한 선험적 주체를 수용한다. 칸트 비판철학의 인식론적 주체는 경험을 통해 획득한 것이 아닌, 본래적으로 자신의 정신 속에 내재해 있는 시간과 공간이라는 개념과 범주 개념들을 보유하고 있는데, 그 점에서 그 주체는 선험적이다. 하지만 그는 신 개념을 포함해 세상에 관한 일체의 진리를 보유한 존재로서 합리론의 주체 개념을 받아들이지 않는다. 그러한 주체는 자신의 이성적 사유가 어디까지 도달할 수 있는가를 엄밀히 밝혀야 하는 과제를 형이상학의

84 칸트, 『순수이성 비판1』, p. 308.

85 칸트, 『순수이성 비판1』, p. 274.

논리로 스스로 정당화해버리고 있기 때문이다. 칸트는 합리론 철학 주체의 인식 능력은 그의 감성세계의 한계를 벗어날 수 없다고 주장한다. 여기서 그는 경험론의 인식론적 전제를 수용한다.

칸트의 비판철학이 세운 인식론적 주체는 감관을 통해 경험 가능한 세계에 대한 직관적 수용을 시작으로 대상에 대한 감각적 표상들을 통일적으로 정돈하고 궁극적으로 범주형식에 맞추어 개념적 인식을 형성해낸다. 그의 감성은 수동적이지만, 그의 지성은 정돈되지 못하고 규정되지 못한 대상 세계를 통일적으로 인식하면서 질서정연한 언어적 체계로 구성해낸다. 그 점에서 그는 대상 세계에 대한 진리의 형식을 내재하고 있는 주체다. 비록 그는 물자체로 불리는, 경험적 표상 세계 너머까지는 인식할 수 없지만, 그 세계 안에서는 인식론적 주권을 행사하는 주체다. 말하자면 그가 자신의 지성으로 대상 세계를 언어적 질서의 체계로 구성해내기 전까지 그 세계는 자신의 진리를 드러내지 못한 채 남아 있는 것이다. 경험적 대상 세계의 진리가 드러나기 위해서는 그 주체의 인식활동을 기다려야 한다.

근대철학이 진리 인식의 주체로 세운 합리적 주체와 경험적 주체는 각각 그 내부에서는 완전한 차원에서의 주체가 아니었다. 합리론의 주체로는 경험적 인식을 통한 진리 발견이 불가능하고, 경험론의 주체로는 합리적 사유를 통한 보편적 진리에 도달할 수 없기 때문이다. 칸트의 철학은 그 두 근대철학의 궤도를 돌아 나와 그 한계를 넘을 수 있는 진리 주체의 탄생을 향한 작업이었다.

그런데 칸트의 이 진리 주체가 인식론의 세계에 머무는 것은 아니다. 그 주체는 규범과 도덕의 세계, 기쁨과 아름다움을 느끼는 주관적 세계에서도 진리 주체로서의 면모를 드러낸다. 라인홀트에게 보낸 편지의 구절들에서 그러한 세 차원의 선험적 원리에 대한 칸트의 문제의식을 만날 수 있다.

> 나는 지금 종전의 것들과는 다른 새로운 종류의 선험적 원리들이 발견된 것을 계기로 취미 비판에 몰두하고 있다. 무릇 마음의 능력은 셋이 있으니 인식능력, 쾌·불쾌의 감정, 욕구 능력이 그것이다. 나는 첫 번째의 것을 위해서는 순수(이론)이성 비판에서, 세 번째의 것을 위해서는 실천 이성 비판에서 선험적 원리들을 찾아냈다. [……] 그래서 나는 지금 철학의 세 부분을 인식하고 있는 바, 그것들은 각기 선험적 원리를 가지고 있으니, 우리는 그 원리들을 헤아릴 수 있고, 그러한 방식으로 가능한 인식의 범위를 확실하게 규정할 수 있다.[86]

그러니까 진리 주체가 자신의 선험적 형식과 개념을 통해 대상 세계에 대한 인식론적 진리를 밝히는 것처럼, 그는 자신의 선험적 도덕 원리를 통해 실천적 세계의 진리를 실천하는 주체다. 또한 그는 자신의 선험적 원리를 통해 기쁨과 아름다움의 본질을 체험하는 주체다. 이처럼 칸트의 비판철학에 이르러 삶의 모든 차원에서 진리 발견의 능력을 지닌, 선험적 진리 형식을 내재하는 주체가 완성되는 것이다.

---

86 칸트, 『순수이성 비판1』, p. 16.

6장

계몽주의와 정치적 유토피아: 상상과 실천

6장

계몽주의와 정치적 유토피아: 상상과 실천

1. 계몽주의와 당대 정치사회질서 비판

영국의 정치사상가 홉스(Thomas Hobbes)는 『리바이어던』(*Leviathan*)에서 인간의 생명과 국가를 다음과 같이 묘사했다.

> 생명이란 팔과 다리의 운동에 지나지 않으며 그 운동의 시작은 생체 내부의 주요기관이라는 사실을 통해 볼 때 운동장치(시계처럼 태엽과 톱니바퀴에 의해 스스로 움직이는 기계장치)에도 인공적인 생명이 있다고 말하지 못할 이유는 없다. 말하자면 태엽은 심장이요, 수많은 줄은 신경이다. 수많은 톱니바퀴는 관절로, 기계 전체를 움직일 수 있다 [……] 국가의 통치권은 몸 전체에 생명을 불어넣고 움직일 수 있게 하는 인공적인 '혼'이며, 행정부와 사법부의 관리들은 인공적인 '관절'이다. 그리고 보상이나 처벌은 '신

경'으로, 모든 관절과 기관을 국가 통치자의 지위에 묶어서 각자의 의무를 수행하게 만드는 역할을 한다.[1]

이어서 프랑스 철학자 콩도르세(Marquis de Condorcet)는 『인간정신의 진보에 관한 역사적 개요』(*Esquisse d'un tableau historique des progrès de l'esprit humain*)에서 다음과 같이 이야기했다.

만일 인간이 현상들에 대한 법칙을 알고 있어서 거의 전적으로 확신하고 현상들을 예견할 수 있다면, 자신이 알지 못하는 미래의 사건들을 과거의 경험에 따라 확률 높은 예견을 할 수 있다면, 역사의 결과에 따라 인류의 미래 운명에 대한 도표를 그럴듯하게 그려보는 것을 비현실적인 기획이라 할 수 있는가? 자연과학에서 믿음의 유일한 기초는, 알려졌든 알려지지 않았든 우주의 현상을 지배하는 일반 법칙이 필연적이고 항구적이라는 생각이다. 그런데 이 원칙이 자연의 다른 활동에 대해서는 유효하면서도 지적이고 도덕적인 분야에서는 진리가 되기에 미흡한 까닭은 무엇인가? 결국 과거의 경험에 따라서, 대상들이 같은 질서를 따르는 것에 의거해 형성된 의견이 가장 현명한 인간의 유일한 행위 규칙이라면, 이 같은 때에 추론의 근거를 두는 것이 왜 철학자에게 금지되겠는가? 왜 철학자가 관찰의 수와 항상성과 정확성에서 나오는 것 이상의 탁월한 확실성을 그 추론에 부여할 수 없겠는가?[2]

영국 계몽주의의 선구자인 홉스와, 프랑스 계몽주의를 이끈 사상

1 토마스 홉스, 신재일 옮겨 옮김, 『리바이어던』, 서해문집, 2014, pp. 18–19.
2 마르퀴 드 콩도르세, 장세룡 역, 『인간 정신의 진보에 관한 역사적 개요』, 책세상, 2002, p. 71.

가인 콩도르세의 주장에서 우선적으로 주목해야 하는 부분은 그들이 자연과학이 발견한 자연과 우주에 관한 보편 법칙에 열광하고 있고 그 법칙이 정치와 사회의 세계에도 동일하게 적용될 수 있다고 믿었다는 점이다.

근대자연과학의 진리 패러다임은 서양 근대철학의 근본 원리를 구성하는 데 중대한 영향력을 제공했다. 앞서 살펴본 것처럼, 자연과학혁명은 진리와 참된 지식을 찾아가는 길에서 과거와는 근본적으로 다른 태도와 방법을 제시했다. 근대 자연과학혁명이 당대 지식인과 철학자에게 전수한 진리의 원리는 다음과 같다. 첫째, 우리가 지식과 진리라고 간주해온, 혹은 그렇게 믿어온 것들이 참된 것이 아닐 수 있다. 둘째, 참된 지식과 진리에 도달하기 위해서는 의심에서 시작해야 한다. 셋째, 참된 지식과 진리를 만나기 위한 엄밀한 지적 방법이 존재한다. 근대 자연과학혁명의 선구자들은 당대의 종교적 믿음 체계와 지적 권위 위에 서 있던 자연과 우주의 지식을 당연한 것으로 받아들이지 않았다. 그들은 의심했고, 의심의 자리 위에서 새로운 방법을 탐구했다. 그들은 진리 발견을 위한 엄밀한 방법을 과학으로 불렀다. 그 과학의 중심에는 경험적 관찰과, 관찰된 정보들을 논리적 관계로 정립해내는 수리적 추론 능력이 자리하고 있었다.

자연과학자들이 당대에 통용되던 천문학적 지식을 근본적으로 의심했던 것처럼, 근대 인식론자들은 자신들이 마주하는 세계, 참된 것이라고 간주되어온 세계를 그대로 수용하지 않았다. 자신의 감관으로 만나는 세계를 의심했고, 너무나도 명백해 보이는 수학적 명제도 의심했다. 심지어 자신의 물질성도 의심했다. 근대 인식론의 선구자들은 자연과학자들이 일체의 전제 없이 오로지 눈을 통한 관찰에 입각해 자연과 우주의 진리를 발견하고자 했던 것처럼, 아무 것도 기록되어 있지 않은 백지 상태 위에서 감각 경험을 기반으로 진리를 인식하고자 했다. 그리고 그렇게 획득한 경험적 지식에 대해서도 쉽게 보편적 진리의 자격을 부여하려 하지 않았다. 근대자연과학자들이 경험적 관찰의 결과들을 수학적 추론으로 정돈함으로써 진리 인식에 도달하고자 했던 것처럼, 근대 인식론자들은 지성을 통한 엄밀한 추론의 원리에 의지해 진리를 파악하려 했다.

결국 근대 인식론의 방법은 과학적 방법이었다. 그 방법의 중심에는 인간의 감각적 경험 능력과 지성적 사유 능력이 있었다. 경험적 관찰과 지적 추론을 보편적으로 지니고 있는 인간이 자연과 우주의 진리 발견자로 정립되었듯이, 근대 인식론은 감각적 경험과 지성적 사유를 본질로 하는 인간을 진리 발견의 궁극적 주체로 세웠다. 이제 진리는 인간이 자신의 자율적이고 주체적인 힘으로 구성함으로써 발견해야 할 것으로 나타난다. 칸트의 주체야말로 세상에 대한 모든 진리를 인식하고 실천하며 체험할 수 있는, 진리의 소유체였다.

그런데 콩도르세의 자신감 넘치는 선언이 말해주고 있듯이, 근대자연과학의 메시지는 철학적 진리 인식의 방법적 세계를 넘어 정치사회적 현실 세계로 들어오고 있었다. 자연과학이 가르쳐준 진리 발견의 원리와 방법을 따른다면, 인간은 자신이 살아가고 있는 사회의 과거와 현재와 미래에 대한 참된 진리를 알고 실천할 수 있을 것이다. 정치와 사회에 대한 그러한 진리 믿음의 체계는 17–18세기, 영국에서 형성되어 프랑스에서 성장한 계몽주의라는 혁명적 사조로 모습을 드러냈다. 계몽주의는 인간의 관찰력과 사유력은 대단히 복잡해 보이는 정치와 사회의 법칙을 알아낼 수 있음을 믿어 의심치 않았다. 자연과 우주의 진리를 파악하기 위해 자연과학자들이 의심에서 출발했듯이, 계몽주의자들 또한 당대의 정치사회적 질서를 의심하고 회의함으로써 정치적, 사회적 진리에 도달하려 했다. 모든 것을 의심하고 경험으로 파악하며 이성의 빛으로 질서화해야 한다는 방법론적 당위, 이것이야말로 계몽의 근본정신이었다.

우리는 당대의 질서에 대한 의심에서 출발해 정치사회의 원리에 관한 새로운 진리를 발견하고자 했던 유럽 계몽주의가 지닌 지적·실천적 열정의 선구적 모습을 영국의 두 사상가를 통해 만날 수 있다. 홉스의 『리바이어던』에는 인간과 사회와 국가에 관한 전통적 인식이 얼마나 철저히 부정되고 있는가, 진리로 간주되는 원리에 입각해 새로운 정치사회질서를 디자인하려는 열망이 얼마나 강력한가가 잘 나타나고 있다. 「인간의 자연 상태에 대하여」라는 장(13장)에서 그는 "자연은 인간을 육체적·정신적으로 평등하게 창조했다. 비록 때때로 어떤 사람이 다른 사람보다 신체적으로 더 강인하다거나 정신적으로 더 기민하다 할지라도 모든 것을 종합적으로 고려해볼 때 인간들 사이의 차이점은 그다지 크지 않다. [……] 인간이 평등하다는 사실을 믿지 않는 것은 인간의 헛된 자만심에 불과하다"[3]고 역설했다. 여기서 알 수 있듯이 홉스

---

3 홉스, 『리바이어던』, p. 93.

는 인간의 평등성에 대한 확고한 믿음을 견지하고 있다. 인간의 평등성은 그들이 동등한 욕구를 추구하고 있고 이성적인 사고 능력을 지니고 있다는 데에서 가장 명확하게 드러난다. 신분제에 기초한 특권적 세계관이 지배적이었던 당대의 정치사회 속에서 인간은 근본적으로 평등하고 동일한 욕구와 이성적 사유의 능력을 갖추고 있다는 홉스의 인간관은 결코 상상하기 어려운 것이었다.

종교적 구원의 소망이라든가, 전통적 공동체의 규범적 의무가 아니라 자신의 내적인 욕망과 사유를 제일의 존재조건으로 설정하고 있는 인간들, 그 점에서 욕구와 사유의 주체적 존재라고 할 수 있는 그 인간들 사이에는 필연적으로 분쟁과 갈등이 초래될 것이라고 홉스는 생각했다. 그것은 일종의 물리학적 법칙성 같은 것이다. 홉스는 "만약 두 사람이 동일한 사물을 욕구하는데 둘 다 원하는 것을 얻을 수 없다면, 그들은 서로 적이 된다. 그리고 자신의 목적을 달성하는 과정에서(이 목적은 주로 자기 자신의 보존을 의미하며, 때로는 자기 자신의 기쁨을 의미할 뿐이다.) 상대방을 멸망시키거나 복종시키려고 노력하게 되기"[4] 때문이라고 말하고 있다. 이러한 평등한 개인들의 적대와 갈등은 홉스의 유명한 명제인 "만인의 만인에 대한 전쟁 상태"[5]를 가져온다. 전쟁 상태 속에서 각 개인은 모두에게 보편적으로 부여된 천부적 권리인 자연권(natural right)을 행사할 수 있다. 그 자연권은 "개개인이 자신의 생명을

4 홉스, 『리바이어던』, p. 94.

5 홉스, 『리바이어던』, p. 95.

보존하기 위해 원할 때는 언제나 자신의 힘을 사용할 수 있는 자유"[6]를 의미한다. 그런데 논리적으로 인식할 수 있듯이 그러한 자연권의 행사는 역설적으로 자신의 생명을 보존하기 어려운 상황을 초래한다. 홉스가 얘기하고 있듯이 "모든 사람의 모든 사물에 대한 이와 같은 자연권이 존속하는 한 그 누구도 안전할 수 없"[7]기 때문이다. 이처럼 불안정하고 모순적 상황을 마주하는 인간은 이성적 사유를 통해 자신의 목숨과 안전을 지키고 욕구를 실현할 방법을 찾는다. 그것이 홉스가 주창한, 정치공동체 창출을 위한 사회계약이다.

영국의 철학자이자 정치사상가 로크는 홉스와 마찬가지로 인간에 대한 전근대적인 관념을 부인하며 새로운 인간 관념을 표명해마지 않았다. 로크는 『통치론』(*Two treaties of government*)에서 "인간은 완전한 자유와 자연법상의 모든 권리 및 특권을 간섭받지 않고 누릴 수 있는 자격을 어떤 사람 또는 세계의 많은 사람들과 더불어 평등하게 가지고 태어났다"[8]고 주장했다. 근대적 인간 관념이 한층 더 급진적으로 전개되고 있다. 또한 로크는 홉스와 마찬가지로 개인이 천부적으로 지닌 자연권에 대해서도 "인간은 본래 타인의 침해와 공격으로부터 그의 재산, 곧 생명, 자유, 자산을 보존할 권력뿐만 아니라 다른 사람들이 그 법을 위반한 것을 심판하고 그 위반행위가 의당 치러야 한다고 그가 확신하는 바에 따라 다른 사람을 처벌할 수 있는 권력도 가지고 있다"[9]고 말

6 홉스, 『리바이어던』, p. 98.

7 홉스, 『리바이어던』, p. 99.

8 존 로크, 강정인 · 문지영 옮김, 『통치론』, 까치, 1996, p. 83.

9 로크, 『통치론』, p. 14.

하면서 확고한 지지를 표명했다.

한편, 로크의 정치사상에서 가장 주목을 요하는 부분은 정치권력의 정당성에 관한 논의에서 찾을 수 있다. 로크는 『통치론』을 시작하면서 자신의 기존 논의를 상기하고 있다. 그는 군주권력의 정당성에 대한 당대의 믿음, 즉 군주의 권력은 하늘이 부여한 것으로서 정당성을 지닌다는 왕권신수설을 정면으로 비판했다. 로크는 성서의 이야기로 거슬러 올라가 아담이 지닌 권력의 정당성은 왕권신수설과 같은 논리를 근거로 하지 않으며, 설령 그렇다고 하더라도 그것이 이후의 권력자들에게 상속되는 것은 아니었다고 말한다. 만약 그렇다고 하더라도 권력을 물려받을 정당한 상속자를 결정할 명확한 법률적 근거가 없기 때문에 권력의 정당한 승계 원리를 찾을 수 없다, 만약 그러한 원리가 있다 하더라도 현재 아담의 후손 중 누가 정당한 계승자인가를 알 길이 없으므로 정당한 권력 승계를 확정할 수 없다는 것이다.

이러한 논리적 과정을 거쳐 로크는 매우 중요한 정치적 결론에 도달한다. 혈연적 승계의 원리에 의해 정치권력의 정당성이 창출된다는 전통적이고 전근대적인 원리는 진리가 아니라는 이야기다. 로크는 "이제 지상의 통치자들이 여태껏 모든 권력의 원천으로 간주해온 것, 곧 아담의 사적인 지배권과 아버지로서의 권한으로부터 어떤 이득을 취하거나 일말의 권위를 이끌어내는 것은 불가능하다고 나는 생각한다"[10]고 말했다. 이로써 로크는 정치권력의 정당성 원리를 가족, 주인과 하인, 노예주와 노예 사이의 정당한 권력 관계로부터 떨어뜨려 놓으면서,

10 로크, 『통치론』, p. 8.

정치권력에 관한 새로운 진리를 규명하고자 한다.[11]

기득권 정치사회질서에 대한 근본적인 문제제기와 비판을 시도한 영국의 급진 사상은 곧 대륙으로 확산되어 가는데, 프랑스가 그 운동의 가장 큰 영향을 받은 대표적인 나라였다. 프랑스는 유럽의 다른 어떤 나라들보다 더 강력한 절대군주체제를 이룩했지만, 그 정치적 속도와 강도의 크기만큼 동일한 크기의 반작용을 만들어낼 운명이었다. 빈번한 대외전쟁을 통한 영토 확장에 몰두했던 절대주의 통치체제는 프랑스를 유럽 강대국의 반열에 올려놓았으나 그것은 백성들의 고통을 수반해야 했다. 그러한 정치적 국면에서 영국의 급진사상은 하나의 새로운 빛이었다. 특히 사회계약의 관점에서 권력에 대한 저항을 정당화한 로크의 정치사상은 프랑스 절대군주체제 비판에 매우 설득력 있는 메시지를 제공했다.

그 선구적 인물은 몽테스키외(Montesquieu)였다. 몽테스키외에게서 절대군주제는 견제 받지 않는 무제한적 권력을 행사할 가능성이 농후하고, 그리하여 결국 전제정치로 전락할 가능성이 매우 큰 체제였다. 전제정치로 변질된 절대군주제는 정치적 무질서와 혼란을 초래할 것이었다. 그러한 비판적 평가 위에서 몽테스키외는 정치적 안정과 균형을 만들어내고 시민적 자유를 보장할 필요를 역설하면서 권력분립을 토대로 하는 자유주의 정치제도의 도입을 강조해마지 않았다. 여기서 우리는 로크의 사회계약론이 주창한 근대민주주의 원리 중 하나인 권력

11 로크, 『통치론』, p. 9.

분립이론을 다시 소환한다.[12] 그와 동시대 인물이었던 다르장송 백작(marquis d'Argenson) 또한 프랑스 군주체제의 정당성에 대해 회의했다. 그는 절대주의를 지나 전제주의로 귀착된 프랑스 군주체제는 매우 부정적인 정치사회적 결과를 초래했으며, 매관매직이 그 대표적인 사례라고 주장했다.

프랑스 군주체제의 정당성에 대한 근본적 비판 위에서 새로운 질서를 주창한 또 다른 목소리는 생피에르 신부(abbé de Saint-Pierre)와 페늘롱(François Fénelon)으로부터 나왔다. 생피에르 신부는 『유럽의 영구평화를 위한 기획』(*Projet pour rendre la paix perpétuelle en Europe*)을 저술하면서 프랑스 절대주의체제의 정점에 서 있던 루이14세를 비판했다. 그는 프랑스의 절대군주가 자신의 존재이유로 제시한 정복전쟁의 정당성을 비판했다. 신부는 참된 영광을 뜻하는 글루와르(gloire)와 대비되는 개념으로 허영심, 자만을 의미하는 거짓된 영광인 '글로리콜'(gloricole)이란 신조어를 만들어 루이14세 통치의 도덕적 정당성을 흔들었다. 글루와르가 공적 가치와 이익에 봉사하고 헌신한 인물들에게 부여되는 진정한 영광인 반면에, 글로리콜은 자신의 사적 욕구와 열망에 사로잡힌 사람이 받는 가식의 영광이다. 생피에르 신부에게서 루이14세와 그의 통치는 글로리콜의 대상이었다.[13] 루이14세 왕세자의 가정교사로서 위대한 교육자라는 평판을 받았던 페늘롱은 『텔레마크의 모험』(*Les Aventures de Télémaque*)과 『사자(死者)들의 대화』(*Dialogues des morts*) 등의

12 앙리 세, 나정원 옮김, 『18세기 프랑스 정치사상』, 아카넷, 2000, pp. 39–59.

13 J.-C. Bonnet, *Naissance du Panthéon*, Payard, 1998, pp. 34–35.

저술에서 고대 그리스와 로마의 인물 비교로 거짓된 영웅과 진정한 영웅을 대비하면서 국가적 영웅과 국부(國父)의 이상적 모델을 그려냈다. 그에 따르면 진정한 영웅은 전쟁과 정복욕에 사로잡힌 군주가 아니다. 지혜와 평화를 사랑하고 추구하는 군주야말로 참된 영웅이다. 또한 위계질서의 꼭대기에서 일방적으로 명령하고 권위를 행사하는 존재는 참된 국부일 수 없으며, 참된 아버지는 백성을 자애롭게 대하고 관용을 베푸는 존재다.[14]

당대 프랑스 절대군주제의 원리를 의심하는 일은 정치체제의 근원적 정당성이었던 가톨릭에 대한 비판과 밀접히 연결될 수밖에 없었다. 프랑스혁명세력이 부르봉 왕가가 만들어낸 절대왕정과 함께 가톨릭 성직자집단을 해체하고자 했던 이유는 거기서 찾을 수 있다. 그 비판의 대표적인 인물로 철학자 베일(Pierre Bayle)과 멜리에(Jean Meslier)를 들 수 있다. 프로테스탄트 목사의 집에서 태어난 베일은 당대의 가톨릭 질서와 그것이 진리로 간주해 온 모든 것들을 의심했다. 기독교 질서의 진리성에 대한 근본적인 회의는 당시의 모든 도덕적, 종교적, 사회적 원리에 대한 반대로 그를 이끌었다. 그는 가톨릭이 지배하는 질서가 이교도에 대한 관용을 베풀 것을 요청하고, 무신론도 인정하는 방향으로의 신앙의 자유를 제공할 것을 주창했다. 또한 도덕과 종교의 분리를 역설하고, 신앙과 이성, 종교와 과학이 양립하기 어렵다는 사실을 논증하기도 했다. 이러한 일련의 태도들은 이후에 신학적 세계관의 기초를 위협하고 반 교권주의와 전투적 무신론을 위한 이념적 기초

14 F. Fénelon, *Dialogues des morts*, Actes Sud, 1994, pp. 57–60.

로 작용했다.

시골 직공의 아들로 태어난 멜리에는 신학교를 마치고 신부가 되었지만 농민에 대한 경제적 착취를 목도하고는 사제의 길을 포기했다. 그의 저작 『유언서』(*Le testament*)는 무신론적 사유의 결정판으로 알려져 있다. 이 저술에서 혁명적 길을 예비한 사상가는 인간이 그들 내부에서 만들고 길러낸 모든 미신과 오해를 불식시킬 식견을 넓혀주기 위한 사유를 진행한다고 이야기했다. 그에 따르면 모든 종교는 인간의 무지와 미신과 우상숭배의 결과이자 민중에 대한 착취의 결과다. 멜리에는 "여러분들이 예배드리고 있는 성사의 위대성, 탁월성, 신성함에 관해 신학자와 성직자가 경이로운 열성과 웅변으로 얘기하고 있는 모든 것 [……] 이 모든 것은 궁극적으로 환상, 오류, 허위, 사기, 기만 이외에 아무것도 아니다"[15]라고 말하면서 종교에 대한 근본적인 회의를 표방했다. 멜리에는 프랑스의 모든 권력, 모든 혜택, 모든 부, 모든 만족과 쾌락은 부자와 상층계급의 소유이며, 가난한 민중에게는 오직 비운과 고통, 불행과 비참함만이 남아 있다고 말했다. 이루 말할 수 없는 불평등과 부정의 질서는 결국 교회와 종교의 이데올로기에 의해 지탱되고 있는 것이다. 그러한 고발의 연장선에서 멜리에는 무신론적 결론으로 치닫는다. 그러니까 멜리에의 사유에서 종교는 유물론 철학으로 대체되었다는 것인데, 하나의 관념체로서 신의 존재를 부정하는 일은 모든 존재가 물질로 구성되어 있다는 명제에 의해 가능한 일이었기 때문이다. 멜리에에게서 자연의 존재들은 결코 신에 의해 창조된 것이 아니었다.

15 이을호 편, 『계몽주의 시대의 서양철학』, 중원문화, 2008, pp. 38–39에서 재인용.

프랑스 절대군주제의 정치적 원리와 질서에 대한 근본적 도전과 비판의 중심 담론에서 우리는 볼테르(Voltaire)와 루소(Jean-Jacques Rousseau)를 이야기하지 않을 수 없다. 당대 최고의 문인이자 사상가로 전례없는 대중적 인기를 한 몸에 받았던 볼테르는 프랑스 군주제와 그것과 결탁해 특권을 행사하는 교회권력을 신랄하게 비판했다. 볼테르에게서 프랑스 군주제 비판의 주된 근거는 자연권이었다. 그것은 영국의 계몽사상가들이 주창한, 근대국가구성의 핵심 개념이었다. 볼테르는 자신의 문학적 천재성이 온전히 발현될 수 없었던 프랑스를 떠나 영국에 체류하면서 자연권과 자연법 등 근대 정치철학적 개념에 깊은 관심을 보였다. 그가 생각하는 자연권은 자유를 향유하기 위한 모든 형태의 권리를 의미한다. 볼테르는 "자연권은 인격과 재산의 온전한 자유, 글을 통해 국가에 대해 말할 수 있는 자유, 독립적인 개인들로 구성된 재판관에 의해서만 형사재판을 받을 수 있는 자유, 법에 명시된 조항에 따라서 재판을 받을 자유, [……], 각자가 원하는 종교를 믿을 수 있는 자유 등"[16]이라고 말했다. 이어서 볼테르는 절대군주제 속에서 거대한 특권계급으로 성장해온 가톨릭교회를 종교적 불관용의 원인으로 보았다. 1762년 프랑스 남부도시 뚤루즈에서 발생한 칼라스(Calas) 사건은 가톨릭교회의 편견과 불관용을 보여주는 가장 적나라한 일이었다. 가톨릭 신도들이 개신교를 믿는 한 가족의 삶을 얼마나 잔인하게 붕괴 시키는가, 종교가 거짓과 범죄를 어떻게 은폐하고 정당화하는가를 본 볼테르는 이 사건의 진실을 규명하는 데 깊이 관여했다. 이 사

16 앙리 세, 『18세기 프랑스 정치사상』, pp. 59-71.

건의 진실에 도달한 볼테르는 『관용론』(*Traité sur la tolérance*)을 저술하면서 종교적 관용의 자연법적 정당성을 역설했다. "네가 타인에게 당하고 싶지 않은 일을 너 역시 타인에게 행하지 말라"고 명령한 자연법에 비추어볼 때 "내가 믿는 것을 믿어라. 만약 믿지 못하겠다면 너를 죽이겠다"는 논리는 부당하다는 것이다.[17] 그러한 차원에서 볼테르는 교회를 국가적 통제 하에 두고, 종교적 관용을 제도적으로 보장하는 등의 개혁 조치를 제안했다.

대중적 영광으로 둘러싸인 화려한 삶을 살았던 볼테르와는 달리 고독하고 외로운 삶에서 벗어날 수 없었던 루소가 제기했던 당대의 본질적 문제는, 앞서 살펴본 멜리에가 비판한 부의 불평등이었다. 루소는 당대 절대군주제의 기득권 질서가 양산해낸 재산의 불평등이 초래할 사회적 대결과 혼란을 비판적인 눈으로 바라보았다. 1755년에 그가 저술한 『인간불평등기원론』(*Discours sur l'origine de l'inégalité parmi les hommes*)은 사유재산에 대한 어떠한 상상도 하지 못했던 원시사회가 사적 재산에 대한 관념이 발생하면서 어떻게 서로에 대한 시기와 적대의 사회로 치닫게 되는가를 그려내었다. "마침내 인간은 탐욕스러운 야심이나, 진정한 필요성 때문이 아니라 재산을 늘려 남보다 우위에 서려는 열망 때문에 서로를 해치려고 하는 옳지 못한 경향을 불러일으키고, 더욱 확실한 성공을 거두기 위해 친절의 가면을 쓰기 일쑤이기에 더욱 위험하다고 할 수 있는 은밀한 결투심을 불러일으킨다. 요컨대 한편으로는 경쟁과 대항이, 다른 한편으로는 이해의 대립이 생기는데 이 모두

---

17 볼테르, 송기형·임미경 옮김, 『관용론』, 한길사, 2001, p. 75.

가 남을 희생시켜 자기의 이익을 도모하려는 숨겨진 욕망일 뿐이다. **이 모든 악은 소유가 낳은 최초의 결과**이며 이제 자라나기 시작한 불평등과는 따로 떼어 생각할 수 없는 동반자다"[18]라고 루소는 통찰했다. 당대 프랑스 사회에 놓인 불평등과 상호 적대에 대한 그와 같은 비판 위에서 루소는 서로에 대한 친밀감과 공감을 바탕으로 공동의 문제를 함께 고민하고 풀어가는 대안적 체제로서 공화국의 가능성을 그려보고자 했다.

2. 계몽의 주체와 정치적 진리 형식의 발견: '사회계약론'

유럽, 특히 프랑스 계몽주의 사상가들은 당대 질서를 비판하고 새로운 진리 인식을 통해 진보적이고 이상적인 사회를 디자인하려는 의지를 지적 운동으로 실천하고자 했는데, 그 중심에 백과전서운동이 있었다. 백과전서파(Encyclopédistes)로 불린, 프랑스 계몽주의 사상가 디드로(Denis Diderot)와 달랑베르(Jean Le Rond d'Alembert)는 그러한 지적 실천의 선두에 선 인물이었다. 이 두 사람의 책임 하에 1751년부터 1780년까지의 오랜 작업의 결과물로 35권으로 구성된 대작 『백과전서 또는 과학, 예술, 기술에 관한 체계적 사전』(*Encyclopédie ou Dictionnaire raisonné des sciences, des arts, et des métiers*)이 완성되었다. 볼테르, 루소, 돌바하(P. H. Dietrich d'Holbach) 등 중대한 지적, 실천적 영향력을 행사했

18 장-자크 루소, 김영욱 옮김, 『사회계약론』, 후마니타스, 2018, p. 123(강조는 필자).

던 사상가와 철학자를 포함, 근대 수학과 과학에 정통한 학자, 전문기술자, 성직자들의 참여로 이루어진 『백과전서』는 세상의 모든 지식을 전파한다는 신념의 결과물이었다. 그 방대한 지식체계를 보급함으로써 당연한 것, 관습적으로 받아들여진 것들을 다시 성찰하고 세상의 진리를 인식할 수 있는 비판적 이성 능력을 키운다는 계몽의 과제야말로 백과전서운동의 핵심 지향점이었다.

백과전서운동이 실천한 계몽주의는 한마디로 비판과 진리의 정신이었다. 이성적 사유를 본질로 하는 계몽은 기존 정치사회 질서를 토대에서부터 의심하고, 그 위에서 진리로 부를만한 새로운 질서, 진보적 질서, 이상적 질서를 기획하고 구현하는 실천적 힘이었다. 운동의 주창자들은 기존의 것들에 대한 비판적 사유와 새롭게 탄생해야 할 소망스런 질서를 향한 진리가 그 책 속에 담겨 있다고 믿었다.

그렇다면 백과전서가 설명하고 있는 세상에 관한 지식들이 진리인 이유는 무엇인가? 그것은 계몽주의가 진리 인식의 궁극적 원리로 생각한 이성적 사유 과정의 지적 열매이기 때문이다. 이성적 사유는 참된 것으로 간주된 것들을 비판적으로 검토한 뒤에, 자신 속에 내재되어 있는 진리 발견의 보편적 형식에 의거해 참된 진리를 만난다. 칸트는 1784년에 계몽에 관한 글을 발표했다.

> 계몽이란 인간 스스로가 초래한 미성숙상태로부터의 해방이다. 미성숙상태는 다른 사람의 인도 없이는 자신의 오성을 사용할 수 없는 상태를 뜻한다. 그 원인이 오성의 결핍이 아니라 다른 사람의 안내 없이 오성을 사용할 결단력과 용기의 부족이라면 그 상

> 태의 책임은 전적으로 자신에게 있다. 스스로 사고하기를 주저하지 말라(sapere aude)! 자신 있게 자신의 고유한 오성을 사용하라! 이것이 계몽의 표어다.[19]

칸트는 인간이 미성숙으로부터 벗어난 상태를 계몽이라고 불렀다. 그 정신적 불완전 상태를 넘어섰다는 것은 인간이 자기 오성(understanding)[20]의 주체적 사용 능력, 그러니까 자신의 합리적 사유력을 자립적으로 사용해서 세상의 진리를 인식할 능력을 갖추고 수행한다는 것을 의미한다. 여기서 칸트는 계몽적 인간으로 성숙할 수 있는가의 여부를 오성을 갖추고 있는가의 여부가 아니라 다른 사람에 의지하지 않고 그 오성의 능력을 스스로 실천할 의지의 조건에서 찾고 있다. 그것은 결국 계몽주의가 모든 인간에게는 보편적으로 오성적 능력이 잠재되어 있다는 인간학적 전제에 서 있다는 사실을 말해준다. 문제는 그러한 오성이 어떠한 원인에 의해 잠재된 혹은 미완성된 상태로 머물러 있다는 데 있다.

계몽주의는 그처럼 드러나지 않은 상태에 머물러 있는 오성을 발현시켜 인간 스스로가 세계를 사고하고 판단하며 진리를 찾아낼 것을

19 임마누엘 칸트, 이한구 옮김, 『칸트의 역사철학』, 서광사, 2009, p. 13.

20 칸트의 비판철학에서 감성을 통해 인간의 정신 속으로 들어온 무 규정적 표상들을 정돈하고 통일하며 궁극적으로 개념화하는 지적 능력이다. 칸트의 오성은 전근대를 포함, 일반적으로 사용되어 온 이성이라는 의미와 구별해 근대적 이성의 의미를 지칭하는 것으로 해석할 수 있다. 그러니까 근대 이성은 세계에 대한 감각적 경험을 통해 획득한 표상들을 체계화하는 힘으로 나타나고 있으며, 그것이 곧 계몽주의가 주창한 이성의 본질적 능력이다. 여기서 우리는 칸트를 언급할 때를 제외하고는 계몽주의와 관련한 논의 속에서 이성이란 용어를 사용할 것인데, 거기서의 이성은 근대적 의미를 지닌다.

요청한다. 칸트가 말하고 있듯이 그러한 사유와 진리 발견의 힘이 몇몇 인간들에게 제한된 것이 아니라 모두에게 보편적으로 내재되어 있다면, 그러한 잠재된 정신적 능력이 발현될 수 있도록 촉진할 필요가 있다. 모든 인간이 칸트의 오성을 주체적으로 실천한다면 세상의 진리 인식에 도달한 인간들이 만드는, 유토피아로 불릴만한 이상적인 사회가 이룩될 수 있을 것이기 때문이다.

그와 같은 계몽적 과제의 중대한 역사적 실천의 중심에 백과전서 운동이 놓여 있었다. 백과전서운동은 모든 인간들이 정신의 종속된 상태를 벗어날 수 있도록, 오직 자신의 이성적 능력에만 의지해서 그것이 전해주는 원칙을 따라 진리를 발견할 수 있도록 인간을 육성하는 과정이었다. 또한 칸트의 비판철학이 제시한 진리의 매트릭스로서 지성의 주체적 사용을 위한 훈련 과정이었다. 디드로는 『백과전서』 제5권에 실린 「백과사전」 항목에서 진리 발견을 위한 이성의 주체적 실천을 역설하고 있다.

> 그러므로 사물들의 존재이유가 존재한다면 그것을 설명하고, 원인이 알려졌다면 밝혀주고, 그로부터 생기는 결과가 명확하다면 지적하고, 원칙을 직접 적용하면서 문제를 해결하고, 진리를 증명하고, 오류를 공개하고, 편견을 능숙히 몰아내고, 의심하고 대비하는 법을 가르치고, 무지를 일소하고, 인간 지식의 가치를 평가하고, 진실과 거짓, 진실과 진실임 직한 것, 진실임 직한 것과 경이롭고 믿기 어려운 것, 흔한 현상과 기이한 현상, 확실한 사실과 의심스러운 사실, 의심스러운 사실과 부조리하고 자연의 질서에 어긋나는 것을 구분하고, 사건들의 일반적 추이를 알고, 사물

하나하나를 있는 그대로 받아들이고, 이로써 학문에 대한 취향, 거짓과 악에 대한 공포, 덕에 대한 사랑을 고취하도록 노력해야 한다.[21]

1752년에 출간된 『백과사전』 제2권에 포함된 아름다움의 원리에 관한 디드로의 사유는 그와 같은 진리 발견과정을 구체적으로 보여주고 있다. 디드로는 사람들이 어떤 대상이 아름답다거나 추하다고 판단하는 기준이 무엇인가를 찾으려 한다. 말하자면 미의 궁극적 원리를 발견하려는 것이다. 디드로는 과거 이론들에 대한 비판적 검토에서 출발한다. 성 아우구스티누스(Saint Augustinus)가 생각한 아름다움의 원리는 전체와 부분이 단일성으로 관계 맺는 양상을 의미한다고 디드로는 해석했다. 이어서 디드로는 독일 철학자 볼프(Christian von Wolf)가 제시한 미의 원리를 살펴본다. 볼프에게서 미의 원리는 보기 좋은 것인가, 그렇지 않은 것인가에 있다, 라고 디드로는 생각했다. 디드로에 따르면, 볼프는 완전함을 갖추고 있어서 사람의 마음속에 쾌감을 일으키는 대상이야말로 미의 원리를 간직한다고 생각했다. 이어서 디드로는 이 두 원리의 비교를 통해, 누가 더 미의 궁극적 원리에 접근하고 있는가를 검토한다. 그에게서 볼프의 원리는 많은 약점이 있는데, 우리가 미를 쾌감의 원리로 간주할 경우, 미의 원리가 인간의 개별적 심리로 환원되는 문제를 초래한다는 말이다. 말하자면 아름다움에 대한 볼프의 사유는, 성 아우구스티누스와는 달리, 아름다움 자체에 접근하는 데는 실패했다는 것이다. 이어서 디드로는 크루자(Jean-Pierre de Crousaz)

21 드니 디드로, 이충훈 옮김, 『백과사전』, 도서출판b, 2014, p. 98.

의 이론을 논한다. 그가 해석한 크루자는 다양성, 단일성, 규칙성, 질서, 균형을 아름다움의 원리로 이해했다. 그런데 디드로에게서 크루자의 원리는 아름다움의 궁극적 원리에서 볼 때, 지나치게 많은 기준을 제시하는 한계를 드러내고 있다.

다음으로 디드로는 당대 스코틀랜드 계몽철학자로 불린 사람들의 미 개념에 접근한다. 먼저 인간을 감각작용을 통해 특정한 정보와 개념을 얻는 존재로 바라보면서, 미의 원리 또한 그와 다르지 않다고 생각했던 허치슨(Francis Hutcheson)의 미의 관념을 살펴보았다. 디드로에 따르면, 허치슨은 인간이 자신의 감각작용을 통해 어떤 대상이 다양성과 단일성을 함께 가지고 있을 때 아름다움을 느낀다고 말한다. 디드로는 다양성과 단일성의 공존 양상이란 대상들마다 다를 것이기 때문에, 허치슨의 미의 원리는 보편성의 기준에서 한계를 지닌다고 평가한다. 한편, 샤프츠베리(Shaftesbury)는 미를 예상한 결과를 최고로 산출하는 존재로 파악하고 있는데, 그 점에서 그는 미를 유용성과 연결된 것으로 보고 있다고 디드로는 해석한다. 하지만 디드로는 사람들은 때로는 유용성과는 아무런 관련이 없는 아름다운 대상을 찾을 수 있고, 때로는 그것에 대해 아름다움을 느끼기도 한다고 비판한다. 디드로가 마지막으로 검토하고 있는 인물은 앙드레 신부(Le Père Yves-Marie André)다. 신부는 미를 본질 미, 자연 미, 인공 미 등으로 유형화하고, 각 유형의 특성을 설명한다. 그에게서 미는 규칙성, 질서, 균형, 대칭의 질서를 의미하는 것으로서, 본질 미는 그러한 질서 일반이고, 자연 미는 질서를 갖춘 자연물에서, 인공 미는 그러한 질서를 담고 있는 인공적 대상물에서 발견한다. 디드로는 앙드레 신부의 미의 원리가 인간 정신에 본래 내재한 것인지, 경험을 통해 획득한 것인지 명확하지 않다고 비판한다.[22]

미에 대한 기존 논의들을 검토한 디드로는 그 본질에 대한 가장 간결하고 명확한 원리를 찾는 작업을 진행한다. 경험론에서 출발한 디드로는 질서, 균형, 연관, 배열, 대칭과 같은 인간 오성의 추상적 관념들은 모두 감각 작용으로 발생한 것이라고 말한다. 디드로는 경험이 만들어낸 관념과 개념들 중 아름다운 존재들에게 공통적으로 발견되는 것이 무엇인지를 묻는다. 디드로는 아름다움의 운동을 관통하는 궁극 원리를 찾으려 했고, 그에게서 그것은 관계라는 개념이었다. 관련해 디드로는 "내가 꽃과 물고기를 다른 꽃들과 다른 물고기들과 관련하여 고려한다면, 내가 이들이 아름답다고 말할 때, 이 말은 그들 종에 속한 존재들 사이에서 즉, 꽃들 중에서 이것이, 물고기들 중에서 저것이 내 안에서 관계 관념들의 최고를, 어떤 관계들의 최고를 일깨운다는 것을 의미한다"[23]라고 말한다. 결론을 말하자면, 디드로에게서 아름다움은 관계의 원리로 환원된다. 그리고 아름다운 관계에 대한 인식은 오성의 판단에 따른다.

디드로는 미의 본질과 원리를 관계라는 추상적 언어 형식으로 환원하고 있다. 그런데 그 관계라는 궁극의 원리는 경험을 통해 파악한 것이 아니다. 왜냐하면 그것은 경험적 대상에 대한 접촉을 통해 '자신

---

22 드니 디드로, 이충훈 옮김, 『미의 기원과 본성』, 도서출판b, 2012; 하상복, 『이미지, 상징 · 재현 · 운동의 얼굴』, 5장.

23 디드로, 『미의 기원과 본성』, p. 50.

안에서 일깨워지는' 것이기 때문이다. 말하자면 그것은 칸트의 선험적 범주처럼 인간 정신 속에 놓여 있고, 현실 세계의 아름다움의 진리는 그것으로부터 판명된다. 디드로에게서 미에 관한 진리는 대상이 아니라 진리 주체로서 인간의 정신 속에 자리한다. 그 점에서 디드로의 미적 주체는 칸트의 진리 주체와 닮아 있다. 앞서 이야기한 것처럼, 칸트의 비판철학에서 진리 발견의 과정은 인간의 감각 경험에서 시작하지만 인간 정신에 선험적으로 내재하고 있는 인식의 보편적 형식이 없다면 진리에 도달할 수 없다. 그 점에서 진리의 궁극적 준거는 칸트가 오성이라고 부른 인간 정신 속에 놓여 있다. 그것은 디드로에게서도 동일하다. 세계의 진리는 인간 정신의 내적 원리에 입각해 질서를 만들어냄으로써 그 모습을 드러낸다. 이성적 질서의 언어야말로 대상 세계의 진리가 표명되는 양식이다. 그 점에서 진리 주체는 "그가 표상하는 전체 세계에 대하여 자신을 주권적인 존재로 느낀다"[24]는 짐멜(Georg Simmel)의 명제에 우리는 동의할 수 있다.

계몽의 힘과 계몽의 정신을 본질로 하는 인간은 자신의 정신 속에 진리의 선험적 형식을 보유하고 있는 존재다. 그는 감각적 경험으로 획득한 세계에 대한 정보들을 선험적 형식으로 정리하고 통일하며 체계화함으로써 진리를 찾아가는 주체적 존재다. 그 근대적 진리 주체는 자신이 살아가는 정치적 세계의 진리 발견에서도 예외가 아니다. 계몽주의 사상은 기왕의 정치세계에 대한 비판을 거쳐 이성적 사유 위에서

24 게오르그 짐멜, 김덕영 옮김, 『근대 세계관의 역사: 칸트, 괴테, 니체』, 길, 2007, p. 14.

참된 정치세계의 형식을 인식한다. 근대적 정치공동체의 본질적 원리를 담고 있는 '사회계약론'(social contract)이 바로 그것이다. 이 사회계약론은 인간 이성 내부에 각인되어 있는, 참된 정치공동체의 원리를 밝히는 선험적 형식이다.

사회계약론이라는, 근대 정치공동체의 이상적 모델을 최초로 제시한 사상가는 홉스다. 앞서 언급한 것처럼, 홉스는 인간의 본질을 욕망하는 존재로 그리고 모든 면에서 평등한 존재로 설정하고 그로부터 만인의 만인에 대한 전쟁상태인 자연 상태를 가정하고 있다. 이 자연 상태, 즉 정치권력의 부재로 인간과 인간의 갈등을 조정할 어떠한 중재와 통제 기제도 없는 무정부 상태는 엄격히 말해 경험으로부터 끌어낸 것은 아니다. 그것은 사회계약을 통한 정치체제 형성의 단계로 나아가기 위해 논리적으로 요청되는 전제적 개념이다. 홉스에 따르면, 인간이 자연 상태를 벗어나 자신의 생명과 안전을 보존하기 위한 방법을 모색하는 원리는 그의 이성 내부에 깃들어 있다. "이성은 인간이 합의에 이를 수 있는 평화 조항을 알려 준다."[25] 이성은 자연 상태의 인간에게 "평화를 추구하고 그것을 따르라", "평화와 자신의 방어를 위해 자신의 권리가 필요하다고 생각하고 동시에 타인도 그렇게 생각할 때에는 모든 것에 대한 권리를 포기해야만 하며, 그가 타인에 허락한 정도의 자유만큼만 자신도 갖는 것으로 만족해야 한다", "인간들은 그들이 맺은 신약(信約)을 이행해야 한다"는 제1, 2, 3의 자연법을 필두로 19개의 자연법을 명령한다. 자연인은 자연법의 소리에 따라 자신의 생명과 평화를 확

25 홉스, 『리바이어던』, p. 98.

보하고 자기 욕구를 안전하게 실현하기 위한 사회계약에 참여한다. 계약의 핵심은 계약 당사자들이 자신의 권리를 제3의 존재에게 양도함으로써 정치권력체를 만드는 데 있다.

이 권력체는 자연 상태 속 인간이 보유하고 있던 일체의 권리를 양도받아 탄생한 정치적 실체로 막강한 권력을 보유하고 있다는 점에서 리바이어던으로 불린다. 리바이어던이라는 이 통치체는 새로운 계약을 체결할 승인권을 지니고 있으며, 권리를 위임한 사람들에게 무조건적 복종을 강요할 수 있다. 또한 다수의 이름으로 모든 구성원에게 자신의 명령을 강제할 수 있으며, 그에 대한 어떠한 비난과 불평도 허락되지 않는다. 심지어 그는 계약자들에 의해 처벌되거나 죽임을 당할 수도 없다. 그의 권력은 분리될 수도 없다. 그의 정치적 존재성은 절대적이다.[26] 그렇다면 계약으로 탄생하는 이 권력체는 전근대적인 군주권력과 어떻게 다른가? 어떤 면에서 근대적인가? 홉스의 근대적 통찰력은 정치권력의 근원적 정당성이 자연인으로 불리는 피치자들의 정치적 의지와 선택의 결과물이라는 사실을 제시한 데 있다. 그것은 정치권력 탄생의 민주적 원리에 대한 시원적 디자인이다.

앞서 살펴본 것처럼, 로크는 권력 정당성에 대한 당대의 신수설을 근본적으로 비판하면서 정치권력의 참된 원리를 밝히고자 했는데, 그 점에서 그의 사회계약론은 정치권력의 정당성 원리에 관한 서술이라고 말할 수 있다. 로크 또한 홉스의 자연 상태 개념을 수용하고 있지만, 그가 생각하는 자연 상태는 홉스와는 사뭇 다르다. 로크가 상정하는

26 홉스, 『리바이어던』, pp. 125–130.

자연 상태의 본질은 '자유의 상태'다. 인간은 자신의 물질적 욕구를 자유롭게 추구할 수 있는데, 그렇다고 해서 그러한 자유로운 추구가 갈등을 일으킬 가능성은 크지 않다. 인간에게는 "인간은 모두 평등하고 독립된 존재이므로 어느 누구도 다른 사람의 생명, 건강, 자유 또는 소유물에 위해를 가해서는 안 된다고 가르치는"[27] 이성이 내재하고 있기 때문이다. 그렇게 보면 로크의 자연 상태는 욕구와 이성이 적절히 조화를 이룬 평화의 상태다.

하지만 여기서 그러한 평화를 위협하는 상황이 발생할 가능성을 배제할 수 없다. 그 자연적 질서의 위반자를 통제할 이유가 거기에 있는 것인데, 로크는 자연권에 입각한 처벌의 권리를 인정한다. 하지만 그러한 처벌이 초래할 대결과 갈등상태를 피하기 위해 로크는 사회계약을 제안한다. 그런데 로크의 사회계약은 홉스처럼 일체의 권리를 양도하는 것이 아니라 처벌권에 대해서만 제한적으로 양도하는 계약이다. 무엇보다 자연인이 보유하고 있는 소유권은 양도의 대상이 아니라는 말이다.

여기서 홉스와 로크 사회계약이 근본적으로 갈린다. 홉스에게서 평화와 질서가 막강한 절대적 권력에 의한 통치로 확보된다면, 로크 사회계약에서 그것들은 정치가 아니라 이성을 보유한 사람들 사이에서의 자율적 조정으로 유지된다. 여기서 우리는 자유주의적 정치관의 핵심적 논리를 만난다. 나아가 로크는 계약을 지키기 못하는 정치권력을 해체할 권리, 즉 저항권을 인정한다는 점에서 홉스와는 다른 정치적 형

---

27 로크, 『통치론』, p. 13.

식을 이야기한다. 로크에 따르면 인간은 "폭정으로부터 벗어날 권리뿐만 아니라 그것을 예방할 권리도 가지고 있"다. 그러므로 정치권력이 피치자를 자의적 권력의 힘으로 노예로 만들고자 한다면 그것은 계약 위반이기 때문에 다시 그 권력은 다시 피치자의 수중으로 돌아간다. 피치자들은 새로운 사회계약을 통해 다시 정치권력을 세울 정당한 권리를 보유한다.[28] 여기서 로크는 근대 민주주의 원리인 시민적 저항에 대한 정당화 논리를 제공하고 있다.

홉스, 로크와 함께 사회계약론 사상가로 알려진 루소의 문제의식은 인간 욕구와 안전의 실현, 안정적인 물질적 소유와 같은 가치에 연결되어 있지 않다. 사회계약을 통해 정치공동체를 만들어야하는 궁극적 이유는 인간들 사이의 물질적 불평등과 그로 인한 분열과 적대 때문이다. 루소 사회계약의 이념적 전제로 설정된 자연 상태는 홉스, 로크와 근본적으로 다르다. 그 개념은 어떠한 물질적 욕구도 존재하지 않는, 자신의 생명과 안전을 지키는 것이 유일한 목표인 원시적인 영혼들의 장소인 것이다. 루소의 자연인은 고립적인 삶을 영위한다. 그렇지만 그의 본성에는 타인의 불행을 안타까워하는 공감과 연민의 마음이 내재되어 있다.

그런데, 사유 재산 개념이 등장하는 순간 그러한 원시적 자연 상태가 파괴되고 그로부터 갈등상태가 도래한다. 이제 자연 상태의 원시적 평등은 사라지고 소유의 불평등과 지배-피지배 관계가 자리를 대신한다. 루소의 사회계약은 이러한 경제적 불평등과 정치적 억압을 해소하

---

28 로크, 『통치론』, pp. 208-209.

는 기획이다. 루소는 물질적 불평등이 최소한으로만 유지되는 조건 위에서 있는, 정서적 친밀감이 확보되는 규모의 공동체 구성원들이 자신들의 정치적 권리와 의지를 양도함으로써 탄생하는, 그럼으로써 개별적 권리와 의지가 모두의 권리와 의지와 동일한 것, 즉 일반의지(volonté générale)가 되는 사회계약을 상상한다. 일반의지 위에서 수립되고 운영되는 정치체는 지배와 피지배가 나뉘지 않은, 모두가 정치적 동일체로 존재하는 이상적 모습으로 나타난다. 루소는 이러한 정치체에 대해 "여러 사람이 모여 스스로를 단 하나의 단체로 간주하는 한, 그들은 공동의 보존과 일반의 안녕에 연관된 단 하나의 의지만을 가진다. 이 때 국가의 모든 동력은 강력하고 단순하며, 그 원칙들은 명확하고 자명하기에, 이해관계가 얽히고 모순되는 일이 없으며, 공동선은 어디에서나 분명하게 모습을 드러내므로 상식만 있으면 그것을 알아볼 수 있다"[29]고 이야기하고 있다.

계몽사상가들은 당대 군주제와 신분제에 대한 경험적 비판을 진행하고 그러한 기성체제를 대신할 새로운 체제를 디자인하고자 했다. 사회계약론으로 불리는 그 디자인은 정치적 진리를 내재하고 있다고 그들은 믿었다. 그러나 정치적 설계도는 경험을 통해 도출된 것은 아니었다. 오히려 그것은 인간의 본성에 대한 관념적 전제 위에서 이성적 사유의 힘으로 만들어진 가장 이상적인 정치체의 모델이었다. 근대의 정치사상가들은 경험 위에서 세상을 바꾸는 것이 아니라 자신들의 정치적 형식의 진리성에서 세상이 새롭게 조형되어야 한다고 생각했다. 그

29 루소, 『사회계약론』, p. 127.

점에서 그들의 사유는 너무나도 근대적이었다.[30] 이제 정치적 주체는 그렇게 만들어진 진리 형식을 가지고 새로운 세상을 탄생시키기 위한 실천으로서 혁명을 시작한다.

3. 정치적 진리 주체와 유토피아의 실천: 근대국가의 생성

17세기 초반부터 후반에 이르는 영국의 정치는 절대군주와 의회 간의 대결이 종교적 갈등과 맞물리면서 초래된 격동의 시간이었다. 그 출발은 1625년, 영국의 가장 비극적인 운명의 군주 찰스1세의 즉위에서부터였다. 영국의 경제적 근대화와, 대외 전쟁의 대비책으로 군사 부문 선진화를 위한 많은 재원이 필요해지면서 찰스1세는 재정 확충을 위한 새로운 조세원을 구상했다. 하지만 의회는 군주의 시도를 매우 부정적이고 위험한 처사로 생각했다. 의회의 관점에서, 세금을 추가적으로 걷는 일은 자신들의 경제적 이해관계에 부합하지 않을 뿐만 아니라 군사적 재원이 자칫 자신들의 공격에 동원될 왕의 무력 조성에 사용될 수 있다고 보았기 때문이다. 찰스1세가 절대군주제의 신봉자라는 사실을 알고 있는 의회는 그가 모든 권력과 권한을 독점하고 있는 프랑스 절대군주를 꿈꾸고 있을지도 모른다는 사실을 우려했다.

30 "정부는 자연권에 기반해 형성된 것이 아니다"라든가, "한 국가를 구성하거나, 혁신하거나, 개혁하기 위한 학문은 그 밖의 다른 경험과학처럼 선험적으로 교육되지 않는다"(에드먼드 버크, 이태숙 옮김, 『프랑스혁명에 관한 성찰』, 한길사, 2010, pp. 120–121)라고 하면서 프랑스혁명을 비판한 버크(Edmund Burke)의 주장을 생각해볼 수 있다.

1628년, 의회는 권리청원(Petition of Right)을 제출해 왕의 정치적 의지에 제동을 걸었다. 의회는 이 청원에서 의회의 동의 없는 세금 부과의 부당성을 표명하고, 재판 없는 체포와 구금 제도, 계엄법과 전시 중 군인들의 민가 투숙법 등의 위법성을 주장했다. 프랑스의 절대군주제적 지위를 가질 수 없었던 영국의 군주는 권리청원에 서명함으로써 의회의 요구를 수용하는 것처럼 보였지만, 실제로는 정반대의 정치적 의지를 드러내고 있었다. 찰스1세는 의회를 해산하고, 의회가 무조건적으로 자신을 지지할 준비가 되었을 때라야 다시 소집할 것이라고 말했다.[31] '폭군정'으로 명명될 수 있는 11년간의 의회 없는 통치가 시작되었다.[32]

이러한 정치적 갈등과 더불어 찰스1세의 종교정책도 당시 여론의 불만을 초래했다. 당시의 여론은 찰스1세의 종교정책이 헨리8세의 종교개혁으로 이루어진 가톨릭과 개신교 사이의 타협적 균형을 위협하는 방향으로 나아간다고 생각했으며, 그러한 상황은 영국 개신교도들의 불만을 만들어냈다. 헨리8세가 창시한 영국 국교회가 자신들의 신앙의 자유를 허용하지 않는다는 데 큰 불만을 가지고 있던 영국의 개신교도들에게서 찰스1세의 가톨릭 편향적 정책은 중대한 문제가 아닐 수 없었다. 국왕이 임명한 로드 대주교의 반 개신교적 조치들은 그들의 우려가 근거가 없지 않음을 말해주고 있었다. 대주교는 가톨릭 교리와 의식을 따르는 영국 국교회의 양식을 강제하고, 영국 개신교 조직

31 페터 벤데, 「영국혁명(1640−1660)」, 페터 벤데, 권세훈 옮김, 『혁명의 역사』, 시아출판사, 2004, pp. 28−29.

32 이종은, 「영국혁명의 의의 및 크롬웰의 역할」, 『정치사상연구』 2집, 2000, p. 158.

들을 해체하고, 종교적 다양성에 반하는 조치를 취했다. 또한 주일에도 운동과 게임을 할 수 있도록 함으로써, 근본주의적 신앙관을 따르는 청교도들을 자극했다. 대주교의 탄압을 참아낼 수 없는 청교도들의 이주가 시작되었다.

의회와의 대립과 청교도들의 불만으로 인해 정치적 수세에 몰린 찰스1세에게 스코틀랜드와 아일랜드 문제는 그의 정치적 어려움을 가중시킨 또 다른 요인들이었다. 스코틀랜드 교회를 영국 국교회와 통합하기 위해 영국 국교회의 기도서(prayer book)를 도입하려 한 1637년 국왕의 조치는 개신교도가 압도적이었던 스코틀랜드의 불만을 초래했다. 그러한 조치를 자신들의 신앙에 대한 도전으로 생각한 스코틀랜드 신교도들은 자신들의 신앙원리를 확고히 한 국민서약(National Covenant)을 통해 찰스1세에 대한 저항을 선언했다. 스코틀랜드의 봉기를 제압하지 못한 국왕은 그 대가로 스코틀랜드인들에게 광범위한 양보를 하지 않을 수 없었다.[33] 찰스1세의 정치적 실패와 무능력은 의회와 여론의 국왕에 대한 부정적인 평가를 초래했고, 1641년 아일랜드 신교도들의 무력 항거에 대한 대응책을 놓고 벌인 국왕과 의회의 대립으로 국왕의 정치적 위상이 한층 더 하락했다. 국왕과 의회는 아일랜드 민중들의 봉기에 대처할 무력의 지휘권을 누가 소유해야 하는가의 문제를 놓고 첨예하게 부딪혔다. 의회는 정치적 주도권을 장악하기 위해 그해 11월 대간의서(Grand Remonstrance)를 채택했다. 총 206조로 구성된 대간의서는 찰스1세 통치의 문제점들을 나열하면서 군주권력의 의회 통제

33 벤데, 「영국혁명(1640–1660)」, p. 31.

를 강화하는 데 목적이 있었다. 하지만 국왕은 정치적 전면전을 선택했다. 그는 다음해 1월 무장군인들을 이끌고 의회로 가서 대간의서 채택에 주도적 역할을 했던 의원들의 체포 시도로 맞섰다. 이에 의회는 1642년 6월, 국왕의 정책을 비판하는 19개 제안(Nineteen Propositions)을 발표하고, 찰스1세가 군대 동원으로 응수하면서 둘 사이의 대결이 내전으로 치닫기에 이른다.

왕당파는 크롬웰(Oliver Cromwell)이 이끄는 의회파에 패배를 거듭했고, 의회는 찰스 1세의 처형을 결의했다. 그는 1649년 1월에 처형되었다. 이제 영국은 호국경(Lord Protector) 크롬웰이 통치하는 공화국이 되었다. 찰스1세의 반동적 정치를 해체하는 데 협력한 세력들은 공화국을 수립했지만 이후 이들 사이의 정치적 갈등이 초래되었다. 수평파를 비롯한 급진주의 개혁가들은 가난한 자들의 정치경제적 권리를 요구했고 많은 부를 보유하고 있던, 크롬웰이 이끌던 보수 세력은 반대했다. 급진주의자들의 무력 봉기는 크롬웰 세력에 의해 완전히 제압되었으며, 그로부터 공화국의 정치는 급속하게 보수화되어가기 시작했다. 크롬웰 치하의 영국은 여러 가지 면에서 반동적이었다. 가톨릭 신앙의 자유가 금지되었고 검열제도가 작동했다. 또한 찰스1세 치하에서보다 더 과중한 세금을 부과하면서 사회경제적 불만도 상승하고 있었다.[34] 크롬웰이 죽고 그의 아들이 권력을 계승했지만 정당성을 상실해가는 공화국은 오래 지속되지 못했다. 의회와 군대가 왕정복고를 결정함에 따라 1660년 찰스1세의 장남 찰스2세가 프랑스에서 귀환하고 왕정이 부활했다.

34 이종은, 「영국혁명의 의의 및 크롬웰의 역할」, pp. 161–163.

찰스2세는 온건하고 포용적인 통치술을 통해 큰 과오 없이 복고왕정을 다스렸지만, 종교 간의 평화를 이룩하는 데는 실패했다. 국교도, 가톨릭교도, 개신교도 각각, 찰스2세가 자신들에게 불리한 종교정책을 추진한다는 의심을 버리지 않았다. 그렇지만 종교적 갈등이 본격화된 것은 그의 사망 후 1685년에 왕위를 계승한 동생 제임스2세의 가톨릭 편향적 종교정책이 시행되면서부터였다. 가톨릭교도였던 제임스2세는 군부 지도층을 비롯해, 궁정과 국가 공직에 가톨릭 신도들을 임명했다. 이와 같은 조치들은 영국 의회의 거센 비판을 받지 않을 수 없었다. 당시 영국 의회는 보수파인 토리당과 진보파인 휘그당으로 나뉘어있었는데, 토리당이 왕당파로서 영국국교회의 옹호세력이라면, 휘그당은 의회주의자들로서 비국교도에 대한 관용을 지지하는 세력이었다. 하지만 그들은 전제정치에 입각한 가톨릭 정부에 대해서는 반대한다는 공통점을 지니고 있었다. 나아가 의회는 제임스2세가 자신의 막강한 재력으로 상비군을 만들어 의회를 위협할 수도 있을 것이라는 의심을 버리지 못했다.[35]

국왕의 이러한 정책들은 의회세력, 특히 토리당으로부터 큰 실망과 비판을 초래했다. 이에 제임스2세는 국교회 세력을 견제하기 위해 신교도와의 동맹을 추진하고자 했고, 1687년 신앙자유령(Declaration of Indulgence)을 선포해 국교도의 반감을 불러일으켰다. 그것은 영국국교회에 강제적으로 가입할 필요가 없으며, 어디서든 자유롭게 종교행위

35 에크하르트 헬무트, 「영국혁명(1688–1689)」, 피터 벤데, 권세훈 옮김, 『혁명의 역사』, 시아출판사, 2004, pp. 57–59; 이종은, 「영국혁명의 의의 및 크롬웰의 역할」, p. 164.

를 수행할 수 있게 한 선언문이었기 때문이다. 이것은 결국 영국 내 가톨릭의 영향력을 증대하기 위한 조치였다. 국왕은 다음 해에 제2차 신앙자유령을 포고하면서 영국 국교회의 모든 성직자들이 설교단에서 그 선언문을 낭독하도록 명령했다. 하지만 국교회의 성직자들은 이 명령을 거부하며 국왕의 종교정책에 저항했다. 국왕이 이들을 소요죄와 명예훼손죄로 재판에 넘기지만 법관들은 이들 성직자들을 재판하지 않고 석방해 버렸다. 법정의 이러한 결정은 당시 많은 여론의 동조를 받았는데, 그 가운데 군인들이 포함되어 있었다는 면에서 중대한 의미를 지닌다.[36] 이러한 위기 국면에서 1688년 6월, 왕위를 계승할 아이가 태어난다. 아버지뿐 아니라 어머니도 가톨릭교도였는데, 그러한 속에서, 가톨릭을 신봉하는 군주가 영국을 다시 통치할 것이고, 그렇게 가톨릭 편향 정책이 지속될 수 있다는 여론이 유포되기 시작했다. 의회의 두 세력은 네덜란드 총독 윌리암(William of Orange)의 군대를 끌어들여 국왕에 대항했다. 제임스 2세의 대응은 쉽지 않았다. 자신의 군대가 윌리암 쪽으로 넘어갔을 뿐만 아니라, 의회세력과의 타협책도 반대파를 설득하지 못했기 때문이다. 1688년 12월, 제임스는 황급히 영국을 떠났고 의회는 윌리암과 그의 부인인 메리(Mary)를 공동 왕으로 추대했다. 의회는 다음 해인 1689년에 권리장전(Bill of Rights)을 제정해 입헌군주제를 확립했다.

영국에서 형성된 시민혁명의 물결은 얼마 지나지 않아 대서양을 타

---

36 헬무트, 「영국혁명(1688–1689)」, pp. 59–60; 이종은, 「영국혁명의 의의 및 크롬웰의 역할」, p. 165

고 아메리카 대륙으로 넘어 들어갔다. 영국 식민지 아메리카 대륙은 종교적 자유를 찾아 이주해온 청교도 이주민들과 이윤을 위해 대륙으로 들어온 상인 계층들의 정복지였다. 영국 왕실은 캐나다 지배권을 둘러싼 프랑스와의 전쟁 등을 치르면서 재정 위기를 겪어야 했고, 그렇게 획득한 광대한 식민지를 운영하기 위한 막대한 재정이 필요했다. 영국은 아메리카 식민지를 대상으로 다양한 법률적 장치를 통해 세수확대를 꾀하려 했다. 당시 아메리카 식민지에 부과된 세금은 본국에 비해 부담이 낮은 수준이었다. 1764년에 부과된 인지조례(Stamp Act)가 대표적이었다. 이 세금은 식민지에서 발간되는 모든 신문과 서적, 면허증, 계약서 등에 붙이는 수입인지로 확보되는 세금이었다. 이 세금은 당시 아메리카 식민지의 언론인, 변호사 등의 수입에 중대한 영향을 미치는 제도였기 때문에, 여론을 이끌던 이들의 반대에 부딪혀 그 이듬해에 폐지되었다.[37] 이러한 스캔들로 인해 영국에 대한 부정적 여론이 조성되어 가는 상황 속에서 영국 정부는 1773년 둘 사이의 정치적 갈등이 폭발하게 되는, 결국 혁명전쟁으로 이어지게 되는 법률을 시행한다. 아메리카 식민지 차 판매의 독점권을 동인도회사에게 부여하는 차세법이 그것이다. 동인도회사가 식민지에 저렴한 가격으로 차를 공급하면서 식민지 상인들의 불만이 높아지게 되고, 결국 그러한 갈등은 상인들이 영국 차 불매운동을 벌이고 차를 실은 영국 배의 하선도 거부하는 등 물리력을 동원한 조치로 이어졌다.

식민지인들의 불만과 저항은 일차적으로는 자신들의 경제적 이해

37 이보형, 「미국혁명의 성격과 의의」, 『미국학 논집』 11권, 1978, p. 204.

관계에 기인하는 것이었지만, 그들은 '대표 없이 과세할 수 없다'는 유명한 정치적 명제를 표방하며 매우 견고한 정치적 대의 위에 서 있었다. 이 정치적 원리는 1775년 버지니아 식민지의회가 통과시킨 결의안에서 최초로 명문화되기에 이른다. 이 결의안은 "식민지인은 영국신민으로서의 모든 권리를 갖는다, 대표 없는 곳에 과세할 수 없다는 원칙은 영국헌정의 기본이므로 버지니아인에게 과세할 수 있는 기관은 버지니아의회뿐이다, 따라서 버지니아인은 그들에게 과세하려는 외부의 어떠한 법률, 명령에도 복종할 수 없다"라는 내용을 담고 있었다.[38]

하지만 영국정부는 양보하지 않았다. 보스턴 차 사건이 일어난 뒤에 영국의회는 1774년 봄, 영국정부의 식민지 통제권을 강화하기 위한 일련의 법률적 조치들을 제정하고 시행했다.[39] 그러한 강압적 조치들은 영국의회가 식민지에 적용되는 모든 법률 제정권을 가지며, 이를 인정하지 않는 모든 결의는 무효라는 1776년의 선언령(Declaratory Act)으로 이어졌다. 식민모국의 이와 같은 자극적 대응들은 결국 식민지인들을 충성스런 영국 신민이 아니라 새로운 나라의 국민으로 다시 태어나게 하는 독립혁명의 길로 이끌었다.

영국과 식민지 사이 최초의 군사적 충돌은 1775년 4월, 보스턴 인근 소도시 렉싱턴에서 일어났다. 식민지 세력이 보스턴 근처에서 전투를 준비하고 있다는 소식을 접한 영국정부는 약 7천 명의 정규군을 파견해 식민지인들의 저항의지를 꺾는다는 계획을 세웠다. 그 과정에서

38 이보형, 「미국혁명의 성격과 의의」, p. 206.
39 이보형, 「미국혁명의 성격과 의의」, p. 207.

영국군과 식민지 민병대 사이 전투가 벌어졌다. 이 전투에서 승리한 영국군은 다음날 콩코드로 진주했지만 렉싱턴에서와는 달리 점점 더 모여드는 식민지 민병대 세력을 제압할 수 없었다. 적지 않은 사상자를 낸 영국군은 후퇴하지 않을 수 없었는데 이것이 영국을 상대로 한 식민지군의 최초 전과였다. 근대공화국이라는 전혀 새로운 정치체제의 탄생을 알리는 독립혁명은 이렇게 시작되었다.

식민지는 콩코드 전투 직후인 1774년 9월부터 제1차 대륙회의를 필라델피아에서 개최했다. 이 회의에서 지도자들은 식민지에 대한 영국정부의 법률적 조치들의 부당성을 선언하고 그 조치들의 폐기를 주장했다. 이듬해 5월에 제2차 대륙회의에서 군사적 전문성을 갖춘 워싱턴(Georges Washington)을 식민지군의 총사령관으로 임명했다. 그 점에서 2차 대륙회의는 식민지인들이 군사적 대결 이외 다른 대안이 없다는 인식을 확고히 했다는 의미를 갖는다. 무력 충돌이 이어지는 상황 속에서, 영국정부는 1775년 8월 23일, '반란과 폭동 진압선언'(Proclamation for Suppression Rebellion and Sedition)을 발표했다. 선언은 영국의 군인들이 반란에 맞서 싸우고 진압하기 위해 최선의 노력을 다할 것을 명령했다. 이에 대해 식민지 세력은 1776년 6월 12일의 버지니아 권리장전과, 7월 4일의 독립선언문(Declaration of Independence)으로 맞섰다. 이 선언문들을 통해 식민세력은 영국왕정과 정치적으로 완전히 단절하고, 근대적 인권과 정치적 권리에 입각한 새로운 공동체 건설에 매진할 것을 공표했다.

영국군은 1777년 가을까지는 전세에서 희망을 지켜나갈 수 있었지만, 그 해 9월 세러토가 전투 패배로 거의 절망적인 상황에 처하게 된다. 1781년 10월 17일, 프랑스와 스페인의 군사적 지원을 받은 식민지군이 요크타운에서 7천의 영국군을 완전히 포위하는 성과를 내면서 식민모국은 전의를 회복할 수 없게 되었다. 1783년 9월 3일 종전조약인 파리조약이 체결되었다. 영국 국왕 조지3세는 아메리카 식민지 13개 '나라'(state)의 주권과 독립을 인정하고, 그 나라의 정부, 재산, 영토 전체와 일부에 대해 어떠한 권리도 없음을 인정한다는 제1조를 필두로 하는 협약에 서명했다. 이제 아메리카 식민지는 버지니아 권리장전과 독립선언서에 담긴 가치와 이념을 구현할 정치공동체 건설의 과제를 시작한다. 1777년 여름에 완성되어 각 나라의 비준을 받아 그해 11월 15일 대륙회의를 통과한 '연합과 영속적 결합을 위한 헌장'(Articles of Confederation and Perpetual Union)은 그러한 정치 프로젝트를 향한 최초의 설계도였다. 헌장은 탄생하게 될 국가를 '아메리카국가연합'(The United States of America)으로 명명했다. 하지만 그로부터 국가건설의 두 번째 단계가 시작되는데, 아메리카국가연합의 제도적 구조와 특성이 신생국의 위기를 효율적으로 관리할 역량을 갖추지 못하고 있다는 비판 때문이었다. 무엇보다 각 나라를 통솔해 대외적 위기에 대처할 중앙 권력체가 부재하다는 문제가 설득력을 얻고 있었다. 이러한 문제 지평 위에서 연합체제의 연방으로의 전환을 향한 움직임이 감지되고 있었지만, 그러기 위해서는 연합주의자와 연방주의자 간 이념적 대결의 국면을 통과해야 했다.

대서양 저편에서 공화국이라는 근대적인 정치공동체 건설을 향한 중대한 실험이 진행되는 동안 프랑스에서도 또 하나의 정치 기획이 시작되고 있었다. 프랑스혁명이라는, 그 어떤 것보다 한층 더 급진적이고 근본적인 기획이었다. 혁명은 1614년 이후 처음으로 열린 신분제 회의인 삼부회에서 강력한 계기가 만들어졌다. 루이16세는 난국에 처한 프랑스 재정을 살릴 해법을 찾기 위해 의회를 소집했다. 프랑스의 재정 파탄은 오랜 경쟁국 영국과의 대리전을 치르기 위해 아메리카 식민지에 막대한 전쟁자금을 제공한 것과 직접적인 관련을 갖는다. 루이16세는 특권계급에도 납세 의무를 부과함으로써 국가재정위기를 돌파한다는 계획으로 삼부회를 개최했으나, 그렇게 볼 때, 의회가 계급 갈등의 무대가 될 가능성이 농후할 것임을 짐작하기는 어렵지 않다. 성직자, 신분제귀족, 부르주아의 세 신분 대표들은 의사결정방식을 놓고 충돌했다. 1신분과 2신분은 신분별 투표를, 3신분은 대의원 개별 투표를 주장하면서 갈등이 초래되었다. 그러한 대립에 더해, 3신분의 눈에 삼부회는 위기에 처한 국가적 현실을 외면하는 것으로 보였다. 루이16세는 개혁이 가져올 사회적 혼란을 경계할 것을 이야기하고, 참석한 대신들은 군주의 덕성을 찬미할 뿐만 아니라, 국가 재정 위기도 쉽게 해소될 것이라는 근거 없는 주장을 펼치기에 바빴다.

제3신분 대표들은 침묵으로 자신들의 의사를 표명했지만, 그것으로 상황이 변할 리는 없어보였다. 대표들은 삼부회의 정당성을 부정하면서 다른 회의장으로 자리를 옮겨 국민의회(Assemblée nationale)의 탄생을 선언하고 자신들의 의회야말로 정당성을 갖는다고 주장했다. 이 국민의회 수립에 당시 제1신분 대표 16명이 동조했다는 사실은 사태가 제3신분에게 유리하게 전개될 것임을 암시한다. 당연히, 왕은 제3신분의 정치적 움직임을 받아들이지 않았고, 국민의회 회의장을 폐쇄하는 것으로 대응했다. 하지만 국민의회는 회의장을 실내 테니스코트로 옮겨 회의를 이어나갔다. 6월 23일, 삼부회가 재개되었지만, 문제는 국왕의 논조가 달라진 것이 없었다는 사실이었다. 토론할 수 있는 사안과 없는 사안을 일방적으로 규정한 루이16세의 태도는 제3신분의 실망과 분노를 자아냈다. 국왕의 명을 받은 대신이 제3신분 대표들에게 국민의회의 불법성을 말하며 의원들의 퇴장을 종용했지만 국민의회 의원들은 저항했다. 국민의회는 국왕의 무력 대응에 대비해 국민방위대를 조직했다. 군사적 대결의 소문이 무성한 가운데, 파리의 민중들이 바스티유 감옥을 습격하는 사건이 벌어졌다. 1789년 7월 14일에 벌어진, 구체제의 상징적 장소를 공격한 이 사건을 계기로 전국적 차원에서 민중들이 참여하기 시작하면서 이제 혁명은 그 힘과 방향을 예측할 수 없는 운동이 되어 나갔다. 혁명세력은 모든 봉건적 유제의 청산을 알리는 1789년 8월 4일 법령에서 시작해 1789년 8월 26일의 '인권과 시민권 선언'(Déclaration des droits de l'homme et du citoyen)을 통해 프랑스혁명이 지향할 이념과 가치를 명확히 했다.[40]

새로운 정치, 새로운 사회를 향한 결의문과 선언문이 발표되고 전국에서 민중들의 봉기가 일어나고 있었지만, 구체제 세력은 지난 시절로 회귀할 것을 믿어 의심치 않았다. 1791년 6월에 일어난 바렌(Varennes) 사건이 대표적이다. 왕비의 고향 오스트리아에서 군대를 이

40 노명식, 『프랑스혁명에서 파리 꼼뮨까지: 1789–1871』, 까치, 1980, pp. 45–59.

끌고 혁명세력을 전복시킨다는 계획 하에 루이16세는 탈출을 감행했다. 하지만 그들은 바렌에서 국민방위대에게 체포되었다. 이 사건을 계기로 혁명세력은 온건파와 급진파로 나뉘게 된다. 온건파는 새로운 정치체제로 입헌군주제를 주장한 반면에, 급진파는 공화제를 대안으로 선택했다. 국왕의 존재를 부정하는 공화정의 수립은 이웃 나라들과의 전쟁을 초래할 수 있다는 생각과, 입헌군주제는 신뢰할 수 없는 국왕과의 정치적 타협을 의미한다는 생각이 부딪혔다. 온건파의 정치적 결정에 불만을 가지고 있던 급진세력은 1791년 7월, 샹드 막스 광장에서 루이16세의 폐위와 재판을 요구하는 시위를 벌였다. 하지만 물리적 힘에서 급진파를 압도하고 있던 온건파는 시위대를 잔인하게 학살하면서 자신들의 정치적 패권을 굳건히 했다. 그해 9월 3일, 온건파의 의지대로 입헌군주제 헌법이 제정되었고 입법의회(Assemblée législative)가 성립되었다.[41]

입법의회 아래 프랑스는 불안하고 혼란스러웠다. 대외적으로는 프로이센, 오스트리아와의 전쟁을 치러야 했고, 대내적으로는 경제와 재정 위기가 증대하고 있었으며, 반혁명세력의 위협도 상존하고 있었기 때문이다. 1792년 8월, 상뀔로트(Sans-Culotte)라는 이름으로 연대하고 있던 노동자, 농민, 빈민이 움직였다. 그들은 국왕이 감금되어 있던 뛸르리궁을 습격해 왕의 폐위와 재판을 요구하면서 국왕의 존재 자체를 무력화했다. 이른바 8월 10일의 봉기는 권력의 추가 온건파에서 급진파

41 미하엘 바그너, 「프랑스혁명(1789-1799)」, 피터 벤데, 권세훈 옮김, 『혁명의 역사』, 시아출판사, 2004, pp. 113-114.

쪽으로 빠르게 이동하는 국면을 만들게 된다. 나아가 이러한 민중 봉기를 통한 정치적 국면의 근본적 변화는 프랑스혁명의 과제가 단순히 공화국이 아니라 민주주의와 결합한 공화국의 건설로 구체화되는 것의 직접적 원인을 제공한다.[42] 1792년 9월 20일, 급진파 주도의 혁명세력에 의해 입법의회가 해산되고 국민공회(Convention nationale)가 수립되었다. 국민공회는 왕정의 폐지와 공화국 선포를 만장일치로 가결했다. 1792년 9월 20일 프랑스에는 공화국이 선포되었고, 그 이듬해 1월, 루이16세를 단두대에서 처형함으로써 이제 혁명 프랑스는 과거와는 완전히 단절된 새로운 정치공동체의 길로 나아가고 있었다.[43]

* * *

영국 시민혁명 과정에 대한 관찰과 관련해 주목해야 하는 사실은 17세기 중반부터 커피하우스가 영국 전역에 급속도로 보급되기 시작했다는 점이다. 이 커피하우스는 오락과 유희의 장소가 아니라, 공적 정보와 뉴스의 공급처이자 당대 지식인들의 지적 교류의 장이었다. 언론 출판의 자유에 힘입어 폭발적으로 증대하기 시작한 서적, 신문, 잡지, 팜플렛 등이 그곳으로 들어오면서 커피하우스는 지식 교류와 여론 형성의 핵심 무대로 기능했다.[44] 영국 정부가 커피하우스의 정치사회적

42 홍태영, 「프랑스 공화국과 공화주의의 탄생: 프랑스 혁명 전후 그 구성을 둘러싼 논의들」, 『한국정치연구』 제30집 2호, 2021, pp. 7–8.

43 바그너, 「프랑스혁명(1789–1799)」, pp. 114–115.

44 문지영, 「자유주의와 근대 민주주의 국가: 명예혁명의 정치사상」, 『한국정치학

위험성을 우려했던 이유는 그러한 맥락에서 인식된다.[45] 그렇게 보면, 영국에서 혁명이 발발하고 전개되는 데에는 커피하우스와 같은 문화적, 지적, 사상적 장소의 역할을 간과할 수 없을 것이다. 융거는『카페하우스의 문화사』(*Illustrierte Kultur geschichte des Kaffeehauses*)에서 "카페하우스는 그들에게 의견 교환의 장을 제공했을 뿐 아니라, 계급의식에 관한 여론 형성의 길을 터 주었고", "새로운 휴머니즘의 확대를 위한 우애를 매개하고", "그 시대의 사상과 정서를 접하는"[46] 장소로 기능했다고 이야기한다.

하지만 그것은 비단 영국에서만은 아니었다. 프랑스의 카페 또한 18세기 초부터 파리의 여기저기에 빠르게 늘기 시작했는데, 그 주요 무대는 팔레 루아얄 지역이었다. 왕궁이 베르사유로 옮겨간 뒤의 파리에는 카페가 개방적이고 진보적인 사상의 중심지로 움직이고 있었다.[47] 볼테르, 루소 등 당대 계몽 사상가들의 교류의 중심이었던 카페 프로코프와 카페 드 라 레장스 등을 대표적 예로 들 수 있다. 미국 혁명의 지도적 인물인 프랭클린(Benjamin Franklin)도 그곳의 주요한 인사였다. 식민지 미국에서도 카페는 17세기 후반부터 소개되기 시작해 보스턴과 같은 도시 곳곳을 채우고 있었고, 그곳에서 정치 회합이 열리고 당대 유럽의 계몽사상이 보급되었다.

회보』 45집 1호, 2011, p. 46.

45 위르겐 하버마스, 한승완 옮김,『공론장의 구조변동: 부르주아 사회의 한 범주에 관한 연구』, 나남, 2001, p. 137.

46 볼프강 융거,『카페하우스의 문화사』, 에디터, 2002, p. 66.

47 정동준,「프랑스대혁명과 파리의 카페들: 팔레 루아얄 지역을 중심으로」,『세계역사와 문화연구』 제57집, 2020.

그런데 프랑스의 경우, 사상의 자유로운 교환의 장으로서 부르주아 주택의 문화적 중심을 차지하고 있던 살롱에도 주목해야 한다. 가령, 조프랭 부인의 살롱에는 "볼테르, 루소, 돌바크, 엘베시우스는 물론, 탕생 부인의 단골손님이었던 퐁트네이유, 몽테스키외, 달랑베르, 갈리아니 등이 매주 수요일마다 모였고", "독일의 그림, 영국의 역사가 기번, 철학자 흄이 출입했다."[48] "18세기의 위대한 문필가들 중 이러한 담론으로, 즉 아카데미에서의 강연과 무엇보다도 살롱에서의 담론으로 자신의 기본 생각을 토론에 부치지 않았던 사람은 거의 없었고", 살롱에서는 "예술작품과 문학작품에서 발화된 논의가 곧 경제논쟁과 정치논쟁으로 확장되었다"[49]는 하버마스의 입론에 비추어보면, 당대의 살롱이 얼마나 강력한 정신적 근대성을 만들어내고 있었는가를 명확히 느끼게 된다.

살롱과 커피하우스 등이 당대 지식인들과 정치가들에게 시민혁명의 이념적 추동력인 계몽사상을 보급하고 확산하는 문화적, 정치적 장소로 기능했다는 이야기다.[50] 그리하여 그곳은 정치권력이 두려워하는 여론을 만들고, 새로운 정치사회 원리를 사유하고 토론하면서 시민혁명의 실천을 위한 거점이 되어갔다.

근대 시민혁명은 물리력 동원의 과정이었지만, 그것은 단순히 기존의 질서를 공격하고 해체하는 길만은 아니었다. 혁명의 가치와 이념 그리고 그 지향을 응축하는 여러 선언들이 혁명과정을 이끌어갔고, 그 선언들은 모두 당대 계몽사상이 지닌 보편적 이념과 가치의 언어적 구현이

48 서정복, 『살롱문화』, 살림, 2003, p. 38.

49 하버마스, 『공론장의 구조변동: 부르주아 사회의 한 범주에 관한 연구』, p. 103.

50 정동준, 「프랑스대혁명과 파리의 카페들: 팔레 루아얄 지역을 중심으로」, p. 358.

었다. 아래는 그것이 응축된 1776년에 발표된 '버지니아 권리장전'이다.

> 모든 인간은 본성상 그 자유로움과 독립성에서 평등하고, 국가나 사회 구성원이 될 때라도 어떠한 계약에 의해서도 대대손손 박탈당할 수 없는 태생적 권리를 지니고 있다. 이름하여 사적 재산을 획득하고 소유하며, 행복과 안전을 추구하고 확보할 수단을 통해 삶과 자유를 향유하는 권리다(제1조). 모든 권력은 인민에 귀속되어 있고 그러한 연유로 인민으로부터 유래한다. 당국은 인민의 수탁자이자 하인이며 언제나 그들에 복종해야 한다(제2조).

자유, 독립, 평등, 권리, 사적 소유권과 같은 가치가 인간 삶과 사회 구성의 핵심적 원리이며, 모든 인간 존재들에 적용되어야 할 보편적 가치임을, 국민주권설 혹은 인민주권설이 국가와 정치운영의 원칙임을 명백히 밝힌 근대 민주주의 선언이다. 프랑스혁명이 출발하는 1789년에 공표된 '인간과 시민의 권리선언'은 "국민의회를 구성하고 있는 프랑스 인민의 대표들은 인간의 여러 권리들에 대한 무지, 망각 또는 멸시가 공공의 불행과 정부의 부패에 대한 유일한 원인들이라고 간주하여 엄숙한 선언을 통해 자연적이고 양도할 수 없으며 신성한 인간의 권리들을 제시하기로 결의하였다"는 서문 아래 자유와 권리의 평등이 인간의 태생적 속성임(제1조)을, 자유, 소유권, 안전, 저항권 등 인간의 권리들을 지키는 것이 정치적 결사의 궁극적 목적임(제2조)을, 국민이 주권의 소유자임(제3조)을 밝히고 있다. 명예혁명이 종결된 이후 선포된 권리장전은 의회 내 정치적 발언과 토론의 자유, 사법, 조세, 무력행사 등 주요한 국가적 결정에 대해 의회가 개입할 수 있는 권리, 자기방위를 위한 인민들의 무력사용권, 군주에 대한 정치적 불만을 표현할 권리 등을 보장하고 있다.

근대 시민혁명의 이념적 본질인 이 선언문들을 채우고 있는 정치언어들은 버크의 주장처럼 정치 공동체의 전통, 관습과 같은 경험에 기초하지 않은, '선험적'인 것이다. 그러한 언어적 가치들은 정치적 현실 속에서는 존재한 적이 없던, 보편적 사유의 결과물임을 의미한다. 자연법이라는 정치적 이성에 입각한 계몽주의의 인간들은 당대의 정치사회적 현실에 근거해 더 나은 정치사회를 향해 나아가는 것이 아니라 가장 합리적이고 이상적인 언어적 유토피아를 기준으로 현실을 근원적으로 재탄생시키고자 했다. 그 유토피아는 "우주적 질서나 신의 이성으로부터가 아니라, 오로지 인간 자신의 속성, 즉 인간의 이성으로부터 근거 지어진"[51] 것이었다.

인간 외부의 질서가 아니라 인간 이성 속에 관념으로 축조된 새로운 정치공동체의 형식과 내용은 반드시 현실 속에서 구현되어야 했고, 그 점에서 계몽주의적 주체가 혁명의 주체가 되어야 했던 것은 논리적 필연이었다. 계몽주의적 믿음과 혁명의 선언문은 이제 새로운 정치공동체의 법적, 제도적 양식이 되는데, 그것을 우리는 '국민국가' 또는 '민족국가'(nation-state)라고 부른다. 혁명의 선언문이 표방하는 가치들을 체현하고 있는 집합적 존재인 국민(민족)이 이제 정치적 피지배의 위치를 벗어나 국가주권체가 되는 전례 없는 정치공동체의 주체가 되기 시작한다.

51 박은정, 『자연법 사상: 실천을 위한 보편이론』, 민음사, 1987, p. 46.

7장

제국주의적 근대, 해방에서 패권으로

7장

제국주의적 근대, 해방에서 패권으로

1. 지배의 욕망체가 된 근대 주체

정치혁명을 통해 국민국가를 태동시킨 근대의 정치적 주체는 산업혁명이라는 경제적 근대화 운동을 통해 또 하나의 유토피아를 지향한다. 근대 민주주의를 향한 정치혁명에서와 마찬가지로 그 출발은 영국이었다. 산업혁명이 영국에서 최초로 일어나게 된 물리적 동인은 매우 복합적이다.

영국의 인구는 18세기 초·중반 완만하게 늘어나다가 이후 빠르게 증가하기 시작했다. 잉글랜드의 경우 1700년 약 5백만 명에서, 1730년 550만 명, 1801년 860만 명으로 급속히 늘어났다.[1] 증가하는 인구를 유지하기 위해서는 무엇보다 식량 증대가 필수적이었고 그것은 곧

1 김대륜, 「산업혁명과 자본주의」, 박윤덕, 『서양사 강좌』, 아카넷, 2016, p. 338.

농업생산성의 향상을 필요로 했다. 그러한 요구 속에서 영국의 농업은 자급자족적 형태에서 지역적 전문화와 분화의 형태로 이행하기 시작했다. 자신들의 지역적 조건에서 최적의 생산을 할 수 있는 작물에 집중하고 다른 작물들은 타 지역에서 수입하는 방식이었다. 이와 같은 지역적 분업은 영국의 농업이 상업적 농업으로 전환되는 데 결정적인 요인으로 작용했다. 그러니까 이윤 확보가 농산물 생산의 일차적 목적이 되는 형태로의 전환이었다. 영국에는 막강한 자본력을 지닌 자본가들이 폭넓게 형성되어 있었다. 농업의 상업화 움직임을 주도한 요먼리(yeomanry)로 불리는 계층은 영국의 전통적인 토지 이용법을 근본적으로 바꾸어내는 데 주력했다. 말하자면 개방경지제도 아래에서 분산되어 있던 자신의 토지들을 교환과 매매를 통해 한 곳으로 모으면서 토지에 대한 배타적 권리를 확보하는 효율성의 원리를 따라 상업적 이윤 추구를 위한 농업의 물적 토대를 구축해나갔다.

이처럼 상업적 농업을 위해 토지 소유가 특정 계층으로 집중되고, 목초지 전환으로 인해 농민들이 토지로부터 쫓겨나는 이른바 농민층 분해 현상이 발생함에 따라 이들은 자본주의 성장을 위한 임금 노동자가 될 운명에 놓이게 된다.[2] 한편, 인구가 증가하면서 땔감에 대한 수요 증대에 따라 목재 가격이 상승하게 되고 경작지 확대로 삼림이 축소되면서 대안적 에너지원에 대한 수요가 증가하고 있었다. 그것은 당시 영국에 풍부했던 석탄에 대한 관심으로 나타났다. 석탄은 나무에 비해

2 차명수, 「산업혁명」, 배영수 편, 『서양사 강의』, 한울 아카데미, 1992, pp. 253–260.

매우 효율적인 에너지원이라는 점에서 충분한 대체재가 될 자원이었다. 하지만 이 석탄은 단순히 일상에만 활용될 에너지의 차원을 넘어 산업혁명의 길을 열어주는 결정적인 전환점이 되었는데, 산업혁명의 동력이 되는 증기기관의 발명과 밀접한 연관을 갖는다는 의미에서다.[3]

이처럼 대자본가의 형성, 임금 노동자의 증대, 석탄의 대규모 활용과 같은 경제적·물질적 변화들은 영국 경제의 중심이 농업에서 공업으로 전환되는 상황과 연결되면서 본격적으로 산업혁명의 시대를 만들어나갔다. 18세기 후반부터 영국에서는 교통 운송, 면직업, 제철업 등을 중심으로 공업화가 진행되었다. 교통운송은 새로운 에너지원인 석탄을 효과적으로 실어 나르는 데 매우 중요한 기반이었다. 영국에서 면직업이 발달하게 된 직접적 이유는 인도산 면제품 수입 금지와 관련된다. 인도산 면제품에 대한 수요가 증대하자, 영국의 관련 업자들이 의회에 압력을 행사해 인도산 면제품 수입 금지를 요청했다.[4] 이렇게 성장하기 시작한 영국의 면직업은 방적기를 사용하는 기계제 생산을 통해 비약적으로 발전해나갔고, 이후 증기기관을 동력으로 사용함으로써 생산능력을 한층 더 상승시킨다. 제철업의 경우, 철광석 용해에 숯을 사용하는 전통 방식으로부터 석탄을 활용하는 방식으로 전환하면서 빠르게 성장해나갈 수 있었다. 이렇게 석탄을 원료로 하는 증기기관 중심의 공장제 생산 방식은 영국에서 18세기 후반을 기점으로 다양한 부문으로 확대되어 나갔다.[5] 우리는 그것을 산업혁명이라 부른다. 본질적

3 차명수, 「산업혁명」, pp. 261–262.

4 김대륜, 「산업혁명과 자본주의」, p. 340.

5 차명수, 「산업혁명」, p. 269.

인 차원에서 그것이 혁명인 이유는 생산의 동력이 인간 노동이 아니라 기계의 힘으로 바뀌었다는 데서 찾아야 한다. 기계는 질병, 피로, 나태처럼 생산성 저하를 초래하는 인간적 요인들을 염려할 필요가 없는, 무한 생산을 가능하게 하는 동력이었다.

주변 국가들은 전문가들을 파견해, 물질적 풍요와 대외적 영향력을 누리면서 강대국으로 성장하고 있는 영국이 이룩한 산업혁명의 눈부신 성과와 기반과 동력을 배워 오게 했다. 19세기 중반에 이르게 되면서 프랑스, 독일, 미국 등 서구 국가들은 자신들의 물적, 제도적 조건의 특수성을 따라 산업화에 박차를 가했다. 산업혁명의 서구적 확산이 시작된 것이다. 이제 서구는 산업자본주의로 불리는 새로운 경제체제 속에서 글자 그대로 혁명적인 변화를 경험해나가고 있었다.

서구는 산업화에 필요한 인력과 자원을 실어 나르기 위한 기반 시설인 철도 부설에 온 힘을 쏟았다. 철도는 단순히 경제적 차원을 넘어 정치적 근대로 이룩된 국민국가의 내적인 결속을 만들고, 대외적 힘과 위상을 드러내는 정치적 차원과도 연결되어 있었다. 그리고 이 철도망의 확산은 사람들의 활발한 이동을 촉진하면서 새로운 삶의 양식을 만들어냈다. 친밀성에 기반을 두는 농촌 공동체가 해체되었고 이질성과 익명성에 기초하는 대도시가 형성되었다. 산업화가 추동하는 대도시에는 다양한 사람들이 모여 들면서 다채로운 문화적 취향과 소비양식이 범람하는 대중사회가 형성되었다. 하지만 그곳은 결코 평화로운 곳은 아니었다. 남성보통선거권 도입이 말해주고 있듯이, 부르주아 이외의 계급들도 정치적 권리를 부여받으면서 대도시는 정치적 주장이 대결하는 곳이기도 했고, 자본과 노동의 계급 갈등이 강력하게 표출되는 곳이기도 했다. 앞서 살펴본 것처럼, 19세기 중반부터 가속화된 이와 같은 총체적 변화의 전례없음은 사회학이라는 새로운 지식을 필요로 했고, 자본주의적 착취에서 초래되는 계급갈등을 넘어설 새로운 공동체를 향한 지적·실천적 노력으로 사회주의에 대한 상상을 확산시켰다.

19세기 중반에 조형된 유럽의 산업사회는 두 가지 차원에서 과거와의 근본적 단절을 경험했다. 첫째, 토지와 자연의 리듬이 부과해온 물리적 제약으로부터의 해방을 경험했다. 토지 대신 공장이 서고, 석탄이라는 무한정 공급이 가능한 에너지원으로 기계가 운동하면서 이제 서구사회는 자연적 제약을 넘어 거대한 인공의 세계 속에서 물질적 풍요로움을 충족할 수 있게 되었다. 마르크스(Karl H. Marx)와 같은 사상가가 서구 산업사회의 물질적 생산력을 통한 이상적인 사회의 물적 조건을 전망한 것은 그러한 상황과 무관하지 않다. 둘째, 산업화의 터전인 대도시에는 정치적 권리, 경제적 혜택, 문화적 소비를 향유할 사람들의 유입이 이어졌다. 여전히 불평등이 온존하고 있었지만, 그와 같은 대상들이 더 이상 특권적 집단들의 배타적인 소유물이거나 향유물이 아닌 시대로 진입하고 있었다. 정치적, 경제적, 문화적 민주주의를 향한 변화가 가시화되고 있었다. 하버마스가 이야기한 것처럼, 서구 부르주아가 주체가 되어 태동시킨 근대성은 원리적으로 볼 때, 모든 권리와 혜택의 보편성을 지향하는 이념이었다. 그 점에서 부르주아 이외의 계층들이 주장한 대도시 내 정치적, 경제적, 문화적 권리와 혜택의 보편주의와 민주주의는 거부될 수 없는 것이었다. 이러한 과정 속에서, 19세기의 서구사회는 물질적 해방, 신분적 해방이라는 유토피아의 믿음으로 채워지고 있었다.

이상적 사회의 실현에 대한 서구의 희망은 명백히 산업혁명으로 불리는 물질적 생산력 진화의 결과물이다. 하지만 그러한 가시적인 요인의 이면에는 서구적 주체의식의 형성에 관여한 역사적 계기들인 자연과학혁명과 계몽사상의 이념과 같은 보다 심층적인 변화의 원리가 내재되어 있었다는 사실에 주목해야 한다. 자연과학혁명은 인간과 자연의 관계에서 과거와 근본적으로 상이한 관점을 제공했다. 자연은 유기적 또는 신적 실체이기를 멈추고, 인간의 합리적 사고에 의해 파악되어야 하는, 물리학적 법칙이 적용되는 대상세계로 이해되었다. 즉 자연은 이제 합리적 주체의 지배 대상으로 간주되었다. 우리는 하이데거(Martin Heidegger)의 풍차와 채굴기계의 비유를 통해 그 근대적 시각에 접근해볼 수 있다.

> 풍차의 날개는 바람의 힘으로 돌아가며 바람에 전적으로 직접 자신을 내맡기고 있다. 풍차는 기류의 에너지를 저장하기 위해 개발된 것이 아니다. 이와 달리 우리는 석탄과 광석을 캐내기 위해 어느 한 지역을 도발적으로 굴착한다. 지구는 이제 한낱 채탄장으로, 대지는 한낱 저장고로 탈 은폐될 뿐이다.[6]

하이데거는 근대가 표방한 자연에 대한 인식과 실천을 "닦아세움"이라는 개념으로 설명한다. 그것은 자연의 고유한 리듬을 인정하지 않

6 마르틴 하이데거, 이기상 옮김, 『기술과 전향』, 서광사, 1993, p. 41.

고, 인간적 필요에 부합하는 것을 끌어내기 위한 대상적 세계로 바라보고 이용한다는 것이다.[7]

한편, 명예혁명의 결과로 제도적 정당화를 온전히 확보한 재산권이 영국 산업혁명의 기초적 동력이었다는 사실이 말해주듯이, 서구의 산업화가 성공적으로 전개된 데에는 인간과 사회 구성의 이상적인 가치와 이념을 제시한 계몽사상을 언급하지 않을 수 없다. 자본주의 경제 체제는 자유롭고 평등한 개인, 소유권, 그리고 계약과 같은 개념들 위에서 확립되었다. 자본주의는 제약 없이 자유롭게 이동할 수 있는 노동력을 통해 움직이는 체제이므로 토지와 신분에 구속된 노동력과는 양립할 수 없다. 또한, 자본주의 형식은 노동자들을 그들의 사회적 특수성과는 무관하게 균일하고 등질적인 존재로 취급한다. 모든 노동력이 화폐로 전환된다는 사실이 그 점을 잘 보여준다. 아울러, 로크가 주창한 소유권의 신성성에 기초하고 있는 자본주의 경제는 자본가와 노동자의 계약을 통해서 작용하는 체제이다. 그것은 실질적으로는 그렇지 않더라도 적어도 법률적인 차원에서 자유롭고 평등한 두 주체 간에 성립하는 계약이다.

이처럼 산업사회 형성을 서구 근대성 원리와의 연결선상에서 바라본다면, 19세기 서구가 이룩한 미증유의 성과는 중세를 지나 르네상스에서 출발해 여러 역사적 계기와 사건과 사유를 거치면서 형성된 근대적 주체의식의 소산으로 해석될 법하다. 바로 그 지점에서 서구는 자신들이 잉태하고 성장시킨 근대적 주체를 찬미하지 않을 수 없었을 것

7 하이데거, 『기술과 전향』, p. 41.

이다. 서구 문명의 진보를 이룩한 궁극적 원리를 내재하고 있는 실체인 근대적 주체에 대한 자기 확신과 신뢰는 곧 그 주체가 서구의 영토를 넘어 지배와 폭력의 존재로 변신할 운명을 맞는다. 제국주의는 그러한 운명의 비극적 발현이었다.

1866년, 도이치 연방을 이끌던 프로이센과 오스트리아 두 나라는 근대 통일국가 형성을 위한 기획에서 서로 상반되는 입장을 취하고 있었다. 프로이센은 자신이 주도하는 북도이치 민족국가를 수립하고자 했던 반면에, 오스트리아는 자신이 주도권을 갖는 보다 큰 규모의 도이치 민족국가를 세운다는 비전을 피력했다. 결국 두 강대국은 통일 국가의 주도권을 놓고 전쟁을 벌여야했고, 승리는 프로이센에게 돌아갔다. 이 전쟁에서 승리한 프로이센은 주변의 여러 지역과 자유도시를 자국에 편입하면서 총 23개 연방의 도이치 국가를 구성했다. 또한 남쪽 지역 4개 나라들이 프로이센과 군사동맹 그리고 관세동맹을 맺으면서 프로이센의 군사적, 경제적 영향력이 급속하게 증대했다. 도이치 연방의 주도국 프로이센은 통일국가 건설을 위한 다음 단계로 프랑스와의 전쟁을 준비하고 있었다. 프랑스와의 전쟁 승리는 통일국가 수립과 관련해 두 가지 점에서 매우 중요한 의미를 갖는데, 첫째, 프랑스의 정치적 영향력 아래 놓여 있던 도이치 남부의 소국들을 점령함으로써 강대한 국가의 기반을 닦을 수 있고, 둘째, 나폴레옹 제국에 대한 잊을 수 없는 분노와 복수심을 갖고 있던 도이치 사람들의 민족주의를 불러일으킴으로써 도이치 민족주의를 바탕으로 하는 견고한 통일 국가를 수립할 수 있다는 의미가 그것이었다.

> 대 프랑스 전쟁이 최초의 진짜 도이치 민족전쟁이 되었다. 그리고 민족주의 의식에서는 이 전쟁의 결과 나타난 북도이치 연방의 확장이야말로 진짜 '제국 건설'인 것이다. 1870년에 도이치 민족주의 운동은 나폴레옹 시대 원래의 기원과 결합되었다. 다시 프랑스에 맞서고, 다시 나폴레옹 황제에 맞서게 되었으니, 프로이센, 북도이칠란트, 심지어는 남도이칠란트의 민족주의자들조차 1870년의 프랑스 전쟁을 19세기 처음 10년 동안 나폴레옹이 행한 정복 전쟁에 대한 복수라고 느꼈던 것이다. 19세기 초의 민족적 자부심과 프랑스에 대한 증오가 갑작스럽게 모조리 다시 나타났다.[8]

그 결정적 기회는 1870년 7월에 찾아왔다. 공석 중인 스페인 국왕에 프로이센 호헨촐레른 가 레오폴드 공이 즉위할 가능성이 높다는 소식이 전해지면서 프랑스는 충격에 빠졌다. 양쪽 국경 모두에서 프로이센의 견제와 압력을 우려하지 않을 수 없었기 때문이다. 프랑스는 레오폴드의 국왕 즉위 철회를 프로이센에 요구했고 프로이센은 이를 수용했다. 하지만 프랑스는 이후에도 호헨촐레른 가가 스페인 왕위를 차지하지 않는다는 약속을 강요했는데 프로이센은 이를 거부했다. 이 문제에 관련된 외교적 갈등으로 두 나라 사이의 적대감이 커지기 시작했고, 급기야 프랑스의 선전포고로 전쟁이 발발했다. 오스트리아와의 전쟁 승리를 통해 강대국으로 성장하며 빠르게 산업화와 군사적 근대화를 실현해 나간 프로이센을 프랑스는 이길 수 없었다. 이 전쟁으로 프랑스의 제2제국은 붕괴했고, 도이치 지역에는 독일제국이 수립되었다.

8 제바스티안 하프너, 안인희 옮김, 『비스마르크에서 히틀러까지』, 돌베개, 2016, p. 48.

홉스봄(Eric Hobsbawm)은 『1780년 이후의 민족과 민족주의』(*Nations and Nationalism since 1780*)에서 1870년 이후 민족과 민족주의 개념의 근본적 변화가 일어났다고 주장했다. 1870년은 프랑스와 프로이센의 전쟁이 일어난 해이자 독일 제국이 탄생한 해다. 홉스봄은 "민족적 애국주의"(national patriotism)와 같이 대다수 인간의 실제 경험과 동떨어진 개념이 왜 그리고 어떻게 그토록 빨리, 그처럼 정치적 힘이 될 수 있었는가[9]라고 물었는데, 프랑스-프로이센 전쟁은 그러한 민족적 애국주의 발현의 강력한 양상이었다. 유럽에서 강력한 절대주의 국가를 확립한 뒤에 나폴레옹 제국을 통해 유럽의 강대국으로 군림해온 프랑스와, 프랑스 제국의 군사적 공격 아래 고통 받던 도이치인들이 민족국가 수립의 열정 속에서 프로이센을 중심으로 태동시킨 신흥 강국 독일과의 전면적 군사 대결이야말로 애국주의와 결합한 민족주의라는 새로운 국면을 열어준 결정적 계기였다고 말할 수 있다.

1882년, 프랑스의 인문학자 르낭(Ernest Renan)은 파리에서 민족을 주제로 강연했다. 르낭이 민족 개념에 관심을 갖게 된 것은 1870년 프랑스-프로이센 전쟁이 직접적인 계기였다. 그는 그 굴욕적 전쟁에 대한 해석을 바탕으로 그해 9월, 「프랑스와 독일의 전쟁」이라는 논설을 실었다. 그 글의 핵심은 "독일의 역사적 발전 법칙은 프랑스와 전혀 닮지 않았다"[10]는 명제에 있었다. 그 입론은 그로부터 12년 뒤인 1882년에 '민족이란 무엇인가'라는 소르본 대학에서의 연설로 이어졌다. 연설

9 에릭 홉스봄, 강명세 옮김, 『1780년 이후의 민족과 민족주의』, 창작과비평사, 1994, p. 68.

10 E. 르낭, 신행선 옮김, 『민족이란 무엇인가』, 책세상, 2012, p. 18.

에서 르낭은 민족(nation)을 종족(ethnic)과 혼동해서는 안 된다고 역설했다. 민족이란 종족도 아니며 언어와 지리를 공유한다고 해서 민족이 형성되는 것도 아니라고 주장했다. 나중에 다시 보겠지만, 종족을 민족 개념과 동일시하고 민족이 언어와 지리를 기반으로 탄생한다는 생각은 피히테가 나폴레옹 제국의 위협에 맞서 '독일국민에게 고함'이라는 연설을 하면서 형성된 독일 민족주의의 근원적 아이디어였는데, 그 점에서 르낭의 연설은 1870년 전쟁 패배에 따른 독일에 대한 적대감이 엿보이는 것으로 해석된다. 르낭에게서 민족 원리의 본질은 종족적 동일성이 아니라 근대 이념과 사상을 공유하는 사람들의 집합이라는 데 있었다.

정치적 근대는 공동체와 국가 구성에서 새로운 원리를 조형한 시대였다. 왕가의 혈연 원리, 그리고 자신이 태어난 장소로서 고향(country)과 같은 원리를 토대로 정치적 공동체를 구성하고 유지해간, 그 점에서 이중적 원리에 터하고 있던 전 근대와는 달리, 근대는 민족이라고 불리는 단일의 원칙을 만들어냈다. 영국의 정치가 샤프츠베리 백작은 민족 개념의 원리에 대한 선구적인 사상을 펼친 바 있다. 백작은 사랑하고 헌신해야 할 땅의 대상으로서 컨트리와 파트리아(patria)를 구분했다. 그에게서 진정한 사랑과 헌신의 대상이 되는 터전은 컨트리가 아니라 파트리아였다. 바로 거기서 샤프츠베리의 사유는 전 근대와 갈라진다. 파트리아는 컨트리처럼 혈연과 지리의 공동체가 아니라 자유, 평등, 공동선, 공공 가치 등을 실현하기 위해 상호동의의 원리로 묶인 이념의 공동체를 의미하기 때문이다.[11] 그 파트리아에 속한 사람들이 민족이었

11 Shaftesbury, *Characteristics of Men, Manners, Opinions, Times*, Lawrence E.

다. 그 점에서 민족은 종족으로 구성된 전통적인 결속체와 본질적으로 다르다. 민족은 자연적이고 운명적인 결합이 아니라 정치적 의지와 가치로 연결된 사람들의 집합이다.

홉스봄은 "민족의 일차적 의미, 그리고 관련 문헌에서 가장 빈번히 등장하는 의미는 정치적인 것이었다. 그 의미는 인민(people)과 국가를 미국 및 프랑스혁명의 방식대로 등식화했다"[12]고 말했다. 근대적 가치와 이념의 응축체로서 이 민족 개념은 시민혁명의 동력이자 그 결과물이었다. 민족은 근대적인 가치와 이념을 따르는 이들의 결합이라는 동질성 위에서, 절대군주에 맞서 싸우는 영국인들을 통합했고, 영국 절대주의와의 대결을 통해 공화국이라는 근대적 정치공동체를 수립하려는 아메리카 식민지인들을 묶어냈고, 군주권력과 가톨릭 권력으로 구성된 구체제에 저항했던 프랑스인들을 결합했다. 민족은 시민집단 또는 주권을 가진 인민집단으로 이해되었고, 그들로 구성되는 정치공동체가 바로 근대국가로서 민족국가였다.[13]

이러한 논의 맥락은 민족이란 본래 진보적 성격을 본질로 하는 개념임을 인식하게 한다.[14] 말하자면 민족은 전 근대적 지배에 대한 부정이었고, 전통과 관습의 이름으로 정당화되어 온 모든 권위에 대한 도

Klein(ed.), Cambridge University Press, 1999, pp. 399–402; 조승래, 「18세기 영국의 애국주의 담론과 국민적 정체성의 형성」, 한국서양사학회 편, 『서양에서의 민족과 민족주의』, 까치, 1999, pp. 59–60.

12 홉스봄, 『1780년 이후의 민족과 민족주의』, p. 35.

13 홉스봄, 『1780년 이후의 민족과 민족주의』, pp. 35–36.

14 하상복, 「한국의 민주화와 민족주의 이념의 정치{1945–1987}」, 『동아연구』 49(49), 2005, p. 202.

전이었다. 민족에는 당대 급진적 이념이었던 자유주의 원리들이 구현되어 있었다. 그러나 진보적 이념으로서 민족의 본래적 의미는 19세기 초반부터 중대한 의미의 전환점을 만난다. 아래 입론이 그 점을 말해주고 있다.

> 그럼에도 모든 민족주의적 함의에서 프랑스혁명과 미국혁명은 세계주의적이고 보편적인 운동의 양상을 상당부분 보이고 있었다. (그러나 – 필자) 명백히 세계주의에 대립하는 힘으로서 민족주의가 나폴레옹에 대한 저항의 시기들이 지속되면서 그 모습을 처음으로 드러내기 시작했다.[15]

프랑스 나폴레옹 제국의 군사적 패권은 유럽을 공포에 떨게 했고 프랑스에 대한 적대감을 만들었다. 그러한 감정들은 자연스럽게 프랑스에 맞설 통일국가 건설의 열망으로 이어졌다. 벨기에와 이탈리아가 그러한 움직임을 보였지만, 오히려 그 정치적 열정은 나폴레옹의 군사적 공격으로 인해 신성로마제국의 실질적 해체를 경험해야 했던 도이치 지역의 국가들에게 더 강렬하게 만들어졌다. 그 인상적인 움직임을 프로이센의 철학교수 피히테(J. G. Fichte)에게서 만날 수 있다. 피히테는 1807년 겨울부터 총 14번에 걸쳐 베를린 아카데미에서 '독일국민에게 고함'이란 주제로 연설했다. 그는 강연의 마지막에서 이렇게 말했다.

> 이번으로 끝나는 이 강연은 당장은 여러분에게 호소하는 것이

15 I. F. Kramnick & M. Watkins, *The Age of Ideology: political thought, 1750 to the present*, Prentice–Hall Inc., 1979, p. 35.

지만 사실은 독일 국민 전체를 염두에 두었으며, 이 강연의 의도는 독일어가 사용되는 모든 지역에서 독일어를 이해하는 모든 사람들을 여러분이 지금 호흡하고 있는 이 공간으로 불러 모으려는 것입니다. [……] 나는 공통의 기반인 조국을 바탕으로 같은 심정과 같은 결의를 가진 사람들을 그 사람 곁에 모으고 그의 가슴에 연결시켜 먼 변방으로부터 그 중심에 이르기까지 조국의 전 영토가 조국에 대한 생각이라는 단 하나의 활활 타오르는 단결의 불꽃으로 불타오르기를 바라는 것입니다.[16]

도이치인들의 위대함과 영광을 보여주는 역사적 정체성으로서 신성로마제국이 해체되는 것을, 나폴레옹에 맞서 싸우려 한 대가로 도시들이 처참하게 무너지는 모습과 굴욕적인 강화조약이 체결되는 것을 속수무책으로 바라보아야 했던 도이치 사람들에게 지식인의 민족주의 호소는 그들이 따라야 할 정치적 유토피아가 아닐 수 없었다. 프로이센이 주도한 독일 제국 건설의 핵심 원리는 피히테가 주창한 언어적 동질성으로서의 민족이었다. 피히테는 민족이란 "발성 기관에 미치는 동일한 외적 영향 밑에서 공동생활을 하며 계속적인 의사소통을 통해 언어를 발달시키는 사람들"인 바, "인간의 순수한 언어는 그 민족의 첫소리로 울려나왔을 때 처음으로 그 민족의 기관과 합치"[17]한다고 주장했다. 피히테는 오랜 역사적 뿌리를 갖는 언어를 공유하는 이들을 민족(volk)으로 불렀고 그러한 언어 공동체 위에서 정치공동체를 수립해야 한다고 역설했다. 독일 지역에서 민족주의 의지가 확산하기 시작했다. 이러

16 요한 G. 피히테, 황문수 역, 『독일국민에게 고함』, 범우사, 1994, p. 229.

17 피히테, 『독일국민에게 고함』, p. 64.

한 피히테의 민족주의 기획은 프로이센의 탁월한 정치가 비스마르크(Otto von Bismark)에 의해 1871년 독일 제국으로 구현되었다.

프랑스에 대한 전쟁 승리와 독일 제국의 수립은 민족주의 운동과 관련해 중대한 의미를 지닌다. 시민혁명의 주도적 이념으로서 민족과 민족주의는 1870년의 정치군사적 국면을 지나면서 점차적으로 적대적 경쟁 개념으로 바뀌었다. 이제 민족주의는 다른 민족 공동체에 맞서 자민족 공동체의 이익을 지키고 키우는 배타적, 대결적 개념으로 전환되어 나갔다. "유럽에서는 의심할 나위 없이 민족주의 운동의 수가 1870년대를 기점으로 엄청나게 증가했다"[18]는 홉스봄의 역사학적 명제는 이러한 변화 속에서 이해될 수 있다.

시민혁명에서 발원하는 자유주의 정체성의 축과, 프랑스 제국에 대한 적대와 증오의 반작용으로 성립한 종족주의 정체성의 축을 따라 운동해간 상이한 민족주의는 유럽의 여러 지역으로 확산되어 나갔다. 유럽의 많은 나라들이 구성원들의 민족적 정체성 만들기 경쟁에 돌입했다는 점이 그 사실을 잘 보여준다. 『만들어진 전통』(*The Invention of Tradition*)에서 홉스봄과 동료들은 19세기 후반의 정치를 "민족 차원의 정치"로 규정하고 각 국가들이 행정제도, 법률체계, 교육과 같은 부문은 물론, 일상의 차원에서 문화적 상징의 제조와 동원을 통해 민족주의 정체성 형성의 경쟁적 과정을 어떻게 따라갔는지를 흥미롭게 보여주고 있다. "농부들에서 프랑스인들로 변형시켰다"[19]는 표현이 말해주는

18 에릭 홉스봄, 김동택 옮김, 『혁명의 시대』, 한길사, 1998, p. 287.

19 에릭 홉스봄 외, 박지향 · 장문석 옮김, 『만들어진 전통』, 휴머니스트, 2004, p. 948.

것처럼, 19세기 후반 이후 유럽 역사는 전통적, 종족적 정체성을 민족이라는 근대적 정체성으로 전환하는 실천의 과정이었다. 이 역사적 시간에 접어들면서 유럽은 민족주의 이익의 극대화, 민족주의 정서의 분출이 만들어가는 배타적인 정치로 채워지기 시작했다.

19세기 말, 프랑스 사회를 심각한 내적 대결과 갈등 국면으로 몰고 간 '드레퓌스 스캔들'(Drefuys scandal) 은 배타적 민족주의의 극단성을 보여주는 드라마틱한 사례다. 20세기를 앞둔 1894년, 프랑스 육군 대위 드레퓌스가 독일대사관에 군사정보를 넘겼다는 혐의로 군사재판에 회부되었다. 그는 국가반역죄로 종신형에 처해졌다. 그를 기소하고 재판한 군부는 사실상 그의 유죄를 확증할 증거를 갖고 있지 못했음에도 그에게 종신형이라는 중형을 선고했다. 스캔들이 일어났을 당시 프랑스에는 독일에 대한 적대감은 말할 것도 없고 유대인에 대한 증오가 빠르게 확산되고 있었다. 드레퓌스의 종신형 판결은 그러한 적대적 민족주의와 국가주의에 편승한 광신적 우익 여론과 무관할 수 없었다. 드레퓌스가 진범이 아니라는 정보와 정황 증거들을 파악한 가족과 진보적 지식인들의 진실규명운동이 있었지만 국가주의와 민족주의에 사로잡힌 군부와 우익 세력의 저항에 부딪혀 성과를 내지 못했다. 그러나 1898년 작가 졸라(Emile Zola)가 진보적 언론 「여명」(L'Aurore)지에 「나는 고발한다」(J'accuse)라는, 대통령에게 보내는 서간문 형식의 기고문을 게재하면서 상황이 급반전했다. 사건 조작을 통해 무고한 군인을 유죄판결로 몰고 간 군부를 고발한다는 지식인의 목소리는 프랑스 사회를 드레퓌스파와 반 드레퓌스파로 분열시켰다. 결국 정부가 재심을 결정하면서 1899년 재판이 열렸지만 드레퓌스는 유죄 판결을 받았다. 이후 그는 대통령 특사로 석방되었고, 무죄 확인을 위한 투쟁을 지속한 끝에 1906년 최종적으로 무죄판결을 받아 명예를 회복할 수 있었다.[20]

프랑스에서 광신적인 극우 민족주의가 인권과 양심과 진실의 가치를 훼손하는 그 시간, 대서양 건너 미국에서도 배타적 민족주의 열정이 분출하고 있었다. 1898년 2월, 쿠바 아바나 항에 정박 중이던 미국 전함 메인호가 폭발해 승선한 군인 260명 이상이 사망하는 사건이 발생했다. 그 충격적인 폭발 사건이 일어난 시점은 쿠바 문제를 놓고 미국과 스페인 사이에서 심각한 적대와 대결 구도가 조성되는 상황이었다. 이 사건은 쿠바에 대한 지배권을 스페인으로부터 빼앗아오고 싶었던 미국에게는 매우 좋은 기회였다. 맹목적 민족주의 열정에 사로잡힌 미국 사회에는 폭발사건의 책임을 스페인에게 돌리는 여론이 형성되기 시작했다. 자극적인 우익 언론이 결정적인 역할을 수행했다. 스페인과의 전쟁을 피할 수 없다는 분위기에 압도되어갔고, 결국 그해 4월 미국은 스페인과 전쟁을 시작했다. 3개월간의 전쟁은 미국의 승리로 귀결되었고, 이제 미국은 고립주의라는 전통적 외교노선을 벗어던지고 제국주의의 길을 준비하고 있었다.[21]

그런데 19세기 후반부터 말기에 이르기까지 유럽 나아가 서구에는 이와 같은 민족주의 이념 뿐 아니라 경제적 차원에서도 중대한 변화

---

20 니홀라스 할라스, 황의방 옮김, 『나는 고발한다』, 한길사, 2015.

21 Lewis Gould, *The Spanish-American War and President McKinley*, The University Pres of Kansas, 1982, p. 19; 하상복, 『죽은자의 정치학: 프랑스, 미국, 한국 국립묘지의 탄생과 진화』, 모티브북, 2014, pp. 288–289.

가 초래되었다. 산업혁명으로 막대한 생산력을 갖추게 된 선진 자본주의국가들 사이에서 자국의 경제적 이익을 위한 경쟁이 가속화되고, 미국, 독일과 같은 후발 자본주의국가들이 통일국가 수립이라는 정치적 프로젝트를 완수한 뒤에 산업화에 매진하면서 세계 시장의 과열 경쟁이 한층 더 심대해졌다. 특히 이 두 후발 산업국가의 생산능력은 영국, 프랑스 등 선발 산업국가의 능력을 빠르게 앞서나갔다. 그렇게 보면 "무역의 침체와는 거리가 멀게 세계의 생산은 지속적으로 증가하고 있었다"[22]는 홉스봄의 진단이 말해주고 있듯이, 막대하게 증대하는 산업 생산 능력에 소비가 조응하지 못한 과잉생산의 발생으로 1870년대 서구에는 경제불황이 초래되었다.

이 대불황으로 말미암아 서구 자본주의는 자유주의 경제 원리와의 근본적인 결별을 피할 수 없었다. 자유무역주의 대신 보호무역주의가 대두했고, 기업들 간의 합병을 통한 경제적 집중이 불가피해졌고, 국가와 자본의 결합을 통한 독점자본주의의 단계로 접어들었다. 홉스봄은 이 시대적 변화들을 5개의 특성으로 설명한다. 이른바 세계경제로 불릴 정도로 자본주의 경제의 지리적 범위가 확대되었으며, 국가의 경제 개입이 확대되면서 국가 간 경쟁의 시대가 되었다. 또한 과학기술의 발전에 따른 기술혁명으로 삶에서의 혁명적 변화가 일어났으며, 자유경쟁시장이 후퇴하며 독점 시장이 확대되었고, 사람들의 경제적 능력 증대에 따른 소비품 시장의 엄청난 확대가 일어났다.[23]

22 에릭 홉스봄, 김동택 옮김, 『제국의 시대』, 한길사, 1998, p. 120.

23 홉스봄, 『제국의 시대』, pp. 144–148.

대불황을 돌파하기 위한 자본주의 경제 구조의 근본적인 전환이 일어난 이 시대를 홉스봄은 "제국의 시대"[24]로 규정했다. 홉스봄에 따르면 "1880년에서 1914년 사이에 식민지 병합과 통치가 일어났으며", "유럽과 아메리카 바깥에 존재하는 대부분의 세계는 형식적으로 하나 혹은 몇몇 국가들의 공식적인 통치 아래 또는 비공식적인 정치적 지배하의 영토들로 분할되었다."[25] 아프리카와 아시아의 식민지들은 서구 자본주의의 생산물 공급을 위한 새로운 시장이 되었고, 확대되는 생산을 위한 원재료 – 석유, 고무, 구리, 주석, 금 등 – 의 채굴지가 되었고, 증가하는 대중 소비를 충족하기 위한 식품들의 공급처가 되었다.[26] 이렇게 해서 유럽과 서구에 의한 식민지배로서 제국주의가 도래했다.

> 이 책의 제목을 가능케 했던, 소수의 국가들에 의한 세계의 분할은 우리가 이미 언급한 대로 지구가 강자와 약자로, '진보'와 '후진'으로 점차 분리되어가고 있음을 극명하게 드러내준다. 1876년과 1915년 사이에 지구 땅의 약 4분의 1이 약 6개국에 의해 식민지로 분배되고 재분배되었다. 영국은 약 400만 제곱마일까지, 프랑스는 약 350만 제곱마일까지 영토를 확장했고, 독일은 약 100만 제곱마일을 획득했으며, 벨기에와 이탈리아는 각각 100만 제곱마일에 도달하는 정도의 영토를 획득했다. 미국은 약 10만 제곱마일을 획득했는데, 이것은 주로 스페인으로부터 빼앗은 것들이었다.[27]

---

24 홉스봄, 『제국의 시대』, p. 144.

25 홉스봄, 『제국의 시대』, pp. 154–155.

26 홉스봄, 『제국의 시대』, pp. 164–169.

27 홉스봄, 『제국의 시대』, p. 157.

하지만 서구의 식민지 쟁탈은 경제적인 동기로만 설명되지 않는다. 그것은 경제적으로, 정치적으로, 문화적으로, 그리고 다른 모든 면에서 가장 아름답고 찬란한 사회를 창조했다는 자부심을 가진 유럽인, 서구인들의 정신적 우월주의와 소명의식의 정치적·군사적 실천이기도 했기 때문이다. 그것은 생물학적으로, 문명적으로 탁월한 서구인들이 이룩한 근대화야말로 그 바깥의 후진국들이 따라야 할 역사적 전범이 될 수 있고, 되어야 한다는 자기 확신의 귀결이었다.

이러한 제국주의 경쟁 속에서 서구 국가들은 서로 연합하고 분열했다. 독일, 오스트리아, 이탈리아가 연맹을 구성했고, 이에 맞서 영국, 프랑스, 러시아가 연합했다. 이러한 제국주의적 동맹과 연합은 종국에 제1차 세계대전이라는 전면적인 충돌로 이어졌다. 이 전쟁은 근대의 물질적, 기술적 능력에 '힘입어' 900만 명 이상의 사망자와 2000만 명 이상의 부상자라는 엄청난 규모의 희생을 초래한 미증유의 비극이었다. 미국의 정치학자 나이(Joseph S. Nye Jr.)는 "제1차 대전은 참호, 철조망, 기관총, 포탄으로 유럽의 한 젊은 세대를 없애버린 끔찍한 전쟁이었다"[28]라고 말했다. 그리고 20여 년 뒤 발생한 2차 세계 대전은 한층 더 비극적이었다. 3500만 내지 5천만의 인명 희생을 가져왔고, 그 대부분이 민간인이었다.[29]

---

28 조지프 나이, 양준희 · 이종삼 옮김, 『국제 분쟁의 이해』, 한울 아카데미, 2018.

29 프랑수와 제레, 고선일 · 유재명 옮김, 『인류의 영원한 굴레, 전쟁』, 부키, 2005, p. 56.

2. 근대 주체와 오리엔탈리즘

앞의 논의를 환기하는 데서 시작하자면, 1870년대를 기점으로 서구의 근대는 정치경제적 차원에서 결정적인 변화를 경험했다. 전근대 체제로부터의 자유와 해방을 의미하는 이념의 민족주의가 다른 민족을 대상으로 하는 경쟁주의와 승리주의로 변질되기 시작했고, 그와 같은 민족주의 의지는 궁극적으로 제국주의라는 20세기의 악을 키워냈다. 이제 서구의 근대적 주체는 다른 민족보다 우월하거나 우월해야 한다는 자의식, 그리고 자신들의 문명적 성과를 그렇지 못한 세계에 마땅히 전파해야 한다는 자부심을 지닌 새로운 주체로 탈바꿈하기 시작했다. 패권적 주체로서 제국주의적 주체의 탄생이다.

칸트의 근대적 주체 개념이 말해주는 것처럼, 주체란 세상에 대한 인식, 즉 자신의 관찰과 경험을 진리로 구성해낼 선험적 형식을 지닌 존재라는 철학적 정의 위에 선다면 우리는 그 패권적 주체의 제국주의 수행과 실천을 이끈 근본적인 형식이 무엇인가를 묻지 않을 수 없다. 나아가 그 형식이 서구 근대 주체 형성에 관여한 선험적 형식과 동일한 것인지, 아니면 다른 것인지를 질문해야 한다. 두 번째 물음에 대한 답은 20세기 중반 서구 근대성 논쟁에 관한 이후의 논의에서 찾아보기로 하고, 여기서는 첫 번째 질문에 답하고자 한다.

팔레스타인 출신의 미국 사상가 사이드(Edward W. Said)는 20세기에 맹위를 떨친 동양에 대한 서양의 제국주의 의지와 열망에는 '오리엔탈리즘'(orientalism)이라는 인식과 실천의 형식이 깊이 자리 잡고 있었다고 말했다. 그의 기념비적인 저술 『오리엔탈리즘』은 영국 외상 밸푸어

(Arthur J. Balfour)의 의회 연설에서 시작한다. 1910년 6월 13일의 밸푸어 연설은 당시 영국의 보호령으로 남아 있던 이집트의 식민지화 문제를 다루고 있었다. 밸푸어는 어떠한 권리로 이집트에 대해 우월한 태도를 취하는가, 라는 한 의원의 질문에 대해 자신은 전혀 그러한 태도를 취한 적이 없다고 말했다. 밸푸어는 "동양의 여러 나라를 바라보십시오. 우월감 또는 열등감 따위는 아예 얘기하지도 말기를 부탁합니다"[30] 라고 이야기했다. 하지만 여기서 매우 아이러니한 사실이 등장하는데, 밸푸어는 이집트 점령을 정당화하면서 서양과 동양의 정치적 능력을 비교하는 자신의 관점을 명확히 했다. 그는 "서양의 여러 국민은 역사에 그 모습을 나타내자마자 곧 자치의 능력이 있음을 보여주었습니다. [……] 그리고 그것으로써 스스로의 진가를 발휘했습니다. [……] 당신은 광의의 이른바 동방, 동양인들의 역사 전체를 관찰해볼 수 있을 것입니다. 그러면 그곳에서는 자치가 존재한 흔적도 전혀 볼 수가 없습니다. 그들의 위대한 여러 세기는 – 오늘날의 우리들 눈으로 보아도 그것이 참으로 위대한 것이었음에 틀림없으나 – 전제주의 곧 절대정부 하에서 지나간 것이었습니다"라고 말했다. 이러난 논리를 전개하면서 밸푸어는 자신의 주장이 "우월감이나 열등감의 문제가 아니라 사실"[31]이라고 강조하고, 그 이집트가 영국의 지배를 받는 것이 "좋은 일"[32]임을 역설해마지 않았다. 이 밸푸어의 발언에 대해 우리가 아이러니를 말하는 이유는 그가 자치 경험의 부재를 통해 이집트, 나아가 동양의 정치

30 에드워드 W. 사이드, 박홍규 옮김, 『오리엔탈리즘』, 교보문고, 1999, p. 70.

31 사이드, 『오리엔탈리즘』, p. 71.

32 사이드, 『오리엔탈리즘』, p. 72.

적 후진성을 말하는 것을 자신의 주관적인 편견이 아니라 객관적인 사실로 해석한다는 점이다. 그러니까 동양에 대한 생각과 지식은 밸푸어에게 논쟁이나 해석의 다른 여지가 없는 확고한 사실이었다. 밸푸어는 바로 그 흔들릴 수 없는 '객관적 생각과 지식' 위에서 이집트에 대한 정치적 식민지화를 스스로 정당화했다. 이 밸푸어의 연설을 통해 사이드가 보여주고자 했던 것은 밸푸어가 얘기한 이집트가 객관적인 이집트가 아니라 "영국이 알고 있는 이집트"라는 사실이다. 영국이 알고 있는 이집트란 곧 "동양의 후진성을" 증거 하는 사례, 영국의 지배에 의해 "서양 제국주의의 성공을 입증할 소재"[33]임을 뜻한다.

이어서 사이드는 이집트 총독을 지낸 크로머(Earl of Cromer, Evelyn Baring)의 동양에 대한 관점을 총독이 1908년 1월에 한 저널에 발표한 논설문을 통해 분석하고 있다. 크로머가 관찰과 지배의 대상으로 삼은 이집트는 "종속적 종족"으로 규정되고 있다. 종속적 종속에게는 "자신에게 무엇이 선인지를 알 힘이 없다." 따라서 그러한 종족의 최선을 결정할 권한은 영국과 같은 자율적 종족들에게 맡겨야 한다. 또한 사이드는 크로머의 책『현대 이집트』(*Modern Egypt*) 제2권 34장의 일부를 인용하고 있다. 크로머에게 유럽인은 "주도면밀한 이론을 좋아하며", "사실을 말하는 언어에는 한 치의 애매함도 없고", "타고난 회의론자로서 어떠한 가정도 증명을 거치지 않고서는 진리로 인정하지 않"으려는 사람들이다. 그와 달리 동양인은 "정신적 균형을 결여하고 있고", "논리적 능력을 지니지 못하고 있으며", "진리를 인정할 수 있는 단순한 전제로

---

33 사이드,『오리엔탈리즘』, p. 75.

부터 가장 분명한 결론을 이끌어낼 수 없는"[34] 인간들이다.

밸푸어의 연설과 크로머의 저술은 단순히 영국 정치가의 경험을 바탕으로 한 개별적 관점을 넘어선다고 사이드는 말한다. 사이드는 밸푸어와 크로머의 관점은 동양에 대한 일반적 관점의 영국적 반영이라고 주장한다. 그렇다면 그 일반적 관점이란 무엇인가? "동양인은 비합리적이고 열등하며(타락했고), 유치하고, 이상하다. 그리고 유럽인은 합리적이고, 도덕적이며, 성숙되었고, 정상적"이라는 이분법적 관점이다. 유럽인은 "합리적, 평화적, 자유주의적, 논리적이며, 참된 가치를 발견하는 능력을 지니고 있고, 본능적 시기심을 갖지 않음에 비해 동양인은 그러한 능력을 결여하고 있다는" 이항대립의 관점이다. 그 관점에서 동양인은 "마치(법정에서) 재판받는 존재로서. 마치(커리큘럼에 따라) 학습되고 묘사되는 존재로서, 마치(학교나 감옥에서) 훈련받는 존재로서, 또 마치(동물도감에서) 도해되는 존재로 묘사"된다. "동양인은 어떤 경우에도 지배를 체현하는 틀 속에 '포함되며' '표상되는' 존재"[35]로 나타난다.

사이드에 따르면 오리엔탈리즘으로 불리는, 동양에 대한 서양의 하나의 인식체계는 어느 날 갑자기 탄생한 것도, 단 하나 또는 몇몇 요인만으로 형성된 것도 아니다. 그것은 수백 년 동안 전개된 연속적 흐름의 귀결이었고 여러 사회적 요인들의 결합으로 태동했다. 오리엔탈리즘은 "1312년 비엔나 교회회의에서 파리, 옥스퍼드, 볼로냐, 아

34 사이드, 『오리엔탈리즘』, p. 80.

35 사이드, 『오리엔탈리즘』, pp. 83-84, 98.

비농, 살라망카의 각 대학에 아랍어, 그리스어, 히브리어, 시리아어에 관한 일련의 강좌를 설치하는 것이 결정된 시점으로부터 서양의 기독교 세계 속에 공식적으로 존재하기 시작한 것으로 생각되고 있"[36]고, "대학의 연구, 박물관 전시, 식민지 관료기구의 재편, 인류와 우주에 관한 인류학적 · 생물학적 · 언어학적 · 인종적 · 역사적 명제의 이론적 해석, 개발 · 혁명 · 문화적 성격 · 민족적 또는 종교적 특질에 관한 경제학적 · 사회학적 이론의 실례 등"[37]을 통해 생겨났다. 오리엔탈리즘은 적어도 14세기 중세로 거슬러 올라가는 여러 지적 · 문화적 · 정치적 운동과 실천의 복합적 결과물로 탄생했다고 인식해야 한다는 이야기다.

그렇지만 사이드는 그러한 연속론적 관점과 더불어, 앞서 사례로 든 이집트와 동양에 대한 밸푸어와 크로머의 관점을 근대적 오리엔탈리즘으로 설명하면서 오리엔탈리즘의 유형을 나누고 있다. 그렇다면 전근대와 근대 오리엔탈리즘은 어떻게 구별되며 무엇을 기준으로 구분될 수 있는가? 사이드는 고대 그리스 시대에서부터 동양과 서양의 차이에 대한 인식이 존재했음을 주장하면서 아이스킬로서의 연극 「페르시아인」과 유리피데스의 「바쿠스의 여인들」을 사례로 들고 있다. 「페르시아인」에서, 페르시아 전쟁의 두 주체인 그리스와 페르시아는 뚜렷이 대비되는 두 개의 상황과 감정으로 묘사되고 있는데, 그리스가 승리의 환호로 넘쳐나고 있었다면, 페르시아는 패배의 좌절과 상실감에 빠져 있

---

36 사이드, 『오리엔탈리즘』, p. 99.

37 사이드, 『오리엔탈리즘』, p. 27.

었다. 그리스 신화 속 테베의 왕 펜테우스의 비극을 다룬 연극 「바쿠스의 여인들」에서 사이드는 펜테우스가 디오니소스의 힘과 신성함을 인정하지 않고 그의 숭배를 금지했다는 이유로 어머니로부터 사지가 찢겨 죽임을 당하는 비극과 관련해, 그 디오니소스가 아시아의 신과 동양적 신비에서 유래하는 광폭성과 결부되어 있다고 해석하고 있다. 사이드는 이 고대 연극을 통해 동양과 서양 사이에 어떠한 의미의 경계선이 그어지고 있었음을 인지해야 한다고 말한다.[38]

이후 동양과 서양의 구분은 그리스로마 시대의 다양한 경험과 활동에 의해 한층 더 세밀해지고 뚜렷해지기 시작했다. 가령, 그리스의 역사가 헤로토투스(Herodotos)가 방문한 동양과 알렉산더 대왕이 정복한 동양이라는 관념 속에서 서양적인 것이 이미 침투한 동양과 그렇지 않은 동양이라는 하위 구분이 만들어지기 시작했다. 그러한 관념의 지평 위에서 아직까지 서양의 방문이나 정복이 이루어지지 않은 동양에 대한 특별한 상상력이 만들어지기 시작했다. 그러니까 그 미지의 동양은 "새롭게 세워야 할 구세계이거나, 콜럼버스가 아메리카에 온 것처럼 새로운 사람이 방문해 그곳에 신세계를 세워야 하는 완전히 새로운 장소"[39]라는 상상의 공간이 되고 있었다는 말이다.

유럽이 기독교를 받아들이면서 기독교 제국으로 변모하게 된 것은 동양에 대한 관념 형성에서 매우 중대한 계기로 작용했다. 동양은 이슬람에 대한 서양의 인식에 깊게 결부되어 형성되었다. 무엇보다 군사

---

38 사이드, 『오리엔탈리즘』, pp. 110–111.

39 사이드, 『오리엔탈리즘』, p. 114.

적, 문화적 패권을 통한 이슬람 세계의 압도적 팽창은 서양인들에게 절대적 공포의 이미지로서 동양이라는 관념을 가져다주었다. 동양은 서양 기독교문명을 끊임없이 위협하는, 그러므로 기독교의 힘에 의해 반드시 제압되고 길들여져야 하는 부정적 존재로 구성되어갔다. 서양 중세에서 아라비아로 불리는 근동 지역은 "기독교 세계 바깥에 위치하는 무뢰한 이단자들의 은신처"로, 무슬림의 시조 마호메트는 "교활한 배교자"로 간주되었다.[40] 사이드에 따르면, 이 마호메트에 대한 부정적 이미지는 르네상스 시대 단테의 『신곡』(*La Divina Commedia*) 「지옥편」에서도 반복되었다. 마호메트는 "중상모략을 일삼는, 분열의 화근이 될 씨앗을 뿌리는 사람"[41]의 범주에 들어와 있었다. 그리고 그 범주에는 또 다른 이슬람교도들이 포함되어 있었다.

이와 같이 부정적인 내용들로 표상된 이슬람이라는 동양은 근대 지식체계 속에서 하나의 객관적인 형상을 획득하기 시작한다. 사이드는 1697년에 출판된 데르브로(Barthélemy d'Herbelot)의 『동양전서』(*Bibliothèque orientale*)를 대표적인 예로 든다. 19세기 초반까지 동양에 대한 표준적인 참고문헌으로 기능했다는 점에서 이 책 속에서 묘사된 이슬람의 모습은 동양에 대한 유럽인의 의식 형성에 매우 중요했던 것으로 파악될 수 있다. 특히 데르브로가 아랍과 동양세계에 대한 깊은 지식을 갖춘 전문가였다는 사실은 이 책의 지적 권위가 창출되는 데 매우 중대한 요인이 되었다는 점을 지적해야 한다. 사이드는 데르브로의

---

40 사이드, 『오리엔탈리즘』, p. 122.

41 사이드, 『오리엔탈리즘』, p. 133.

이 대중적 저술이 갖는 역사적 의의를 "유럽이 동양을 둘러쌀 수 있고, 동양을 동양화할 수 있는 능력이 스스로에게 있음을 발견하게"한 계기로 설명하고 있다. 이는 이슬람과 동양에 대한 체계적이고 전 방위적인 지식이 이제 그들을 서양인들의 지적 공간에 완전하게 배치되어 표상되어야 할 대상으로 인식시켰다는 의미에서다. 그러니까 "레반트의 역사, 성서적 이미지, 이슬람문화, 여러 지명 등, 이것들과 막연하게 관계되는 여러 사실이 아무렇게나 확보되어 산만하게 모아질 우려가 있었으나, 그것이 여기서는 A부터 Z에 이르는 항목 순으로 전개되는 합리적인 동양의 파노라마로 변모했다"[42]는 것이다.

여기서 우리는 근대적 오리엔탈리즘의 맹아를 만난다. 근대정신의 본질이 세계에 대한 합리적인 재구성에 있다고 할 때, 데르브로의 작업은 지난 시절 다양하고 분산된 형태로 남아 있던 이슬람과 동양 세계를 마치 백과전서의 기획처럼, 체계적이고 질서정연한 형태로 표상한 것이었기 때문이다. 이제 서양의 근대적 지식 원리에 맞추어진 동양이 만들어지는 것이다. "분류의 요소들이 상호 연결됨으로써 동양은 서구 근대성의 틀 안으로 재구성되고 재배치되었다."[43] 이렇게 만들어진 동양은 합리적 언어로 재현된 동양이다. 여기서 우리는 근대적 시각의 원리로서 원근법과의 유사성을 만나는데, 미적 주체의 합리적인 사고체계를 통해 자연으로부터 풍경이라는 '재현된 자연'이 만들어지고 그것이 이상적인 이미지의 원형을 구축한 것처럼, 근대의 합리적인 언어와

42 사이드, 『오리엔탈리즘』, p. 128.

43 양재혁, 「에드워드 사이드의 오리엔탈리즘 분석과 재현」, 『사림』 제69호, 2019, p. 339.

지식으로 재현된 아랍과 동양은 그 객관적 실체와는 무관하게 서양인들에게 이슬람과 동양 인식의 궁극적 모델로 자리 잡았다는 이야기다. 하지만 그 언어적 텍스트 속의 동양, 즉 오리엔탈리즘이 투사된 동양은 서양인들의 동양적 편견이 투사된 자의적인 것, 왜곡된 것, 허구적인 것으로 인식되지 않는다. 오히려 그것은 합리적인 지식을 기반으로 객관적인 사실로 인식된다.

사이드에 따르면 근대 오리엔탈리즘의 역사에서 나폴레옹의 이집트 원정은 매우 중대한 계기였는데, 이 문제와 관련해 그는 다음과 같은 입론을 던지고 있다.

> 요컨대 나폴레옹에게 동양이란 경험적 현실을 통해서가 아니라 텍스트로부터 추출된 관념과 신화의 영역에 속하는 여러 가지 경험을 통해 그의 머리에서, 그 뒤에는 정복을 위한 준비 속에서 현실성을 획득한 하나의 프로젝트였다. 그러므로 이집트에 대한 나폴레옹의 계획은, 면면히 계속된 유럽과 동양의 만남 속에서도, 오리엔탈리스트의 특수한 전문적 지식이 직접 기능적으로 식민지배의 도구로 이용된 최초의 보기가 되었다. [……] 황제 나폴레옹 자신에 관해 말하면, 그는 먼저 고전적 문헌에 의해, 이어서 오리엔탈리즘 전문가에 의해 코드화된 대상으로서만 동양을 보았다.[44]

이 입론에서 우리는 두 차원의 중대한 계기가 무엇인지를 인식할 수 있다. 하나는 나폴레옹에게는 실제 경험이 아니라 당대 전문가들의

---

44 사이드, 『오리엔탈리즘』, pp. 154–155.

언어로 구축된 텍스트로서의 동양 세계가 동양에 대한 인식의 궁극적 근거였다는 점이고, 다른 하나는 그처럼 합리적으로 재구성된 텍스트로서의 동양 인식을 근거로 이집트 정복이라는 정치적 기획이 실천되었다는 점이다.

나폴레옹의 이러한 동양적 인식관과 실천관은 푸코의 철학이 조명한 근대적 주체의 본질을 보여주고 있다. 왜냐하면 합리적 담론의 지적 권위와 진리 의지 그리고 지식과 권력의 결합 양상을 나폴레옹의 정복 프로젝트에서 만날 수 있기 때문이다. 이 문제와 관련해 사이드는 나폴레옹이 자신의 원정에 "상당수의 학자들을 편입했으며", "이집트협회를 창립하고, 그 구성원에게 여러 주제에 관해 연구하게 했으며, 그것을 소위 원정대의 움직이는 문서관과 같은 것으로 창설하고자 생각했다"[45]는 사실을 전하고 있다. 이집트 원정에서 이루어진 연구를 통해 이집트학이라는 새로운 학문이 만들어졌고, 그러한 지적 형성물을 바탕으로 아프리카와 다른 나라들의 탐사가 이루어졌다. 나폴레옹의 이 원정을 "계몽주의 모험"[46]이라고 부르는 이유는 그러한 일련의 사실들에 기인한다.

나폴레옹의 이 역사적 단계를 거치면서 근대적 오리엔탈리즘은 자신의 원리를 완성하게 되었다고 사이드는 말한다. 동양에 대한 인식과 실천의지가 결합된 복합적인 체계로서 아래와 같은 근대적 오리엔탈리즘이 만들어졌다.

---

45 사이드, 『오리엔탈리즘』, p. 155.

46 로베르 솔레, 이상빈 옮김, 『나폴레옹 이집트 원정기: 백과전서의 여행』, 아테네, 2013, pp. 11–16.

어떤 지역을 현재의 야만 상태 속에서 구출하고, 그것에 과거의 고전적인 위대함을 회복시키는 것. 근대 서양의 방식을 통해 동양을 (그 이익을 위하여) 가르친다는 것. 동양을 정치적으로 지배하는 과정에서 얻은 빛나는 지식에 근거해 사업을 확대하기 위하여 군사력을 종속적인 위치에 두거나 그 행사를 자제한다는 것. 동양의 정식화, 곧 기억 속의 위치나 제국적 전략의 중요성, 유럽의 부속물로서 그 '필연적 역할'을 충분히 고려해 그것을 위하여 필요한 형태, 정체성, 정의를 동양에 부여하는 것. 식민지적 소유의 기간에 수집된 가능한 모든 지식에 대해 '근대적 학문에의 공헌'이라는 명목으로 위신을 부여하는 것. 한편 현지인에게는 도움이 되지 않는 텍스트를 변명하는 경우에만 그들을 상담의 상대로 대우하는 것. 자신이 동양의 역사, 시간, 지리를 거의 마음먹은 대로 지배하는 유럽인이라고 느끼는 것. 새로운 전문영역의 설정, 새로운 학문분야의 확립, 시야의 내부(그리고 외부)에 있는 모든 것을 분할하고, 배치하고, 도식화하고, 도표화하고, 색인화하고, 기록하는 것. 관찰 가능한 모든 세부로부터 하나의 일반론을 만들어내고, 모든 일반론으로부터 동양적인 성질, 기질, 습성, 습관 또는 유형에 관한 불변의 법칙을 만들어내는 것, 그리고 무엇보다도 먼저 살아 있는 현실을 텍스트의 소재로 전환하는 것, 동양에는 우리의 힘에 저항하는 것이 없으리라는 점을 주된 이유로 현실을 점유한다(고 생각하는) 것. 이러한 것이야말로 오리엔탈리즘이 투사된 여러 모습이며, 그것들은 [……] 나폴레옹이 서양적인 지식과 권력을 사용해 이집트를 철두철미한 오리엔탈리즘으로 포섭함으로써 처음으로 그 성립이 가능하게 되고 또 내용이 강화되었다.[47]

47 사이드, 『오리엔탈리즘』, pp. 163–164.

이 근대적 오리엔탈리즘에서 동양과 서양은 넘어설 수 없는 이분법으로 나뉘고 있고, 동양은 서양의 지식에 의해 자신의 참된 모습이 드러나길 수동적으로 기다리는 존재로, 나아가 서양의 지식과 힘으로 전근대적인 상태에서 해방되기를 기다리는 존재로 규정되고 있고, 서양이 담당해야 할 그러한 기획, 그러니까 제국주의 프로젝트는 서양을 위한 것이 아니라 동양을 위한 것이라는 정당화가 모습을 드러낸다. 이러한 집합의식이야말로 19세기 후반 이래 서양이 동양을 상대로 실천한 제국주의의 핵심적 원리이자 지향이었다.

나폴레옹의 이집트 원정으로 그 총체적 원리를 드러낸 오리엔탈리즘은 제국주의적 실천의 정당화를 제공했고, 그 제국주의가 맹렬하게 전개되면서 그와 동시에 오리엔탈리즘을 강화하는 지적 운동도 활발하게 이루어진다. 문헌학적, 언어학적 연구를 통해 동양의 언어가 서양 언어에 비해 상대적으로 열등하고 미분화된 언어가 되었다는 사실을 밝히고, 사회적 진화론과 골상학, 해부학 등을 통해 동양인의 인종적, 종족적 열등성의 근거를 제시하는 것 등이다.[48] 특히 제국주의 열망이 압도하던 19세기 학문으로서 사회적 다윈주의는 인종주의를 학문적으로 정당화하고, 유색인종에 대한 백인종의 생물학적 우월함을 가르침으로써 서양에 의한 동양의 지배를 객관적인 진리로 인식시키고자 했다.[49] 그러한 지적 작업들에 의해 자신의 정당화 토대를 한층 더 군건히 한 오리엔탈리즘은 다양한 협회, 사이드의 예에 따르면, 기독교지식보

48 사이드, 『오리엔탈리즘』, pp. 186-187.

49 강정인, 『서구중심주의를 넘어서』, 아카넷, 2004. p. 101.

급협회, 해외복음전도협회, 영국성공회선교협회 등을 매개로 제국주의 실천에 필수적인 지적 역할을 수행했다.[50]

서구의 근대적 주체는 자신의 합리적 지식체계를 가지고 자기 바깥의 세상에 관한 진리를 파악할 수 있다고 믿어왔다. 그런 자기 확신 위에서 근대 주체는 자신의 지적 형식으로 구성되고 해석된 세상, 즉 텍스트로서의 세상을 진리의 궁극적 근거로 간주해왔다. 그렇게 보면 근대 오리엔탈리즘의 인식론을 체화하고 있는 주체는 그러한 근대 주체의 인식론적 계승자라고 부를 만하다. 이 오리엔탈리즘의 주체는 그 근대적 진리 형식 위에 매우 독특한 개념을 정립하면서 스스로 권력적 존재로 운동해나갔다.

오리엔탈리즘의 주체는 자기 옆에 타자라는 개념을 세워놓았다. 그러나 그 타자는 주체와의 관계 속에서 대등한 타자라기보다는 종속적인 존재다. 왜냐하면 그 타자는 주체의 우월성과 진리성을 입증하기 위한 주체의 지배 대상으로서 비서구적 존재에 불과했기 때문이다. 근대 서구 제국주의 주체의 지배 대상으로서 비서구라는 타자를 의미한다.

다음으로, 오리엔탈리즘의 주체와 타자는 중심-주변의 위상학적 구조에 놓여 있다. 서구중심주의라는 개념의 역사와 원리를 깊이 탐구한 강정인은 중심과 주변의 관계를 이렇게 설명하고 있다.

> 무엇보다도 중심은 주변을, 물질적 힘과 문화적 헤게모니를 통해 지배하고 규율한다. 중심은 주변을 창조하고, 자신의 세계관을 주변에 주입하며, 또 자신의 도덕적 우월성을 주변에 부과한다. 그

---

50 사이드, 『오리엔탈리즘』, p. 190.

> 리고 많은 경우에 주변은 중심의 힘과 헤게모니에 직면해 중심이 설정한 게임의 규칙에 따라 자신의 생존을 유지하기 위한 전략의 일환으로 상당한 수준에서 중심의 세계관을 수용, 내면화하지 않을 수 없고 또 그 도덕적 우월성을 받아들이지 않을 수 없다.[51]

이러한 관점에서 중심-주변은 공간 또는 지리적 관계 개념이라기보다는 지배와 피지배라는 정치적 관계 개념이라고 할 수 있다. 그러한 맥락에서 강정인은 중심과 주변의 권력적 관계를 세 차원으로 설명한다. 첫째, "중심은 주변에 대해 존재론적 원천(근거)으로 군림한다."[52] 중심은 시간적으로나 공간적으로나 주변에 선행하는 존재가 된다는 것인데, 거꾸로 말하자면 주변은 언제나 중심의 존재에 의해 파생되는 그리하여 종속적인 존재로 남아 있게 된다는 이야기다. 둘째, 중심은 주변과의 관계에서 인식론적 우월성을 지닌다. 말하자면 중심이 만들어낸 인식론적 세계가 보편적인 것으로 간주되면서 주변은 자신의 고유한 인식론적 세계를 주장하지 못하고 중심의 그것을 수용할 운명에 처하게 된다.[53] 셋째, "중심은 주변을 규범적으로 판단하는 기준이자 모델이며, 또한 주변이 지향하는 바람직한 목표로 존재한다."[54] 주변은 자신의 고유한 규범적 모델을 갖지 못한 채, 또는 그 모델을 열등한 것으로 평가하면서 중심으로부터 부과되거나 수입되는 모델로 자신의 존재와 운동을 판단한다는 것이다.

---

51 강정인, 『서구중심주의를 넘어서』, p. 55.
52 강정인, 『서구중심주의를 넘어서』, p. 55.
53 강정인, 『서구중심주의를 넘어서』, p. 58.
54 강정인, 『서구중심주의를 넘어서』, p. 63.

이와 같은 중심주의의 한 역사적 유형으로서 서구중심주의 속에서 서구와 비 서구는 존재론적으로, 인식론적으로, 규범적으로 중심과 주변으로 구분되어왔다. 강정인에 따르면 서구중심주의는 개념적으로 서구예외주의와 오리엔탈리즘으로 구분되는데, 전자가 서구 스스로에 대한 자화상이라면, 후자는 서구적 프리즘으로 조형된 동양에 대한 이미지의 총체다. 서구가 세상의 중심이라는 사고와 믿음의 근거로서 서구예외주의는 무엇보다 근대의 산물이었다고 강정인은 강조한다. 그러니까 서구는 자신의 내적인 의지와 힘에 의해 "자유주의, 합리주의, 계몽주의, 진보사상, 산업혁명, 자본주의"[55] 등으로 꽃핀 근대성을 출현시켰던 바, 다른 어떤 곳에서도 실현하지 못한 그러한 문명적 찬란함이야말로 서구적 우월성의 근거지가 되었다는 이야기다. 나아가 서구가 그처럼 위대한 인류사적 성과를 산출할 수 있었던 것은 서구만의 고유한 요소와 원리에 힘입었다는 자기 확신 속에서 서구예외주의가 강화될 수 있었다.[56] 이러한 예외주의 속에서 서구는 문명적 우월감을 통해 동양을 관찰하고, 해석하며, 평가하는 오리엔탈리즘을 주조했고, 그 존재론적, 인식론적, 규범적 자기 믿음 위에서 동양을 정치적으로 지배하려 했다. 19세기 후반부터 20세기로 이어지는 제국주의는 그러한 오리엔탈리즘의 역사적 실천이었다.

---

55 강정인, 『서구중심주의를 넘어서』, p. 67.

56 강정인, 『서구중심주의를 넘어서』, p. 67.

8장

패권적 주체와 폭력: 반유대주의의 역사

8장

패권적 주체와 폭력: 반유대주의의 역사

1. 20세기 유럽 정치와 전쟁 그리고 나치즘의 발흥

1866년 오스트리아와의 전쟁 그리고 1870년 프랑스와의 전쟁을 승리로 이끌고 통일제국을 완성한 독일은 산업화에 박차를 가했다. 정치와 경제 차원에서의 괄목할만한 성과에 힘입어 독일인들은 "자신들만의 우수한 문화에 대한 자부심"[1]으로 충만해 있었다. 19세기 말에 이르러 독일은 철강과 석탄 생산에서 산업혁명의 본국 영국을 앞지르기 시작했으며 화학과 전기산업을 기반으로 하는 2차 산업혁명을 선도해나갔고, 광범위한 기술 발전을 통해 소비 영역에서도 눈부신 성장을 이루어냈다. 그러한 찬란한 변화 속에서 독일인들은 팽창주의적 민족주의

1 마이클 하워드, 최파일 옮김, 『제1차 세계대전』, 문학동네, 2015, p. 21.

의 집단적 열망에 사로잡힌다. 원대한 민족적 소망, 민족적 목적을 눈앞에 그렸다. "우리는 세계적 강대국이 된다. 우리는 전 세계로 퍼져 나간다. 도이칠란트가 전 세계의 앞장에 선다는 전망"[2]이 지배하기 시작했다. 우리는 그와 같은 제국주의적 민족주의 움직임을 당대 독일 제국 내부의 몇 가지 요인들을 통해 보다 세밀하게 접근할 수 있다.

먼저, 제국의 황제 빌헬름 2세의 외교정책을 언급할 수 있다. 빌헬름 2세는 1888년에 즉위한 아버지 프리드리히 3세가 질병으로 100일 만에 사망하자 황위를 물려받았다. 그는 자유주의자이자 평화주의자였던 아버지와는 달리 군국주의와 팽창주의적 민족주의에 사로잡힌 인물이었다. 독일의 외교노선이 근본적으로 바뀌게 된 것도 그의 황제 즉위와 깊은 관련이 있는바, 그는 재상 비스마르크와 빈번하게 외교 노선 상의 갈등을 빚었고 급기야 1890년 비스마르크가 자리에서 물러나면서 자신의 공격적 외교정책을 전면적으로 시행할 수 있었다.

비스마르크가 물러나기 전까지 독일제국의 외교노선은 1877년 6월에 발표된 '키싱엔 선언'(Kissingen Diktat)을 근간으로 했다. 비스마르크가 내세운 외교 원칙의 핵심은 "프랑스를 제외한 모든 강대국이 우리를 원하도록 하며, 그들 상호간의 관계를 통해 우리나라에 맞선 그 어떤 연합의 가능성도 막아버리는 정치상황을 만든다는"[3] 것이었다. 그러니까 프랑스의 고립을 전제로, 주변 국가들이 독일에 위협이 되는 상황을 만들지 않는 노선이었다. 하프너는 키싱엔 선언에 구현된 비스마르

2 하프너, 『비스마르크에서 히틀러까지』, p. 90.

3 하프너, 『비스마르크에서 히틀러까지』, p. 66.

크의 외교노선을 5가지로 정리했다.

1. 유럽에서 영토 확장 포기
2. 독일은 모든 팽창 노력, 특히 '큰 독일' 노력을 중지함.
3. 제국 건설에서 배제된 '구제받지 못한' 독일 사람들, 특히 오스트리아와 발트 독일 사람들의 합병 소망을 지속적으로 거부함.
4. 나머지 유럽 열강들의 해외 식민지 정책에 동참하지 않음. 이는 강대국들의 관심을 밖으로, 곧 '주변으로' 돌림으로써 유럽 중앙부에 맞선 연합을 막게 해줌.
5. 필요하다면 설사 독일 제국이 직접 참가하지 않거나 무관한 전쟁이라도 유럽 내부에서 전쟁이 일어나는 것을 적극적으로 막음. 독일 제국은 '유럽이라는 오뚝이의 무게 추'가 되어야 함. 유럽의 전쟁에는 퍼져 나가려는 타고난 성향이 예나 지금이나 존재하고 있음을 깨달아야 함.[4]

비스마르크의 키싱엔 선언은 공식적으로는 이웃나라들을 동맹관계로 만드는 적극주의적인 노선이 아니었다. 1878년의 베를린회의는 비스마르크 외교노선의 최초 실천 무대였다. 오스만제국이 지배하는 발칸반도에 슬라브 민족주의 운동이 확산하자 오스만제국은 이에 대한 무자비한 탄압으로 대응했다. 1853년의 크림전쟁에서 패배한 러시아는 발칸반도에서 정치적 영향력을 확대해 남진정책의 교두보로 삼고자 했

4 하프너, 『비스마르크에서 히틀러까지』, p. 67.

다. 러시아가 슬라브족의 생존과 권리를 보호한다는 취지로 발칸반도에 개입하면서 1877년 러시아–오스만제국 전쟁이 발발했다. 전쟁에서 승리한 러시아는 자신의 꿈을 실현할 수 있다고 생각했지만, 러시아의 남하가 가져올, 중동과 발칸 지역에서의 영향력 저하를 두려워한 영국, 프랑스, 오스트리아–헝가리제국의 저항에 부딪쳐야 했다. 비스마르크는 이러한 갈등을 해결하기 위해 1878년의 베를린 회의에서 중재에 나섰다. 회의는 유럽의 평화를 지킨다는 것이었지만, 유럽에서 분쟁이 발생할 경우, 고립시켜야 할 프랑스와 동맹할 나라들이 생길 것을 우려한 비스마르크의 전략적 계산이 깔려 있었다. 비스마르크의 중재는 현상적으로는 성공한 듯했지만, 협상 결과에 대한 러시아의 불만으로 인해 독일과 러시아의 잠재적 갈등 관계가 형성된다.

사실을 말하자면, 비스마르크는 유럽의 독자적인 중재자를 원했지만 현실주의적 국제관계 속에서 그가 의도한 프랑스의 고립과 독일의 안정은 혼자 힘으로 실현하기 어려운 기획이었다. 독일은 잠재적 갈등 관계에 놓인 러시아와 최대의 적국인 프랑스를 견제하기 위해 1879년 오스트리아–헝가리제국과 동맹을 맺었다. 이후 프랑스의 튀니지 점령에 불만을 품은 이탈리아를 끌어들여 독–오 동맹을 확장해 1882년 삼국동맹을 체결했다.

독일이 균형자로서 유럽의 정치적 안정을 기한다는 비스마르크의 이러한 외교노선에 빌헬름 2세는 동의하지 않았다. 비스마르크의 외교정책은, 결국 제1차 세계대전의 원인인 국제질서 상의 역학구도를 초래하기도 했지만, 유럽의 평화를 위해 의미 있는 성과를 만들어냈다. 하지만 황제는 독일의 국력 확장에 아무런 도움도 되지 않은 그러한 외교노선을 받아들이지 않았다. 그는 적극적인 해외 진출과 식민정책을 통해 영국에 필적할 위대한 독일제국을 만들어야 한다고 생각했다. 비스마르크가 재상 직에서 해임되면서 황제는 해군력 증강을 시도하고 자신의 정책을 적극적으로 실현해나갈 수 있었다.

독일의 제국주의적 민족주의 형성과 관련, 또 하나의 요인으로 당대 독일 제국의 계급 패권 문제를 이야기할 수 있다. 탄생할 당시 독일 제국은 자유주의, 사회주의, 보수주의 세력으로 분열되어 있었고, 계급 대립이 중대한 문제로 도사리고 있었다. 비스마르크는 유화정책과 강경정책을 구사해가면서 이러한 내부 대결이 제국을 위협하는 수준으로 나아가지 않도록 관리해나갔다. 노동자 정당, 사회민주당의 존재를 가장 예민하게 생각했던 그는 혁명에 대한 깊은 거부감을 지닌 보수적인 군주제를 옹호한 인물이었다. 그는 노동자들을 대상으로 사회보장정책을 실시함으로써 사회민주당이 노동자 계급과 긴밀히 결합하는 것을 막아내고자 했고, 사회민주당 지도자들을 추방하고, 사회주의 관련 집회, 인쇄물 등의 제작과 발행을 금지하는 탄압책을 시도했다. 비스마르크는 자유주의 세력을 내각에 참여시키는 방식으로 그들을 친 정권 세력으로 만들고자 노력했다. 그는 제국의 안정적 운영을 위해, 경제적 패권을 장악하고 있던 보수주의 세력이 분열되는 것을 막아야만 했다. 당시 제국의 경제 권력은 융커(Junker)로 불리는 전통적인 지주 계급과, 산업화를 통해 새롭게 경제적 패권을 장악하기 시작한 자본가 계급으로 나뉘어져 있었는데, 비스마르크는 1879년의 보호관세와 같이, 이들의 경제적 이익을 모두 보장하기 위한 제도적 노력을 시도했다. 하지만 비스마르크가 실각하고 빌헬름 2세의 독자적 통치가 이루어지는 19세기 말에 이르러 독일제국의 경제적 패권은 산업자본가 계급에게로 넘어가고 있었으며, 그에 따라 독일의 산업자본주의가 유럽의 다른 어떤 나라들보다 앞서기 시작하면서 산업국가로의 빠른 전환을 보이고 있었다. 독일 제국의 경제적 패권을 쥐고 있던 산업 자본가 계급은 "팽창주의 정책, 제국주의 정책"[5]을 강력히 요구했다. 자본가 계급의 관점에서 국가적 에너지를 대외 팽창에 주력하는 방향으로의 전환은 사회주의 세력의 혁명 요구를 무력화할 수 있는 대안이기도 했다.[6] 왜냐하면 국가적 힘을 대외적 목표 달성에 집중함으로써 국가 내부의 정치적 갈등을 부정적인 것으로 만들어낼 수 있기 때문이다.

영국에 버금가는 해군력을 육성해 대규모 식민지를 보유하는 대제국을 만들어야 한다는 빌헬름 2세의 외교정책 목표는 영국에게 매우 위협적인 움직임이 아닐 수 없었다. 당시 영국은 자국의 해군력이 과거의 패권을 유지하기 힘든 상황이라고 판단하고 있었다.[7] 여기에 독일이 1893년 오스만제국이 추진 중이었던 바그다드 철도 부설권을 수주해 베를린-비잔티움-바그다드를 잇는 철도를 건설하면서 자신의 제국주의적 팽창을 위한 새로운 전략을 진행함에 따라 영국, 프랑스, 러시아와의 갈등을 피할 수 없었다. 독일의 전략은 이 세 나라가 이미 추

---

5 하프너, 『비스마르크에서 히틀러까지』, p. 91.

6 하워드, 『제1차 세계대전』, p. 21.

7 홉스봄, 『제국의 시대』, p. 554.

진 중이거나 계획한 제국주의적 프로젝트와 충돌할 수밖에 없었다.

독일에 대한 영국의 우려와 적대감이 서서히 상승하는 시점인 19세기 말, 프랑스와 러시아가 정치적 동맹관계를 맺기 위한 움직임을 보였다. 두 나라는 독일에 대한 공통의 불만을 갖고 있었을 뿐만 아니라, 러시아로서는 근대화를 위해 프랑스의 투자가 필요했고, 프랑스 또한 고립을 피하기 위해 러시아와의 협력이 절실했다. 이어서 1904년 영국과 프랑스가 아프리카 지역에서 양국의 우선권을 교환함으로써, 즉 이집트에 대한 영국의 우선권과 모로코에 대한 프랑스의 우선권을 맞바꿈으로써 아프리카 식민지에 대한 독일의 진출을 막기 위한 협력 체제를 수립했다. 1907년 영국과 러시아는 페르시아, 티베트, 아프가니스탄에 대한 양국의 이익을 적절히 분배하는 데 성공했다. 공동의 이해관계와 공동의 적으로 묶인 세 나라는 마침내 삼국협상이라는 군사적 동맹관계를 맺기에 이른다. 유럽의 평화와 안정을 위해 비스마르크가 반드시 피하고 싶었던 구도였으나 상황은 정반대로 나아가고 있었다.

그러한 국면 하에서, 1914년 여름, 발칸반도, 보스니아-헤르체고비나의 수도 사라예보에서 발생한 오스트리아-헝가리제국 황태자 프란츠 페르디난트(Franz Ferdinand)의 암살 사건은 인류를 미증유의 비극으로 몰고 갈 제1차 세계대전의 직접적 계기가 된다. 이를 이해하기 위해서는 발칸반도에서의 갈등과 군사적 대결을 살펴봐야 한다. 1878년에 비스마르크의 중재로 이루어진 베를린회의는 당시 오스만제국의 영토였던 보스니아-헤르체고비나 지역을 오스트리아-헝가리제국이 점령할 권리를 부여했다. 이러한 이권은 발칸반도에 대해 이해관계를 가지고 있던 러시아가 독일에 대한 불만을 갖게 한 직접적 요인이 되었다. 보스니아-헤르체고비나로의 진출을 통해 해양(아드리아해) 진출을 원했던 세르비아 왕국은 필연적으로 오스트리아-헝가리 제국과 충돌할 수밖에 없었다. 두 나라의 정치적 갈등은 1912년에 발발한 제2차 발칸 전쟁으로 한층 더 격화되었다. 1912년 오스트리아-헝가리 제국은 세르비아의 해양 진출을 막기 위해 오스만 제국의 지배하에 있던 이슬람 국가 알바니아의 독립을 지지했다. 세르비아와 오스트리아-헝가리 제국 간의 고조하는 갈등은 세르비아가 후원하는 테러리스트 단체의 한 청년이 황태자를 암살하는 사건으로 비화되었고, 그것은 곧 세계 대전의 발화점으로 작용했다. 이 사건을 놓고 오스트리아-헝가리 제국은 세르비아를 확실히 제압하고자 했다. 오스트리아는 세르비아에게 암살에 관여한 모든 자를 처벌하고, 모든 반(反) 오스트리아 단체의 해산과 그와 관련된 관리를 파면하고, 사건 조사에 오스트리아 관리의 참여를 허용할 것을 내용으로 하는 최후통첩을 보냈다. 이러한 굴욕적 요구는 세르비아만이 아니라 세르비아를 지원하는 러시아의 분노를 불러 일으켰다. 이러한 상황에서 오스트리아는 세르비아가 최후통첩의 수용을 거부함에 따라 전쟁이 일어날 가능성에 대비해 동맹국 독일의 군사적 지원을 약속받았다. 독일은 전쟁의 위험을 예상하면서도, 러일전쟁에서 패배한 러시아가 충격에서 벗어나기 전에 전쟁을 하는 것이 유리하다고 판단했다. 러시아에는 범슬라브주의와 결합한 반 오스트리아, 반 독일 정서가 부상하고 있었다. 한편, 러시아의 동맹국 프랑스로서도 러시아의 패배를 방기하는 것은 독일이 유럽의 패권국가로 부상하는 것

을 방임하는 결과를 초래할 것이라고 판단하면서 전쟁을 준비하고 있었다.[8]

세르비아는 오스트리아의 최후통첩 수용을 거부했고, 이에 오스트리아는 1914년 7월 28일 선전포고를 했다. 그로부터 이틀 뒤 러시아도 전군 동원령을 내렸다. 8월 1일 러시아에, 8월 3일 프랑스에 선전포고를 한 독일은 벨기에를 점령한 뒤에 프랑스를 제압하고 이어서 러시아로 향한다는 전략을 세우고 8월 4일 벨기에를 침공했다. 그러나 이는 벨기에와 동맹을 맺고 있던 영국을 자극했다. 영국은 벨기에의 중립을 존중한다는 확약을 요구하는 최후통첩을 독일에게 보냈지만 독일은 응답하지 않았고, 결국 영국이 참전했다. 1914년 여름 전쟁이 시작되었지만 대서양 저편의 미국은 영국, 프랑스 등의 연합국에게 물자를 지원하는 소극적 태도로 일관했다. 하지만 1915년 5월, 독일의 무제한 잠수함 작전으로 인한 영국 여객선 침몰로 상당수 미국인이 사망하는 사건이 미국의 참전을 자극했다. 또한 독일은 멕시코가 미국을 자극하게 함으로써 미국의 참전을 억제한다는 전략을 기획했는데, 그러기 위해서는 멕시코와의 동맹이 필수적이었다. 독일은 미국에 빼앗긴 영토를 회복케 해준다는 약속을 통해 동맹을 맺고자 했는데, 관련된 문서가 공개되면서 이에 분노한 미국이 1917년 4월 참전했다.

독일의 패배는 예상된 것이었지만 그 시기는 생각보다 빨랐다. 여기에는 미국의 참전과 같은 외적 요인이 있었지만, 독일 내부의 정치적 상황이 중요하게 작용했다. 1918년 여름에 접어들면서 독일에는 패전

8 하워드, 『제1차 세계대전』, pp. 30–39.

이 불가피하다는 여론이 조성되고 있었고, 급기야 10월 초부터 휴전 교섭이 진행되기 시작했다. 그러한 전환 국면에서 매우 모순적 상황이 발생했는데, 해군지도부가 실패할 것이 명백한데도 영국 함대에 맞서 전투를 벌이기로 결정한 것이다. 병사 일부가 그 계획에 반대하면서 폭동을 일으켰고 그들을 체포한 군부는 사형선고로 위협했지만, 그러한 소식을 들은 동료 병사들이 킬 시에서 또 다른 대규모 폭동을 일으켰다. 11월 초, 폭동으로 촉발된 혁명의 에너지는 독일의 여러 지역으로 퍼져나갔다. 군대는 병사평의회를, 공장은 노동자평의회를 조직해 도시의 질서를 만들어나갔다. 11월 9일 베를린이 군대와 노동자에 의해 장악 되면서 노동자들의 총파업이 일어났고 종전 요구가 분출했다. 의회 다수세력 사회민주당은 독일 공화국이 출범했음을 선포했다. 혁명 소식을 들은 빌헬름 2세는 휴전을 체결하고 군대를 동원해 혁명세력을 물리칠 수 있다고 생각했으나 총사령부가 소집한 지휘관 회의는 황제의 그러한 의도에 정반대의 결론을 내렸다. 그들은 혁명세력에 맞서 황제를 보위할 의지가 없었던 것이다. 결국 황제가 네덜란드로 망명하면서 독일은 더 이상 전쟁을 수행하기가 불가능한 현실에 부딪혔다.[9] 1918년 11월 11일, 휴전협정이 발효되면서 엄청난 피해와 인명의 희생을 초래한 전쟁이 끝났다.

이듬해 1월 18일, 파리에서 강화회담이 열렸다. 이 회담에서 패전국들은 상당한 규모의 영토를 빼앗겼을 뿐만 아니라, 오스트리아-헝가리 제국과 오스만 제국은 해체의 수순을 밟아야 했다. 그해 6월 28일 체결된 베르사유 조약으로 독일은 막대한 수준의 전쟁 책임을 받아들

9 하프너, 『비스마르크에서 히틀러까지』, pp. 154-162.

여야 했다. 자국 영토의 상당 부분을 프랑스, 벨기에, 덴마크, 폴란드 등에 할양해야 했는데, 특히 1870년 프랑스-프로이센 전쟁으로 획득한 알자스-로렌 지방을 프랑스에 다시 반환해야 했던 것은 독일에게는 굴욕 그 자체일 수밖에 없었다. 독일 군대 또한 큰 규모로 축소되어야 했다. 육군과 해군을 합쳐 10만 명 이하로 제한하며, 항공 전력은 지닐 수 없게 되었다. 보유하고 있던 대포, 장갑차, 함선 등을 연합국에 양도해야 했고, 라인강 서쪽 지역의 비무장화를 받아들여야 했다. 또한 독일은 당시의 경제수준으로는 감당하기 힘든 전쟁배상금을 지불해야 했으며, 아프리카 지역 자국의 식민지를 포기해야 했다. 전승국은 인류를 파국으로 몰고 갈 전쟁 가능성을 원천적으로 방지하기 위해 과거의 세력균형원리와는 근본적으로 다른, 집단안보원리에 입각한 국제연맹(League of Nations)을 수립했다.

파리에서 강화회담이 열리고 있던 1919년 1월, 독일 공화국의 의회선거가 바이마르(Weimar)에서 열리고 의회가 구성되었다. 의회가 그 해 8월 공화국 헌법을 제정함으로써 바이마르 공화국이 탄생했다. 사회민주당, 도이치 민주당, 중앙당의 연합 정권이 이끄는 공화국에게는 전승국이 부과한 전쟁 배상금을 포함해 전후 독일의 위기 극복이 과제로 부여되었다. 공화국 초기 경제는 엄청난 인플레이션으로 인해 붕괴 우려를 피할 수 없었고, 프랑스에 대한 전쟁 배상금 지불을 이행할 수 없는 상황에 이르렀다. 결국 1923년 프랑스 군대가 독일의 루르 산업지대를 점령하는 사태까지 감수해야 했다.[10] 1925년에 선출된 힌덴부르

10 하프너, 『비스마르크에서 히틀러까지』, pp. 180-181.

크(Paul von Hidenburg) 대통령 통치 하에서 경제 회복을 달성하면서 공화국은 안정기로 접어드는 듯했지만, 1929년 미국에서 시작되어 전 세계를 휘몰아친 공황으로 인해 다시 위기가 찾아왔다. 대공황은 독일에 투자한 외국자본의 급속한 철수를 가져왔고 독일 산업에 중대한 타격을 주었다. 공장은 문을 닫았고, 실업자 또한 1929년 현재 6백만에 달했으며, 무역규모 또한 135억 마르크에서 57억으로 급감했다.[11] 통제 불가능한 경제사회적 파국이 도래한 것이다.

이와 같은 대내외적 위기에 편승해 독일에는 경제적으로 고통 받는 대중들의 매력적 대안으로 민족주의와 국가가주의 결합체인 파시즘(fascism)이 부상하기 시작했다. 심각한 국가적 위기를 돌파하기 위해 총리는 의회를 해산했으며, 1930년 9월에 의회선거가 열렸다. 이 선거에서 히틀러가 이끄는 '민족사회주의 독일 노동자당'(Nationalsozialistische Deutsche Arbeiterpartei, Nazi)이 107석으로, 제2당으로 부상했다. 당시 독일 사회는 1차 대전 패전과 전승국이 부과한 너무나도 무거운 전쟁 책임으로 인해 좌절감과 분노에 사로잡혀 있었고, 그러한 집단적 심리는 독일 민족주의에 대한 신비주의적 열광으로 이어졌다.[12] 히틀러(Adolf Hitler)와 그가 이끄는 정당이 독일의 영광을 구현할 민족주의 영웅의 이미지로 떠올랐다. 그는 "무시무시한 웅변 능력, 잔인함, 가혹함, 단호함, 사람을 깜짝 놀라게 만드는 능력, 어려운 상황에서 예상치 못

11 배영수, 『서양사 강의』, p. 425.

12 G. L. Mosse, "The Mystical Origins of National Socialism", *Journal of the History of Ideas*, vol. 22, no. 1, 1961.

한 탈출구를 찾아내는 재능 등을 갖춘"[13] 사람으로 각인되었다.

1932년 6월, 브뤼닝(Heinrich Brüning)에 이어 우파 정당 중앙당 의원인 파펜(Franz von Papen)이 총리에 올랐다. 그는 권좌에 오르자마자 의회를 해산했다. 7월의 의회선거에서 나치당이 유권자의 37%의 지지를 받아 제1당으로 올라섰다. 하지만 다른 정당들이 나치당과의 연정을 거부하면서 내각 구성이 실패하자 그 해 11월 다시 의회 선거가 열렸다. 선거 결과 나치당이 여전히 제1당을 유지했지만 내각 구성에 어려움을 겪자 힌덴부르크 대통령은 비상대권에 의거, 슐라이허(Kurt F. von Schleicher)를 총리에 임명하고자 했다. 하지만 전 총리 파펜이 자신의 정치적 이해관계 속에서 히틀러를 총리로 임명할 것을 요구했고, 결국 대통령은 이를 수락했다. 히틀러는 1933년 2월에 총리로 임명되자 의회를 해산했다.

선거를 앞둔 1933년 2월 27일, 독일 의회 건물 화재사건이 발생했다. 히틀러는 이를 공산당의 방화로 몰아가면서 공산당 탄압을 위한 조치를 취했다. 그는 대통령을 설득, 긴급명령권을 발동해 헌법을 정지한 상태에서 공산당을 포함 좌파 정치인들을 체포했다. 적지 않은 공산당 정치가들이 참여할 수 없는 상황 속에서 치러진 선거에서 나치당은 43%의 지지율로 1당을 유지했다. 나치당은 연정 파트너인 국가인민당과 중앙당의 지지를 받아 '전권위임법'을 통과시켰다. 이제 의회로부터 입법권을 위임받아, 내각이 자신의 의지대로 법률을 제정할 권한을 갖게 되었다. 히틀러는 1934년 8월 2일, 사망한 힌덴부르크 대통령 권

13 하프너, 『비스마르크에서 히틀러까지』, p. 211.

한대행을 맡았고, 곧 이어 국가원수, 정부 수반, 당의 최고 지도자 권력을 통합한 총통의 자리에 오른다. 히틀러 독재의 서막이 열리는 순간이었다.

절대 권력을 장악한 히틀러는 독일국민들로부터 열렬한 지지를 받았다. 그것은 그가 이룩한 경제, 군사, 외교적 성과 때문이었다. 히틀러는 완전고용으로 불릴 만큼 독일 국내 경제를 활성화시켰으며, 군비확장을 통해 독일 군대의 지지를 확보했다. 그리고 국제연맹을 탈퇴하고 승전국과 맺는 조약을 자의적으로 파기하는 등의 조치를 취했는데, 그와 같은 공격적 외교는 분명 1차 대전 패전의 굴욕감에 사로잡힌 독일인에게 절대적 지지를 받을 만한 결과였다.[14]

히틀러는 게르만족의 전 지구적 확장을 꿈꾸었는데, 그것은 곧 인구증가와 농지가 서로 유기적인 관계를 맺으면서 만들어질 민족주의 프로젝트였다. 히틀러는 광활한 러시아를 프로젝트를 실현할 땅으로 생각했는데, 그러자면 불가피하게 전쟁이 수반되어야 했다. 히틀러는 왜 독일이 1차 대전에서 왜 패배했는지를 면밀히 검토하면서 또 한 번의 전쟁을 준비해나갔다.[15] 그것은 베르사유 체제를 무너뜨리는 데서 시작했다.

1933년 10월, 국제연맹을 탈퇴한 독일은 1935년 3월에 재 군비화를 선언하고 이듬해 3월에는 라인란트(Rhineland) 비무장지대로의 진주라는 군사적 도발을 감행함으로써 로카르노 조약을 파기해버렸다. 로

---

14 하프너, 『비스마르크에서 히틀러까지』, pp. 246–248.

15 제러드 L. 와인버그, 홍희범 옮김, 『제2차 세계대전사』, 길찾기, 2016, pp. 50–51.

카르노 조약은 독일, 프랑스, 벨기에, 이탈리아 간에 체결된, 협정국들의 국경 침범을 금지하고 상호분쟁의 평화적 해결을 선언한 협정이었다. 독일이 침공한 라인란트는 프랑스, 벨기에, 독일, 네덜란드가 둘러싸고 있는 군사 요충지로 1차 대전 종전 이후 연합군이 진주하면서 비무장지대가 된 곳이었다. 연합군은 1930년에 그곳에서 철수했는데, 그것은 로카르노 조약 준수의 명시적 의사 표시였다. 유럽의 평화를 위한 실제적이고 상징적인 지역 중의 하나인 라인란트의 독일 진주는 전쟁의 전주곡이었다.

이어서 독일은 1936년에, 1940년까지 전쟁이 가능한 수준으로의 군비 증강을 위한 4개년 계획을 세웠고, 스페인 내전에서 파시스트인 프랑코(Francisco Franco)를 군사적으로 지원하고, 스페인의 게르니카 지역을 대상으로 전투기 폭격을 감행해 도시 전체를 초토화시켰다. 1938년 3월에는 독립 국가를 꿈꾸던 오스트리아로 진군해 합병해버렸다. 그러나 독일의 야욕은 이에 그치지 않고 체코슬로바키아의 수데텐란트(Sudetenland)에 거주하는 3백만 독일인들의 민족자결과 독일로의 귀환을 명분으로 내세워 군사적 대결 분위기를 조성했다. 유럽에서 또 한 번의 전쟁을 두려워한 영국은, 독일에게 수데텐란트를 할양하도록 체코슬로바키아를 설득했다. 히틀러는 체코슬로바키아의 다른 영토를 넘보지 않는다는 조건에 동의했으나 그것은 공허한 약속이었다. 독일군은 1939년 3월, 체코슬로바키아에 진군해 수도를 점령했다. 그리하여 독일은 동·중부 유럽 진출을 위한 전략적 교두보를 확보했다. 체코슬로바키아를 해체한 독일군은 폴란드 내 독일인들의 민족자결을 주장하면서 군사적 침공의 새로운 빌미를 만들어냈다. 히틀러의 끝없는 요구에 영국과 프랑스 등 연합국 내에서는 그 동안의 유화정책에 대한 비판의 소리가 높아졌다. 그와 같은 여론에 밀려 양국은 폴란드에 대한 군사적 원조를 약속했다. 하지만 독일은 예정대로 1939년 9월 폴란드를 침공했다. 이틀 뒤인 9월 3일 영국과 프랑스가 독일에 선전(宣戰)함으로써 유럽은 또 한 차례 엄청난 전쟁의 소용돌이에 휩싸이게 된다.

1500만여 명의 목숨을 빼앗은 제1차 세계 대전이야말로 20세기 최대의 비극이었지만 제2차 세계대전은 그것을 능가했다. 단순히 양적인 차원에서만 보더라도 3500만 내지 5000만 명 이상의 인명이 희생되었다. 그에 더해 2차 대전은 원자폭탄이라는 전대미문의 핵무기를 선보임으로써 끝나지 않을 전쟁의 고통을 각인시켜주었다. 또한 2차 대전은 나치즘이 벌인 초유의 범죄인 유대인 학살을 자행한, 그 점에서 가장 반인륜적인 전쟁이었다는 평가에 가장 부합하는 비극적 역사였다.

2. 히틀러와 홀로코스트

나치즘의 지도자 히틀러는 근본적으로 순혈주의자였고 인종주의자였다. 그는 하나의 혈통에 기반을 둔 단일국가가 가장 아름답고 이상적이라는 믿음의 소유자였다. 독일과 오스트리아가 하나의 대(大)독일로 복귀해야 한다는 신념을 지니고 있었던 히틀러는 두 나라의 통일을 경제적인 이유가 아니라 혈연민족주의 차원에서 당위적인 것으로 바라보았다. "동일한 피는 공통된 국가를 요구한다. 자기 자식들을 단일국가에 살도록 하지 못한다면 독일 민족은 식민정책 활동에 대한 도덕적 권리를 가질 수가 없다"[16]고 그는 주장했다.

히틀러의 그와 같은 극우 민족주의 이데올로기 형성과 관련해 우리는, 오스트리아인으로 태어났으면서도 오스트리아를 경멸해마지 않았던 그의 정치적 태도를 살펴보아야 한다. 화가의 원대한 꿈을 안고 빈으로 왔지만 그는 입학시험에 합격하지 못했고, 교수의 권유로 마음먹은 건축가의 꿈마저도 접어야 했다. 실패하기 전의 빈은 아름다운 도시였지만, 자신을 거부하는 수도 빈은 그에게 가장 비참한 시절을 되씹게 하는, 우울한 생각을 불러일으키는 도시에 불과했다. 예술가의 꿈을 접어야 했던 히틀러에게서 빈은 정치적으로 해석될 장소로 변질되어 버렸다. 그는 5년 간 보조 공원으로, 그리고 3류 화가로 궁핍한 생활을 하면서 그 기간 동안 많은 책을 읽었고, 그로부터 자신의 세계관을 형성했다고 스스로 밝히고 있기 때문이다.

히틀러에게서 빈은 가장 뒤처진 도시, 부와 빈곤이 뚜렷이 대비되는 도시, 다민족이 혼재하는 무질서의 도시로 비춰졌다. 오스트리아와 빈에 절망했다. 그는 내면적 공허함에 빠진, 인종적 뒤섞임을 방치하는 오스트리아를 독일 민족의 미래에 대한 장애물이라 생각하며 경멸했다. "이 나라의 수도에서 볼 수 있는 인종집단은 나에게 불유쾌했으며, 체코인, 폴란드인, 헝가리인, 루테니아인, 세르비아인, 크로아티아인 등 여러 민족의 혼효(混淆)는 욕지기나는 것이"라고 히틀러는 회상했다. 하지만 그 피의 뒤섞임에서 가장 불쾌한 존재는 "인류의 영원한 박테리

16 아돌프 히틀러, 서석연 옮김, 『나의 투쟁: 상』, 범우사, 2021, p. 24.

아"[17]라고 스스로 묘사한 유대인이었다. 빈은 유대인에 대한 히틀러의 모호한 거부감이 명확한 적대감으로 그리고 궁극적으로 반유대주의로 고착화하는 데에 결정적인 영향력을 미친 도시였다. 빈에 오기 전까지, 보다 정확히 말하자면 빈에서의 삶이 시작된 초기까지 유대인에 대한 히틀러의 태도는 그렇게 심각하지 않았다. 그것은 종교적인 이질감 이상의 문제가 아니었다. 그러나 점차적으로 그는 반유대주의자가 되어 갔다. 자주 보아온 유대인의 종족적 이질감은 다른 종족들의 그것보다 그에게 한층 더 두드러져보였다. 그에게서 유대인은 민족주의자이건, 자유주의자이건 본질적으로는 자신들을 선민으로 의식하는, "불명예스럽기 짝이 없는 사명"[18]으로 스스로를 감싸고 있는 존재들이었다.

이질적 종족들이 들어차 있는 도시, 가장 역겨운 존재라고 생각되는 유대인이 거주하는 도시 빈에 히틀러는 충성을 바칠 수 없었다. 그는 그로부터 유래하는 자기 내면의 정치적 아이러니를 감추려 하지 않았다. 그는 "나의 심장은 결코 오스트리아 왕국을 위해서가 아니고 언제나 오직 독일제국을 위해 고동치고 있었으므로 나로선 이 국가의 붕괴 시기가 독일 민족의 구제가 시작될 때라고밖에 생각되지 않았다"[19]고 말했다. 그의 꿈은 "내 사랑하는 고향이 내 조국 독일제국에 합방되는 일을 할 수 있는 지위에 앉아 일할 수 있게 되"[20]는 것으로 변모했다.

마침내 히틀러는 독일에 안착했다. 1912년에 도착한 도시 뮌헨은

---

17 히틀러, 『나의 투쟁: 상』, p. 188.

18 히틀러, 『나의 투쟁: 상』, pp. 98–100.

19 히틀러, 『나의 투쟁: 상』, p. 188.

20 히틀러, 『나의 투쟁: 상』, p. 189.

너무나도 달랐다. "빈과 비교해서 얼마나 다른가! 그 다종족 바빌론 도시를 생각만 해도 속이 메스꺼웠다"[21]고 히틀러는 회상했다. 1차 대전이 발발하자 히틀러는 독일군에 자원입대했다. 입대 허가 통지를 받은 히틀러의 마음은 "환희와 감사"[22]로 충만했다.

전쟁이 끝난 뒤 히틀러는 독일 노동자당(Deutsche Arbeiter Partei)에 입당하면서 정치인의 길을 가기 시작했다. 그는 당내에서 가장 유능한 연설가가 되면서 두각을 나타냈다. 히틀러는 1920년 2월 24일, 수천의 사람들 앞에서 자신과 자신의 동지들이 지향하는 정치운동세력에 새로운 이름을 부여했다. '민족 사회주의 독일 노동자당', 나치당이다. 히틀러는 민주공화제 타도와 독재 정치 강행, 베르사유 조약 타도, 민족주의와 반유대주의 그리고 백화점과 다국적 기업의 공격 등을 포함한 25개 조항으로 된 나치당의 강령을 발표했다.

앞서 살펴본 것처럼, 바이마르 공화국이 맞닥뜨려야 했던 혼란과 갈등과 암울한 미래는 신생 정치세력 나치당이 국민적 지지를 받고 빠른 속도로 정치적 패권을 장악하는 직접적 환경을 조성해주었다. 패전 이후 독일사회는 어디를 둘러봐도 희망을 찾아볼 수 없는 상태였다.

> 불운의 바이마르 공화국은 1918년 이후 독일인의 민족적 자존심이 상할 대로 상한 가운데 수립되었다. 예상치 못한 제1차 세계대전의 패배, 황제의 퇴위, 공산주의 혁명의 위협, 굴욕적인 베르사유 조약, 그리고 서방 연합국에 지불해야 하는 엄청난 배상금

---

21 히틀러, 『나의 투쟁: 상』, p. 192.

22 히틀러, 『나의 투쟁: 상』, p. 240.

이 독일인들의 마음을 무겁게 짓눌렀다. 이러한 정치적, 경제적 혼란에 대한 두려움으로 이익을 본 쪽은 공화국 반대자들, 특히 민족주의적 우익 인사들뿐이었다. 이들은 바이마르 공화국 정부가 '전쟁 책임'을 고스란히 떠맡은 이 조약에 서명했다고 맹비난했고, 상당한 영토의 상실, 군대 감축의 '불명예' 그리고 외국 차관의 종속에 대한 정부의 책임을 집중적으로 성토했다. 1919년에 공산주의자를 강제적으로 진압하며 위기를 넘긴 이 정부는 1923년에 들어서는 높은 인플레이션에 다시 한 번 휘청거렸다. 곧 이어 터진 통화 붕괴는 노동계급뿐만 아니라, 평생 모은 저축을 한 순간에 날린 많은 독일 중산층에게도 엄청난 타격을 주었다.[23]

정치가 히틀러는 사회적 혼돈을 겪고 있는 패전국 독일의 문제를 심각하게 고민했고 진단했다. 이제 히틀러는 개인적 체험에서 견고한 믿음으로 굳어진 유대인에 대한 적대와 혐오의 감정을 독일 국가의 미래에 관한 정치적 고민과 결합하면서 반유대주의에 기초한 극우 민족주의 이념을 주조해나갔다. 히틀러와 그를 지지하는 극우 민족주의자들에게는 다음과 같은 논리가 설득력을 얻고 있었다. 독일의 패전이 병사들과 노동자들의 공산주의 혁명에 따른 내부 분열 때문이라면 그것은 명백히 유대인과 무관하지 않은 것이다, 왜냐하면 사회주의와 공산주의 혁명을 시도한 인물들의 상당수 그리고 1917년 러시아 혁명을 주도한 적지 않은 수의 지도자들이 유대인이었기 때문이라는 논리다. 당시, 러시아 공산주의 혁명이 유대인의 세계 지배 계획의 일부라는 음모

23 로버트 S. 위스트리치, 송충기 옮김, 『히틀러와 홀로코스트』, 을유문화사, 2004, p. 61.

론으로 퍼지기도 했다.[24] 또한 자신들의 경제적 이익을 위해서는 암시장 거래든, 투기든 무엇이든 서슴지 않는 유대인들로 인해 바이마르 공화국이 경제적 위기를 겪은 것이라는 소문이 파다했다.[25]

결국, 히틀러는 독일이 자신의 미래를 위해 고민해야 하는 궁극적 문제는 인종문제, 구체적으로는 유대인 문제라고 판단했다. 그러나 바이마르 공화국의 정치가들은 그것을 심각하게 고민하지 않았다고 히틀러는 비판했다. 히틀러는 "만일 우리들이 독일 붕괴의 모든 원인을 우리 자신의 눈으로 검토한다면 최후의 그리고 결정적인 원인으로서 인종문제, 특히 유대인의 위험을 인식하지 않았다는 사실이 남을 것이다"[26]라고 말했다.

독일의 미래와 관련해 히틀러의 나치당이 내세운 가장 중요한 강령은 "하나의 대독일 속에 모든 게르만족을 통합하는 것"[27]이고, 그 순수한 혈통의 게르만족이 가장 넓은 영토를 차지해 지구적 번영을 구가하는 것이었다. 그러한 민족적 기획을 꿈꾼 히틀러에게서 가장 큰 두려움은 독일민족이 다른 민족과 피를 섞는 일이다. 피의 뒤섞임을 방치해서는 안 된다. 혼혈은 곧 종족의 종말이기 때문이다. 여기서 유대인의 피가 섞이는 일은 한층 더 심각한 것이었다. 유대인은 악마, 인류에게 해를 끼치는 종족, 폐결핵처럼 악성 균을 퍼뜨리는 존재들이기 때문이

---

24 윤용선, 「러시아 10월 혁명과 독일 반유대주의: '유대 볼세비즘'을 중심으로」, 『전국서양사 연합 학술발표논문집』, 2007, p. 1.

25 위스트리치, 『히틀러와 홀로코스트』, p. 63.

26 히틀러, 『나의 투쟁: 상』, p. 467.

27 위스트리치, 『히틀러와 홀로코스트』, p. 65.

다.[28] 또한 유대인은 매우 특이한 종족적 특성으로 말미암아 게르만족의 미래 나아가 생존 그 자체를 위협할 수 있기 때문이다.

> 아리안 인종과 가장 대조적 입장을 취하고 있는 것은 유대인이다. 세계의 어느 민족도 이른바 '선택된' 민족 이상으로 자기 보존 충동이 강하게 발달하고 있지 않다. 여기에 대한 가장 좋은 증거로는 이 인종이 존재하고 있다는 단순한 사실만으로 이미 충분하다. 지난 2천 년 동안 내면적 소질이나 성격 등이 유대인만큼 조금 밖에 변화하지 않은 그런 민족이 어디 있는가? 마지막으로 어느 민족이 이보다 더 큰 파란을 체험했는가? 또 어느 민족이 그럼에도 항상 동일 민족으로서 인류의 놀랄만한 파국 속에서도 변하지 않고 헤쳐 나왔는가? 이러한 사실이 생명에 대해, 종의 보전에 대해 얼마나 백절불굴의 의지가 있었는가 하는 것을 증명한다![29]

"지적이고 창조적인"[30] 아리안 민족이 이기주의에 빠져 국가의 붕괴를 방기하고 있던 반면에 유대인은 그 반대편에서 자신들의 혈통적 동일성과 종족적 단일성을 지키기 위해 위기를 극복하는 끈질김을 보여왔다. 그 점에서 히틀러의 눈에 유대인은 독일인의 종족적 미래에 가장 강력한 위협이 될 존재들이었다.

이러한 정치인식론 위에 선다면, 좌절과 굴욕과 절망에 빠진 게르만인의 미래를 밝힐 일과 유대인을 절멸하는 일은 서로 분리된 일일 수 없다. 전쟁은 그 두 과제를 동시에 실현할 수 있게 한다. 즉, 독일인들

28 최창모, 『기억과 편견: 반유대주의의 뿌리를 찾아서』, 책세상, 2004, p. 103.

29 히틀러, 『나의 투쟁: 상』, p. 429.

30 히틀러, 『나의 투쟁: 상』, p. 419.

이 자신들의 혈통적 순수성과 존재를 위협할 유대인들을 지구상에서 근절하고 자신들의 번영을 구가할 광대한 영토를 확보하기 위해 당위적으로 실천해야 하는 일이 전쟁이었다. 나치당은 이와 같은 민족적 프로젝트를 표방하면서 바이마르 공화국의 정치 무대에서 빠르게 약진하고 있었다. 히틀러가 총리에 오르는 1933년의 정치적 분위기는 나치당이 대부분 국민들에게 명시적, 암묵적 지지를 받고 있었음을 말해주고 있었다.[31]

사회사상가 슈미트(Carl Schmitt)는 정치의 본질을 동지와 적의 구별이라고 말했다. 그에 따르면 "도덕적인 것의 영역에서 최종적인 구별이란 선과 악이며, 미학적인 것에서는 아름다움과 추함이고, 경제적인 것에서는 이익과 손해, 예컨대 수익성과 비수익성이라고 할 수 있다. [……] 정치적인 행동이나 동기의 원인으로 여겨지는 특정한 정치적 구별이란 적과 동지의 구별"이다. 슈미트에게서 적은 "타인, 이방인이며, 그 본질은 특히 강한 의미에서 낯설고 이질적인 존재라는 것으로 족하다."[32] 적을 세우고, 그 적을 낯설고 이질적인 존재로 구체화하는 일은 혼란과 절망에 빠진 정치사회를 관리해줄 매우 중요한 기제다. 집단적 불만과 고통의 심리를 적에게 투사함으로써 그 부정적 심리가 내부를 향하지 않도록 해주기 때문이다. 히틀러와 나치당이 조형한 적으로서 유대인들은 그와 같은 정치적 효과를 위해 동원되어야 할 운명이었다.[33]

---

31 김기홍, 「히틀러의 민족사회주의 정책에 대한 기독교회의 태도」, 『신앙과 학문』 25(2), 2020, p. 156.

32 칼 슈미트, 김효전 · 정태호 옮김, 『정치적인 것의 개념』, 살림, 2012, p. 39.

33 김종영, 「히틀러 연설에 나타난 반유대주의」, 『독어학』 20권, 2009, p. 45.

나치즘의 깃발 아래 독일인의 정치사회적 불만을 해소하고 내적인 차원에서 통합으로 이끌기 위한 파시즘적 열망에서 유대인은 다른 어떤 정치적 이방인보다 더 유혹적 대상이 될 법했다. 그것은 오랜 시간 이산(diaspora)의 역사 속에서 이방인으로 살아야 했던 유대인에 대한 유럽인들의 부정적 인식이 넓고 깊게 형성되어 있었기 때문이다. 독일의 경우, 이미 1871년 독일제국이 성립할 때부터 유대인에 대한 반감이 강하게 유포되어 있었다. 1870년대 경제 불황이 직접적 원인이었다[34]고는 하지만, 주지하는 것처럼, 독일 지역에서 반유대주의 역사는 매우 오랜 기원을 갖는데, 가령, 유대인에 대한 루터의 평가는 매우 혹독했다는 사실을 말할 수 있다. 루터는 유대인들을 "유령으로 둔갑하거나, 이단이거나, 육욕에 불타거나, 마술을 부리는 불순 세력으로 간주되었다"[35]고 했다.

유대인에 대한 부정적 이미지는 사실 중세로부터 거의 유럽 전역에 걸쳐 서서히 형성된 것으로 봐야 하는데, 그들은 흑사병의 주범으로 여겨지기도 했고, "기독 세계의 멸망을 비밀리에 획책하는 흡혈귀 같은 고리대금업자, 악령의 주술사, 신성 모독자, 예수의 불구대천, 그리고 악마의 사자로 묘사되었다."[36] 오랜 기원을 갖는 반유대주의는 19세기 유럽이 배타적인 자민족 중심주의와 제국주의로 이행하는 흐름 속에서 한층 더 강력한 정치적 적대의 형식으로 만들어진다. 유럽에서 최초로 유대인에게 시민권을 부여한 프랑스혁명으로 수립된 근대 프랑스

34 김종영, 「히틀러 연설에 나타난 반유대주의」, p. 46.

35 위스트리치, 『히틀러와 홀로코스트』, pp. 36–37.

36 위스트리치, 『히틀러와 홀로코스트』, p. 35.

에서마저도 – 드레퓌스 사건이 말해주듯이 – 맹목적인 반유대주의 정치가 휘몰아쳤던 것이다. 독일에서 극우 민족주의가 극성을 부리고 히틀러의 나치당이 정국을 지배하는 1930년 초반에 이르러서는 독일만이 아니라, 영국, 폴란드, 이탈리아, 루마니아, 헝가리 등 유럽의 곳곳에서 유대인에 대한 탄압이 노골적으로 자행되기 시작했다. 유대인에 대한 폭력이 일어났고 대학에서 유대인 학생을 고립시키는 게토 좌석이 만들어졌고, 유대인들의 직업 선택상의 제한조치가 취해졌다. 이러한 상황 속에서 "유대인들은 자신들이 어렵게 얻은 시민권과 정치적 권리를 다시 빼앗으려는 이러한 범 유럽적인 경향에 대해 점차 대항할 힘을 잃어갔다. 유럽인들은 광범위한 차별 조항을 통해 유대인이 교육과 경제 부문에서 기회를 갖지 못하도록 단단히 압력을 가함으로써 결국에는 유대인들이 대량으로 이주할 수밖에 없도록 유도했다."[37]

유럽에서 반유대주의 분위기가 확산·강화되고 있던 당시의 흐름은 유대인들을 추방하거나 절멸하려는 히틀러의 극단적 민족주의 프로젝트가 큰 어려움 없이 진행될 수 있는 외적 여건이 되었다. 국가권력을 완전히 장악한 나치는 다양한 법률 제정과 정치적 조치들을 통해 유대인을 억압하려 했다. 몇 가지 예를 들면, 1933년 4월의 '공무원 복권법'을 통해 유대인 출신 관료들을 공직에서 쫓아냈으며, 같은 해 같은 달에 통과된 '독일 학교와 대학교의 만원 방지법'을 적용해 교육기관에서 유대인의 비율을 제한했고, 1933년 10월에는 '편집인법'을 제정해 언론에 종사하는 유대인을 축출했다. 5개월 전인 1933년 5월에는 지도

37 위스트리치, 『히틀러와 홀로코스트』, pp. 50–51.

적 유대인 작가들의 책을 전국적으로 검열하면서 유대인에 대한 적대감을 한층 더 자극했다. 이러한 탄압 조치들로 인해 1933년 말 현재, 독일 유대인의 10% 가량이 독일을 떠나 다른 나라로 이주했다.[38] 1935년 5월에는 유대인들을 국방 의무에서 제외하는 법률을 제정함으로써 독일인과 유대인을 완전히 이질적인 존재로 만들어버렸다. 그러한 정치적 구별의 정점에서 1935년 9월, '뉘른베르크 인종법'이 탄생한다. 이 법률은 '독일인의 피와 명예를 지키기 위한 법'(Gesetz zum Schutze des deutschen Blutes und der deutschen Ehre)과 '제국시민법'(Reichsbürgergesetz)이라는 두 하위 법률로 구성되어 있었다. 그런데 여기서 중요한 사실은 뉘른베르크 인종법의 적용을 받은 '유대인', 독일 민족의 삶과 번영을 위협하는 적의 실체로서의 그 유대인이 누구인가를 명확하게 할 필요가 있었다는 점이다. 유대인의 정의에 대한 논의는 1933년부터 진행되어 왔고 1935년에 이르러 그 명확한 범주가 만들어졌다.

> 첫째, 조부모 중에서 최소한 3명이 유대인인 자(완전 유대인과 3/4유대인)는 유대인이다. 둘째, 조부모 중에서 2명이 유대인인 자(절반유대인)가 1) 1935년 9월 15일 현재 유대교 공동체에 속하거나, 그 후의 시점에서 유대교 공동체에 가입한 자, 혹은 2) 1935년 9월 15일에 유대인과 혼인상태에 있거나 그 후의 시점에 유대인과 결혼한 자, 혹은 3) 독일의 혈통 및 명예 보호법이 발효된 시점(1935년 9월 15일) 이후에 3/4 유대인 및 완전 유대인과의 혼인에서 태어난 자, 혹은 4) 3/4유대인 및 완전유대인과의 혼인관계에서

38 위스트리치, 『히틀러와 홀로코스트』, p. 88.

1936년 7월 31일 이후에 태어난 자 등이 유대인으로 분류되었다.[39]

뉘른베르크 인종법을 구성하는 두 하위 법은 이러한 정의에 입각해 유대인을 확인하고 억압했다. 순수 독일혈통을 수호하기 위해 제정된 '독일인의 피와 명예를 지키기 위한 법'은 유대인과 독일인의 결혼 금지(1조)를 필두로, 둘 사이 일체의 성적 관계도 금지(2조)하고 있었고, 유대인에 의한 독일인 여성 가정부(45세 이하) 고용 금지(3조)와 독일 국기 게양 금지(4조)를 규정했다. 이와 같은 규정, 특히 1조를 위반할 경우 강제노동형에 처한다(5조)고 법률은 명시하고 있다. 다음으로 '제국 시민법'은 글자그대로 독일 제국의 시민권 자격을 규정한 법률로서 제2조 1항은 "제국 시민은 독일 국민 혹은 독일 혈통으로, 독일 국민과 독일을 위해 충실히 봉사하기 위해 기꺼우면서도 적절히 행동하는 사람을 지칭한다"라고, 제2조 3항은 "제국 시민만이 이 법에 상응하여 모든 정치적 권리를 가지게 된다"고 규정하고 있다. 정치적 권리를 박탈당한 시민이란 사실상 정치적 비존재와 다르지 않은 바, 유대인은 정치적 사망을 선고받은 것이다.

그러나 유대인 탄압은 그와 같은 정치적, 법적 배제만으로 끝나지 않았다. 독일 사회 내 유대인의 일상적 삶 자체에 대한 근본적인 제약과 구속을 위한 법률과 제도적 장치들이 따라왔다. 이를테면, 1936년 3월부터 다자녀를 둔 유대인 가정에 대한 보조금 지급을 중단했고, 같은 해 10월에는 유대인 교사들이 비 유대인들을 상대로 개인 교습을

39 라울 힐베르크, 김학이 옮김, 『홀로코스트: 유럽 유대인의 파괴 1』, 개마고원, 2008, p. 125.

하는 것을 금지했다. 그리고 1937년 4월부터는 대학에서 유대인들의 박사학위 신청이 금지되었고, 9월에는 유대인 의사들로부터 의료 보험 허가증을 박탈했고, 1938년 7월에는 의료업 개업 허가도 금지했고, 유대인들을 확인하기 위한 특별 식별카드를 도입했다. 다음 달에는 사라나 이스라엘 등, 유대인임을 알려주는 표시로 이름을 추가하는 법령을 공포했고, 11월 중순부터는 유대인 아동들이 독일 학교에 다니는 것을 금지했다.

이러한 공식화된 법률과 제도적 통제가 확산되는 상황과 맞물려, 여러 공적 공간에서도 유대인의 존재를 부정하는 금지들이 만들어졌다. 공공장소에 '유대인 사절'이라는 알림판이, 공원 벤치에는 '아리안만 사용하시오'라는 표식이, 공립 수영장에는 유대인 사용금지 표지판이 붙었다. 1938년 11월에는 '독일경제생활에서 유대인 축출을 위한 법률'이 제정되어 유대인은 소매상점 운영도, 수공업체의 운영도, 시장 등에 상품을 내다 파는 것도 금지되었다. 독일 내 유대인들은 정치적으로만 비존재가 아니라 사회경제적으로도 절대적 비존재로 전락해버린 것이다.

1938년 11월 9일, 파리 주재 독일 서기관 라트(Ernst vom Rath)가 사망했다. 폴란드 유대인 출신으로 폴란드에서 추방당해 파리에서 망명생활을 해야 했던 한 소년에 의한 총격 이틀 만에 사망한 것인데, 이 사건은 나치당의 무자비한 독일 유대인 탄압을 위한 정당화 수단으로 활용되었다. 전국의 유대인 상점이 파괴되고, 유대 교회가 방화의 대상이 되었고, 유대인 기업체와 건축물들이 훼손되고 약탈당했다. 또한 잔인한 폭력으로 유대인 1백 명이 살해되었고, 3만 명이 즉결 재판을 통해 강제 수용소로 보내졌다. '수정의 밤'(Kristallnacht)으로 불리는 이 사건의 역사적 중요성에 대해 위스트리치는 "십자군 전쟁 이후 독일 역사에서 대중들의 반유대주의가 가장 격렬하게 표출된", "홀로코스트로 가는 길목에서 중요한 전환점이 되는"[40] 사건으로 평가했다.

홀로코스트(Holocaust)가 배경인, 울만(Fred Uhlman)의 소설 『동급생』(*Reunion*)의 주인공 한스의 아버지가 유대인의 시온주의를 극도로 혐오하고 오히려 독일정부가 수여한 훈장을 명예롭게 간직하려 했던 것처럼[41], 독일 유대인들 대다수는 다른 독일인들 못지않게 문화와 향토 면에서 독일적 전통에 깊이 결합되어 있다고 느껴왔다. 그들은 1차 대전에의 참전을 통해 독일인으로서의 애국심을 입증하고자 노력했다. 독일인으로서의 정체성을 유지하고 있었기 때문에 그들에게 국외로의 이주란 상상할 수조차 없는 일이 아닐 수 없었다.

하지만 나치즘의 국가는 독일 유대인들의 국외 추방을 강요했다. 히틀러가 집권한 해인 1933년 1월 현재, 독일에는 약 52만의 유대인이 거주하고 있었으며, 1938년 독일의 오스트리아 합병으로 그 수가 54만으로 늘어났다. 그러나 이들은 독일민족의 순수성을 수호하기 위해 강제로 이주시켜야 할 대상이었다. 총리 취임 6주년을 기념한 1939년 1월 30일의 제국 의회에서의 히틀러 연설은 강제 추방을 필두로 유대인 절멸이라는 홀로코스트가 본격화될 것임을 알리는 신호였다. 히틀러는

40 위스트리치, 『히틀러와 홀로코스트』, p. 109.

41 프레드 울만, 황보석 옮김, 『동급생』, 열린책들, 2017.

"만약 유럽 안팎의 국제적인 유대인 금융가들이 많은 나라들을 다시 한 번 전쟁의 소용돌이로 밀어 넣는 데 성공한다면, 그 결과는 이 세상의 볼셰비키화, 즉 유대인의 승리가 아니라, 오히려 유럽 유대 민족의 절멸인 것입니다"[42]라고 연설했다. 1939년부터 대대적인 강제 이주가 시작되어, 그해에만 7만 5천–8만 명이 이주했고, 이듬해에는 1만 5천 명, 1941년에는 8천 명이 폴란드 등 독일 점령지로의 이주를 강요당했다. 강제로 이주한 유대인들은 자신들만의 고립적 공간(게토)에서 살아야 했고, 부족한 음식, 부재하는 위생시설로 인해 각종 전염병에 희생되어야 했다. 그렇지 않으면 강제 노동 수용소에서의 과도한 노동과 탄압으로 인해 사망을 피할 수 없었고, 특별행동부대라는 불법 무장 단체가 자행한 학살로 살해되어야 했다.[43]

1941년 6월, 독일은 러시아를 침공했다. 게르만족의 영원한 왕국을 건설하기 위한 최적의 땅인 러시아 침공을 계기로, '유대인 문제의 총체적 해결'이라는 이름 아래 유대인 절멸의 마지막 단계인 대학살이 준비되고 있었다. 나치 친위부대는 유대인의 대량 학살을 최우선의 과업으로 부여 받았다. "첫 학살 수용소가 폴란드 헤움노에 세워져 1941년 12월 8일부터 유대인을 가스로 살해하는 일이 시작되었다."[44] 이어서 1942년 3월부터 7월까지, 폴란드 동부의 배우제츠, 슐레지엔, 소비부르, 트레블랑카, 마이다네크 등의 지역에 가스실 또는 다른 방식의

42 Max Domarus, *Hitler: Speeches and Proclamations,* vol. 2, B. Tauris, 1990, 위스트리치, 『히틀러와 홀로코스트』, p. 114에서 재인용.

43 위스트리치, 『히틀러와 홀로코스트』, p. 157.

44 위스트리치, 『히틀러와 홀로코스트』, p. 161.

학살 수용소가 세워져 가동되었다. 최창모는 이 홀로코스트에 대해 이렇게 평가하고 있다.

> 홀로코스트라는 엄청난 일이 가능했던 것은 이러한 히틀러의 반유대주의가 가지고 있는 이념적, 신비적, 비합리적 특성이 그의 비범한 정치 기술, 절대적 권력, 고도로 훈련된 군대와 산업이 결합된 결과였다. 히틀러의 종말론적 세계관에서 볼 때, '유대인 문제에 대한 마지막 해결'이야말로 세계사의 열쇠이자 독일, 유럽 문명, 백인 아리안의 미래와 직결된 일이었다. 반유대주의는 히틀러가 1945년 베를린에서 스스로 생을 끝낼 때까지 붙잡고 있던 정치적 신조의 기반이었다.[45]

최창모의 해석은 홀로코스트의 본질이 무엇인가를 질문하게 한다. 그것은 히틀러라는 한 병리적 인간에 내재한, 기독교적 세계관과 인종주의적 민족주의가 결합된 정치의식이 근대의 효율적인 기술과 조직을 매개로 실천된 미증유의 반인륜적 결과물이다. 홀로코스트는 명백히 히틀러의 정치적 병리가 만들어낸 산물이다. 하지만 그 현상은 서양의 근대성이라는 관점에서 보다 근원적인 해석을 시도할 필요가 있는데, 그것은 나치즘의 박해를 받아야 했던 프랑크푸르트학파 사상가들의 히틀러에 대한 근원적 사유에서 출발한다.

---

45 최창모, 『기억과 편견』, pp. 111–112.

9장

근대적 주체의 부정 혹은 해체

9장
근대적 주체의 부정 혹은 해체

1. 프랑크푸르트학파와 계몽 비판: 동일화의 의지로서 계몽

1922년 5월, 튀링겐에서 마르크스주의 워크숍이 열렸다. 루카치(Georg Lucács), 코르쉬(Karl Korsch), 비트포겔(Karl W. Wittfogel) 등 마르크스주의 사상 발전에 중대한 영향력을 미치게 될 지식인들이 참가했는데, 그중에 바일(Felix Weil)이라는 인물이 포함되어 있었다. 좌파 사상에 깊은 관심을 지니고 있던, 거부의 아들 바일은 당시 보수적인 독일의 대학 체제 아래에서 진보적 지식 연구를 위한 제도적 기반의 부재와 필요를 인식했다. 바일은 학문적 친교를 나누고 있던 호르크하이머와 함께 그와 같은 목적을 위한 연구소 설립 계획을 구상했다. 결국 바일의 재정적 지원에 힘입어 1923년 3월 프랑크푸르트 대학에 '사회연구소'를 설립했고, 호르크하이머를 연구원으로 초빙했다. 1929년, 소장으로 재직하고 있던 그륀베르크가 건강상의 이유로 물러나게 되자 이듬해 호르크하이머가 소장 직을 물려받았다. 호르크하이머가 이끄는 사회연구소는 전임 소장이 지향한 연구소의 정체성, 즉 자본주의에서 사회주의로의 이행을 위한 과학적 학문 연구와는 다른 길을 가려고 했다. 호르크하이머는 아도르노, 마르쿠제(Herbert Marcuse) 등을 영입하면서 특정한 혁명적 가치 실현을 위한 이념 연구가 아니라, 당대 정치와 사회 현상에 대한 근본적인 성찰과 비판을 연구소의 정체성으로 정립하려 했다. 연구소는 과학적 경험에 입각한 이른바 실증주의라는 방법에 내재되어 있는 보수적 지향에 맞서서 사회를 총체적으로 사유하고 비판함으로써 대안적 상상력을 만들어내는 학문으로서 '비판이론'을 세우려 했다.[1] 그렇게 비판이론은 사회변혁을 위한 이론과 실천이 분리되지 않은 방법론 위에서 해방을 지향하는 학문으로 스스로를 세우려 했다.

진보적 청년 연구자들이 새로운 지적 실천의 중심으로 만들어가고 있던 사회연구소는 나치즘이 부상하고 급기야 국가 권력을 장악하면서 중대한 전환점을 만난다. 히틀러는 다수의 연구원이 유대인이었던 사회연구소를 1933년에 강제 폐쇄했다. 연구원들은 탄압을 피해 유대인에 대한 적대감이 없던 미국으로 망명해야 했다. 연구원들은 미국 학계의 배려로 1935년 컬럼비아 대학에 사회연구소를 재건하고 연구 활동을 이어나갔다. 사회연구소가 지배적인 관심을 가지고 수행한 연구

1 노명우, 『계몽의 변증법: 야만으로 후퇴하는 현대』, 살림, 2005, pp. 63-69.

주제는 나치즘의 기원과 원리였다. 그것은 개인사적 고통의 학문적 승화라고 해석할 수 있을 것이다.

그러한 성찰의 결과물로 1947년에 『계몽의 변증법』과 『이성의 몰락』(*Eclipse of Reason*)이라는 두 권의 기념비적인 저술이 출간된다. 두 책은 나치의 유대인 탄압이 본격화된 1938년에 구상되어 나치의 종말이 가까워진 1944년에 집필 완료되었다. 앞의 것은 호르크하이머의 제안을 아도르노가 수용하면서 공동 집필한 것이고, 뒤의 것은 호르크하이머의 단독 저술이다. 두 사상가가 이 책들을 저술해야 했던 직접적 이유는 독일에서 나치즘의 발흥과 비판적 지식인에 대한 억압이었지만, 근본적인 차원에서는 서구 근대의 탄생과 성장을 이끈 정신적 원리로서 이성과 합리성에 대한 지성사적 고발을 지향했다.

『계몽의 변증법』「서문」이 아도르노와 호르크하이머의 근본적인 문제의식을 명확하게 보여주고 있다. 그들은 "우리가 이 과제에 착수하면서 염두에 둔 것은 **왜 인류는 진정한 인간적 상태에 들어서기보다 새로운 종류의 야만 상태에 빠졌는가**라는 인식이었다"[2]고 말했다. 그들이 강조한 "새로운 종류의 야만"이란 온 유럽 나아가 세계를 잔인하고 반인륜적인 대결과 폭력의 장으로 떨어뜨린 1, 2차 대전과 나치즘이다. 르네상스에서 시작되어 종교개혁과 자연과학혁명을 지나 정치와 경제혁명으로 이어지면서 조형된 서구의 근대는 합리성을 주체로 세워 인간을 일체의 물질적, 제도적 구속으로부터 해방한다는 유토피아적 약속의

2 막스 호르크하이머 · 테오도르 아도르노, 김유동 옮김, 『계몽의 변증법』, 문학과지성사, 2001, p. 12.

시대였다. 서구의 근대적 주체는 그와 같은 이상적 사회를 만들어낼 것처럼 보였다. 인권, 자유, 평등, 민주주의가 관철되는 국가가 그 모습을 드러내었고, 놀라운 생산력에 힘입어 자연적 고통과 결핍으로부터 벗어난 풍요의 사회가 태동하고 있었다. 하지만 그처럼 인류가 꿈꾸어온 아름다운 가치와 이념으로 채워진 새로운 공동체를 가져다 줄 것 같던 서구의 근대는 19세기 후반 이래 이기적이고 팽창적인 민족주의와 식민 지배를 향한 제국주의를 열망하면서 폭력과 야수의 모습으로 나타났다. 세계 전쟁과 홀로코스트가 그러한 변질을 정확하게 말해준다.

호르크하이머와 아도르노에게서 나치즘에 의한 유대인 박해와 학살은 서구 근대성이 지닌 야만적 얼굴의 극단적 양상이었다. 그렇게 보면 그들의 삶에 긴 그림자를 드리웠던 독일의 극우 민족주의와 반유대주의는 단순히 히틀러와 그를 추종하는 정치세력이 초래한 예외적이거나 특수한 경험일 수는 없었다. 두 사상가는 나치즘의 비극을 서구 근대성이라는 이념적 원리를 통해, 보다 더 심층적으로는 서구적 정신성의 원류를 제공한 그리스 정신성을 통해 조명되어야할 문명적 양상이라고 보았다. 나치즘 현상에 서구적 근대성이, 궁극적으로는 서구 문명의 원형질이 내재되어 있다는 이야기다.

20세기의 야수성을 만들어낸 서구문명의 원형질을 구성하는 것으로 그들은 '계몽'(Enlightenment)이라는 개념을 지목했다. 그들에게서 계몽은 야누스의 영혼이었다.

> 진보적 사유라는 가장 포괄적인 의미에서 계몽은 예로부터 인간에게서 **공포를 몰아내고 인간을 주인으로 세운다**는 목표를 추

> 구해왔다. 그러나 완전히 계몽된 지구에는 재앙만이 승리를 구가하고 있다. 계몽의 프로그램은 세계의 '탈마법화'였다. 계몽은 '신화'를 해체하고 '지식'에 의해 상상력을 붕괴하려 한다.[3]

서구 근대정신의 핵심으로서 계몽주의의 이데아인 계몽은 비판과 해방의 정신이다. 인간을 짓누르고 있는 구속과 억압의 질서를 근본에서부터 비판하고 해체하며, 그 자리에 이성의 원리가 지배하는 새로운 질서를 만들어 인간을 해방한다는 정신이다. 계몽 이념은 시민혁명과 산업혁명으로 실천되었고 근대라는 문명으로 구현되었다.

하지만 계몽이 만들어낸 근대가 자신이 비판하고 벗어나고자 했던 지배와 억압의 주체로 변모했다는 사실은 너무나도 아이러니한데, 두 사상가는 그러한 이념적 · 역사적 모순과 분열의 원인이 무엇인가를 질문한다. 그들의 통찰에 따르면, 그 패러독스는 서구 근대 문명이 초래한 우연적이거나 예외적인 현상일 수 없다. 오히려 진실은 그것이 계몽의 내적인 본질이라는 점이다. 그러니까, 계몽의 원리로서 이성은 비판과 해방의 얼굴과 함께 지배와 폭력의 얼굴도 지니고 있다는 말이다. 그렇게 보면, 서구 근대의 제국주의와 전쟁 그리고 홀로코스트는 보다 지혜롭고 현명했다면 피하거나 막을 수 있는 결과가 아니라, 역사의 진화 과정에서 맞닥뜨릴 수밖에 없었던 필연적 귀결이었다. 『계몽의 변증법』은 자신들의 문명적 통찰을 뒷받침해줄 논리와 기록과 해석이다. 그들은 그 기획을 영국의 경험주의 철학자 베이컨(Francis Bacon)에 대한 비판적 논의에서 시작한다.

---

3 호르크하이머 · 아도르노, 『계몽의 변증법』, p. 21(강조는 원문).

저자들은 베이컨의 글 「지식에 대한 찬양」(In Praise of Knowledge)에 담긴 주장을 아주 길게 인용하면서 그 속에 담긴 본질적 문제의식을 규명하려 했다. 그들에 따르면 베이컨은, 중세 스콜라 철학에서 이른바 대가로 불린 사람들을 경멸했다. 그 대가로 불린 사람들은 사실상 경솔한 믿음의 소유자들이었다. 의심과는 거리가 먼 사람들이었다. 신중하지 못한 채 자신들의 의견을 제시하려 했고, 탐구를 게을리 했고, 부분적 인식에만 매몰되어 온 이들이었다. 베이컨은 그들을 진정한 의미에서 지식을 추구하지 않은 존재로, 그들의 지식을 무용하고 공허한 것으로 평가했다.

그렇다면 베이컨에게서 참된 지식이란 무엇인가? 그것은 자연을 남김없이 이해하고 지배할 수 있는 수단을 제공하는 지식이다. 그러한 관점에서 호르크하이머와 아도르노는 "인간의 우월성은 의심할 여지없이 '지식'에 있는 것이다. 지식은 많은 것들을 자신의 내부에 간직하고 있다. [……] 우리는 말로만 자연을 지배할 뿐 자연의 강압 밑에서 신음하고 있다. 그렇지만 우리가 자연의 인도를 받아 발명에 전념한다면 우리는 실제로 자연 위에 군림할 수 있을 지도 모른다"는 베이컨의 주장을 인용하고 있다.[4] 형이상학으로 불린 과거의 지식은 만족을 추구했지만, 진정한 지식이란 자연을 활용하고 지배할 효율적인 방식을 지향해야 한다는 베이컨의 철학적 명제 또한 그러한 맥락에 자리하고 있다고 호르크하이머와 아도르노는 주장한다.[5]

4 호르크하이머 · 아도르노, 『계몽의 변증법』, p. 22.

5 호르크하이머 · 아도르노, 『계몽의 변증법』, p. 23.

우리가 베이컨의 지식론에서 파악하는 진리로서의 지식은 대상화된 자연을 인간의 목적과 필요에 맞게 활용하기 위한 실용적 지식이다. 여기서 아도르노와 호르크하이머는 힘으로서의 지식이라는 근대적 논리를 발견한다. 자연을 지배하는 힘을 본질로 한다는 점에서 그 지식은 권력이다. 여기서 지나칠 수 없는 중대한 하나의 사실이 있는데, 자연의 지배라는 자신의 목적을 위해 그 지식은 과학이라는 형식으로 존재하고 있다는 점이다. 호르크하이머와 아도르노가 이야기하는 근대과학의 본질은 계산 가능성과 유용성이다.[6]

이러한 입론을 수용한다면, 우리가 왜 근대자연과학혁명을 근대정신의 중대한 계기로 세우지 않을 수 없는가를 인식하게 된다. 본질적으로 과학이라는 지식을 무기로 삼아 운동해 온 서구의 계몽은 자연과 사회를 계산과 유용성의 원리에 부합하는 방향으로 재구성하고 재창조하려 했다. 그 과정에서 과학의 두 원리가 진리를 향한 유일한 원리와 이념으로 정립되면서, 그 위에서 **"계산 가능성과 유용성의 척도에 들어맞지 않는 것이 계몽에게 의심스러운 것으로 여겨지면서"**[7] 계몽의 폭력에 시동이 걸린다. 과학으로 무장한 계몽의 폭력적 얼굴은 "통일적으로 파악할 수 없는 것은 아예 존재나 사건으로 인정하지 않는", "세부에 이르기까지 모든 것을 도출해낼 수 있는 체계"의 모습이다.[8]

호르크하이머와 아도르노는 모든 존재를 양화와 유용성의 원리 아래 재구성하려는 계몽의 지적 열망, 달리 말하자면 이성과 합리성의

6 호르크하이머 · 아도르노, 『계몽의 변증법』, p. 25.
7 호르크하이머 · 아도르노, 『계몽의 변증법』, p. 25(강조는 원문).
8 호르크하이머 · 아도르노, 『계몽의 변증법』, p. 26.

열망 속에는 폭력의 논리가 내재되어 있다고 생각한다. 대상을 양적인 것으로 바꾸기 위해서는 단일한 기준과 원칙이 필요한데, 계몽은 그것을 수로 보고 있다. 근대자연과학혁명을 이끈 갈릴레오가 천체의 복잡한 운동이 수학적 원리로 명확하게 파악될 수 있다고 했던 그 지적 야망이야말로 수에 대한 계몽의 절대적 믿음을 보여준다. 그런 면에서 "숫자는 계몽의 경전이 되"[9]는 것이다. 독일의 비판이론가들은 모든 것을 양의 차원, 수라는 추상의 차원으로 치환하는 것이란 곧 그 대상의 고유함을 만들어내는 질적 차원이 소멸되는 것을 의미한다고 보았다. 계몽은 양적 통일성, 수적 보편성을 대가로 대상의 개별성과 차이를 해체해버리는데, 그것이야말로 '동일성'을 향한 폭력이다. 나아가 계몽은 양과 수로 바뀔 수 없는 것들, 혹은 그러한 형식으로 파악될 수 없는 것들에 대해서는 존재하지 않는 것으로 간주하는 폭력을 실천한다.

> **시민사회는 등가원칙에 의해 지배된다.** 시민사회는 '동일하지 않은 것'을 '추상적인 크기'로 환산함으로써 비교 가능한 것으로 만든다. '계몽'에게는 숫자로 환원될 수 없는 것, 나아가 결국에는 '하나'로 될 수 없는 것이 '가상'으로 여겨진다. 그래서 근대의 실증주의는 이런 것들을 문학의 영역으로 추방해버린다. '단일성'은 파르메니데스로부터 러셀에 이르기까지 기본 명제가 된다. 줄기차게 고수되고 있는 것은 **신들과 질의 파괴**다.[10]

헤겔이 통찰한 것처럼, 근대적 정신성을 담아내고 있는 장소로서

---

9 호르크하이머 · 아도르노, 『계몽의 변증법』, p. 27.

10 호르크하이머 · 아도르노, 『계몽의 변증법』, p. 28(강조는 원문).

시민사회에 구현된 등가성이란 무엇보다 자본주의 상품원리를 의미한다. 상품의 세계로 들어오는 모든 존재는 자신의 고유성과 특수성을 버리고 교환가치라는 단일의 화폐 원리로 추상화될 운명을 맞이한다.

이 문제와 관련해 우리는 마르크스주의 사상가 루카치의 자본주의 비판을 살펴볼 수 있다. 루카치에게서 자본주의의 중대한 예외성은 대상성 형식의 보편화에 있다. 루카치는 문명의 본질을 인간의 목적에 맞게 자연을 재구성해가는 과정이라고 보았다. 그가 말하는 대상성 형식이다. 그렇다면 문명 고유의 대상성 형식이 있을 터인데, 근대 경제 양식으로서 자본주의는 자연만이 아니라 인간까지도 대상화한다는 점에서 매우 예외적이다. 자본주의는 모든 존재를 교환대상으로서의 상품형식으로 전환함으로써 자신의 이윤을 창출하고자 한다. 루카치는 "상품형식이 전 사회의 현실적인 지배형식으로 발전하게 된 것은 근대 자본주의에 들어와서야 성립된 것"[11]이라고 말했다. 그것은 물화인데, 여기서 가장 중대한 문제는 인간 노동의 물화다. 그럼으로써 노동은 인간 개개인이 자신의 삶을 영위하는 데 필요한 질적 과정이기를 중단하고 이윤 창출을 위해 합리적으로 계산되고 통제되고 분해되어야 할 상품으로 전락해버렸다.[12]

모든 것을 양과 수라는 동일성 원리로 환원하려는 계몽의 폭력성은 이처럼 자본주의 물화 운동을 통해 전면적으로 드러나지만, 호르크하이머와 아도르노는 그 폭력의 논리가 얼마나 넓고 깊게 자리 잡

11 G. 루카치, 박정호 · 조만영 옮김, 『역사와 계급의식』, 거름, 1999, p. 183(강조는 원문).

12 루카치, 『역사와 계급의식』, p. 186.

고 있는가를 보여주기 위해 자본주의 세계 바깥에 자리하는 것처럼 보이는 문학 속으로 눈을 돌린다. 프랑스 계몽주의 시대의 문인 사드(Alphonse F. de Sade)의 1797년 작품, 특히 『줄리엣의 일대기 또는 악덕의 승리』(*Histoire de Juilette ou les prospérités du vice*)에 대한 해석이 그 지점에 놓여 있다. 아도르노와 호르크하이머의 관점에서 소설 속의 주인공들은 "다른 사람의 인도 없는 오성(을 소유한 존재–필자), 즉 후견인 제도로부터 해방된 시민적 주체"[13]다. 칸트가 밝힌 것처럼, 오성이야말로 주체의 자격을 결정하는 궁극적 요소라는 논리는 근대 계몽주의의 핵심을 차지한다. 작품 속 이 오성적 주체들은 성적 쾌락을 극대화하기 위해 자신들의 합리성을 활용한다. 그들은 최적의 계산과 계획이라는 계몽적 원리를 통해 자신들의 목표에 도달하려 하고 그것은 조직 구성에서 명확하게 드러난다. 성적 목표를 달성하기 위해 구성원들의 적성과 능력을 정확히 계산해 판단하고, 그 위에서 구성원들을 어떻게 배치하고 기능화할지를 엄밀하게 인식한다. 호로크하이머와 아도르노는 소설 주인공들이 시도한 섹스 팀에서 그러한 원리가 명확하게 드러났다고 이야기한다.

> 팀 내부의 협력은 정확히 규제되어 어떤 구성원도 자신의 역할에 대해 추호의 의심도 품지 않으며 매 구성원에 대해 대체할 후보가 준비되어 있는 현대 스포츠 팀들의 전례를 우리는 줄리엣의 섹스 팀에서 분명히 발견하게 된다. 여기서는 어떤 순간도 놓치지 않으며, 육체의 어떤 구멍도 등한시되지 않고, 어떤 기능도 활용되

13 호르크하이머 · 아도르노, 『계몽의 변증법』, p. 138.

지 않는 것이 없다.[14]

이것은 자본주의가 최대의 이윤 창출을 위해 인간 노동력을 조직화하려는 의지와 크게 다르지 않아 보인다. 계몽의 의지 속에서 인간은 자신의 고유한 존재성을 부여받지 못한다. 인간은 정해진 목표를 달성하기 위한 최적의 조직화에 기여하는 수단이 된다. 이렇듯 계몽의 원리는 인간에 대한 폭력성을 내재하고 있다.

하지만 계몽의 폭력성은 거기서 그치지 않는다. 계몽은 모든 대상을 인간 삶의 진보에 기여하는가와 같은 유용성의 기준으로 바라보려 한다. 베이컨이 지식의 중대한 성과로 예를 든 것들은 모두 인간 삶에 유용한 발명품이었다. 참된 지식은 자연 세계를 인간에게 행복과 풍요를 가져다주는 것들로 만들어내는 힘을 지니고 있어야 한다는 이야기다. 그리하여, 유용성에 사로잡힌 근대 지식에게 자연은 도구적 가치를 넘어서지 못한다. 호르크하이머와 아도르노는 그 관계의 폭력성을 독재자에 비유하고 있다. 그들에게서 계몽과 자연세계의 관계는 독재자와 피지배자의 관계와 같다. 피지배자인 인간들의 의미와 가치가 독재자의 통제와 조종을 받는 존재라는 정치적 대상화 위에 성립하는 것처럼, 계몽의 지식에게 자연세계는 인간 삶을 위한 유용성의 산출이라는 물질적 대상화의 의미와 가치를 갖는다. 거기서 자연세계는 **"인간을 위한 사물"**이 되고, **"지배의 대상"**이 된다.[15] 이렇듯 계몽의 지식을 통해 인간과 자연은 주체와 대상의 관계로 확립되기에 이른다.

14 호르크하이머 · 아도르노, 『계몽의 변증법』, p. 140.

15 호르크하이머 · 아도르노, 『계몽의 변증법』, p. 30.

계몽의 원리는 근대문명 속에서 자신의 원리를 완성했지만, 그 원리의 유전자는 근대보다 훨씬 이전으로 거슬러 올라간다고 호르크하이머와 아도르노는 통찰했다. 그들이 주목하는 것은 고대 그리스의 신화적 이야기인 호메로스의 『오딧세이』(*Odyssee*)다. 두 비판적 지식인은 오랜 전쟁과 유랑을 마치고 고향으로 귀환하는 길에서 오디세우스가 겪은 모험의 의미를 창조적으로 사유했다.

오디세우스의 귀환은 순탄치 않았다. 그의 귀환을 방해하는 수많은 장애물을 물리쳐야 했기 때문이다. 우선, 오디세우스는 요정 사이렌의 유혹에 부딪힌다. 이 요정의 노래를 들은 사람들은 과거로 돌아가 즐거움을 맛보지만 그 대가로 미래를 빼앗긴다. 사이렌의 노래를 들어야 할 상황에 처한 오디세우스에게는 두 가지 대안이 있었다. 다른 항로를 찾는 것과 유혹에 정면으로 맞서는 것이다. 그는 다른 길로 돌아가지 않고 사이렌의 유혹을 운명으로 간주하며 당당히 맞선다. 그는 선원들에게 귀를 밀랍으로 막고 힘차게 전진할 것을 명령한다. 이어서 사이렌의 유혹에 넘어가 바다에 빠지지 않도록 자신의 몸을 기둥에 묶게 하는 방식으로 난관을 통과했다. 오디세우스에게 닥친 두 번째 장애는 인육을 먹는 거대한 외눈박이 괴물인 폴리페모스의 공포였다. 오디세우스는 이 괴물이 무시무시하지만 아둔하고 단순하다는 사실을 인지하고 그 약점을 이용한다. 술에 취한 괴물이 오디세우스에게 '너는 누구인가'라고 묻자, 오디세우스는 자신은 '아무도 아니다'라고 답한다. 멍청한 폴리페모스는 오디세우스의 말을 따라 그가 정말로 존재하지 않는다고 생각한다. 그리하여 오디세우스는 또 하나의 어려움을 극복할 수 있었다. 오디세우스 여정의 또 하나의 난관은 키르케라 불리는 창녀다. 사람들을 성적 욕망과 충동에 빠지도록 유혹하는 존재다. 하지만 치명적인 성적 매력의 키르케에게는 남성의 지배에 순종하는 연약함이 있었다. 오디세우스는 그 점을 잘 알고 있었다. 키르케의 유혹에 빠져 동침하게 되지만 그는 올림포스 신을 향해 남성의 지배에 저항하지 않을 것, 남성의 성적 우월성을 인정할 것을 키르케로부터 약속받아 위기 상황을 헤쳐 나갈 수 있었다.

호르크하이머와 아도르노는 오디세우스의 귀환 서사를 계몽정신의 위대한 해방의 힘을 증거 하는 원초적 사건으로 해석한다. 이 서사에서는 오디세우스와 그를 유혹하려는 자들이 마주한다. 사이렌, 페르페모스, 키르케는 합리적 사유를 할 수 없는 계몽되지 못한 존재들이다. 그들은 자신의 욕망에 맹목적으로 빠진 채, 자신들이 놓인 상황을 이성적으로 사유하고 판단할 능력을 결여하고 있다. 그와 정반대의 존재인 오디세우스는 그야말로 계몽의 화신이다. 그는 욕망과 두려움과 공포와 같은 마법적 힘에 굴복하지 않고 냉철한 이성의 계산과 판단으로 자신이 달성하고자 하는 목적을 성취했다. 호르크하이머와 아도르노에게서 오디세우스는 본능과 충동과 감각에 사로잡히지 않고, 무지몽매와 주술의 세계에 빠지지 않고 합리성이라는 주체적 힘으로 고향이라는 진리의 장소에 도달한 존재다. 오디세우스를 통해 두 사상가는 근대를 창조한 주체의 원형적 모습을 발견한다.

> 트로이로부터 이타카로의 험난한 귀향길은 자연의 힘에 비해 육체적으로 무한히 허약한, 이제 자아의식 속에서 서서히 형성되

는 '자아'가 신화를 통과하는 길이다. **자아가 싹트기 이전의 세계는 자아가 헤쳐 나가야 할 공간으로 세속화된다.** [……] 그러나 오디세우스의 모험은 각각의 장소에 이름을 부여하며, 이러한 이름들을 통해 공간을 합리적으로 조망할 수 있도록 한다. 주인공은 난파선 속에서 기진맥진하지만 나침반이 하는 일 비슷한 것을 터득하게 된다. 자연 앞에서는 무한히 초라한 존재에 불과하지만 바다의 모든 부분을 알고 있는 주인공은 자신의 그러한 무기력한 능력으로 신화적 힘들을 무력화하려 한다. '성숙한' 인간은 신화 속에 있는 분명한 허위적 요소를 자각하게 된다.[16]

그리스 신화 속에서 그 원형질이 이미 만들어져 근대 계몽주의로 탄생한 근대적 주체는 비판과 해방과 힘으로 인간을 이상적인 세계로 인도했다고 자부했지만, 사회연구소의 두 지도적 사상가는 그 주체에 깊이 내재되어 있는 동일화의 폭력을 고발하고자 했다. 그들에게서 서구의 근대는 양화와 유용성의 원리로 모든 것을 끌어들이려는 거대한 동일성의 체계였다.

계산 합리성과 유용함이 유일하고도 궁극의 원리가 된 계몽의 근대는 규범, 도덕, 가치, 이상, 선과 같은 질적 세계를 해체시켜버렸다고 두 사상가는 진단하고 있다. 우리는 이 문제를 호르크하이머의 저서 『이성의 몰락』에서 만날 수 있다. 이 저술에서 우리는 '주관적 이성'과 '객관적 이성'이라는 두 개의 대립적 개념을 만난다. 호르크하이머가 말하는 몰락하는 이성은 객관적 이성이다. 그것은 추구하는 목표나 지향의 규범적, 도덕적 정당성을 사유하는 정신이다. 그 이성은 달성하려

16 호르크하이머 · 아도르노, 『계몽의 변증법』, p. 85(강조는 원문).

는 것의 정당성을 기능이나 효과가 아니라 사회와 역사의 총체성 차원에서 가치론적으로 성찰하고자 한다.[17] 그와 달리, 주관적 이성은 목표나 지향의 규범적, 도덕적 정당성을 고려하지 않는다. 오히려 중요한 것은 그것들에 얼마나 효과적이고 효율적으로 도달하는가를 고민하는 데 있다. 그러기 위해 주관적 이성은 자신의 양화 능력과 기술적 방법의 최적화에 몰두한다.[18] 이 주관적 이성은 가령, 사드 소설의 주인공들이 추구한 조직 구성의 원리로 실천된 이성이다. 말하자면 성적 쾌락에 도달하기 위한 최고의 기술적 방법을 탐색하는 이성이다. 반면, 객관적 이성은 인간 삶의 근본이념과 가치 지향의 철학적 정당화를 향한 성찰과 사유를 궁극적 임무로 삼는다.

서구 근대 문명은 궁극적으로 객관적 이성의 우위를 주관적 이성의 우위로 뒤바꿔버렸는데, 호르크하이머는 그러한 전도를 "이성의 형식화"[19]로 불렀다. 서구 근대에서 주관적 이성이 압도하면서 이제 "정의, 평등, 관용, 행복"[20] 등 인간 삶의 윤리적 차원에 대한 사유가 무의미해졌다. 오직 최고의 성과, 결과, 효과를 산출하는 것이 정당성의 유일한 기준이며, 이성은 그것들에 도달하기 위한 효율적인 방법을 모색하는 기능적 지식의 창출에만 관심을 기울인다. 서구 근대가 잉태한 자본주의 사회는 그와 같은 이성의 역전 현상을 보여주는 가장 적절한

---

17 막스 호르크하이머, 박구용 옮김, 『도구적 이성 비판』, 문예출판사, 2006, p. 18.

18 호르크하이머, 『도구적 이성 비판』, pp. 16–17.

19 호르크하이머, 『도구적 이성 비판』, p. 20.

20 호르크하이머, 『도구적 이성 비판』, p. 43.

무대가 아닐 수 없다.

계몽주의 이성에 대한 두 사상가의 이와 같은 치열한 비판적 사유는 서구 근대 문명이 초래한 전대미문의 폭력과 야만이 근본적으로 어디서 유래하는가에 대한 답을 찾아간다. 제국주의 야만과 나치의 반인륜은 우연히 벌어진 예외적 비극이 아니다. 그것은 서구 문명의 고대적 기원에 뿌리를 두고 있으면서 18세기 유럽에서 근대성으로 구현된 계몽주의 이성의 피할 수 없는 결과다.

근대성 사상가 바우만은 이러한 관점을 뒷받침해주고 있다. 그는 『현대성과 홀로코스트』(*Modernity and the Holocaust*)에서 홀로코스트에 대한 잘못된 관념들을 비판한다. 이를 테면, 유대인의 역사 속에서 유대인들에게 벌어진, 역사적으로 특수한 사건이라는, 문명적 과정에서 예외적이고 극단적인 병리현상이라는 관념이다. 그러한 시각들로는 홀로코스트의 진실을 알지 못한다고 바우만은 말한다. 그는 "오래 전에 우리 시대의 상식으로 굳어진 이런 신화에 비추어볼 때 홀로코스트는 문명(즉, 인간의 목적의식적이고 이성에 의해 인도되는 활동)이 인간 속성에 남아 있는 병적인 선천적 편견을 제어하지 못한 결과라고 생각할 수밖에 없다"고 말했다. 그러한 이유에서 그는 "현대 문명 없는 홀로코스트는 상상할 수 없을 것이다. 홀로코스트를 상상할 수 있게 만든 것은 현대 문명의 합리적 세계였다. 유럽 유대인들에 대한 나치의 집단학살은 산업사회의 기술적 성취였을 뿐만 아니라 관료제 사회의 조직적 업적이었다"[21]라

21 지그문트 바우만, 정일준 옮김, 『현대성과 홀로코스트』, 새물결, 2013, pp. 45-46.

고 진단했다.

호르크하이머와 아도르노는 제국주의와 반유대주의의 심층에는 매우 특이한 주체의 욕망이 자리하고 있다고 말한다.

> 주체는 무한정으로 외부 세계를 식민화하여 자신의 내부에 있는 세계와 동일화한다. 그러나 그가 식민화하고 있는 외부 세계는 철저히 아무 것도 아닌, 아무리 부풀리더라도 단순한 수단으로 전락하며 자아가 만들어 가질 수 있는 무엇이 된다.[22]

근대 이성의 원리를 내재하는 주체는 스스로 진리를 소유한 존재가 되어 자기가 마주하는 세계를 자신의 이성적 원리로 재구성하고자 한다. 자신의 주체 의식으로 새롭게 만들어지는 것들은 자신의 진리 능력을 보여주는 대상물로 등장하지만, 그렇지 못하는 것들은 폐기되거나 해체되어야 한다. 왜냐하면 주체의 진리 능력은 보편성의 실현이기 때문이다. 이러한 근대적 주체의 욕망과 관련해 호르크하이머와 아도르노는 '이디오진크라지'(idiosincrasie)라는 개념을 이야기한다. 이디오진크라지는 "개념적 질서 속에 집어넣음으로써 합목적적인 것으로 정화될 수 없는 자연, 예를 들어 석판 위에서 조각칼이 내는 날카로운 소리, 똥이나 부식물을 연상시키는 퇴폐 취미, 근면한 일꾼의 이마에 돋아 있는 땀방울 같은 것, 즉 시대의 흐름에서 뒤처진 것이나 수세기 동안의 진보가 축적한 명령들에 해를 입히는 것들"[23]에 대한 거부감과 혐오감을 의미한다. 서구 근대 주체에게 제국주의 지배의 대상으로서 비

22 호르크하이머 · 아도르노, 『계몽의 변증법』, p. 284.

23 호르크하이머 · 아도르노, 『계몽의 변증법』, p. 270.

서구인들이, 자신들만의 종교와 문화와 관습을 폐쇄적으로 유지해가는 유대인들이 바로 그 이디오진크라지의 대상들이었다. 그들은 자신들의 내적 진리 체계에 동화되어야 할 존재들이었다.

동일화를 욕망하는 근대적 주체의 의지는 문화 세계에서도 강력한 양상으로 실천되었다. 호르크하이머와 아도르노는 근대 대중문화 세계가 모든 문화의 질적 특수성과 차이를 거대한 동일성으로 환원하려 한다고 말한다. 대중들이 소비하는 음악, 소설, 영화, 이미지 등 모든 문화들은 그 형식과 내용에서 거대한 표준화의 세계로 진입했다. 모든 문화들은 사람들의 관심과 흥미를 불러일으키기 위한 동일한 형식적, 내용적 패턴을 반복하고 있고, 그 속에서 문화적 동일성의 세계가 열린다. 그 궁극적 동력은 문화산업이다.[24] 상업적 이윤의 최대화라는 목적을 위해 – 그 목적의 도덕적 정당화는 묻지 않고 – 문화를 양적 기준과 유용성의 기준 위에서 표준화하고자 한다.

서구 근대문명의 동력으로서 합리적이고 이성적인 주체는 자신의 원리 안으로 모든 타자를 끌어들이고자 하는, 즉 동일화하려는 의지의 주체다. 그 점에서 근대 주체는 비판과 해방이 아니라 억압과 지배의 주체로 나타나고, 바로 거기서 서구 근대성의 권력적, 폭력적 본질이 드러난다고 두 사상가는 통찰했다. 그러므로 서구의 근대적 주체에게는 어떠한 문명적 희망도 남아 있지 않다. 이러한 문제 지평 위에서 두 사상가는 근대를 넘어설 대안을 모색하지 않을 수 없었는데, 부정변증법 개념에서 대안을 향한 상상력의 기반을 만날 수 있다.

---

24 호르크하이머 · 아도르노, 『계몽의 변증법』, p. 218.

아도르노는 근대 주체를 "자기 외부에 남겨두는 것이라고는 아무것도 없는 형식"[25]이라고 말했다. 그처럼 근대 주체의 동일화 의지와 욕망이 서구 근대가 초래한 문명적 위기의 본질이라는 입론에 선다면, 그 주체 앞의 존재는 대상으로 정립된다. 주체의 진리 형식 안으로 들어와 재구성되어야 하는 수동적 대상이다. 헤겔의 정신 개념은 서구 근대의 그러한 동일화 의지를 역사철학적으로 정당화하고 있지만 아도르노는 그러한 변증법 프로젝트는 완성될 수 없다고 이야기하고 있다. 왜냐하면 "모든 정신에 내재된 투지, 자신에게 부가되거나 마주하게 되는 타자를 자신과 똑같이 만들고, 똑같이 만듦으로써 자신의 지배권역으로 끌어들이려고 애"[26]쓰지만, 타자의 세계는 정신의 형식 내부로 완전히 포섭될 수 있는 존재가 아니기 때문이다. 세계는 언제나 정신의 형식으로 담아낼 수 없는 어떤 것을 지니고 있다는 이야기다.[27] 그리하여 아도르노는 세계의 동일화를 향한 정신의 자기 운동을 향한 변증법 개념과는 상이한 '부정 변증법'을 이야기하고 있다. 그에게서 변증법은 헤겔적 의미에서 주체에 의한 통일의 언어가 아니라 차이와 비동일성의 언어다. 서로 다름 위에서 두 존재가 만나고 운동해나가는 변증법이다. 그러니까 동일성의 원리를 따라 보편자를 지향해가는 운동이 아니라 특수자와 개별자가 자신의 고유성을 지키면서 서로 관계 맺는 운동이다. 아도르노에게서 전체, 통일, 합일, 동일 등, 개별자의 차이를 부정하고 전체의 원리로 끌어안으려는 것은 폭력이고 비 진리다.

---

25 테오도르 아도르노, 홍승용 옮김, 『부정변증법』, 비봉출판사, 1999, p. 80.

26 아도르노, 『부정변증법』, p. 19.

27 하상복, 『하버마스의 '의사소통행위이론' 읽기』, p. 138.

2. 레비-스트로스의 인류학과 프랑스 구조주의: 근대 주체의 해체

2차 대전 중인 1940년 프랑스가 독일에 점령되었다. 유대인 출신인 프랑스 구조주의 인류학자 레비–스트로스(Claude Lévi–strauss)는 나치즘의 박해를 피해 미국으로 망명을 시도했다. 1955년에 출간된 그의 책 『슬픈 열대』(*Tristes tropiques*)에는 그 상황에 대한 자세한 설명과 함께 미국으로 향하는 배 안에서의 단상들이 기술되고 있다. 배가 서인도 제도의 작은 섬인 프랑스령 마르티니크에 정박했을 때, 레비–스트로스는 "커뮤니케이션의 밀도가 높아짐에 따라 증대되는 물적 · 지적 교류에서 생기는 마찰 때문에 인류의 피부가 염증을 일으킨 것만 같았다. 그런데 바로 이 프랑스령 땅에서의 전쟁과 패배가 이러한 세계적 과정의 진행을 촉진했"[28]다는 어두운 생각에 빠져들었다. 1635년 프랑스의 식민지가 되었고, 프랑스에 맞서 봉기했지만 잔인한 진압과 학살로 종결되었고, 이후 프랑스와 영국의 식민지 쟁탈전 무대가 된 곳, 마르티니크의 역사적 비극을 떠올려보면, 레비–스트로스의 그와 같은 암울한 진단의 근본적 지점이 어디인지 충분히 이해할 수 있다. 그는 서구 근대문명이 비 서구 세계로 진출하면서 초래된 제국주의적 혼돈과 무질서를 비판하고 있는 것이다. 서구 근대문명의 폭력은 마르티니크의 불행이기도 했지만, 독일 사상가들의 운명처럼, 나치즘의 탄압을 피해 어렵사리 밀항선을 얻어 타고 미국으로 피신해야 했던 자신의 삶에 각인된 것

28 클로드 레비–스트로스, 박옥줄 옮김, 『슬픈 열대』, 한길사, 1998, p. 127.

이기도 했다.

그런데 서구 근대에 대한 부정적 시각은 이미 그의 개인사적 불행만을 배경으로 한 것은 아니었는바, 브라질 원시부족의 삶과 문화에 대한 깊은 관찰과 접촉의 결과물이었다. 그는 서구 근대문명이 초래했고 초래할 파국적 상황을 그려보았다.

> 다산적인 데다 몹시 신경이 예민해진 한 문명에 의해 깨뜨려진 바다의 정적은 앞으로 영원히 돌이킬 수 없을 것이다. 열대의 향기와 생명의 신선함은 이상한 악취의 발산으로 부패해가고, 그 부패는 우리의 욕구를 괴롭히며, 이미 반쯤은 썩어버린 추억들을 걷어 모으게 했다. 시멘트에 묻힌 폴리네시아 섬들은 남쪽 바다 깊이 닻을 내린 항공모함으로 그 모습을 바꾸고, 아시아 전체가 병든 지대의 모습을 띠게 되고, 판잣집 거리가 아프리카를 침식해 들어가고, 아메리카·멜라네시아의 천진난만한 숲들은 그 처녀성을 짓밟히기도 전에, 공중에 나는 상업용, 군사용 비행기로 인해 하늘로부터 오염당하고 있는 오늘날, 여행을 통한 도피라는 것도 우리 존재의 역사상 가장 불행한 모습과 우리를 대면하게 만들기밖에 더하겠는가? 이 거대한 서구문명이 지금 우리들이 누리고 있는 기적을 낳기는 했으나 부작용이 안 생기도록 만드는 데에는 분명히 성공하지 못했다. 알려지지 않았던 복잡한 구조로 만들어낸 서양문명 최대의 고명한 작품인 원자로의 경우처럼, 서구의 질서와 조화는 이 지구를 오염시키고 있는 막대한 양의 해로운 부산물의 제거를 필요로 하고 있다. 이제 그 대가가 우리에게 맨 먼저 보여주는 것은 바로 인류의 면전에 내던져진 우리 자신의 오물이다.[29]

---

29 레비-스트로스, 『슬픈 열대』, p. 140.

레비-스트로스의 이러한 문명 비판적 사고를 담은 책의 제목이 『슬픈 열대』인 것은 그 점에서 대단히 의미심장하다. 서구 근대에 대한 그의 평가는 너무나도 부정적이고 인색하다. 놀랄만한 기술적 성취로 탄생한 제국주의는 비 서구를 파괴하고, 돌이킬 수 없이 오염시켰으며, '열대'로 불리는 서구의 식민지는 서구 근대문명에 의해 자신의 원초적 자연과 정체성을 송두리째 박탈당한 '슬픈' 대륙으로 전락했다.

레비-스트로스의 이러한 반 근대적인 생각은 책의 곳곳에서, 때로는 서구 근대에 대한 적대와 평가절하로, 때로는 서구 근대가 야만으로 부르는 세계에 대한 독창적인 평가 속에서 드러나고 있었다. 그는, 서구의 제국주의로 인간에 의한 인간의 조직적인 가치박탈이 일어나고 있고, 유럽의 식민지에서 관찰된 파괴적 참상이 유럽의 미래가 될 것이고, 서구 근대 문명의 원리와 정신은 이미 아시아 고대 세계에서 구현된 것이고, 야만인이라고 부르는 원시부족들은 자신들 고유의 문화를 지닌 존재들이고, 우리가 야만으로 부르는 것은 무용하거나 무가치한 것이 아니라 인간들의 오랜 고민과 생각과 실천의 역사 속에서 잉태된 조화와 질서라는 생각을 고백하고 있다.[30]

레비-스트로스의 반 서구주의, 반 근대주의 사유는 비 서구 원주민 부족들에 대한 관찰과 이해의 결과물이었고, 그 작업을 위해 구조주의라는 당대의 혁명적인 방법론을 차용했다. 그리고 그의 구조주의 인류학은 사르트르(Jean-Paul Sartre)의 실존주의가 압도한 1940년대-50년대 프랑스 지성계에 엄청난 지적 충격을 안겨주었다.

30 레비-스트로스, 『슬픈 열대』, pp. 224, 278. 311, 318.

두 번의 커다란 전쟁을 겪은 유럽에는 인간과 사회와 문명에 대한 어떠한 희망도 남아있지 않았다. 오히려 인간에 대한 좌절과 불신, 그 동안 유럽의 근대가 건설한 문명에 내재하는 폭력성에 대한 분노와 근본적인 고민과 반성이 넓고 깊게 자리할 수밖에 없었다. 유럽의 근대는 인류가 꿈꾸어온 이상사회를 만들 수 있고, 이성의 힘으로 건설된 문명의 유토피아가 모두에게 찬란한 빛을 제공할 것이라는 집단적 믿음은 유럽을 그 내부로부터 파열시킨 폭력으로 인해 산산이 해체되어 버렸다. 진리를 사유하고 실천할 수 있는, 칸트가 선언한 합리적 주체라는 명제는 전쟁과 홀로코스트 앞에서 무력화될 수밖에 없었다. 독일의 진보적 지성계는 유럽의 근대성을 계몽의 야만과 폭력이라는 이름으로 철학의 심판대에 올려놓았다.

두 차례 대전으로 그 어떤 곳보다 더 심각한 파괴와 혼돈을 겪어야 했던 프랑스에서는 더더욱 심대한 반성과 성찰이 필요했고, 사르트르의 철학은 새로운 주체 선언으로 이에 답했다. 선험적 진리가 더 이상 유효하지 않은 세계 속에서 주체는 이제 자기 고유의 방식으로 결단해야 하는 존재가 된다. 근대는 주체가 자신의 내적 진리를 세계 속으로 투사해 세계를 자신과 동일화하는 것에서 자유를 이야기했지만, 사르트르의 주체는 그 어떤 것도 정해지지도 확정되지도 않은 상황에서 스스로 결단하는 행위로서의 자유를 선언한다.[31]

그러나 레비-스트로스는 실존적 주체라는 사르트르의 전망을 받아들이지 않고 구조주의적 사유로 대응했다. 그 사유 속에는, 의지적

---

31 장-폴 사르트르, 정소성 옮김, 『존재와 무』, 동서문화사, 2009.

결단의 주체라는 상상 속에서 서구적 진보의 미래를 지속하고자 했던 사르트르와 달리, 서구적 근대를 직조한 주체의 토대를 완전히 허물어 버릴 문제의식들이 내재되어 있었다. 그렇게 보면 레비-스트로스의 구조주의는 프랑크푸르트학파의 비판이론이 시도한 계몽적 주체의 철학적 해체와 문제 지평을 공유하는 것처럼 보인다.

하지만 레비-스트로스는, 근대 주체의 내부로 들어가서 미증유의 반인륜적 폭력을 만들어낸 서구 문명의 본질을 폭로하는 방식이 아니라, 근대 주체가 불행한 타자, 결여된 타자로 규정해버린, 그리하여 결국 자신들에 의해 포섭되고 동일화될 운명의 타자로 불린 이들을 사유의 자리로 불러내 그들을 온전하고 완결된 존재로 구성하는 인류학적 기획을 선택했다. 사르트르의 철학적 주체로는 비서구적 존재들을 서구적 근대의 편견으로부터 구출해낼 가능성이 전혀 없다고 판단한 레비-스트로스는 사르트르에 대해 "인간학을 구축한다는 구실 하에 자기의 사회를 다른 사회로부터 분리시키고 있다. 순수하고 원초적인 모습 그대로이고자 하는 코기토가 개인주의와 경험주의 가운데 묻혀서 사회심리학의 막다른 골목으로 잘못 들어가 버린 것"[32]이라고 비판했다. 사르트르의 주체는 여전히 데카르트적 코기토의 형식을 벗어나고 있지 못하며, 그러한 이유 때문에 서구 근대가 구획한 서구와 비서구의 분리를 극복하지 못하고 있다는 해석이다.

레비-스트로스의 구조주의 인류학은 두 가지 방향에서 서구 근대 주체의 자리를 흔들고 있는데, 하나는 칸트가 주창한 계몽의 의미에서

---

32 레비-스트로스, 안정남 옮김, 『야생의 사고』, 한길사, 1999, p. 358.

주체를 그 어떤 것에도 종속되지 않고 스스로의 내적이고 자립적인 사고와 의지로 판단하고 결정하는 존재로 간주하는 근대적 인식의 근거를 해체하는 방향이고, 다른 하나는 서구의 근대적 주체가 자신에 대해 무한한 신뢰와 자부심을 부여한 원천이었던 오리엔탈리즘의 우월주의와 예외주의를 무너뜨리는 방향이다. 20세기 초반부터 부상하고 있던, 과학으로서 언어학을 정립하려는 노력들이 레비-스트로스의 인류학적 기획에 지적 자양분을 제공했다.

1915년, 스위스 언어학자 소쉬르(Ferdinand Saussure)의 『일반언어학 강의』(*Cours de linguistique générale*)가 출간되었다. 소쉬르는 이 책을 통해 언어학을 엄밀한 과학의 위치에 세워놓으려 했다. 소쉬르는 언어활동(langage)과 언어(langue)를 구분한다. "다양하고 잡다"한, "여러 영역에 걸쳐 있고, 물리적, 생리적, 정신적인가 하면, 개인적 분야와 사회적 분야가 속"하는 언어활동과 달리, 언어는 "하나의 전체이며 분류 원칙이다." 언어는 "모든 언어활동에 대한 규범"이다.[33] 우리는 자신의 감정이나 생각을 표현하거나 상대방과 대화할 때 언어를 사용한다. 이러한 개인적인 실천을 언어활동이라고 할 수 있는데, 언어는 그러한 언어활동을 가능하게 하는 일련의 규칙의 총체다. 언어활동이 수행되기 위해서는 낱말의 의미와 문법과 같은 언어 규칙을 준수해야 한다는 점에서 언어는 일종의 규범이다. 소쉬르는 과학의 관점에서 언어학의 대상은 개별적 언어주체들마다 특수하고 상이하게 수행되는 언어활동이 아

33 페르디낭드 소쉬르, 최승언 옮김, 『일반언어학 강의』, 민음사, 1990/2006, p. 13.

니라 언어 공동체의 규범적 원칙인 언어이어야 한다고 말한다. 그 언어는 "말하는 사람의 뇌리 속에 혹은 좀 더 정확히 말하자면, 모든 개인의 뇌 속에 잠재적으로 존재하는 문법체계다."[34] 하지만 이 언어는 개인적이라기보다는 개인의 바깥에 존재한다는 의미에서 사회적인데, 왜냐하면 개인이 문법을 마음대로 만들어낼 수도, 변화시킬 수도, 소멸시킬 수도 없기 때문이다.[35] 거꾸로 개인은 그 언어 규칙를 따라야 자신의 언어활동을 수행할 수 있다.

이제 소쉬르의 논의는 언어학의 대상으로서 언어로 향하는데, 모든 언어는 하나 이상의 자모음으로 이루어져 소리를 내는 낱말(기표)과 그 낱말에 내재하는 의미(기의)로 구성되고, 그 둘이 결합해 기호를 만들어낸다. 기호란 특정한 의미를 담고 있는 형식으로, 예를 들면, 프랑스어 soeur라는 기호는 누이라는 의미를 지니는데, 그 의미가 반드시 soeur라는 알파벳에 담겨야할 필연적 이유는 없다. 다른 기표를 사용해도 문제될 것이 없다는 말이다. 이를 소쉬르는 '언어의 자의성'이라 칭한다.[36] 그렇다면 의사소통을 매개하는 언어기호는 언어공동체 내의 약속으로 만들어진 것으로 이해해야 한다. 소쉬르의 이 발견은 매우 중요한데, 언어적 의미의 원천이 그 내부가 아니라 바깥에 존재한다는 사실을 알려주고 있기 때문이다. 하지만 기호가 자의적 약속이라고 해서 그 기호의 의미를 누군가 마음대로 바꿀 수는 없다. 왜냐하면 기호의 의미는 언어공동체가 준수해야 할 강제 규칙에 놓여 있기 때문이

34 소쉬르, 『일반언어학 강의』, p. 20.

35 소쉬르, 『일반언어학 강의』, p. 21.

36 소쉬르, 『일반언어학 강의』, p. 94.

다. "한 개인이, 설령 원하다 할지라도, 이미 행해진 선택을 변경할 수는 도저히 없을뿐더러, 심지어는 한 단어에 대해서도 절대권을 행사할 수 없다. 대중은 있는 그대로의 언어에 매여 있는"[37] 것이다.

소쉬르 언어학은 언어 주체와 언어 구조의 관계 문제를 제기한다. 발화자로서 개인은 자신의 의지에 따라 자율적으로 말을 구사하는바, 그 점에서 그는 언어적 '주체'다. 하지만 그의 주체적 언어행위는 규칙으로서의 언어를 벗어날 수 없다. 오히려 그는 언어공동체가 강요하는 규칙에 전적으로 종속되어 있다. 대화자들은 그들이 속한 언어공동체의 문법에 복종하는 조건에서만 소통할 수 있다. 만약 그 규칙을 지키기 않는다면 소통의 자격을 상실할 터인데, 그 점에서 언어는 강제 규범이다. 그러한 상황을 가리키는 용어가 '구조'(structure)다. 구조란 행위자의 행위를 결정짓는 외적 질서다. 구조는 행위자의 의지로 변경하거나 해체할 수 없는, 행위자의 바깥에 존재하는 강제 형식이다. 그런데 구조는 행위자의 바깥에 있으면서 동시에 내부에 자리한다. 말하자면 행위자의 무의식 속에 투사되어 있어서 그 구조를 의식할 필요 없이 본능적으로 구조를 따르는 행위를 수행한다. 구조가 행위자의 외부에 있다는 것은 행위자의 의지에 대한 구조의 저항과 강제를 뜻하며, 구조가 그의 내부에 자리하고 있는 것은 행위자를 통해 구조가 스스로를 유지하고 재생산한다는 점을 말해준다. 그렇게 볼 때, 구조 속의 행위자는 주체가 아니라 구조를 지속시키는 '대리자'(agent)다. 소쉬르의 언어학은 주체에 맞서 구조의 승리를 알리는 언어학이다.

---

37 소쉬르, 『일반언어학 강의』, p. 99.

이러한 이론적 지평 위에서 구조주의 언어학으로 명명되는 소쉬르 언어학의 명제와 입론들은 레비-스트로스 구조주의 인류학, 나아가 프랑스 구조주의의 출발과 확산을 향한 지적 원천이 되었다. 그런데 언어 원리의 인류학적 응용에 대한 레비-스트로스의 지적 관심과 실천의 직접적 계기는 미국 망명생활 동안 만난, 그처럼 나치의 박해를 피해 미국으로 피신한 언어학자 야콥슨(Roman Jacobson)과의 교류를 통해서였다. 소쉬르의 구조주의를 바탕으로 하는 야콥슨의 언어학은 언어기호의 본질이 차이의 원리에 있다는 통찰을 보여주고 있다. 예를 들어, 『이상한 나라의 앨리스』의 주인공 앨리스와 고양이가 대화를 한다. 고양이가 '너 pig라고 말했니, fig라고 말했니?'라고 묻자 앨리스는 'pig라고 말했어'라고 대답한다. 언어기호의 음성형식은 소리의 성질, 조음방법과 위치, 성대 진동에서의 이항대립(+/-)적 차이에 따라 구별된다. p는 무성 양순 파열음이고 f는 유성 순치 마찰음으로 서로 대립하는 성질을 지니고 있고, 그로부터 낱말의 의미가 구별된다. 야콥슨은 의미를 구별해주는 이 요소를 변별적 자질이라고 명명했다.[38] 여기서 우리가 고려해야 하는 사실은 p는 f와의 청각적 차이로 소리가 구별된다는 점이다. p 발음은 f 발음과의 차이 속에서 자신의 의미를 확정한다. 이 차이의 체계는 음운 구조만이 아니라 단어의 의미에서도 적용된다. 가령, 아버지의 의미는 단어의 내부가 아니라 차이를 만들어내는 자식과의 관계 속에서 확정된다. 이러한 사례로부터 우리는 언어기호의 정체

38 로만 야콥슨·모리스 할레, 박여성 옮김, 『언어의 토대: 구조기능주의 입문』, 문학과지성사, 2009.

성은 내부가 아니라 다른 것과의 차이라는 외부에서 발현된다는 사실을 인식한다.

야콥슨의 언어학에서 언어는 본질적으로 차이의 체계다. 이것은 모든 언어가 갖고 있는 보편적인 특성으로서, 발화자 개인이 만든 것이 아니다. 구성원들은 그러한 체계를 무의식적으로 체화해 본능적으로 사용할 뿐이다. 특정한 언어공동체에서 산다는 것은 그러한 차이의 체계가 무의식에 깊이 내재하고 있음을 의미한다. 사람들은 "일정한 언어적 속성을 선택하고 그것들을 더 높은 차원의 복잡성을 가지는 언어적 단위들로 조합하는 것을 의미"하는 발화를 수행하는데, 이 발화는 자유로운 것 같지만 그렇지 않다. 발화자는 "자신의 낱말을 선택할 때, 결코 완전히 자유로운 행위자는 아니다. 그의 어휘는 자신과 상대방 수용자가 공유하는 어휘 창고로부터 선택되어야"[39] 하기 때문이다. 소쉬르를 따라 야콥슨은 발화행위를 인접성의 원리와 유사성의 원리 위에서 수행되는 것으로 이해한다. 인접성은 여러 단어들을 연결해 문장을 구성함으로써 의미체계를 완성하는 조합의 과정이고, 유사성은 단어를 다른 단어로 대체하는 선택의 과정이다. 야콥슨은 앞의 것을 환유로, 뒤의 것을 은유로 명명했다. 실어증 환자를 통해 야콥슨은 유사성 장애와 인접성 장애를 관찰했는데, "모든 형태의 실어증은 선택과 대체의 능력 또는 조합 및 구성 능력에서 경증부터 중증에 이르는 장애를 겪는다. 전자의 경우는 메타언어적 연산의 저하를 포함하는 반면, 후자의 경우는 언어단위들의 위계질서를 유지하는 능력의 상실을

39 야콥슨·할레, 『언어의 토대: 구조기능주의 입문』, pp. 81–82.

의미한다."[40] 이와 같은 관찰은 언어행위란 궁극적으로 하나의 단어 옆에 다른 단어를 세움으로써, 하나의 단어의 자리에 다른 단어를 대체함으로써 의미를 확정하고 변경해나가는 과정임을 말해준다. 그러니까 발화행위의 본질은 차이의 체계를 통해 의미를 만들어가는 과정인 것이다.

"인간에게 자연적인 것은 발화 언어활동이 아니라 언어, 즉 구별되는 개념들에 해당하는 구별되는 기호들의 체계를 구성하는 능력"[41]이라는 소쉬르의 명제가 밝히고 있듯이, 구조주의 언어학은 언어행위 기저의 언어 원리가 보편적이고 자연스러운 것임을 주창하고 있다. 레비-스트로스에 따르면, 구조주의 언어학은 의식적 언어현상으로부터 무의식의 자리로 관심을 옮겨놓았으며, 단어를 독립적 실체가 아니라 단어들의 관계로 다루려 하며, 체계 개념을 도입했으며, 보편적 법칙을 발견하고자 한다[42]는 점에서 언어행위에 대한 과학적 접근의 문을 열었다. 이때의 과학이란 무원칙적이고 개별적이며 특수한 언어행위에 대한 구조적 원리 인식을 의미하는데, 과학에 대한 레비-스트로스의 이러한 관점은, 스스로 고백하고 있듯이, 프로이트의 정신분석학, 마르크스주의 철학과 역사학, 지질학, 뒤르케임주의 사회학 등의 영향이었다.[43] 이러한 지적 분위기는 레비-스트로스에게 의식을 넘어선 무의식,

---

40 야콥슨 · 할레, 『언어의 토대: 구조기능주의 입문』, p. 106.

41 소쉬르, 『일반언어학 강의』, p. 16.

42 Claude Lévi-Strauss, "Structural Analysis in Lingustics and in Anthropology," Clare Jacobson & Brock Grundfestschoepf(tr.), *Structural Anthropology*, Basic Books, INC., 1963, p. 33.

43 레비-스트로스, 『슬픈열대』, pp. 168-171.

사건들의 기저에 놓여 있고 사건들의 운동을 결정짓는 토대, 시간을 따라 형성되어 땅속 겹겹이 뿌리박혀 있는 단단한 지층들, 인간들의 사고와 행동을 제약하는 사회적 규칙 등을 가르쳐주었다.

구조주의 언어학과 차이의 언어학이 말하고 있듯이, 언어기호 체계가 보편적인 것이라면, 우리는 모든 인간 공동체가 그 같은 체계 속에서 살아가고 질서를 유지해간다고 말할 수 있을 것이다. 언어교환이 언어공동체 내 차이의 체계 속 의미들의 교환이라고 한다면, 사람들 사이의 관계와 질서를 만들고 유지해가는 문화 영역에도 그 원리를 적용할 수 있을 것이다. 왜냐하면 문화는 곧 의미를 담고 있는 일련의 기호들의 교환 과정이기 때문이다. 문화적 기호는 곧 언어에 다름 아니기 때문이다.

레비-스트로스는 친족체계와 그것을 구성하는 여러 규칙과 태도는 언어체계와 본질적으로 동일한 원리를 갖는다는 입론에 근거해 친족체계에 관한 경험적 관찰과 이론적 해석을 통해 구조주의 원리를 제시하고자 한다.

> 친족 문제에 대한 연구 앞에서 인류학자는 자신이 구조주의 언어학자와 그 형식에서 유사한 상황에 놓여 있음을 발견한다. 음소처럼, 친족의 용어들은 의미의 요소들이다. 음소처럼, 친족의 용어들은 체계에 통합되어 있을 때에만 의미를 획득한다. '친족체계'는 '음소체계'처럼 무의식의 차원 위에 구축된다. 결국, 친족의 패턴, 혼인규칙, 특정한 유형의 친족 간에 규정된 태도가 지구의 이런 저런 지역에서, 근본적으로 상이한 사회에서 유사하게 반복된다는 사실로부터 우리는 언어학처럼 친족 영역에서 관찰 가능한

> 현상들은 보편적인, 하지만 겉으로는 드러나지 않는 법칙적 행위로부터 유래한다는 점을 믿게 된다.[44]

레비-스트로스에 따르면, 친족체계의 형성과 재생산을 가능하게 하는 법칙적 행위의 핵심에는 근친혼 금지라는 무의식적 원리가 있다. 무의식에 뿌리 내리고 있는 이항대립의 원리가 언어 현상의 보편적 법칙이라고 말하고 있는 구조주의 언어학을 따라 레비-스트로스는 이 근친혼 금지가 친족 공동체를 내부와 외부라는 이항대립의 구조로 만들어낸다는 사실을 발견한다. 이 이분법적 구조 위에서 공동체들은 여자 교환, 즉 혼인을 통해 관계를 맺고, 그 토대 위에서 서로 선물을 주고받으면서 호혜적 질서를 유지해나간다.[45] 이 근친혼 금지는 문명화된 사회만이 아니라 레비-스트로스가 관찰한 이른바 미개사회에서도 친족체계를 관통하는 일반적 법칙으로 운동하고 있는바, 언어구조의 이항대립 원리처럼 인류의 문화체계 안에서 이항대립의 원리가 보편적으로 작동하고 있다고 추론할 수 있게 한다.

이 친족내의 이항대립 구조 속에서 중요하게 생각해야 하는 사실은, 교환되는 여자, 주고받는 경제적, 사회적 선물을 노동력이나 내적 가치를 지닌 물질이 아니라, 차이의 체계를 따라 생성되는 기호로 이해해야한다는 점이다. 레비-스트로스트는 근친혼 금지를 유전학적 돌연변이의 발생을 막기 위한 생물학 원리라든가, 가까운 사람끼리는 성욕

---

44 Claude Lévi-Strauss, "Structural Analysis in Lingustics and in Anthropology," p. 34.

45 Claude Lévi-Strauss, *Les structures élementaires de la parenté*, PUF, 1966.

이 발동하지 않는 생리적, 심리적 거부감의 원리로 진화해간 결과물이라든가, 친족체계의 위계라는 사회 제도의 필요로부터 파생된 원리[46]와 같은 설명과 해석에 반대한다. 말하자면 그러한 관점은 여자 교환을 독자적인 성적, 생물학적 가치를 주고받는 과정으로 이해하는 것인데, 레비-스트로스는 그것은 오히려 하나의 기호, 즉 한 공동체의 안과 밖을 나누는 기호, 그리하여 그 이항대립의 관계 속에서 만들어진 호혜성의 기호로 봐야 한다고 생각한다.

그러한 구조주의적 시각에 선다면, 우리는 문명사회든 미개사회든, 인간의 사회적 행위는 궁극적으로 무의식에 깊이 뿌리내린 이항대립 구조의 효과라고, 그리하여 그 행위가 의식 없이 반복적으로 수행됨으로써 결국 구조의 유지와 재생산 효과를 만들어낸다는 논리에 도달한다. 이것이야말로 자유로운 주체의 선택과 결단이라는 근대적 행위 패러다임에 대한 근본적 부정이 아닐 수 없다.

레비-스트로스의 작업은 미개사회의 토템에 대한 분석으로 이어지는데, 그는 이 연구를 통해 원시인들에게 보편적으로 관찰되는, 특정한 사물이나 동식물 숭배로서 토템현상은 서구인들과는 근본적으로 다른, 자연과 우주와 사회를 하나의 거대한 질서로 통합하기 위한 그들 고유의 과학적 인식체계라는 사실을 보여주고자 한다. 원시인들이 문명인들보다 정신적으로 계몽되지 않았거나 진보하지 않은 것을 증명해주는 사례를 토템으로 이해하면서 그들을 서구의 과학으로 개화시

46 김형효, 『구조주의 사유체계와 사상: 레비-스트로스, 라깡, 푸코, 알튀세르에 관한 연구』, 인간사랑, 1989, pp. 121-122.

키면 토템현상은 사라질 것이라는 태도를 레비-스트로스는 받아들이지 않는다. "소위 백인-성인으로 대표되는 정상적 인간의 사고 양식 체계를 수립하기 위해서는 그들 밖에 있는 인간의 인습과 종교를 수립하는 것만큼 편한 게 없었다"[47]라는 주장을 통해, 레비-스트로스는 토템을 바라보는 관점의 서구적 편견을 고발했다.

토테미즘은 자연과 문화에 대한 매우 정교한 분류체계 위에서 작동하는데, 그것은 자연을 범주와 개체로, 문화를 집단과 개인으로 나누어 총 4개의 조합(범주-집단, 범주-개인, 개체-개인, 개체-집단)으로 이루어진 분류체계다. 이러한 분류체계 위에서 그들은 자연의 다양한 사물들을 가지고 자연과 문화와 사회를 하나의 통합적 질서로 구축한다. 레비-스트로스는 원시인들의 그러한 작업을 서구적 근대인의 엔지니어 개념과 대비시켜 손재주꾼의 개념으로 설명한다. 그러니까 자연의 다양하고 잡다한 사물들을 가지고 자신이 그린 세계를 만드는 손재주꾼은 엔지니어와는 다른 창조력을 지닌다. 여기서 레비-스트로스는 그 둘 사이의 차이가 생각보다 크지 않음을, 오히려 그 차이는 우열 비교가 아니라 수평적 다름으로 이해해야 한다고 말하고 있다.

> 즉 과학자가 나누는 대화는 단순하고 순수한 관계에서 이루어질 수 없다. 그는 그가 살고 있는 시기, 문명, 그가 사용하는 물질적 수단에 의해 규정되는 자연과 문화 사이의 특정한 관계 속에서 대화하고 있는 것이다. 어떤 과제가 주어졌을 때 과학자라고 무엇이든 할 수 있는 것이 아니라는 점에서 '손재주꾼'보다 더 나을

---

47 클로드 레비-스트로스, 류재화 옮김, 『오늘날의 토테미즘』, 문학과지성사, 2012, pp. 11-12.

> 것도 없다. 그도 역시 미리 정해져 있는 이론적, 실제적 지식과 기술적 수단의 목록을 먼저 검토하여 가능한 해답의 범위를 제한하는 것이다. 그러므로 엔지니어와 '손주재꾼'의 차이가 생각만큼 대단한 것은 아니다.[48]

레비-스토로스는 서구 문명인이 논리적 심성을 지니고 있고 미개인은 아직까지 그 논리적 심성에 도달하지 않았다는 주장을 반박하면서 이른바 '야생의 사고'로 불리는 원시부족들의 토템적 분류법은 "우리들의 사고와 같은 의미에서 그리고 같은 방식으로 논리적"이라고 말하고 있다. 그는 야생의 사고가, 편견적 사고에 사로잡힌 사람들의 합리성에 반대되는 의미에서 "감정에 의해 움직이는 것이 아니라 이성적 판단에 의해서 움직이며", "변별과 대립의 도움으로 기능한다"[49]고 주장한다. 토템에 대한 레비-스트로스의 분석과 해석은 궁극적으로, 서구 근대가 탄생시킨 주체가 스스로를 계몽의 세례를 받은 문명적 우월함의 존재로 정립하면서 그 반대편을 비서구적 야만성으로 규정한 이분법적 오리엔탈리즘에 대한 안티테제를 제시하는 작업이었다.

그와 같은 해체 작업은 신화에 대한 방대한 비교연구를 통해서 한층 더 심화되는데, 그는 여러 지역에서 전승되고 있거나 여전히 회자되고 있는 신화들이 현상적으로는 너무나도 다양하고 잡다한 소재와 이야기로 구성되어 있는 것 같지만, 그러한 신화는 근본적으로 구조주의 언어학이 통찰한 이항대립의 구조 위에서 여러 변종의 형태로 구성

48 레비-스트로스, 『야생의 사고』, p. 73.
49 레비-스트로스, 『야생의 사고』, p. 381.

되어 있다는 점을 밝히고자 한다. 또한 특정한 지역에서 유포되는 신화는, 신화집단에 대한 논의가 말해주고 있듯이, 여러 지역에서 동일한 구조를 보이고 있다는 점을 레비-스트로스는 주장하고 있다. 가령, 꿀과 재(담배)에 관한 신화는 남아메리카만이 아니라 프랑스에서도 오랫동안 사람들 사이에서 전해져왔다는 것인데,[50] 이처럼 신화의 대립적 관계가 동일한 양상으로 여러 지역에서 등장한다는 사실로부터 우리는 문명화된 서구사회의 근대적 정신구조와 그들이 말하는 미개사회의 원시적 정신구조가 현상적으로는 서로 상이하고 우열의 관계에 있는 것 같지만, 그 근원에서는 여전히 신화적 구조의 동일성으로 묶여 있다는 반 근대적인 목소리를 들을 수 있다.

레비-스트로스는 자신의 저술 『야생의 사고』(*La Pensée sauvage*)를 "동식물의 종이나 변종에 대해서는 세밀하게 분류해 명칭을 부여할 줄 알면서도 '나무'라든지, '동물'이라든지 하는 개념들을 표현하는 용어는 구비하지 못한 언어들이 있다"[51]는 사실을 환기하면서 시작하고 있다. 레비-스트로스는 그러한 사실은 종종 원시인들이 추상적 사고력을 지니지 못한다는 판단의 근거로 작용한다고 언급하면서 정반대의 예를 통해 그와 같은 편견의 오류를 밝힌다. 예컨대, 북미 인디언의 체누크어는 '그 악인이 그 가엾은 아이를 죽였다'는 표현을 '그 사나이의 악이 그 아이의 가엾음을 죽였다'고 표현하고, '그 여자는 너무 작은 바구니를 사용했다'는 표현을 '그 여자는 양지꽃의 뿌리들을 조개 바구니의

---

50 레비-스트로스, 임봉길 옮김, 『신화학2: 꿀에서 재까지』, 한길사. 2008, pp. 39-41.

51 레비-스트로스, 『야생의 사고』, p. 49.

협소함 속에 넣었다'라고 표현한다. 이러한 예를 통해 레비-스트로스는 "어느 문명사회에서나 사람들은 그들의 사고 방향이 객관성을 띠고 있다고 과대평가하는 경향이 있다. 우리는 미개인들은 단지 생리적, 경제적 요구에 의해서만 움직일 뿐이라는 편견을 갖지만 미개인 역시 같은 방식으로 우리를 평가하며 그들의 지적 욕구가 우리의 그것보다 훨씬 조화로운 것이라 생각한다"[52]고 말하면서 문명론적 관점에 입각한 지적 편견의 오류를 지적하고 있다.

소쉬르와 야콥슨 언어학의 강력한 영감 속에서 레비-스트로스의 인류학으로 지적 정체성을 구축한 프랑스 구조주의의 관점과 방법은 문학, 철학, 정치학, 정신분석학 등으로 확장되어 나갔다. 이제 "구조 모델은 인식의 모든 차원 그리고 심지어 인간 실존의 모든 차원에 적용"되고, "인간과학 전체, 더 나아가 과학 일반 전체와 개별적이고 집단적인 우리 실존 전체가 오직 기호들의 체계로 이해된 구조를 통해서만 의미를 갖게 될 것이고 접근 가능하게"[53] 된다. 프랑스 구조주의의 이러한 지적 확산에는 20세기 초반부터 역사학, 과학철학, 의학, 사회학 등에서 실천된 프랑스적 사유의 독특함과, 헤겔, 후설, 하이데거의 영향력이 감소하고 마르크스, 니체(Friedrich Nietzsche), 프로이트(Sigmund Freud) 사상에 대한 관심이 증대해간, 프랑스 내 지적 영향력의 변화와 깊이 연결되어 있다.[54]

레비-스트로스 인류학이 인상적으로 제시한 것처럼, 프랑스 구조

---

52 레비-스트로스, 『야생의 사고』, pp. 49-52.

53 프레데릭 보름스, 주재형 옮김, 『현대 프랑스 철학』, 길, 2014, p. 499.

54 이광래, 『미셸 푸코: 광기의 역사에서 성의 역사까지』, 민음사, 1989, p. 13.

주의의 궁극적 이념은 근대적 주체를 근본적으로 다시 사유하고 그 존재 근거를 무너뜨리는 데 있었다. 단순화의 오류를 무릅쓰고 정리하자면 근대가 만들고 성장시킨 주체는 세 가지 특성의 존재로 나타난다. 첫째, 근대적 주체는, 데카르트의 철학적 주체가 보여주는 것처럼, 자립성과 자기 동일성에서 존재 근거를 확보한다. 그는 자기 외부의 어떠한 것도 필요 없는, 사유라는 의심할 수 없는 내적 속성 위에 서 있다. 둘째, 계몽주의에서 잘 드러나고 있듯이 그는 역사와 사회를 창조해가는 궁극적 존재다. 그는 특정한 역사와 사회를 살아가는 존재라기보다는 그 세계의 바깥에서 가장 소망스럽고 이상적인 세계를 창조하는, 말하자면 유토피아의 주체다. 셋째, 근대적 주체는 진리를 품고 있는 존재인바, 과거와 현재와 미래의 모든 시공간에 예외 없이 적용 가능한 합리적이고 보편적인 진리의 소유자다.

우리는 프랑스 구조주의 사상가 라캉(Jacques Lacan)의 정신분석학에서 자립적이고 자기 동일적인 근대적 주체의 근거를 공격하고 해체하기 위한 뛰어난 지적 상상력과 분석력을 만난다. 레비-스트로스가 언어구조를 통해 친족체계의 원리를 밝히려 한 것처럼, 라캉은 구조주의 언어학으로 무의식을 이해하고자 했다. "무의식은 언어다"[55]라는 명제가 말하고 있는 것처럼, 라캉은 무의식은 언어구조와 같은 본질을 지닌다고 이야기하고 있다. 앞서 살펴보았듯이, 구조주의 언어학은 언어를 자기 내부에서 스스로 의미를 만들어내는 자율적 실체로 바라보지 않는다. 인간은 언어로 자신을 드러내지만 그 언어는 인간이 놓여 있는

---

55 자크 라캉, 홍준기 외 옮김, 『에크리』, 새물결, 2019, p. 1025.

공동체로부터 강요된, 인간이 자의적으로 바꿀 수 없는 '외적 실체'다. 그 언어는 관계적 대립과 차이의 구조를 따라 작동하면서 의미를 만들어낸다. 낱말의 의미는 자체로서가 아니라 다른 낱말과의 관계를 통해 만들어지고, 문장은 낱말 옆에 다른 낱말이 결합하는 방식으로 또는 하나의 낱말에 다른 낱말이 들어서는 방식으로 의미를 형성한다. 가령, '나는 나'라는 표현은 아무런 의미를 창출하지 못하는 동어반복에 불과한 것이다. 인간의 언어세계는 낱말과 낱말이 관계를 맺으며, 대체되면서 – 은유와 환유의 원리를 생각할 수 있다 – 새로운 의미를 획득하고 확장해나가는 방식으로 운동한다. 그렇게 보면 인간 언어는 완결될 수 없는 또는 끝없이 빠져나가는 의미의 세계라는 역설적 운명을 피할 수 없다. 왜냐하면 하나의 낱말의 의미가 탄생하기 위해서는 다른 낱말과 관계를 맺어야 하지만, 그 다른 낱말의 의미가 만들어지기 위해서는 그 옆에 또 다른 낱말이 세워져야 하기 때문이다. 그 점에서 낱말의 의미는 무한한 의미 관계 속으로 들어간다. 라캉은 바로 이 언어세계가 인간 삶의 무대라고 말한다. 인간은 이 세계를 벗어날 수 없다. 인간은 라캉이 말하는 언어세계, 즉 상징계 속에서 자신과 타인을 구별하고, 자신의 의지와 욕망을 실천하는 주체로 태어난다. 물론 이 주체는 근대적 주체와 근본적으로 다른 존재다.

인간은 태어나 최초로 상상계(거울단계)를 경험한다. 아이는 거울에 비추인 자신의 모습을 보면서 처음에는 그것이 다른 존재라고 생각하지만, 결국 그것이 자신의 이미지임을 깨닫는다. 이 단계에서 인간은 주체에 대한 원초적 인식을 획득한다. 하지만 이 주체 인식은 어떠한 의미도 지니지 못하는 공허한 형식일 뿐이다. 상징계로 진입한 인간은 언어 구조의 지배를 받는다. 인간은 언어를 배우면서 타자와 구별되는 주체가 되지만, 문제는 그 언어가 자신의 것이 아니라는 사실이다. 이름이야말로 상징계를 살아가는 인간의 본질을 발 보여주는 대표적 예다. 인간은 이름을 통해 타자와 구별되는 주체로 태어나지만, 그 이름은 스스로 부여한 것이 아니라 부모라는 타자로부터 강제된 것이다. 인간은 이름이라는 언어적 상징을 통해 살아가는 존재이며, 그 이름 속에 투영된 타자의 의지와 욕망을 따라 자신의 정체성을 만들어간다. 하지만 그것은 강요된 정체성이므로 스스로의 의지와 욕망과 전적으로 일치하는 않는데, 그렇게 남게 된 결여가 무의식을 구성한다.[56] 그 점에서 라캉은 "무의식이란 주체를 구성하기 위해 작용한 것이 남긴 흔적 위에서 버려진 개념"[57]이라고 말한다.

라캉의 이러한 주체 개념은 데카르트적 주체, 그러니까 근대적 주체의 가장 근원적 모델을 공격하고 해체한다. 라캉은 "주체, 데카르트적 주체는 무의식에 의해 전제되는 것"[58]이라고 선언하고 있다. 데카르트는 철저한 의심을 거쳐 자기 바깥의 어떤 것에도 의존하지 않는 확실한 자립성과 자기동일성의 주체를 정립했다고 생각했다. 하지만 라캉의 관점에서 그 주체가 주체로 성립하는 것은 '생각한다'라는 언어적 실천에 근거하는 것으로서, 그 생각이라는 기표는 언어세계 속에서 끊임

56 브루스 핑크, 이성민 옮김, 『라캉의 주체: 언어와 향유 사이에서』, 도서출판 b, 2010, p. 66.

57 라캉, 『에크리』, p. 978.

58 라캉, 『에크리』, p. 990.

없이 주체의 바깥으로 밀려나갈 운명이다. 그러니까 "주체는 언제나 이 기표의 그물망 안에 의지하고, 그런 조건에서만 주체일 수 있다"[59]는 것이다. 이 주체는 확실하지도, 자립적이지도 않다. 오히려 주체는 기표의 무한 연쇄 속으로 사라질, 즉 소외의 운명으로서[60] 여기서 주체는 자신이 주체로 되기 위해서는 자신의 존재론적 확실성을 보장해줄 '대타자'(Autre/Other)를 찾아야 하는데, 데카르트에게서 이 대타자는 신이었다.[61] 결국 라캉의 정신분석학에서 데카르트의 주체는 자신의 무의식에 간직된 소외와 불안을 해소하기 위해 타자를 욕망해야 하는 존재가 된다. 그럼으로써 이제 근대적 주체의 철학적 원형으로서 데카르트적 주체로 표상되는 내적 주체는 자신의 자립성과 자기 확실성을 유지하기 어려워 보인다.

다음으로, 근대적 주체의 초월적 존재성에 대한 비판과 관련해 프랑스 구조주의 마르크스주의 철학자 알뛰세(Louis Althusser)를 이야기할 수 있다. 알뛰세는 마르크스주의에 대한 근본적 재해석에 관한 글들의 묶음인 『마르크스를 위하여』(*Pour Marx*)에서 헤겔의 관념적 변증법을 신랄하게 비판한다. 그는 마르크스의 유물론적 변증법과의 차이를 밝히고자 한다. 그는 "헤겔 변증법과 엄밀히 구별되는 마르크스주의 변증법의 특수성은 과연 어떠한 것인가 하는 문제"[62]를 규명하려 한

59 김상환, 「라깡과 데카르트」, 김상환·홍준기, 『라깡의 재탄생』, 창작과비평사, 2002, p. 101.

60 김상환, 「라깡과 데카르트」, p. 161.

61 김상환, 「라깡과 데카르트」, p. 167.

62 김상환, 「라깡과 데카르트」, p. 282.

다. 아마도 헤겔은, 총체적인 차원에서 세계에 관한 절대적 진리를 인식하고 있고, 그와 같은 진리 역량 위에서 이상적인 역사적 유토피아를 창조해가는 주체라는 근대적 기획의 완결적 드라마를 만든 사상가로 간주될 만하다. 헤겔에게서 역사는 '이성'이라는 절대적 진리체가 자신의 관념을 외화해가는 과정으로 인식된다. 인류의 역사는 이성이라는 절대적 관념체가 자신의 진리를 실현해가는 자기 운동의 역사 이외에 다름 아닌 것이다. 헤겔은 이성의 그와 같은 역사적 자기운동과정을 담고 있는 개념으로 변증법을 제시했다. 여기서 진리를 담지하고 있는 근대의 이성(reason)은 헤겔에서 역사적 실체로서 (대문자) 이성(Reason)이 되어 구체적인 인간의 역사 '너머에' 존재하면서 그 역사를 창조해가는 초월적 존재로 스스로를 드러낸다. 헤겔 변증법의 오류를 밝히려는 알튀세에 따르면 "그것은 전형적인 사변적 과오, 사물들의 질서를 뒤집고 (추상적인) 개념의 자기 발생과정을 (구체적인) 현실적인 것의 자기발생 과정으로 간주하는 추상화의 과오다."[63] 이 문제와 관련해 알튀세는 마르크스가 『신성가족』(*Die heilige Familie*)에서 든, "헤겔의 사변철학에서는 과일의 추상이 자신의 **자기 규정적 자기 생성 운동**을 통해 배, 포도, 자두를 생산한다는 것"[64]이라는 비유를 언급한다. 알튀세는 이것을 전도라는 개념으로 포착하면서 진실은 그 반대, 즉 "구체적 과일들이 과일의 개념을 생산"[65]하는 것이라고 주장한다.

이러한 문제의식에서 알튀세는 헤겔 변증법이 복잡하고 구체적인

63 루이 알튀세르, 서관모 옮김, 『마르크스를 위하여』, 후마니타스, 2017, p. 328.

64 알튀세르, 『마르크스를 위하여』, pp. 328–329.

65 알튀세르, 『마르크스를 위하여』, p. 329.

과정들을 시원적인 단순한 과정으로 환원하려는 사유의지에 있다고 공격하고 "복잡한 과정은 복잡한 과정 자체의 결과로 제시되는"[66] 것이라고 이야기한다. 여기서 알튀세는 『정치경제학 비판 요강』(*Grundrisse der Kritik der politischen Ökonomie*)의 서두로 쓰인 「서설」(1857)을 환기하면서 헤겔의 변증법에 맞서는, 마르크스의 다른 관점을 제시한다. 마르크스는 생산을 이야기할 때 추상적이고 관념적인 생산이 아니라 "일정한 사회적 발전 단계에서의 생산, **사회적** 개인들의 생산"으로 이해했는데, 그것은 곧 "구조화된 사회적 전체 속에서의 생산이므로, '생산'의 단순한 보편성의 생산으로, '생산'의 단순한 보편성의 기원으로 거슬러 올라가는 것이 불가능하다는 것을 보여"[67]준다고 알튀세는 해석하고 있다. 그것은 곧 복잡한 구조를 단순한 기원적 관념으로 되돌리는 태도를 문제 삼는 것이다. 그리하여 알튀세는 마르크스주의는 "모든 구체적 '대상'의 복잡한 구조라는, 즉 대상의 발전을 지휘하고 동시에 대상에 대한 지식을 생산하는, 이론적 실천의 발전을 지휘하는 그런 구조라는 주어진 것에 대한 인지를 원리적으로 확립한다"[68]는 입론을 제시한다. 이로써 알튀세는 이른바 '구조주의적 마르크스주의', 또는 '마르크스주의의 구조주의적 해석'의 지평을 열게 된다.

알튀세는 마르크스가 사회를 '구조화된 복잡한 전체'로 바라보고 있다고 하면서, 그 문제를 명확하게 하기 위해 마르크스주의의 관점으

66 알튀세르, 『마르크스를 위하여』, pp. 338–339.

67 알튀세르, 『마르크스를 위하여』, p. 339(강조는 원문).

68 알튀세르, 『마르크스를 위하여』, p. 344.

로 이야기되곤 하는 '경제주의'를 비판한다.[69] 경제주의란 경제영역이 정치, 문화, 법률, 교육 등 그 밖의 다른 영역을 지배한다는 것, 즉 뒤의 것은 앞의 것의 부수 혹은 종속된 것이라는 관점으로, 알튀세는 그 관점이 마르크스주의 전통에 속하지 않는다고 주장하면서 '모순'과 '과잉결정'(surdétermination/overdetermination) 개념을 제시한다. 구조화된 복잡한 전체로서의 사회는 곧 사회를 구성하는 요소들이 서로 밀접한 연관 속에서 상호 영향을 주고받는 관계에 놓여 있음을 의미하는 바, 따라서 경제가 나머지 요소들을 일방적으로 지배하고 영향을 미친다는 사고는 비현실적이다. 혁명이론으로서 마르크스주의는 사회의 위기와 붕괴를 만들어낼 모순을 주요 모순과 부차 모순으로 나누고 있고, 궁극적으로 주요 모순의 지배력을 수용하지만 그럼에도 구조화된 복잡한 관계 속에서 그 모순들의 역할을 확정적으로 규정할 수는 없다고 알튀세는 주장한다.

> 지배 관계를 갖는 구조는 불변하지만 그 속에서 역할들의 배역은 변화한다는 것이 실로 실천의 커다란 교훈이다. 즉, 주요 모순이 부차 모순으로 되고 부차 모순이 주요 모순의 자리를 취하며, 주요 모순이 부차 모순으로 되고 부차 측면이 주요 측면으로 되는 것이다. 항상 주요 모순과 부차 모순들이 있지만, 이것들은 지배 관계를 갖도록 절합된 구조 속에서 역할을 교환하며, 반면 이 구조는 불변한다.[70]

69 알튀세르, 『마르크스를 위하여』, p. 368; 김민정, 「맑스주의 연구에서 알튀세르가 제기한 질문과 그 영향」, 『현대사상』 제24호, 2020, p. 36.

70 알튀세르, 『마르크스를 위하여』, p. 365.

모순의 이러한 구조적 관계는 과잉결정 개념으로 이어지는데, 신경증은 여러 계기들의 복합적 작동으로 발생한다는 정신분석학의 다중결정 개념에서 차용한 이 과잉결정은 "모순의 존재조건들이 모순 자체 속에 반영된다. 다시 말해 말해 모순의 상황이 복잡한 전체의 지배 관계를 갖는 구조 속에 반영된다"[71]는 의미다. 그 경우 하나의 모순은 본래의 동일성으로 남아 있지 않은바, 그 속에 새로운 조건과 상황이 결합되면서 과잉의 상태에 놓이게 된다.[72]

이처럼 알튀세는 마르크스주의의 구조주의적 해석을 통해 헤겔의 변증법에 각인되어 있던 근대적 초월성의 논리 – 모든 현상은 하나의 관념으로 환원된다는 –를 해체하고자 한다. 그리고 알튀세의 이러한 구조주의적 상상력은 그가 제시한 '반인간주의' 개념을 통해서 한층 더 선명해진다. 이 문제는 당대 사회주의 국가, 특히 소련에서 제기된 새로운 이념적 지향과 관련을 맺는다. 알튀세는 이렇게 말하고 있다.

> 사회주의적 '인간주의'는 당면 의제다. 사회주의(각자에게 노동에 따라)로부터 공산주의(각자에게 필요에 따라)로 옮겨가는 시기에 접어든 소련은 "모든 것을 인간을 위해"라는 구호를 내걸고, 개인의 자유, 합법성의 존중, 개인의 존엄성이라는 새로운 주제들을 도입했다. 노동자당들에서는 사회주의적 인간주의 실현을 찬양하고, 『자본』에서, 그리고 점점 더 자주 청년 마르크스의 저작들에서 사회주의적 인간주의의 이론적 정당성을 찾고 있다.[73]

---

71 알튀세르, 『마르크스를 위하여』, p. 362.

72 진태원, 「라깡과 알튀세르」, 김상환·홍준기 엮음, 『라깡의 재탄생』, 창작과비평사, 2002, p. 373.

73 알튀세르, 『마르크스를 위하여』, p. 385.

이러한 상황 앞에서 알튀세는 마르크스 저작들 사이의 '인식론적 단절'을 선언한다. 그는 마르크스가 『독일 이데올로기』(*Die Deutsche Ideologie*)를 기점으로 "역사와 정치의 토대를 인간 본질에서 찾는 모든 이론과 근원적으로 단절"[74]했음을 밝힌다. 독일의 혁명 사상가의 이와 같은 단절은 궁극적으로 역사와 사회에 대한 모든 인식과 주장을 인간 본성이라는 전제 위에 세우고자 하는 관념철학에 대한 문제제기다.[75] 알튀세가 "이론적 반인간주의"로[76] 명명하고 있는 마르크스의 인식론은 인간은 언제나 특정한 사회적 조건 속에서 살아간다는 주장을 담고 있다. 그렇게 보면, 우리가 근대적 의미에서 인간을 역사와 사회를 초월한 존재, 자신의 선험적인 진리를 간직하고 있는 주체로 이해하는 것은 적합하지 않다. 이제 마르크스의 이론적 반인간주의 위에서 주체와 역사, 주체와 사회의 관계는 역전될 운명이다. 역사와 사회는 주체로서의 인간이 창조하고 조형하는 것이 아니라, 오히려 역사와 사회라는 구조가 주체라는 환상을 갖는 인간을 만들어낸다.[77]

한편, 보편적인 진리를 인식하고 실천하는 존재로서 근대적 주체라는 철학적 명제는 미셸 푸코의 구조주의 철학으로부터 중대한 도전을 받는다. 푸코는 세상에 관한 보편적이고 합리적인 지식을 지닌 주체라는 근대적 환상을 부수려 한다. 그는 1966년 작품 『말과 사물』(*Les mots et les choses*)을 아르헨티나 문인 보르헤스(Jorges L. Borges)의 책 속 한 홍

---

74 알튀세르, 『마르크스를 위하여』, p. 396.

75 알튀세르, 『마르크스를 위하여』, p. 397.

76 알튀세르, 『마르크스를 위하여』, p. 401.

77 김민정, 「맑스주의 연구에서 알튀세르가 제기한 질문과 그 영향」, p. 38.

미로운 이야기로 시작하고 있는데, 보르헤스는 중국의 한 백과사전을 인용하고 있다. 거기서 동물은 매우 특이한 방식으로, 서구의 근대적 분류법과는 전혀 무관한 방식으로 나뉘고 있다. "황제에 속한 동물, 향료로 처리해 방부 보존된 동물, 사육동물, 젖을 빠는 돼지, 인어, 전설상의 동물, 주인 없는 개, 이 분류에 포함되는 동물, 광폭한 동물, 셀 수 없는 동물, 낙타털과 같이 미세한 모필로 그려질 수 있는 동물, 기타, 물주전자를 깨뜨리는 동물, 멀리서 볼 때 파리 같이 보이는 동물"이라는 분류 앞에서 푸코는 이 기묘한 구분이 "지금까지 간직해온 나의 사고 – 우리 시대와 풍토를 각인해주는 '우리 자신의 사고' –의 전지평을 산산이 부숴버리는 웃음"을 짓게 했음을 고백하고 있다.[78]

지식을 만들어내는 근간적 원리가 분류라는 사실에 따르면 푸코가 언급한 사례는 단 하나의 보편적 분류법이 존재하지 않는다는 인식을 우리에게 전해준다. 합리적인 과학 원리를 따르는 분류법을 창안한 서구 근대는 그것이 시공간을 초월한 보편적인 지식체계의 토대라고 주장하면서 그것의 인식론적 우월성을 주장하지만, 서구 근대의 지적 체계는 역사적으로 발생한 여러 분류체계 중 하나에 지나지 않을지도 모른다고 생각하게 만들기 때문이다. 바로 그것이 구조주의 철학의 이름으로 푸코가 답하고자 했던 질문이었는바, 그것은 원시 부족세계의 친족, 토템, 신화체계에 대한 광대한 관찰과 분석을 통해 그 지적 목표에 도달하려 했던 레비–스트로스와 근본적으로 동일한 문제 지평이었다.

---

78 미셸 푸코, 이광래 옮김, 『말과 사물』, 민음사, 1987, p. 11.

프랑스 구조주의 철학을 이끌어갈 한 천재의 대중적 등장을 알리는 저서 『말과 사물』에서 푸코는 '에피스테메'(épistémè) 개념을 제시한다. 특정한 역사적 시기의 개별적 지식들을 지배하는 궁극적 인식체계를 의미하는 개념인 에피스테메를 통해 푸코는 역사적 시기에 출현한 지식들의 단절과 불연속을 강조하고자 한다. 책에서 푸코는 특정한 지식이 "어떤 질서의 공간 내에서" 형성되었는가, "어떤 역사적 아프리오리(a priori)에 근거해 구성되었고", "해체되어 소멸되었는가를 탐구"[79]할 것임을 밝히고 있다. 그것은 "인식의 진보", 그러니까 역사적 시간을 따라 점진적으로 상승하고 발전하는 지식이라는 근대적 관념에 맞서는 관점인바, 푸코는 그것을 '고고학'(archéologie)으로 명명했다. 고고학이 특정 지층의 시간적·역사적 단절을 관찰하는 것처럼, 지식의 고고학은 지식들의 연속성이 아니라 다름과 차이를 밝히고자 한다. 푸코의 이러한 고고학적 방법론은 그의 박사학위논문 『광기와 정신착란』(*Folie et déraison*)에서 출발한다. 논문에서 푸코는 광기에 대한 근대적 지식은 역사적 경험과 인식의 축적으로 형성된, 지적 진화의 결과물이 아니라 이성에 대한 근대적 에피스테메의 특수한 반영물이라는 테제를 제시하면서 광기에 대한 지식의 역사적 불연속을 주장했다. 그런 맥락에서 푸코는 "어떤 의미에서 이 연구(말과 사물 - 필자)는 확실히 고전주의 시대 광기의 역사에 관한 내 저술의 반향"[80]이라고 말하고 있다. 이후 푸코는 '의학적 시선의 고고학', '인간과학의 고고학', '지식의 고고학'이라

79 푸코, 『말과 사물』, p. 19.
80 푸코, 『말과 사물』, p. 21.

는 개념을 통해 고고학적 방법론의 영역을 확장해나간다.

푸코는 르네상스 이후 서구의 에피스테메를 분류하는데, 먼저, 르네상스 시대 지식들의 에피스테메는 '유사성'이다. 이 유사성은 적합, 대립적 모방, 유비, 공감의 네 원리에 기초하고 있다. 사물들이 장소적 접합에 의해 유사성의 관계를 지니게 되는 적합은 예컨대, 육체와 영혼의 상호영향에 관한 인식이고, 사물들이 일정한 거리를 유지한 상태에서 유사성을 갖는 것으로 이해되는 대립적 모방은 가령, 해와 달을 인간의 두 눈과 유사한 것으로 보는 사고다. 유비는 적합과 대립적 모방의 원리를 공유하는 유사성의 원리로서 식물을 머리를 아래로 두고 살고 있는 동물로 보거나, 인간의 얼굴 구조와 혈관의 움직임을 우주의 구조, 별들의 순환과 유사한 것으로 보는 등의 사고의 경우다. 모든 사물들을 동일함으로 끌어들이는 사고인 공감은 장례식에서 사용된 장미의 향기 속에서 슬픔과 죽음을 느끼는 인식이 한 예가 될 수 있다.[81] 이 유사성의 에피스테메는 고전주의 시대의 지식을 지배하는 에피스테메로 대체되었다. 이제 유사성의 자리에 표상(représentation)의 원리가 들어선다. 푸코는 이 표상을 동일성과 차이의 원리를 따르는 분류의 질서라고 설명한다. 세상의 존재들을 총체적 유사성과 동일성으로 통합하는 르네상스 시대와 달리 고전주의 시대는 같은 것과 다른 것을 나누고 그것들에 관한 범주를 만들어낸다. 푸코는 고전주의 시대에 태동한 학문들, 예를 들어 일반문법, 박물학, 부의 분석에 관한 학문들을

81 푸코, 『말과 사물』, pp. 41–51.

표상 에피스테메의 구현이라고 보았다.[82] 이 고전주의 에피스테메 또한 새로운 에피스테메에 의해 자리를 내어주는데, 푸코가 근대적 에피스테메로 부르는 원리다. 이 에피스테메는 표상에 기초한 분류가 아니라 운동, 흐름, 변화와 같은 동적 원리 위에 정초되어 있는바, 거대한 진화를 만들어내는 역사와 그 진화의 주체로서 인간에 대한 지식 위에서 문헌학(역사언어학), 생물학, 정치경제학으로 구체화된다. 이 세 지식들은 인간의 정신적 활동인 언어, 육체적 활동인 생명, 물질적 활동인 노동을 주요한 탐구대상으로 설정한 것으로, 생물학적 모델, 경제학적 모델, 언어학적 모델에 입각한 인간과학의 태동으로 이어진다.[83]

근대적 에피스테메 개념에 부합하듯이, 근대는 역사와 사회를 주체적으로 창조해가는 인간에 대한 과학적 지식체계를 동력으로 운동해나간 시대였다. 근대는 세상의 과거, 현재, 미래를 아우르는 보편적 지식과 인식을 만들어냈다는 신념을 이 인간과학에 투사했다. 근대는 인간과학의 힘으로 가장 이상적인 세상을 창조할 수 있다는 낙관적 믿음이 보편화된 시대였다. 하지만 푸코는 근대의 그와 같은 지적 설계도에 동의하지 않았다. 왜냐하면 근대가 자신의 에피스테메로 정립한 인간과학은 근대 이전과 근대를 통합할 보편적인 지식이 아니기 때문이다. 근대의 인간과학이란 근대적 에피스테메의 산물에 불과한 바, 에피스테메의 역사가 말해주고 있듯이, 그것은 다른 에피스테메의 등장으로 사라질 운명에 처한다. 그 점에서 근대는 자기 지식체계의 보편성과

82 푸코, 『말과 사물』, 3장–6장 참조.

83 푸코, 『말과 사물』, 7장–10장 참조.

우월성을 선언하지 못한다. 이러한 문제의식 위에서 푸코는 '인간학적 잠'(Le sommeil anthropologique/the anthropologic sleeping)이라는 개념을 이야기하고 근대적 에피스테메의 환상에서 깨어날 것을 요청하고 있다.

> 어쨌든 한 가지 확실한 점은, 인간은 인류의 지식이 제기한 가장 오래된 문제도, 가장 영속적인 문제도 아니라는 것이다. 상대적으로 짧은 시기와 지리적으로 제한된 범위 – 16세기 유럽문화 – 로 국한한다고 해도 인간이 최근의 발명품이라는 사실은 의심의 여지가 없다. 지식이 그렇게도 오랫동안 어둠 속에서 방황했던 곳은 인간과 인간의 비밀들 주변이 아니었다. 사물과 사물의 질서에 관한 지식, 동일성, 차이, 특성, 등가성, 낱말에 관한 지식에 영향을 미친 모든 변화들 – 즉 동일자의 심층적 역사에 관한 모든 국면들 – 중에서 150년 전에 시작되어 현재 종말을 향해 가고 있는 국면만이 인간의 형상을 출현하게 했다. 그런데 그 출현은 오래된 근심으로부터의 해방, 즉 천년의 근심이 계몽된 의식으로 나아가는 과정, 오랫동안 신앙과 철학에 갇혀 있던 것들의 객관성에로의 이행에 기인하는 것이 아니다. 그것은 지식의 근본적인 배치상의 변화 효과다. 인간은 우리의 고고학적 사유가 쉽게 밝힐 수 있는 최근의 발명품이다. 아마도 고고학은 인간의 다가올 종말에 대해서도 밝힐 수 있을 것이다.[84]

언어처럼 구조화된 친족체계를 따라 무의식적 행위를 반복하는 레비-스트로스의 인간, 언어처럼 구조화된 무의식 위에서 자신과 타자 사이 근원적인 불안을 갖고 살아가는 라캉의 인간, 특정한 역사와 사

84 푸코, 『말과 사물』, pp. 439–440.

회적 구조의 영향 속에서 삶을 영위하는 알튀세의 인간, 푸코는 이러한 새로운 인간을 조형하고자 하는 구조주의의 도래 앞에서 주체로서의 근대적 인간의 위기가 초래되고 있음을 말하고 있는 것이다.

여기서 푸코는 근대적 주체의 종말을 알리는 구조주의에 대항해 주체를 구원하려는 강력한 지적 저항을 포착하고 있는바, 그것은 "그를 비껴가는 모든 것이 결국 다시 그에게 주어질 것이라는 보장, 시간은 재구성된 통일성 속에서 재건할 계획 없이는 어떤 것도 분산시키지 않으리라는 확실성, 주체가 언젠가는 – 역사적 의식이라는 형태 아래 – 차이에 의해 멀리서 존속되어 온 이 모든 것들을 다시금 전유하고 그것들에 대한 그의 지배를 재건하며, 그것들에게서 우리가 그것들의 머무름이라고 부를 수 있는 것을 되찾아 내리라는 약속, 역사적 분석으로부터 연속에 대한 언설을 이끌어내는 것, 인간 의식으로부터 모든 생성과 실천의 시원적 주체를 이끌어내는 것"에 대한 믿음이다. 곧 그 믿음은 "인간학과 휴머니즘이라는 쌍둥이를 구하려는"[85] 것이다. 하지만 푸코는 그러한 믿음에 맞서는 이론적 작업을 수행한다. 주체로서의 인간에 대한 환상을 부여하는 언어에 대한 고고학적 분석이다.

85 미셸 푸코, 이정우 옮김, 『지식의 고고학』, 민음사, 2000, p. 34.

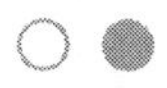

10장

근대 주체를 넘어 – 새로운 주체의 상상

10장
근대 주체를 넘어 – 새로운 주체의 상상

1. 상호주체의 철학적 구성

후설의 후기 저술 『유럽 학문의 위기와 선험적 현상학』(*Die Krisis des europäischen wissenschaften und die transzendentale Phänomenologie*)은 1935년 11월 프라하 대학 등에서 행한 강연 '유럽 학문의 위기와 심리학'에서 제기한 문제를 한 번 더 확인하는 데서 출발하고 있다. 후설은 '유럽 학문의 위기' 명제는 과장된 것이라는 반론을 염두에 두었음을 회상하면서 자신이 생각하는 위기의 본질을 명료하게 했다. 유럽 학문의 위기를 가져온 본질적 문제는 '방법론'에 있다는 것이다. 여기서 후설이 지목하는 대상은 실증주의 과학의 방법론이다. 이러한 실증과학 방법론의 한계는 1차 대전을 계기로 명백해졌는데, 진리를 발견하는 위대한 힘으로 인정되는 실증과학이 인간의 삶에 대해서는 어떠한 의미도 제공하지 못한다는 것에서 위기를 만난다고 후설은 생각했다.

> 19세기 후반에는 근대인의 세계관 전체가 실증과학에 의해 규정되고 실증과학으로 이룩된 '번영'에 현혹된 채 이러한 세계관을 독점하는 것은 진정한 인간성에 결정적 의미를 지닌 문제들을 무관심하게 외면하는 것을 뜻하였다. [그런데] 단순한 사실학은 단순한 사실만을 만들 뿐이다. 이러한 경향에 대한 일반인의 평가전환은 특히 전쟁[1차 세계대전] 이후 불가피해졌고, 우리가 아는 바와 같이 그것은 결과적으로 젊은 세대들에게 [이러한 경향에 대한] 적개심을 야기했다. 우리가 익히 들어서 알고 있듯이, 이러한 사실학은 우리 삶의 급박함에 있어 우리에게 아무 것도 말해주지 않는다. 그 사실학은 불행한 우리 시대의 지극히 운명적인 대 격변에 떠맡겨진 인간에게는 화급한 문제를 원리상 곧바로 배제하고 있다. 즉 그 문제는 이러한 인간의 현존 자체가 의미 있는가 혹은 의미 없는가 하는 점이다. 이 문제야말로 모든 인간에 대해 지니는 보편성과 필연성에서 이성적 통찰에 기초한 보편적 성찰과 그에 대한 답변을 요구하는 것은 아닌가?[1]

후설은 유럽 실증과학의 근본적 정초 과정을 르네상스에서 찾고 있다. 르네상스 시대의 근본 문제는 새로운 인간 관념을 만드는 것이었는데, 그렇게 조형된 인간은 이성으로 철학하는 인간이다. 그는 "신화나 전통 일반의 구속에서 해방된", "절대적으로 편견이 없는 상태에서",

1 에드문드 후설, 이종훈 옮김, 『유럽 학문의 위기와 선험적 현상학』, 한길사, 1997, pp. 64–65.

"자유로운 이성으로 자기 자신을 통찰적으로 형성하는 자아다."[2] 그러니까 실증과학의 역사적 토대는 무엇보다 자기 자신의 이성적 사유능력으로 자립하는 인간의 탄생이었다. 이 점은 칸트가 이야기한 계몽주의의 본질과 정확히 일치한다. 이러한 이성적 사유체의 탄생으로 근대철학이 시작되었다.

이 이성적 주체는 자기 앞에 있는 대상들에 대한 새로운 믿음을 만들어냈다. 그것은 주체가 지닌 이성적 능력의 "합리적이며 체계적으로 일관된 방법이 도달하는 세계, 말하자면 [이러한 방법을] 무한히 진행해가서 모든 객체가 결국 그것의 완전한 그 자체로 존재함에 따라 인식되는 세계로 구상된다"[3]는 것이다. 이성적 사유를 통해 이 세상에 존재하는 모든 대상 혹은 객체를 완전하게 파악할 수 있는 힘의 원천을 후설은 수학에 대한 근대인의 믿음에서 찾았다. 후설에 따르면 "근대 초기에 와서야 비로소 무한한 수학적 지평을 실제로 획득하고 발견하는 작업이 시작되었다."[4]

후설이 유럽학문 위기의 핵심으로 생각한 실증과학의 방법론은 인간은 이성을 통해 세상을 완전히 파악할 수 있다는, 구체적으로 수학을 통해 세계의 진리를 만날 수 있다는 믿음 위에서 탄생했다. 그러나 그러한 방법론이야말로 심각한 위기의 근원이었다. 여기에는 무엇보다 주체의 오만이 자리하고 있다. 이성적 주체는 자기 앞의 모든 것을 자신의 이성으로 파악해야 할 대상으로만 간주해왔다. 그 대상의 고유

2 후설, 『유럽 학문의 위기와 선험적 현상학』, p. 67.

3 후설, 『유럽 학문의 위기와 선험적 현상학』, p. 87(강조는 원문).

4 후설, 『유럽 학문의 위기와 선험적 현상학』, p. 87.

한 성질이라든가 질적 특수성은 언제나 수학이라는 형식의 양적 질서로 환원될 대상으로 드러날 뿐이었다. 그 대상이 무엇인가는 중요하지 않다. 인간이든 자연적 사물이든 모든 외적 존재들은 이성적 주체의 수학적 실천의 대상으로 일반화된다. 근대철학의 본질적인 인식구조인 '주체-객체(대상)'의 성립이다.

후설은 그러한 인식구조의 근본적인 전환을 통해 유럽 학문의 위기를 돌파할 수 있다고 생각했다. 새로운 학문은 '주체-대상'의 단절적 관계형식을 넘어서야 한다는 것이다. 우리는 후설의 생각을, 근대철학의 궁극적 지평을 열어준 철학자 데카르트의 진리 명제에 대한 그의 비판적 사유에서 명확하게 인식할 수 있다.

> 그러므로 '나는 생각한다'(사유하는 자아)라는 선험적 명칭은 그 일부가 다음과 같이 확장되어야 한다. 모든 사유작용, 모든 의식체험은 그 무엇인가를 생각하고 이렇게 사념된 방식으로 그 자체 속에 그때그때 그것이 사유된 대상을 지니며 각각의 사유작용은 자신의 방식으로 이러한 것을 수행한다고 우리는 주장할 수 있다. 집에 대한 지각은 어떤 집, 더 정확하게는 이 개별적 집으로서 어떤 집을 생각하고, 집에 대한 기억을 기억의 방식으로, 집에 대한 상상을 상상의 방식으로, 각각 그 집을 지각의 방식으로 생각한다. [……] 우리는 [이러한] 의식체험을 지향적 체험들이라고 부른다. 그러나 이 경우 지향성이라는 말은 '의식은 무엇에 관한 의식이어야 하고, 사유작용은 그 사유된 대상을 자신 속에 지니고 있다'는 의식의 보편적인 근본적 특성을 뜻하는 것 이외에 다른 것이 아니다.[5]

5 에드문드 후설 · 오이겐 핑크, 이종훈 옮김, 『데카르트적 성찰』, 한길사,

데카르트 철학의 인식론적 혁명성은 사유하는 인간을 진리의 궁극적인 주체로 정립했다는 점에 있다. 의심하고 추론하는 그 인간의 합리적 사유능력이 진리를 발견하는 유일한 힘이다. 여기서 우리가 명확하게 집고 넘어가야 하는 부분은 데카르트적 사유과정이 철저히 인간정신의 내적 활동, 고립적 활동으로 진행된다는 점이다. 데카르트적 인간은 자기 앞의 대상을 부정함으로써만 진리에 도달하는 존재다. 진리를 찾는 그의 노력은 사실상 대상의 부재 위에서 시작한다는 말이다. 그것이 가능한 이유는 이성적 주체 속에 이미 진리의 선험적 형식이 갖추어져 있기 때문이다. 여기서 근대적 주체의 절대적인 진리 주권이 선언된다. 우리는 이것을 주체철학으로 부른다. 모름지기 데카르트의 주체는 주체 바깥을 전제로 하지 않는다. 말하자면 주체는 선험적이고 자기완결적인 사유 존재성 위에 서 있는 것이다. 그 점에서 주체는 자기 바깥의 존재들에 대해 우위를 확보하고, 이른바 객체들을 자신의 의지대로 재구성하는 일에서 인식론적 정당화를 획득한다.

앞의 입론이 보여주는 것처럼, 후설은 데카르트적 주체가 틀어쥐고 있는 인식론적 분리와 대립의 구조를 철저히 해체하려 한다. 그렇다면, 데카르트적 주체라는 근대의 인식론적 토대를 더 이상 지지할 수 없다면 이제 철학의 과제는 진리를 향한 학문의 새로운 토대를 정초하는 데 있을 것이다. 물론 그렇다고 해서 후설이 데카르트 철학에서 정초된 주체의 개념을 부정하는 것은 아니다. 후설은 오히려 그 주체의 토대를 보다 확고히 하려 한다. 후설 철학의 목표가 근대 주체철학의 폐기가

2002, p. 78.

아니라 구출이라는 점을 생각해야 한다.

이 철학적 과제와 관련해, 우리는 후설 현상학의 핵심 개념인 '지향성'(intentionalität/intentionality)을 만난다. 이 지향성 개념은 "주체와 대상, 사유와 존재 간의 새로운 관계를, 이 둘의 분리시킬 수 없는 본질적인 연결을 특징짓는 것으로서" "이 개념이 없이는 의식이나 세계도 파악될 수가 없다. 의식의 지향성은 '모든 의식이 어떤 것에 대한 의식이다'라고 규정할 수 있게 해주는 것이다."[6] 이러한 설명이 제시하는 것처럼, 지향성 개념은 데카르트 철학, 나아가 근대철학 일반의 주체-대상이라는 인식론적 분리와 존재론적 위계를 극복하는 데 매우 중요한 함의를 담고 있다. 현상학에서 주체의 사유는 언제나 대상과의 관계 속에서만 이루어진다. 내가 사유한다는 사실은 이미 대상과의 관계를 전제로 한다는 것을 의미한다. 외부 세계와 분리되어 자립적으로 존재하는 사유 관념은 존재하지 않는다는 것인데, 주체와 대상은 서로 나뉜 것이 아니라 필연적으로 연관되어 있기 때문이다.

데카르트가 정립하고자 했던 합리적 주체는 흄과 같은 경험주의 철학의 중대한 도전에 직면했다. 칸트의 철학은 인식의 감각 경험의 차원과 종합과 통일의 차원을 결합함으로써 보편적 진리 주체를 완성하고자 했다. 후설에 따르면, 칸트는 합리주의 철학이 충분히 다루지 못했던 한계, 즉 세계 인식을 위한 인식 주체의 선험적 구조를 철저히 규명하는 방식으로 근대철학의 벽을 넘어서고자 했는데, 그럼으로써 칸트 철학은 "엄밀한 학문으로서, 즉 이제야 비로소 발견되었고 오직 진

6 피에르 테브나즈, 김동규 옮김, 『현상학이란 무엇인가』, 그린비, 2011, p. 41.

정한 의미에서 엄밀한 학문적 성격으로 생각되었다."[7] 하지만, 여기서 후설은 칸트의 한계를 이야기한다. 칸트가 표명하지 않았던 자명한 '전제'가 있음을 밝히고 있는데, "칸트 자신으로서는 그가 철학함에서 심문되지 않았던 전제들에 자신이 입각하고 있다는 점"[8]을 알지 못했거나 말하지 않았다는 것이다.

후설에 따르면, 칸트 철학은 자기 완결적인 사유의 형식으로서 주체에 기초하고 있지만, 현실 속에서 그 주체는 언제나 그를 둘러싸고 있는 환경세계를 필연적 전제로 하고 있다고 말해야 한다. 그런데 칸트 철학이 그와 같은 전제를 정초할 수 없었던 것은, 주체가 신체라는 물체적 조건을 지닌 존재임을 사유하지 못했기 때문이다. 사실상 칸트 철학의 주체는 감각적 경험의 세계와 주관적 인식의 세계 속에서 운동하지만 그 세계는 철저하게 주관적 경험과 인식의 세계로서, 신체와는 무관해 보인다. 후설은 인간 신체에 대해 "동물이나 문화의 대상과 같이 단순한 물체가 아니며, [……] 자명하게 물체성을 갖는"[9]다고 말하고 있다. 신체는 물체가 아니라 물체성의 개념으로 이해해야 한다고 주장하고 있는 것이다. 인간 신체의 물체성이란 그 신체가 놓인 세계에서 인간은 주체가 되기도 하고 객체가 되기도 한다는 의미에서다.[10] 그리하여 후설은 다음과 같은 철학적 전제를 세우게 된다.

---

7 후설, 『유럽 학문의 위기와 선험적 현상학』, p. 191.

8 후설, 『유럽 학문의 위기와 선험적 현상학』, p. 197.

9 후설, 『유럽 학문의 위기와 선험적 현상학』, p. 200.

10 후설, 『유럽 학문의 위기와 선험적 현상학』, p. 199.

따라서 아무리 세계를 보편적 지평으로, 존재하는 객체들의 통일적 우주로 인식하더라도, 언제나 인간인 나와 우리 서로들이라는 '우리'는 세계 속에 함께 살아가는 자로서 곧 세계에 속한다. 그리고 이 세계는 곧바로 이러한 **'서로 함께 살아감'** 속에 있는 우리의 세계이고, 의식에 합당하게 존재하며 우리에 대해 타당한 세계다. 일깨워진 세계의식 속에서 살아가는 자인 우리는 수동적으로 세계를 소유하는 토대 위에서 항상 능동적이며, 여기서부터 우리는 의식영역 속에 미리 주어진 객체들에 주의를 기울이며, 상이한 방식들로 그러한 객체들을 능동적으로 다룬다.[11]

후설은 '생활세계'(lebenswelt/life–world) 개념을 현상학에 정초하고 있는데, 이는 선험적이고 주관적인 의식으로서 고립적 주체의 세계가 아니라 주체들이 함께 고찰하고, 사고하고, 평가하고, 행동하는, '우리'의 세계다.

그 점에서 후설은 '우리 주관성'(wir–Subjektivität/we–Subjectivity)이라는 개념을 이야기한다.[12] 후설은 주체들이 상호적으로 사고하고 행동하는 그 생활세계를 자명한 것으로 선언한다. 말하자면 그 세계는 "언제나 미리 존재하다는 점, 경험하거나 그 밖의 어떤 의견의 감정은 모두 이미 존재하는 세계 – 그때 그때 의심할 여지없이 존재하면서 타당한 것의 지평으로, 그리고 이 지평 속에서 경우에 따라서는 무가치하게 된 것으로서 모순에 빠져 있는 이미 알려져 있는 어떤 것이나 의심할 여지없이 확실한 것이 존재하고 있다 – 를 전제한다는 점"에서 자명함이다. 데카

11 후설, 『유럽 학문의 위기와 선험적 현상학』, p. 204(강조는 원문).

12 후설, 『유럽 학문의 위기와 선험적 현상학』, p. 205.

르트에게서는 의심하는 자아가 철학을 가능하게 하는 궁극적 자명성으로 나타났다면, 후설의 현상학에서 그것은 생활세계다. 철학은 생활의 형태로 언제나 존재하는 그 세계의 지평 위에서 가능한 것이다.[13]

> [……] 이 생활세계 속에서 일깨워져 살아가는 자들인 우리에게 생활세계는 항상 그곳에 이미 존재하고, 비록 이론적 실천이든 이론 외적인 실천이든 간에 모든 실천을 위해 미리 우리에 대해 존재하는 토대들이다. 세계는 일깨워진 주체들, 항상 어떤 방식으로 실천적 관심을 가진 주체들인 우리에게 경우에 따라서는 한번만으로가 아니라 오히려 현실적이거나 가능적인 모든 실천의 보편적 장, 지평으로서 항상 그리고 필연적으로 미리 주어져 있다. 살아가는 것은 항상 세계에 대한 확실성 속에 살고 있음이다. 일깨워져 살아간다는 것은 세계에 대해 일깨워져 있다는 것이며, 세계와 그 세계 속에서 살아가고 있는 것으로서 자기 자신을 항상 그리고 현실적으로 의식하고 있는 것으로서 세계의 존재 확실성을 실제로 체험하고 실제로 수행하는 것이다.[14]

지향성 개념이, 존재하는 것들, 특히 인식 주체와 인식 대상 사이의 필연적 관계를 확보해주고 있는 것처럼, 그 개념의 인식론적, 실천적 확장인 생활세계는 나와 타자의 탈 고립적 관계를 정립해준다. 생활세계는 복수의 사람들이 살아가고 있는 장소를 의미하며 그 점에서 사람들 사이의 관계와 상호작용을 필수적 전제로 하고 있다. 이 생활세계의 사람들은 서로 "영향을 주고 고통을 감수하는 모든 인간적 행동

13 후설, 『유럽 학문의 위기와 선험적 현상학』, p. 206.

14 후설, 『유럽 학문의 위기와 선험적 현상학』, p. 250.

이나 활동으로서 그때그때 사회적으로 서로 결합되어 있음 속에, 공통적 세계지평 속에 살고 있는 것을 통해 자신을 알고 있는"[15] 존재로 나타난다. 그 세계는 "너와 나의 삶이 상호 주관적으로 연결되는 질서이기도 하다. 개개인간의 상호작용을 통해서 모든 사회제도가 마련된다. [……]. 이 세계 안에서 나는 다른 개인과 언어 그리고 기타 상징을 통해 서로의 의사를 나눈다." 또한 "나와 너 모두가 살고 있는" 세계이며, "나의 사적인 세계가 아니라 상호주관적인 세계다."[16]

서구의 비판적 지성들은 서구의 근대가 주체와 대상의 이분법적 분리의 사유 구조를 정립하면서, 그리고 진리의 선험적 형식을 내재하고 있는 주체가 세계를 향해 나아감으로써 진리를 밝히는 것을 인식론의 본질로 구축하면서, 세계에 대한 주체의 지배와 폭력이 진리 인식과 실천의 이름으로 정당화되어 왔다고 통찰했다. 서구 근대 문명에 대한 그와 같은 윤리학적 문제의식은 프랑크푸르트학파의 비판철학에서 명확하게 관찰할 수 있지만, 후설의 철학적 사유는 실증주의라는 핵심적 논리에 선 서구 근대 학문의 위기를 소환하면서 그러한 사유 지평을 우선적으로 열어주고 있는 것이다. 그 점에서 현상학적 사유는 근대성의 위기를 극복하면서 새로운 근대성의 문을 열어줄 철학적 시도로 다가온다. 사람들의 존재성은 필연적으로 타자의 존재성에 연관되어 있다는 윤리학적 명제의 구축을 위한 철학적 토대이기 때문이다.

김상봉은 근대 주체성의 인식론적 구조를 근본적으로 재 사유하

15 후설, 『유럽 학문의 위기와 선험적 현상학』, p. 255.

16 차인석, 『사회인식론』, 민음사, 1987, pp. 113-114.

면서 새로운 주체성에 대한 상상을 통해 근대의 위기를 돌파할 패러다임을 제시하고 있다. 그가 제시하고 있는 새로운 주체성의 핵심에는 '서로 주체성'의 개념이 자리하고 있다. 김상봉의 책 『서로 주체성의 이념』은 서구 문명의 지성사적 원리를 '나르시시즘'(narcicism)을 본질로 갖는 것으로 해석하면서 근대 주체에 대한 비판적 사유를 시도하고 있다. 김상봉은 그리스 신화에서 유래한, 성적 만족을 위해 자신의 몸을 보고 만지고 애무하는 태도를 지칭하는 나르시시즘 개념을 프로이트의 정신분석이론의 관점에서 해석하고 있다. 정신분석에서 나르시시즘은 리비도(libido)가 아무런 대상을 갖지 않는 단계를 의미한다. 그런데 타자를 향하지 않고 자아를 성적 대상으로 삼는 이 단계는 타자에 대한 사랑의 단계보다 앞선다. 프로이트는 이러한 자기애 단계를 모든 살아있는 생명체가 보유하고 있는 자기보존 본능의 발현으로 이해하고 있다.

하지만 김상봉은 프로이트가 해석하고 있는 보편적 심리 현상으로서 나르시시즘을 정교화한다. 그는 "이런 의미에서라면 모든 사람이 에고이스트인 것과 마찬가지로 동시에 나르시스트이기도 하다. 하지만 모든 사람이 그렇게 자기를 아끼고 사랑한다고 해서 그 방식이 똑같은 것은 아니다. 왜냐하면 똑같은 자기애라도 자기가 어떠하냐에 따라 긍지로 나타날 수도 있고, 연민으로 나타날 수도 있으며, 더 나아가 혐오로 나타날 수도 있기 때문이다. 우리가 말하려는 서양 정신의 나르시시즘이란 자기에 대한 긍지가 하나의 지속적 성격으로 굳어진 특수한 심리상태를 의미한다"[17]고 말하고 있다. 김상봉이 문제 삼고자 하는 나르시

17 김상봉, 『서로주체성의 이념』, p. 49.

시즘은 단순한 자기애가 아니라 타자보다 자신의 우위를 인정하고, 그것을 남과의 관계 또는 객관적 비교 가운데서 우월한 것으로 의식하는 것[18]인데, 그는 그것을 광기의 나르시시즘으로 이해했다. 이러한 나르시시즘에서 타자는 진정한 의미에서 주체의 자격을 갖지 못한다. 왜냐하면 그는 자기애의 주체가 자신 속에 내재하고 있는 사랑과 미의 기준을 투사해 만들어놓은 객체에 불과하기 때문이다. 말하자면 그 객체는 주체에 의해 "표상화된 대상"[19]이다. 그렇게 함으로써만 나르시시즘의 주체는 타자의 거울을 통해 자신의 우월함을 인식할 수 있는 것이다.

이러한 근원적 논의 위에서 김상봉은 매우 급진적인 철학적, 정치학적 명제를 제시한다. "서양적 주체성의 길은 나르시시즘의 길인바, 그 길은 진정한 타자와의 만남 없는 자기애 곧 아집(我執)의 길이며, 끝에 가서는 죽음과 자기 상실에 이르는 길이"[20]라는 것이다. 그 탄생에서부터 자신에 대한 환상에 빠져 있던 서양 정신은 타자가 자신보다 더 우월하다고 느낀 적도, 그 타자에 매료된 적도 없었다. 그와 같은 나르시시즘의 정신은 그리스 고전기에서 생성되었고 근대철학을 통해 재발견되었다고 김상봉은 주장하고 있다.[21] 김상봉이 정신으로 부르는, 서구 근대 철학이 정립한 주체는 본질적으로 자기의식 속으로 회귀하는 데서 자신의 존립 근거를 확보하고 진리의 실천자가 되었다.[22]

---

18 김상봉, 『서로주체성의 이념』, p. 54.
19 김상봉, 『서로주체성의 이념』, p. 55.
20 김상봉, 『서로주체성의 이념』, p. 57.
21 김상봉, 『서로주체성의 이념』, pp. 58–62.
22 김상봉, 『서로주체성의 이념』, p. 62.

앞서 근대철학에 대한 논의에서 살펴본 것처럼, 근대의 진리주체는 논리적 사유의 존재이든, 감각적 경험의 존재이든, 객관적 세계로부터 분리된 혹은 표상된 정신적 실체로 나타난다. 합리주의적 진리주체는 타자로서 객관세계를 불확실한 것으로, 그러므로 확실한 존재성을 부여하기 어려운 것으로 간주하는 반면, 그 대상의 인식론적 저편에 자리하고 있는 정신은 확실하고 투명한 것으로 규정한다. 그 정신의 논리적 투명성과 확실함은 무엇보다 타자로서의 객관세계에 대한 사유로부터 추출된 것이다. 이제 존재성을 의심할 수 없는, 진리 형식을 지닌 정신적 존재가 객관세계에 자신의 논리구조를 투사함으로써 그 세계의 존재 근거를 확보하게 된다. 한편, 경험론적 진리주체는 객관세계에 대한 감각경험을 통해 자신의 사유 형식과 내용을 만들어내지만, 그 주체가 운동하는 세계는 자신의 경험으로 표상된 세계에 머물러 있는데, 그 점에서 세계는 진리 주체의 진리능력을 근거지우는 대상으로만 한정되면서 그 바깥의 세계는 인식 불가능한 영역으로 밀려난다. 버클리의 회의주의는 그러한 논리를 극한으로 밀고나가, 객관세계는 부재하며 오직 인간 정신이 감각적으로 경험하는 세계만이 존재한다는 결론에 도달했다.

칸트 철학은 합리론적 진리 주체에 내재하는 사유구조의 선험성을 엄밀하고 체계적으로 밝혀냄으로써 그 주체의 정신적 확실성을 정립하고, 경험론적 진리 주체의 경험적 한계를 수용함으로써 그 주체의 인식 능력을 확립했다. 결국 객관세계는 진리주체의 경험적 능력을 기준으로 인식대상과 인식 불가능의 대상으로 분리되기에 이르렀고, 그 인식대상은 진리 주체의 사유형식이 투사되어 논리적 대상으로 전환될 운명에 놓인다. 이러한 근대철학을 김상봉의 철학에 비춰보면, 인식론적 구조에서 타자로서의 객관세계는 그 어떤 경우라도 스스로를 온전히 정립할 수 없는 수동적 대상에 불과하다. 그리고 근대적 정신은 그 객관세계를 향해 나아가고, 다시 자신 속으로 들어오는 회귀과정을 통해 진리의 주체로 자립한다.

근대철학은 그처럼 정신이 대상세계를 지나 궁극적으로 자기에게로 귀환해 스스로를 진리체로 세우는 경로라고 할 수 있는 바, 김상봉은 칸트에서 출발해 헤겔에까지 이르는 독일 관념론은 그 과정의 본질을 정신이 자유를 획득하는 길로 규정한 것이라 말한다. 독일 관념론은 "자아가 참으로 자유롭기 위해서는 그것이 좁은 의미의 자기 자신뿐만 아니라 모든 존재 전체를 근원적으로 정립해야" 하고, "자아가 모든 존재를 산출하는 한에서만 그것은 그 모든 것에 대해 절대적인 지배권을 가질 것이요, 오직 그 경우에만 자아가 완전한 의미에서 자유로울 수 있다"[23]는 철학적 명제 위에 서 있다. 그 점에서 헤겔의 정신현상학과 역사철학이, 칸트가 남겨놓은, 정신의 자유를 완성하는 데 최종적 장애물인 물자체를 이성의 현상학적 투사체로 환원함으로써 길고 긴 철학적 서사를 완성한 것은 결국 정신의 자유를 향한 여정에 다름 아니다.

그런데 대상세계를 철저히 정신의 논리로 환원하는 과정, 즉 정신의 자유를 실현하는 과정은 곧 대상세계의 예속이기도 하다는 점에서

23 김상봉, 『서로주체성의 이념』, p. 65.

근대철학의 인식론적 구조 속에는 정치적 구조가 숨어 있다고 말할 수 있다. 그런 맥락에서 김상봉은 정신의 자유란 타자의 도구화, 노예화이자, 타자의 배제에 다름 아니라고 주장한다.[24] 김상봉은 근대철학의 인식론은 근대 역사의 정치적 실천과 깊이 결합해왔으며, 그 속에서 비극이 태동했다고 이야기한다.

> 그런데 이처럼 자기의 자유를 실현하기 위해 타자적 주체를 배제하는 것은 한갓 관념적 입장이나 태도로만 나타나는 것이 아니다. 정신적 지향은 어떤 식으로든 현실적 결과를 낳게 된다. 오늘날 우리가 서양적 자유의 이념을 넘어가지 않으면 안 되는 까닭도 바로 그것이 현실 역사를 끌어가는 운동 원리가 되기 때문이다. 그리하여 서양적 자유의 이념 속에 내재한 배리와 역설은 관념적 문제로 끝나지 않고 어김없이 현실 역사 속에서 파국적인 결과를 초래하게 마련이다. 서양적 자유의 이념 속에 내재한 배리와 역설은 자기의 자유를 위해 타자적 주체를 부정해야 한다는 데 있거니와 이것은 현실 역사 속에서는 북미 대륙에서처럼 원주민의 집단 학살과 같은 타자의 절멸로 나타나는가 하면, 이것이 불가능할 경우에는 타자를 자기에게 동화하는 것으로 나타나기도 한다.[25]

김상봉은 이러한 인식론적, 실천적 문제의식의 자리 위에서 '서로 주체성'의 개념을 말한다. 그는 근대철학, 특히 독일 관념론의 존재론에 대한 비판적 사유 속에서 '나의 존재론'에 근거하는 홀로주체성의 개념을 밝히고 그 대안적 개념으로 서로 주체성을 이야기한다.

---

24 김상봉, 『서로주체성의 이념』, p. 70.

25 김상봉, 『서로주체성의 이념』, pp. 70–71.

> 그러나 전통적 의미의 나의 존재론의 내용은 이제 수정되지 않으면 안 된다. 나는 고립된 홀로주체로서는 존재할 수 없다. 나는 언제나 너와 더불어 우리라는 서로주체로서만 존재한다. 그리하여 나는 오직 인격적 자기 관계 속에서, 근원적 인륜성 속에서만 참된 나로 존재하는 것이다. 이것은 무엇을 뜻하는가? 그것은 모든 존재자가 오직 인격적 관계의 지평, 곧 인륜적 세계의 지평 속에서만 존재한다는 것을 뜻한다.[26]

서로주체성은 인격적 관계로 맺어지는 사람과 사람의 관계 위에 기초하는데, 여기서 인격적 관계란 타자를 자신과 동등한 윤리적 주체로 수용하는 관계를 의미한다. 주체로서의 자아가 자기 앞의 타자에 대해 자기의 논리를 투사하면서 동일화하는 관계가 아니라, 두 존재가 모두 서로에게 영향을 주고받는, 그러니까 상대를 향해 능동성과 수동성을 자발적으로 교환함으로써 자신과 타자가 서로를 공유하는 관계다. 그것은 가령, 두 존재가 상대의 고통을 느끼고 공유할 때, "내가 타인에 응답할 때, 그의 고통 속으로 나를 던져 넣을 때"[27] 실천되는 것이다.

한편, 자아(self)의 형성을 상징 교환관계 속에서 고찰하는 미드(G. Herbert Mead)의 행동이론은 상호주체, 서로주체의 이해에 관한 새로운 지평을 열어준다. 미드는 개인의 행동을 관찰과 분석의 대상으로 삼지만, 그 행동은 개인의 고립적이고 독자적인 층위에서 이해되지 않는다. 말하자면 미드는 "사회를 구성하는 분리된 개인의 행동 측면에서 사회적 집단의 행동을 바라보지 않는다. 오히려 복잡한 사회적 집단 활동

26 김상봉, 『자기의식과 존재사유: 칸트철학과 근대적 주체성의 존재론』, p. 370.
27 김상봉, 『서로주체성의 이념』, p. 297.

전체에서 출발해 (구성요소로서), 집단을 구성하는 개별적 개인들 각각의 행동을 분석하려 한다." 미드는 개인의 행동을 그 개인이 놓여 있는 전체 사회의 일부로, 사회 속 개인들의 행동 교환의 유기적 과정으로 이해하고자 한다.[28] 개인 정체성의 원리로서 자아의 형성과정에 대한 미드의 분석에서 그러한 관점이 잘 드러난다. 이 문제와 관련해 미드는 의식(consciousness)과 자의식(self-consciousness)을 구분한다. 한 개인의 개별적이고 고립적인 사고와 경험이 의식이라면, 자의식은 개인이 속한 집단 내 타인에 관계한다. 그처럼 개인의 자아란 타자 없이는 형성될 수 없는 것이다. 미드는 이렇게 주장한다.

> 자아는 다른 자아와의 분명한 관련 속에서만 존재할 수 있다. 우리 자신의 자아와 타인의 자아 사이에 확고한 선이 그어질 수 없다. 왜냐하면 다른 사람들의 자아가 존재해 우리 경험 속으로 들어올 때만 우리 자신의 자아가 존재하기 때문이다. 개인은 자기가 속한 사회적 집단 내 다른 구성원의 자아와 관련해서만 자아를 소유한다. 그리고 개인 자아의 구조는 마치 이 사회적 집단에 속하는 모든 개인의 자아 구조가 그러하듯이, 자기가 속한 사회적 집단의 일반적인 행동 양상을 표현하거나 반영한다.[29]

그러니까 자아는 개인의 고유한 심리적 특성이지만 그 특성의 내용들은 그 개인 내부에서가 아니라 그가 속한 사회 내 타자들로부터 부여받는 것이라는 점에서 한 개인의 정체성의 본질은 자신과 타자의

---

28 G. 허버트 미드, 나은영 옮김, 『정신, 자아, 사회』, 한길사, 2010, pp. 80–81.
29 미드, 『정신, 자아, 사회』, p. 254.

관계와 상호작용 속에서 이해되어야 한다는 논리가 성립한다. 그렇다면, 미드의 행동 이론에서 개인의 자아는 선험적으로 혹은 본래적으로 주어지지 않는다. 사회 속에서 타자와의 만남은 경험으로써 형성되는 것이다. 선험적 자아란 존재하지 않는다는 이러한 명제는 근대철학의 선험적 주체성 명제와 매우 날카롭게 대립하고 있다는 점에서 미드는 우리에게 매우 근본적인 사유의 지점을 제공한다.

미드는 개인의 자아 형성 과정에서 언어의 매개가 핵심적임을 주장한다. 미드가 생각하는 언어는 일정한 의미를 지니고 표출하는 형식으로서, 정교한 차원의 언어만이 아니라 몸짓과 같은 원초적인 언어도 포함한다. 몸짓은 동물과 인간 모두에게 타자와의 관계를 맺게 해주는 공통의 매개다. 동물과 인간은 공통적으로 상대의 몸짓을 감지하고 그에 따라 반응한다. 이러한 자극과 반응의 연쇄 구조 속에서 상호관계가 형성된다. 하지만 미드는 단순한 몸짓과 의미 있는 몸짓을 구분해야 한다고 주장한다. 그러니까 동물들의 몸짓 교환은 생물학적 원리 위에서 이루어지지만, 인간의 몸짓 교환은 상징적 원리 위에서 작동한다는 것이다. 이와 관련해 미드는 권투선수의 예를 드는데, 일견 권투시합은 마치 동물의 대결처럼 본능적이고 생물학적인 메커니즘에 의해 전개되는 것 같지만, 자세히 들여다보면 그 싸움은 '미드가 "지연된 반응"[30]으로 부르는 원리를 따르는데, 상대의 움직임에 즉각적으로 반응하는 것이 아니라 그 움직임이 지니는 의미를 생각한 뒤에, 그러니까 상대 움직임의 의도를 자신의 내면으로 투사해 해석한 뒤에 반응을 결정하는

30 미드, 『정신, 자아, 사회』, p. 180.

방식이다. 자극에 대한 일정한 해석의 단계를 거쳐 반응한다는 의미에서 지연된 반응이다. 그 점에서 미드가 강조하는 것은 '상징적인 상호작용'(symbolic interaction)이다. 이러한 논의와 관련해, 미드는 인간의 언어 습득 과정의 독특성에 주목한다. 사람이 언어를 습득하는 과정은 명백히 타인 언어의 모방이지만, 그것은 단순히 입으로 그 말을 흉내 내는 차원에서의 모방이 아니다. 한 사람의 말은 그 말을 듣는 사람의 내부로 들어가 그 말의 의미를 내면화하는 과정과 결합하면서 모방적 발화로 표출된다. 그럼으로써만, 즉 언어의 의미를 공유함으로써만 두 사람 사이의 사회적 관계가 성립한다.

미드는 개인의 자아 형성에서 놀이(play)와 게임(game)이라는 제도화된 단계에 대해 이야기한다. 쉽게 상상할 수 있듯이, 어린이들의 정신적 성장 단계에서 중요한 경험은 바로 놀이와 게임이다. 미드에 따르면 놀이의 본질은 한 개인이 속한 사회 구성원들의 역할을 모방하는 데 있다. 이 역할 놀이를 통해 어린아이들은 특정한 사회적 역할을 체득하고 내면화한다. 이어서 어린아이들은 게임의 세계 속으로 들어가는데, 특정한 사회적 타자의 역할을 모방하고 배우는 과정으로서 놀이와는 달리 게임은 사회적 관계를 관장하는 규칙 일반을 인식하고 체화하는 과정이다. 그 게임을 통해 개인은 "일반화된 타자"[31]를 자기 속에 내면화한다. 우리가 개인의 자아라고 부르는 것, 즉 한 개인을 타인과 구별해주는 사고와 규범의 총체적 형식을 이야기하자면, 그것은 한 개인의 고유한 정신적 속성이지만, 내면에서 형성된 것이라 아니라 타인

31 미드, 『정신, 자아, 사회』, p. 244.

과의 상호작용 속에서 모방과 교환과 내면화를 통해 확립된 것이다. 그렇게 보면 한 개인의 자아는 사회적 타자의 것이라고 말해야 한다. 미드는 "자아로서 그 자신의 경험은 다른 사람들에 대한 자신의 행동에서 얻어지는 것", "사회적 행위 안에서 타인들에게 영향을 주고 뒤이어 그 자극이 유발하는 타인들의 태도를 취하여 곧 이어 이 반응에 대응하는 사회적 과정"[32]이라고 말한다. 미드의 행동이론은 타인과 무관한 자아란 없다는 것, 자아의 본질은 타자의 내면화라는 점을 이야기한다. 미드에게서 사회는 서로에 대해 의미론적으로 분리불가능하게 연결되어 있는 개인들의 연결체로 나타난다.

2. 하버마스와 의사소통합리성 – 상호주체를 향해

베버는 『프로테스탄트 윤리와 자본주의 정신』에서 서구 자본주의 발생의 정신사적 기원을 추적한 바 있다. 베버는 종교개혁으로 등장한 개신교의 여러 분파, 즉 칼뱅주의, 경건주의, 감리교, 재세례파 운동 등의 교리 분석을 통해 교리 상 공통적인 가르침이 존재했음을 밝혔다. 개신교 교리는 믿는 자들에게는 신의 축복이라는 은혜 상태가 부여되는데, 그 상태는 특별한 행위 양식으로 확증되는 믿음의 삶에 의거해 얻게 된다는 가르침이었다. 그 특별한 행위 양식이란 금욕주의를 따라 자신의 삶을 체계적으로 조직하고 그로부터 얻은 결과를 통해 자

32 미드, 『정신, 자아, 사회』, p. 262.

신이 신의 축복을 받은 존재, 구원을 확증 받은 존재라는 사실을 스스로 확인해가는 과정이었다.[33] 그러한 교리를 신봉하는 개신교도는 시간을 낭비하지 않는, 육체적 욕망에 금전을 소비하지 않는, 하루를 헛되게 쓰지 않는 금욕주의 인간이 될 것을 신의 소명으로 부여받는다. 그의 금욕주의는 합리적 노동을 통해 물질적 재화를 획득하고 축적하는 결과로 이어진다. 그렇지만 그의 부는 그 자체를 목적으로 얻은 것이라기보다는 종교적 소명의 실천이라는 도덕적 행위의 귀결이다.

베버에 따르면 이러한 프로테스탄트의 신념 윤리야말로 서구 자본주의의 정신적 모태가 되었다. 자본주의 기업가에게는 "사업과 관련해 외적으로 지켜야 할 것들을 준수하고 자신의 행실이 도덕적으로 문제가 없으며 자신의 부를 비난받을 일에 사용하지만 않는다면 하느님의 가시적인 복을 확실하게 받으면서 하느님의 충만한 은혜 가운데서 자신의 영리적인 이득을 추구해나갈 수 있었을 뿐만 아니라 그렇게 하는 것이 그들의 종교적 의무가 되었다."[34]

이렇게 탄생한 자본주의는 점차적으로 서구사회의 전 영역을 압도하는 원리로 성장해나갔다. 베버는 자본주의가 "하나의 거대한 세계"가 되어 어느 누구도 벗어날 수 없는 절대적 공간이 되었다고 진단했다. 자본주의 규범을 지키지 않는 자본가는 "반드시 망해서 이 경제 질서에서 배제되"었고, 노동자는 "거리로 내쳐져서 실업자가 되어야 했

33 막스 베버, 박문재 옮김, 『프로테스탄트 윤리와 자본주의 정신』, 현대지성, 2019, p. 299.

34 베버, 『프로테스탄트 윤리와 자본주의 정신』, p. 365.

다”[35]고 베버는 말했다. 여기서 문제는 이 자본주의가 거대한 규모로 성장해가면서 자신의 종교적, 도덕적 원리를 벗어던지고 오직 이윤 추구를 향한 무한 욕망의 체계로 변모해갔다는 데 있다. 베버는 “자본주의는 금욕주의라는 지지대가 필요하지 않”게 되었고, “소명으로서의 직업 사상도 옛 종교와 신앙의 ‘망령’이 되어 우리 삶 속에 서성이고 있을 뿐, 실질적인 힘을 발휘하지는 못하고 있다”[36]고 주장한다. 또한 “재화는 점점 더 강력한 힘으로 인간을 지배하게 되었고, 결국 인간이 그 힘에서 벗어나는 것은 불가능하게 되어 버렸는데, 이것은 이전의 역사에서 유례가 없는 일이 되었다”고 진단하면서 ‘강철로 만든 쇠창살’[37]이라는 비유를 통해 서구 자본주의의 미래를 어둡게 전망했다.

베버의 주된 학문적 관심은 서구 근대문명의 탄생과 성장을 이끈 궁극적 원리를 파악하는 데 있었다. 그는 그 원리를 합리화(rationalization)라고 생각했다. 합리화란 행위자가 미신과 주술이라는 맹목적이고 신비적인 힘에 의지해 사고하고 행위 하는 태도를 벗어나 자신의 내적인 정신의 논리성을 따라 주체적으로 생각하고 행위 하는 태도로의 이행을 의미한다.[38] 베버는 서구 개신교도가 성서 교리에 대한 논리적 이해를 따라 그것을 자신의 종교적 신념으로 체화하고 그에 부합하는 방식으로 행위 하는 것을 합리화의 전형으로 보았다. 우리는

35 베버, 『프로테스탄트 윤리와 자본주의 정신』, p. 75.

36 베버, 『프로테스탄트 윤리와 자본주의 정신』, p. 71.

37 베버, 『프로테스탄트 윤리와 자본주의 정신』, p. 275.

38 H. H. Gerth and C. W. Mills(tr. and eds.), *From Max Weber: Essays in Sociology*, Oxford University Press, 1946, p. 139.

그러한 맥락에서 왜 베버가 인간 행위의 원리와 유형에 대한 탐구로서의 이해사회학을 자신의 학문적 지평으로 삼았는가를 인식한다.

베버는 인간의 행위를 네 개의 유형으로 구분했다. 인간은 타자와의 관계 속에서 가치합리적 행위, 목적합리적 행위, 감정적 행위, 전통적 행위와 같은 네 가지 유형의 행위를 수행하며 살아간다. 사회가 근대, 즉 합리화를 향해 나아간다는 것은 합리적 행위가 지배적으로 되는 과정을 의미하고, 종국적으로는 목적합리적 행위가 가장 보편적인 원리로 자리 잡는 과정을 뜻한다. 목적합리적 행위란 일정한 가치 지평 위에서 목적을 선택하고, 그러한 선택의 여러 결과를 예측하면서 적절한 수단을 기획하는 행위다.[39] 중요한 사실은 그 과정에서 합리적인 사고와 계산이 적용된다는 것이다. 베버에게서 목적합리적 행위 원리는 자본주의에서 가장 명확하게 구현되어왔다.

베버는 서구 근대의 어두운 미래를 예견했는데, 그것은 서구 자본주의에서 이윤 추구를 향한 목적합리성이 보편적인 행위 원리로 만들어지면서 발생한 결과였다. 여기에 더해, 서구 자본주의가 20세기 들어 겪게 된 위기를 돌파하기 위해 목적 합리성의 또 하나의 영역으로서 국가 관료제가 자본주의와 결합하면서 한층 더 부정적인 상황이 초래되었다. 그러니까 서구의 근대는 이윤 추구가 유일하고도 궁극적인 목적으로 설정된 자본주의와 그러한 자본주의 가치의 효율적 생산을 위한 국가 행정으로 조형된 조밀한 체계 속에서 자유와 의미가 상실된 사회

39 위르겐 하버마스, 장춘익 옮김, 『의사소통행위이론1: 행위합리성과 사회합리화』, 나남, 2006, p. 419.

를 향해 나아가고 있다는 것이다. 베버의 이러한 테제는 앞서 살펴본 프랑크푸르트학파 사상가들의 진단이자 예측이기도 하다. 그러니까 호르크하이머가 이성을 주관적 이성과 객관적 이성으로 구분하고 주관적 이성이 압도하는 서구 근대사회를 총체적으로 비판한 것에서 베버 문제의식과 예견의 사상적 계승을 인식할 수 있다.

프랑크푸르트학파를 비판적으로 계승하고 있는, 그 점에서 학파 2세대의 대표적 이론가로 평가받는 하버마스의 비판철학은 그와 같은 비판적 사유 속에서 싹이 트고 자라났다. 하버마스 또한 19세기 후반부터 서구 근대가 자본주의적 이윤 논리와 국가 관료제의 행정 논리에 의해 심각한 변질과 퇴행을 겪었다고 주장했다. 그의 대표 저술 중의 하나인 『공론장의 구조변동』(*Strukturwandel der Öffentlichkeit*)의 후반부는 그와 같은 주장을 뒷받침해줄 여러 역사적 사례들을 제시하고 있다. 가령, 자본과 국가 행정이 결합하면서 관료제적 목적합리성이 사회에 깊이 침투하고, 정당 또한 효율성을 위한 관료제 조직으로 전환되고, 언론 역시 비판적 정론의 기능을 포기하고 이윤을 목적으로 하는 자본주의 기업으로 탈바꿈하고, 교육과 가족 관계와 같은 사적인 영역들에도 행정과 자본의 논리가 깊이 개입하는 것과 같은 현상에 대해 이야기했다.[40]

또한 하버마스는 2차 대전 이후 서구 사회가 전쟁의 폐허를 딛고 경제 성장을 성취해 그러한 결과로 이룩한 1950년대와 60년대의 이른바 '풍요의 사회'에 대해서도 근본적으로 비판했다. 『정당성의 위기』

40 하버마스, 『공론장의 구조변동』, 특히 제5장 이하.

(*Legitimationsprobleme im Spätkapitalismus*)라는 책에서 밝힌 것처럼, 하버마스는 서구 사회가 물질적으로는 행복과 풍요로움을 향유하고 있지만, 역설적으로, 사람들은 그와 같은 물질적 성과만으로 사회에 정당성을 부여하지 않았다.[41] 1960년대 서구사회는 당대의 정치와 경제에 대해 근본적인 문제제기와 비판으로 대결과 갈등과 혼란을 겪어야 했으며, 결국 1960년대 후반에 '68'이라는 전례 없는 혼돈을 마주해야 했다는 사실로부터 서구의 정당성 위기를 관찰할 수 있다고 하버마스는 진단했다.

하버마스는 서구 근대의 정치경제적 퇴행과 정당성 위기의 본질이 근대의 주체에 내재되어 있다는 베버와 프랑크푸르트 비판철학자들의 사회학적, 문명론적, 정신분석학적 해석을 수용했다. 목적합리성을 원리로 삼는 근대적 주체, 동일성의 의지와 욕망체로서의 근대적 주체, 주관적 이성을 행위의 근거로 설정한 근대적 주체가 퇴행과 위기의 근원이라는 관점을 하버마스도 받아들인 것이다.

하지만 하버마스는 그와 같은 근대적 주체 부정의 끝에서 비관적이고 절망적인 전망으로 향하기보다는 새로운 주체 발견의 기획을 세움으로써 희망의 비전을 제시하고자 했다. 하버마스는 자신의 이론 축조의 핵심 개념들인 '의사소통합리성'과 '상호주체'를 통해 그 가능성을 열고자 했다.

하버마스는 베버의 행위론을 비판하면서 자신의 기획을 이끌어갈

41 Jürgen Habermas, Thomas McCarthy(tr.), *Legitimation Crisis*, Beacon Press, 1975.

새로운 주체 개념을 디자인한다. 그에 따르면 베버는 자신의 사회적 행위 주체 개념을 고립적인 자기의식 속에서 사고하고 판단하는 존재로만 설정했다. 물론 베버의 행위 주체는 자신의 행위를 결정할 때 그 행위가 향하게 될 타자를 고려한다. 그 점에서 베버의 사회적 행위 개념이 성립한다. 하지만 그의 사회적 행위는 타자를 행위 고려와 결정 과정에서 상호작용의 파트너로 간주하고 있지는 않다. 오히려 그 행위는 자신의 내적인 의식 세계에서의 생각과 의도의 결과물이다. 그러니까 목적합리적 행위라고 할 때, 그 행위 주체는, 마치 죄수의 딜레마 게임에서처럼, 고립된 자신의 의식이라는 방에서 수행하는 합리성을 뜻하는 것이다. 하버마스는 그러한 의식을 "의도주의적인 의식의 표출"[42]이라고 말했다. 그러한 맥락에서 하버마스는 베버의 행위 이론을 다음과 같이 비판한다.

> 베버는 처음에 의미를 행위이론의 기본 개념으로 도입하고 이 범주를 사용해서 행위를 관찰대상으로서의 '행동'과 구별한다. [……] 이때 베버가 배후에 가지고 있는 것은 의미이론이 아니라 의도주의적인 의식이론이다. 그는 '의미'를 언어적 의미를 모델로 하여 설명하지 않는다. 그는 '의미'를 상호이해를 도모할 때의 언어적 매체가 아니라 일단 고립된 것으로 상정되는 행위 주체의 생각과 의도에 관련시킨다.[43]

다음으로, 하버마스는 베버가 행위 원리로 제시한 합리성을 비판

42 하버마스, 『의사소통행위이론1: 행위합리성과 사회합리화』, p. 408.

43 하버마스, 『의사소통행위이론1: 행위합리성과 사회합리화』, p. 416.

하고 있다. 앞서 언급한 것처럼, 베버는 행위를 4개의 유형으로 구분했는데, 사회가 근대를 향해갈수록 전통적 행위와 감정적 행위는 점차적으로 사라지거나 주변화 되고, 합리적 행위가 지배적인 유형으로 부상한다. 그리고 근대 자본주의와 관료제 행정의 확산이 말해주고 있듯이, 목적합리적 행위가 합리적 행위의 최종적이고 완결적인 유형이 된다. 하지만 행위 합리성은 특정한 목적을 달성하기 위해 예상되는 여러 결과들을 계산하고 그 위에서 최상의 수단을 선택하는 목적합리성으로 완결되지 않는다고 하버마스는 이야기한다.

이러한 베버 비판 위에서 하버마스는 고립적 주체가 아니라 서로 마주하는 상호 주체들을 고려해야 한다고 말하고, 그들이 공통의 목표를 달성하기 위해 서로 의견을 교환하고 적절한 대안을 찾아가는 의사소통 합리성을 상상할 것을 주문하고 있다. 베버와 같은 사상가가 서구 근대의 미래를 어둡게 전망하면서 희망을 제시할 수 없었던 것은, 근대의 합리적 행위 개념과 관련해 한 주체가 자신만의 의식 속에서 수행하는 합리성, 즉 전략적 합리성 너머를 생각하지 못했기 때문이라는 것이다. 그러한 비판은 자신의 스승인 호르크하이머와 아도르노의 합리성 테제에도 동일하게 적용된다. 그들이 문제의 본질로 설정한 서구 근대의 계몽적 주체와 이성은 타자와의 커뮤니케이션을 통해 실천되는 합리성의 세계를 향해 열리지 않았다는 것이다. 뒤에서 자세히 보겠지만, 그런 차원에서 하버마스는 아도르노가 미메시스(mimesis)라는 개념으로 주체를 해체해버리려고 한 시도를 전면적으로 비판했다.

의사소통합리성에 기초한 상호주체 모델이라는 대안은 사실상 하버마스가 자신의 철학적 상상력에만 의존한 개념적 결과물이 아니다. 하버마스는 서구 근대의 역사에서 그러한 모델이 역사적으로 존재해왔다고 주장한다. 『공론장의 구조변동』은 서구 근대의 합리성에 대한 비판이기도 하지만, 서구 근대가 합리적 상호주체를 언제 어떤 방식으로 기획하고 탄생시켰는가를 추적하고 있는 책이기도 하다. 교수자격논문으로 제출되어 1962년에 출간된 『공론장의 구조변동』은 영국, 프랑스, 독일을 주요 분석 대상으로 삼아 서구 근대가 이룩한 민주주의의 정치적, 문화적 원천을 찾아가고 있는 바, 그가 제시한 핵심적 개념은 '공론장'(public sphere)과 그곳에서 주조된 집합적 의견으로서 '공론' 또는 '여론'(public opinion)이다.

하버마스는 '공'(public) 의미를 살펴보면서 논의를 시작한다. 서구에서 근대적 의미의 공, 공론장, 공론 개념이 탄생하기 이전까지 공은 우월한 신분 또는 국가권력과 결부된 개념이었다. 여기서 하버마스는 '과시적 공공성'이라는 개념을 사용하고 있는데, 지배적 신분이나 국가권력이 피지배자를 상대로 자신의 권력을 드러내면서 그 권위를 창출하는 과정을 의미한다. "자신들의 통치권을 민중을 위해서가 아니라 민중 '앞에' 과시하는 것"[44]이다. 절대주의 시대 군주들은 그러한 과시적 공공성의 가장 드라마틱한 사례라고 할 수 있는데, 절대군주들은 궁정에서의 대 연회와 같은 축제를 통해 자신의 위대함을 과시하고자 했다. 그런데 그 때의 공공성이라는 말이 하나의 개별적 인격체로서 군주를 과시한다는 의미라면 오히려 그것은 사적인 차원에 속한다고 말해야

44 하버마스, 『공론장의 구조변동』, p. 69.

하지 않을까? 여기서 하버마스는 절대주의 국가에서 군주와 국가는 구별된 것이 아니라, 오히려 군주가 국가라는 정치적 실체의 인격적 화신으로 인식되면서 군주의 자기 과시는 국가를 드러내는 공공성의 차원으로 해석되었다고 한다. "공공적이라는 말은 그 동안 절대주의와 함께 완성된 국가, 즉 지배자의 인격에 반해 객관화된 국가와 관계되"었다. 그러한 차원에서 공적인 것은 "공권력"이 되었고, 국가 관리들은 "공적 개인들"이 되었다. 그리고 그들의 일 또한 "공적이다."[45] 근대국가에서 사용되고 있는, 국가에 연결되어 있는 공의 개념들에 그러한 의미가 간직되어 있다.

그런데 서구에서 근대 부르주아 사회가 형성되면서 공의 새로운 의미가 만들어지고 있었다. 하버마스는 그 새로움에 대해 이렇게 말하고 있다.

> 부르주아 공론장은 우선 공중으로 결집한 사적 개인들의 영역으로 파악될 수 있다. 이들은 곧 당국으로부터 규제받는 공론장을 공권력 자체에 대항해 요구하며, 그 결과 기본적으로는 사적인 것으로 되었지만 공적으로 중요한 상품교환과 사회적 노동의 영역에서 교류의 일반규칙에 관해 공권력과 대결한다. 이 정치적 대결의 매체는 특유하며 역사상 유례가 없는 공적 논의다. [……] 이것은 이성에의 호소라는 의미와 동시에 이러한 호소를 불평불만의 궤변으로 경멸해 깎아내리는 의미다.[46]

45 하버마스, 『공론장의 구조변동』, p. 74.

46 하버마스, 『공론장의 구조변동』, p. 95.

하버마스가 이야기한 부르주아 사회의 공에 관련된 두 개념으로 우리는 공론장과 공중을 보게 된다. 그가 주장하고 있는 것처럼, 그 두 개념은 공권력과 대립한다. 부르주아 공론장은 '공중의 속성을 갖는 사적 개인'이라는 주체의 힘으로 국가권력과 대결하는 장소의 의미로 나타난다. 이 때 말하는 사적 개인들이란 부르주아 계급을 가리키는데, 말하자면 국가권력의 행정적 관리가 미치지 않는, 자율성의 영역으로서 가정과 시장의 주체다. 그런데 하버마스는 공론장에 결집한 사적 개인들을 사적인 존재로 부르지 않고 공적인 존재, 즉 공중으로 부른다. 그렇다면 어떻게 해서 사적 개인들이 공적 존재로 전환될 수 있으며, 그 때의 공중이란 어떤 의미에서 공적 존재가 되는가? 나아가 부르주아 계급은 자신들의 사적인 영역에서 왜 공론장을 만들어 공권력과 대결해야 했는가? 그러한 공권력과의 대결과정에서 공론장이 의지한 매체가 '이성'이라는 하버마스의 중요한 언급을 염두에 두고 논의를 이어간다.

공론장은 부르주아 계급이 자신들의 사적 영역의 자율성을 보장받기 위해 공권력을 견제하는 장치로 만든 공적 토론의 장소였다. 개념과 기능의 차원에서 부르주아 공론장은 문예적 공론장과 정치적 공론장으로 구분되는데, 하버마스는 문예적 공론장의 역사적 사례로 부르주아 주택 안의 '살롱'(salon)을 이야기하고 있다. 살롱은 몇 가지 점에서 특권과 계급적 위계와 같은 전통적 질서 원리가 무력해지는 곳이었다. 부르주아 가정의 여성이 주체로 당대의 저명한 철학자, 문인, 예술가 등을 초청해 자유로운 문예 토론을 수행한 살롱은 경제적 불평등, 관직의 고하, 성적 차이와 같은, 전통사회의 차별적 요인이 무의미한 장소였다. 하버마스가 관심을 부여한 바 있는 프랑스 최초의 살롱, 랑부이에 살롱에 대한 한 해석이 그 점을 잘 보여주고 있다.

> 랑부이에 부인의 살롱이 새로웠던 것은 종종 남자들과 여자들이 함께 모여 그 때만은 평등하고 자유롭게 조금도 격식을 차리지 않고 즐거움을 위해서 각자 가지고 있는 지혜를 내놓고자 소박한 대화의 장을 만들었다는 점이다.[47]

살롱을 추동한 단위는 사적 개인이라는 주체였고, 그 힘은 문예토론에 참여할 이성과 합리성을 발휘할 능력으로서 교양이었다. 교양인으로서 살롱의 주체들 사이에서 이루어지는 문학과 예술의 토론에는 의견의 자유로운 표출과 상호 교환이 가장 중요한 원리로 작용했다.

부르주아 도시공간에는 부르주아 남성들을 위한 문화적 장소로 커피하우스가 빠르게 확산되어갔고, 그 장소는 살롱과 더불어 부르주아 공론장을 떠받치는 또 하나의 거점으로 기능했다. 살롱과 마찬가지로 커피하우스도 사회적 지위와 경제적 부의 차이를 뛰어넘어 교양 있는 남성들 간의 자유로운 토론이 일어나는 장소였다. 그곳은 "자신들의 특권일랑 집에 두고 오기라도 한 것처럼 자기 주위에 있는 사람들과 허물없이 환담하곤 했"[48]던 자유와 평등에 기반 하는 의사소통의 장소였다. 본질적으로 그곳은 유럽의 근대를 이끌 새로운 정신성의 매트릭스였다.

> 사람들은 커피하우스에서 자선사업과 함께 문학적 사고를 자

47 서정복, 『살롱문화』, p. 19.

48 융거, 『카페하우스의 문화사』, pp. 63, 78.

유롭게 세련된 스타일로 전개하는 방법을 배웠다. [……] 의견 교환으로 자신의 사고를 훈련하는 자는 독서를 통해 이해력을 키우려는 자보다 유연성이 있고 민감하다. 그는 간결하고 짧은 문장으로 얘기하려 한다. 귀는 눈과 달리 장시간 동안 이미지를 쫓을 수 없기 때문이다. 중류 계급은 이렇게 자신들의 교육을 완성시켜가기 시작했다. 커피하우스는 그들에게 의견교환의 장을 제공했을 뿐만 아니라 계급의식에 관한 여론형성의 길을 터 주었다. 커피하우스는 새로운 휴머니즘의 확대를 위한 우애를 매개하는 매체가 되었다. 그리고 작가는 이 같은 집회 장소에서 그 시대의 사상과 정서를 접할 수 있었다.[49]

한편, 독일과 같은 곳에서는 독서클럽이나 만찬회와 같은 모임이 자유롭고 평등한 토론이 이루어지는 부르주아 공론장의 주요한 물리적 장소였다. 하버마스는 커피하우스를 필두로 독서클럽, 만찬회와 같은 공론장을 정치적 공론장으로 명명했다. 그곳들은 명백히 당대의 정치경제적 이슈들에 대한 주장이 표출되고 토론이 전개되는 자리였다는 의미에서다.

논의를 요약하면, 17-18세기 서유럽에서는 부르주아 계급의 경제적 부가 증대하면서 다양한 형태의 문화적 회합의 장소가 구축되었고, 그 곳에 참여한 부르주아들이 자유롭고 평등한 개인의식을 기반으로 토론의 주체가 되는 새로운 문화와 정치 실험이 시도되고 있었다는 말이다. 하버마스는 그러한 이들을 공중으로, 자유롭고 개방적이며 상호적인 원리에 입각한 토론을 통해 형성된 집합적 의견을 공론, 여론으로

49 융거, 『카페하우스의 문화사』, p. 66.

불렀다. 그러한 일련의 문화적, 정치적 공간과 그곳에서의 토론 과정이 공론장인 것이다.

하버마스에 따르면 이 부르주아 공론장은 세 가지 중대한 특성 위에 서 있었다. 첫째, 그곳은 "지위의 평등을 전제로 하는 것이 아니라 지위 자체를 도외시하는 일종의 사회적 교제가 요구된" 장소였다. 즉, 논증의 자유와 동등성에 의해 사회적 위계, 관직의 무게, 사회적 위신과 같은 것들이 무력해진 장소였다. 둘째, 그곳에서의 토론은 "지금까지 의문시되지 않았던 영역의 주제들"을 다룰 것을 전제로 했다. 여기서 의문시되지 않았던 주제들이란 국가와 교회라는 당대 권력 주체의 독점적 권위 아래에 놓여 있던 것들을 뜻한다. 공론장은 정치적, 종교적 권위에 의해 논의가 금지되었던 주제들을 토론에 부쳤다는 이야기다. 셋째, 공론장에 참여한 개인들은 공중이라는 토론의 집합적 주체로 통합되어 있었다. 말하자면 그들은 자신의 사적인 영역에서 활동하는 개별자들이었지만, 공론장의 주체가 됨으로써 개별적 인간이 아니라 공동의 문제를 논의하는 공중으로 전환되었다는 것이다.

그러한 원리와 절차를 따라 문화적, 정치적 운동을 수행한 부르주아 공론장은 당대 지배질서와 권력의 존재근거와 정당성을 의문에 부치고 토론 대상으로 삼았다. 하버마스의 주장을 인용하자면, "정치적으로 기능하는 공론장은 권력 그 자체를 토론에 부친다."[50] 부르주아 공론장의 공중은 토론을 통해 만들어낸 공론(여론)을 가지고 정치질서와 권력의 논리를 비판하고 공격했다. 피치자의 여론과 공론이 정치적

---

50 하버마스, 『공론장의 구조변동』, p. 168.

압박 수단으로 작용하는 민주주의 실천이 일어난 것이고, 그 과정에서 국가권력은 공론장에서의 여론의 방향을 고려하지 않을 수 없었다. 그렇게 공론장은 군주제 질서와 권력의 민주적 정당성을 요구하는 거점이 되었다.

17-18세기 유럽의 정치적 근대가 민주주의 실현을 향한 정치적 의지와 열정의 시공간이었다는 사실을 인식한다면, 그러한 시공간에서 운동한 공론장의 정치는 본질적으로 민주주의 실현의 정치였다고 말해야 한다. 국가권력의 민주적 정당성을 요구한 정치였고, 자신들의 정치적 주장의 무제약적 표출과 압력을 보장하는 표현과 사상과 여론의 자유를 요구한 정치였다. 또한 공권력이 자의적으로 경제와 가정의 영역에 개입함으로써 사적 자유와 자율의 권리를 침해하지 말 것을 요구하는 정치였다. 그와 같은 요구들은 근대 민주주의 정치의 핵심적 원리이자 가치임에 의심할 나위가 없다.

여기서 우리는 부르주아 공론장이 당대 정치권력에 대해 민주주의의 이념과 원리와 절차를 주장하고 궁극적으로 여론의 정치를 통해 그러한 요구가 보장되는 정치사회를 실현했다고 할 때, 그 궁극적 동력은 어떻게 만들어진 것인가, 라는 질문을 던질 수 있다. 이 물음에 대해 하버마스는 공론장을 지배한 공의 원리에 주목하고 있다. 앞서 언급한 것처럼, 하버마스에 따르면 부르주아 공론장에서 공적 논의가 의미하는 바는 이성에의 호소다. 공중이 따라야 하는 이성에의 호소란 논리적인 주장과 근거 있는 비판의 정신이었다. 그리고 비판을 수용하는 개방적인 태도였다. 여기서 중요한 점은 공론장의 여론은 고립적 주체가 아니라 공중으로 불리는 집합적 주체들의 이성적 의사소통을 통해 형성된 의견이고, 그 점에서 그 공론은 내적인 도덕적 정당성을 확보한다는 사실이다. 의사소통에 참여하는 공중들은 무엇보다 자기주장의 선험적 진리성을 견지할 수 없는데, 왜냐하면 공론장에서 진리란 자유롭고 개방적인 의사소통을 통해 탄생하는 것이기 때문이다. 이것이 하버마스가 말하는 '공개성'의 원리다.

> 합리적 태도를 취하는 사람의 합리성은 자신을 비판에 노출하고, 필요하면 논증에 적절히 참여하려는 자세에 있다고 하겠다. 합리적 발언은 비판가능성 때문에 개선 가능하다. 우리는 우리가 저지른 실수를 확인할 수 있으며 실패한 시도를 수정할 수 있다.[51]

공론은 타자의 비판적 검증을 견디어냄으로써만 주장으로 확립될 수 있다는, 소통의 윤리 위에 정립되는 이성으로 만들어지는 것이기 때문이다. 그 점에서 그것은 상호성에 입각한 이성과 합리성이다. 그 공중은 폐쇄성과 배타성이 아니라 개방성과 공개성을 지향하는 주체들의 구성체였다.

서유럽 부르주아 공론장의 역사는 하버마스에게 근대 이성, 즉 계몽이성의 새로운 차원을 발견하게 했다. 자신의 스승들을 포함해 서구 근대 이성의 지배와 폭력적 속성에만 주목하는 이른바 반근대주의자, 반이성주의자들과는 달리, 그 이성과 합리성은 고립적 주체의 목적합리적 행위, 도구적 행위로 환원될 수 없는 것이라고 하버마스는 생각했

---

51 하버마스, 『의사소통행위이론1』, pp. 58–59.

다. 서구 근대 민주주의 탄생의 역사에서 공론장이 수행한 기능이 말해주는 것처럼, 이성은 타자를 대화상대의 윤리적 주체로 삼는 의사소통으로 실천되어 왔고, 정치적 해방과 민주주의의 동력이 되었다는 사실을 간과할 수 없다고 하버마스는 주장한다.

그러한 맥락에서 하버마스는 서구 근대 이성의 자리를 폐쇄적이고 고립적인 주체로부터 상호주체로 옮겨놓으려 한다. 그것은 아래와 같은 문제지평의 연장선에 있는 것이다.

> 칸트 이후 철학의 발전에 따르면 이성 자체는 특권을 가진 주체 안에서도 더 이상 자기 자신을 위한 신성한 장소를 보유할 수가 없다. 칸트가 말하는 순수이성이라는 '선험적이고' 비역사적인 주체에서든, 역사 속에서 이성이 스스로를 '외화'하고 다시 흡수한다는 헤겔의 구상 배후에 존재하는 전 지구적 주체에서든, 혹은 마르크스의 사유에서 특권을 갖는 역사적 주체(노동계급)에서든 이는 마찬가지다. 이성은 어떤 특수한 주체가 아니라 주체-주체 관계 속에 존재한다고 하버마스는 말한다. 합리성은 '의사소통합리성'이다.[52]

19세기 후반 이래 서구 사회는 총체적인 차원에서 변화를 경험했다. 요약하자면, 배타적이고 공격적인 민족주의 확산, 자본주의 위기관리를 위한 국가 역할의 증대, 복지국가의 이름으로 진행된 국가의 사적 영역 개입 강화, 정당과 같은 정치조직들의 관료제화, 언론을 포함한 문화 영역에의 자본논리 확장과 같은 현상들이었는데, 이러한 변화

52 애리 브랜트, 김원식 옮김, 『이성의 힘: 하버마스 의사소통행위이론에 대한 입문』, 동과서, 2000, p. 31.

로 말미암아 서유럽 부르주아 민주주의의 방어진지였던 부르주아 공론장의 무력화가 초래되었다고 하버마스는 진단했다. 그 문제는 정치적 공론장의 양상, 즉 공중들의 합리적 토론에 입각한 여론 정치의 소멸을 가져왔다. 이제 정치는 민족주의적 이익의 절대화와 연결되었고, 거대해지는 국가의 관료제적 행정 논리에 종속되었고, 상업주의에 매몰된 언론사들의 조작되고 상품화된 여론결과에 지배되기 시작했다. 더 이상 정치권력은 스스로를 여론의 민주적 통제 아래 놓으려 하지 않는다. 국가주의적, 민족주의적, 자본주의적 논리가 정당화의 궁극적 기반이 되었다. 하버마스는 이러한 퇴행을 '공론장의 재봉건화'로 명명했다.

이와 같은 재봉건화는 사실상 20세기 중반까지도 지속되었다고 말해야 하는데, 2차 대전 이후 유럽은 폐허 속의 경제를 신속하게 재건하기 위해 국가 관료제라는 효율적 원리에 의존해왔고, 그 논리 속에서 정치의 민주적 정당성이 설득력을 갖지 못했다. 그리하여 유럽은 1950–60년대 풍요로운 시대를 복원할 수 있었지만, 역설적으로 사회는 국가와 정치의 정당성을 묻는 청년세대들의 거대한 도전에 직면해야 했다. 전 유럽을 뒤흔든 68운동은 오직 경제적 성과만을 향해 나아가는 당대 정치와 국가의 정당성에 의문을 제기했다. 하버마스는 1960–70년대 유럽의 정치적 위기는 일회적이거나 예외적인 현상이 아니라 구조적인 것으로 보았다. 답은 정치의 민주적 정당성을 다시 살려내는 데 있다고 하버마스는 생각했다. 그는 두 권으로 이루어진 후기 대작 『의사소통행위이론』에서 그 작업을 수행했다.

하버마스는 전체로서의 사회를 체계(system)와 생활세계(life–world)

라는 이분법적 개념으로 접근한다. 체계는 물질 생산과 분배를 담당하는 경제와 행정 영역으로 구현된다. 체계에서는 효율성, 기능성, 전문적인 예측과 계산과 같은 원리가 필요한데, 호르크하이머가 말한 주관적 이성에 해당한다. 생활세계는 사회적 통합을 위한 가치와 도덕을 전승하는 교육, 종교, 문화적 영역이다. 그곳은 체계에서와는 달리, 공동체의 의미와 규범에 관한 문제들을 다루는 이성이 모습을 드러낸다. 호르크하이머가 말하는 객관적 이성이다. 본래 미분화된 사회에서는 생활세계가 체계의 기능을 포함, 사회 전체의 유지, 질서, 통합의 기능을 수행했는데, 근대화로 말미암아 자신의 자율적인 합리성의 원리를 따르는 체계가 생활세계로부터 분화되어 나왔다.[53] 서구의 근대는 이러한 분화의 선구적 양상을 보여주었다.

체계의 이성과 생활세계의 이성이 자신의 고유한 원리를 따라 운동하는 것은 근대화된 사회의 균형적 양상이다. 하지만 경제와 행정 영역에서의 이성이 점차적으로 생활세계로 들어올 때, 즉, "생활세계의 지평을 뚫고 나가 버리"[54]게 될 때 중대한 문제가 발생한다. 19세기 후반 이후 서구 사회의 총체적 변화는 체계에 의한 생활세계 침투의 역사적 사례를 보여준다. 하버마스가 "생활세계의 식민화"[55]로 언어화한 그러한 구조 변화에는 근본적인 정치학적 질문이 놓여 있다. 체계의 존재 정당성은 생활세계 내에서 이루어지는 사회적 가치와 도덕과 규범

53 위르겐 하버마스, 장춘익 옮김, 『의사소통행위이론2: 기능주의 이성 비판을 위하여』, 나남, 2006, p. 287.

54 하버마스, 『의사소통행위이론1』, p. 273.

55 하버마스, 『의사소통행위이론1』, p. 307.

위에서 확보되어야 하는데, 체계의 확장으로 그러한 정당성의 구조가 무력화된다. 그것은 결국 체계가 자신의 기능적이고 도구적인 이성의 논리로 스스로를 정당화하는 결과를 초래한다. 그리고 그것은 정치권력과 경제권력에 대한 민주적 통제의 상실을 의미한다.

그러한 문제의식 위에서 하버마스는 생활세계 복원의 민주주의적 당위를 주장하면서 의사소통합리성 원리 위에 서는 생활세계의 언어학적 모델을 구축하고자 한다. 그 근본적인 구조로 볼 때, 생활세계의 언어학적 틀은 부르주아 공론장의 프레임과 다르지 않다. 그 점에서 현대 유럽의 민주주의 위기를 돌파하려는 하버마스 기획의 핵심은 17–18세기 부르주아 공론장에서 끌어올려진 것이라고 말할 수 있다. 무엇보다 체계의 도덕적, 규범적 정당성을 문제 삼을 생활세계의 토대는 상호주체의 윤리성에 입각해야 한다. 그러니까 생활세계 내 대화의 참여 주체들은 상대를 자신의 목표를 달성하기 위한 도구나 대상으로 삼아서는 안 된다는 것이다. 주체들은 자신의 사적인 의도를 은폐하지 않는 투명함 위에서 공적인 문제를 자유롭고 개방적으로 토론해야 한다.

하버마스는 그처럼 주체들의 윤리성을 확보할 수 있는 규범적 강제를 제시하는데, 바로 '타당성 주장'이다. 대화의 주체들은 상대방의 주장에 대해 자신의 이성으로 수용 가능할 때가지 질문할 권리를 갖는다. 상대의 발언을 정확하게 이해하지 못했을 때 되물어 볼 수 있는 권리(이해가능성)다. 상대방의 주장이 언어적으로 거짓은 아닌지를 확인할 수 있는 권리(진리성)이고, 토론에 참여하는 상대의 이야기가 대화 주체들의 공통된 상황에 적합한 것인지를 물어볼 수 있는 권리(적합성)

이고, 상대의 발언에 사적인 전략이 숨어 있는 것은 아닌지를 질문할 수 있는 권리(진실성)다. 이 네 가지의 타당성 주장을 따르는 의사소통일 때 토론의 주체들 사이에 윤리성이 확보되고 그 바탕 위에서 산출되는 합의라야 규범적이고 도덕적인 정당성을 견인한다. 역으로 그러한 타당성 주장을 수용하지 않는다면 생활세계 내 의사소통은 진행되기 어렵다.

하버마스는 서구 근대정신이 제국주의와 전쟁을 필두로 비윤리적이고 반문명적인 결과를 가져온 것을 부정할 수는 없지만, 그렇다고 해서 근대 이성에 대한 모든 가능성과 희망을 접을 수는 없다고 주장한다. 왜냐하면 서구 근대의 역사는 그 이성이 해방과 민주주의라는 중대한 역사적 결과를 산출했기 때문이다. 그렇게 보면, 우리는 근대 이성을 한 가지 원리로만 이해해서는 안 된다. 자기 완결적인 고립적 주체를 넘어, 이성적 사고 능력을 지닌 사람들이 상호주체성이라는 윤리적 차원에서의 의사소통으로 실천하는 이성, 즉 커뮤니케이션 이성에 주목해야 한다. 그 이성적 능력 위에서 현대 민주주의의 위기를 돌파할 정치적 토대를 확보할 수 있다고 하버마스는 주장한다.

3. 프랑스 지성과 대안적 주체의 상상 – 푸코와 들뢰즈의 주체

1961년 푸코의 박사학위논문 『광기와 정신착란』이 통과되었다. 그 이듬해에는 하버마스의 『공론장의 구조변동』이 출간되었다. 하버마스가 자신의 교수자격논문을 통해 서구 근대를 조형한 이성적 주체의 해방적 잠재력과 실천력을 서유럽 공론장의 역사 속에서 보여주려 했다면, 푸코는 근대 이성의 억압적 본질이라는 정반대의 테제를 광기에 대한 서구의 역사 속에서 제시하려 했다. '고전주의 시대 광기의 역사'라는 부제에 그 문제의식이 잘 드러나고 있는데, 고전주의는 이성이라는 근대적 정신 원리로 광기라는 현상을 이해하려 한 에피스테메의 출발을 알리는 시대였다. 광기에 대한 푸코의 논의는 중세의 인식에서 시작해 르네상스를 지나 고전주의에서 근대로 향한다. 여기서 중요한 사실은 고전주의 이전과 이후의 광기에 대한 인식이 근본적으로 차이를 보인다는 점이다.

푸코는 중세 사람들에게 친숙해진 그릴(grylle), 그러니까 "괴기스런 소재가 조각된 고대 석판화"[56] 속에 담긴 기묘한 형상에 주목한다. 푸코에 따르면 본래 그릴은 "욕망하는 인간의 영혼이 어떻게 짐승의 포로가 되었는가를 가르쳐주기 위한", "죄의 광기로 인한 정신의 타락을 비난하기"[57] 위한 용도의 상상적 이미지였다. 하지만 이 그릴은 르네상스기에 들어서면서 새로운 의미를 지니게 되는데 말하자면, 광기가 '유혹'의 세계로 인식된다는 것이다. 푸코는 "15세기 인간에게 억제되지 않고 자유롭게 나타나는 꿈이나 광기의 환상은 실제로 성욕을 자극하는 육신보다 더 큰 매혹의 힘을 발휘한다"[58]고 말하면서 광기에 투사된 그 매혹의 힘이 무엇인지를 질문한다. 첫째, 광기 형상에 숨어 있는 인간

56 미셸 푸코, 이규현 옮김, 『광기의 역사』, 나남출판, 2020, p. 69 각주 124번.

57 푸코, 『광기의 역사』, p. 69.

58 푸코, 『광기의 역사』, p. 70.

본성의 비밀과 특성이다. 기괴한 동물로 표상되는 광기는 곧 인간 속에 깊이 은폐된 본성을 드러내는 상징이라는 것이다. 둘째, "광기는 앎이기 때문에 매혹적인 것이 된다." 기이한 동물 형상은 곧 신비스럽고 비밀스런 앎을 숨기고 있는 이미지다. 그러므로 광인은 "앎 전체를 완전한 형태로 갖고 있는 존재다."[59] 미친 사람들이 알고 있는 이 앎은 기독교적 종말과 사탄의 지배, 최후의 행복과 징벌, 지옥세계에 관한 것 등, 그야말로 보통 사람들은 알 수 없는 궁극의 지식이다.

악덕들의 위계에서 최고 자리를 차지했던 중세의 광기는 르네상스에 들어 인간의 비밀을 간직하고 있는, 인간의 미래를 비추고 이끌어갈 절대적 힘으로 나타난다.[60] 푸코는 르네상스 시대가 경험한 광기에 대한 새로운 상상력의 분출을 '광인들의 배'(Ship of Fools)라는 이미지와 관련시킨다. 네덜란드 화가 보슈(Jheronimus Bosch)가 1490년에서 1500년 사이에 그린 것으로 알려진 '바보들의 배'를 통해 푸코는 당시 광인들이 "유랑의 삶으로 내몰리고", "도시 밖으로 쫓겨나고", "외딴 시골에서 이리저리 떠돌아다녀야 했던" 역사를 상기한다. 아마도 그 회화는 광인들의 처우와 운명에 관한 기록일 것이다. 르네상스 유럽에서 광인은 추방 대상이었고 출입금지의 대상이었지만, 그렇다고 해서 모든 광인이 도시의 거주권 자체를 전적으로 박탈당한 것은 아니었다. 가령, "각 도시의 시민에 속하는 광인은 각 도시가 책임지기도"[61] 했다. 또는 광인은 추방되지는 않았지만, 방치와 무관심의 대상이 되기도 했다.

59 푸코, 『광기의 역사』, pp. 71–72.

60 푸코, 『광기의 역사』, pp. 75–76.

61 푸코, 『광기의 역사』, p. 54.

이 지점에서 푸코는 '바보들의 배'에 대한 해석을 시도하고 있다.

> 이 배는 중세 말 무렵에 유럽문화의 지평 위로 갑자기 떠오른 불안 전체를 상징한다. 광기와 광인은 위협과 경멸, 세계의 엄청난 비이성과 사람들의 하찮은 조롱거리 사이에서 성격이 명확하게 규정되지 않은 가운데 주요한 배역을 떠맡게 된다.[62]

여기서 중요한 사실은 르네상스 시대 광기와 광인에 대한 인식이 '명확하게 규정되지 않았다'는 점이다. 푸코는 이러한 모호성 혹은 이중성을 두 개의 다른 배에 비유하고 있는데, 한 배는 "얼빠진 표정의 사람들을 가득 태우고 앎의 기묘한 연금술, 야수성의 은밀한 위협, 시대의 종말이 야기되는 풍경들 사이를 지나 세계의 어둠 속으로 차츰차츰 사라질 광인들의 배"이고, 다른 한 배는 "정상인들에 대해 인간의 결함을 보여주는 모범적이고 교육적인 오디세이아를 형성하는 광인들의 배"[63]다.

그런데 어느 시간에 이르러 광기와 광인에 대한 이중적이고 모호한 인식 구조, 푸코의 용어를 빌린다면 '비극적 형상'과 '비판의식'의 공존은 사라지고 그 현상에 대한 비판적 의식만이 명확해지기 시작한다. 푸코는 그 전환의 시간이 고전주의 시대로 불리는 17세기라고 말하고 있다. 이 고전주의 시대에 이르면, 광기는 아주 명확한 의미 속에서 해석되는데, 바로 이성과의 연결이다. "이성과 광기는 각자 다른 하나의 척도이며, 이와 같은 상호조회(照會)의 움직임 속에서 둘 다 서로를 인

62 푸코, 『광기의 역사』, p. 60.
63 푸코, 『광기의 역사』, p. 83.

정하지 않지만 하나가 다른 하나의 존립 근거로 작용"[64]하는 관계를 말한다. 또한 광기는 이성의 원리와 결합되어 이성 속에서 자신의 의미와 가치를 보유한다. 고전주의 시대의 광기는 다음과 같은 양상으로 변모한다.

> 광기는 이성에 결부되어 한없는 순환과정 속으로 들어가고, 광기와 이성은 서로를 긍정하고 부정한다. 이제 광기는 세계의 어둠 속에서 절대적으로 실재하는 것이 아니라 이성과의 상관성 아래에서만 실재할 따름이다. 이 상관성 속에서 이성과 광기는 서로에 힘입어 보존되기도 하고 서로에 의해 소멸하기도 한다.[65]

광기와 광인에 대한 푸코의 철학적·역사학적 관심이 '고전주의 시대'에 놓인 이유가 그것인데, 인식론적·존재론적 이중성과 모호성에 머물러 있던 현상인 광기가 이제 이성이라는 원리와의 연관 속에 놓이게 되는, 패러다임의 전환이 일어났기 때문이다. 고전주의 시대 이전까지 광기와 광인은 신의 진리와 지혜를 인식할 수 있는 초월적 능력으로 인식되어 왔다. 광기가 당대에 그와 같은 진리 인식의 힘을 가졌던 것으로 인식된 이유는, 신의 지혜란 모순을 간직한 실체이기 때문에 이성이라는 논리적 정신으로는 알 수 없는 것으로 간주되어 왔기 때문이다. 이와 관련해 푸코는 중세 신학자 니콜라스 쿠자누스(Nicholas Cusanus)의 주장을 인용하고 있다. 쿠자누스는 "신의 지혜는 어떤 언어로도 표현할 수 없고 어떤 방식으로도 완성할 수 없으며 어떤 종말로

64 푸코, 『광기의 역사』, p. 87.

65 푸코, 『광기의 역사』, p. 92.

도 끝을 맺을 수 없을 뿐만 아니라 어떤 비율로도 균형 잡을 수 없고 어떤 것에도 비교할 수 없다. [……] 이 지혜에 의해, 이 지혜 속에서, 이 지혜로부터 모든 사물이 생기기 때문에 어떤 이해력으로도 이 지혜를 납득할 수 없다"[66]고 고백했다. 그러므로 신을 아는 데서 이성은 한낱 무기력한 것이고 오히려 광기가 신적 지혜를 향한 길이 된다. 여기서 푸코는 "인간은 신을 향해 나아갈 때 어느 때보다 더 광기에 빠져들"[67]기 때문이라는 칼뱅의 주장을 인용하고 있다.

역사적으로 17세기 절대군주제의 통치기에 해당하는 이 고전주의에서 광기는 "이상한 강제력에 의해 침묵으로 귀착하게 되는"[68] 경험을 한다. 푸코는 광기의 목소리를 앗아가고 그것을 절대적 통제 아래 두게 되는 고전주의의 이야기를 광기에 대한 데카르트의 철학적 태도에서 시작한다. 데카르트에게서 광기는 사유의 부정이며, 그러므로 사유하는 주체의 바깥에 위치한다. "광기는 회의하는 주체에 의해 배제된다." 왜냐하면 "회의하는 주체가 생각하지 못한다는 것과 그가 존재하지 않는다는 것은 있을 수 없기 때문이다."[69] 그러한 논리는 곧 광기란 사유 가능성으로부터의 전적인 벗어남이라는 인식을 전제로 한다. 이제, 광기를 진리 발견을 향한, 이성과는 다른 초월적 사유 능력으로 인식했던 이전 시대와 근본적으로 결별한다. 이런 문제 지평에서 푸코는 말한다.

---

66 Nicolas de Cues, *Le Profane*, in œuvres chosies par M. de Gandillac, p. 220; 푸코, 『광기의 역사』, p. 91에서 재인용.

67 Calvin, *Sermon II sur l'Epître*, in Calvin, Textes chosis par Gagnebin et K. Bartth, 푸코, 『광기의 역사』, p. 73. p. 90에서 재인용.

68 푸코, 『광기의 역사』, p. 113.

69 푸코, 『광기의 역사』, p. 115.

고전주의 사유에 대해 이성 자체인 그 영역 바깥에 광기가 놓인다는 것을 보여준다. 이제 광기는 추방당한다. '인간'이 어느 때건 미칠 수 있다고 해도, '사유'는 진리를 인식해야 할 입장에 놓인 주체의 절대적 실천으로서 무분별할 수가 없다. 하나의 분할선이 그어지는데, 그것은 사리에 어긋나는 이성, 이치에 맞는 비이성의 경험, 르네상스 시대에 그토록 익숙해진 그 경험을 이윽고 불가능하게 만들 것이다.[70]

하지만 고전주의 시대, 이성에 의한 광기의 추방은 결코 선언적이거나 상징적인 것이 아니었다. 푸코는 절대군주 루이14세가 1656년에 파리에 구빈원 설치를, 1676년에는 전국으로 확대하는 명령을 내렸다는 역사적 사실에 주목한다. 국가권력은 빈민, 걸인, 소매치기, 도둑, 고아 등 사회적 무질서를 초래할 여러 비 정상인들을 그곳에 감금했다. 거기에는 미친 사람도 포함되어 있었다. 푸코는 그 시대를 이성에 위배되는 존재들을 전면적으로 통제한 '대감호'의 시대로 명명했다. 그 비 정상인들을 구빈원에 가둔 이유는 "일하지 않고 살아나갈 수 없는 모든 이에게 노동을 가능하게 동시에 불가피한 것으로 만들기"[71] 위해서였다. 그 점에서 구빈원은 대단히 이성적인 공간이었다. 왜냐하면 비 정상인들이 초래할 사회적 무질서를 방지하고, 경제적 무용성을 최소화하며, 도덕적 일탈을 봉쇄하기 위해 합리적인 국가행정이 개입한 양상이기 때문이다.

그런데 국가 이성에 의해 통제의 공간에 머물러야 했던 비이성적

70 푸코, 『광기의 역사』, p. 116.

71 푸코, 『광기의 역사』, p. 142.

존재들 사이에서 광인은 매우 특이한 취급을 받는다. 다른 비 정상인들이 은폐 대상이었던 반면, 광인은 노출과 구경거리의 대상이 되었다. "광기는 조용한 보호소에서 구경거리로 떠오르고 모든 이의 즐거움을 위한 추문이 된다. 비이성은 수용시설의 폐쇄성으로 인해 감추어져 있었지만 광기는 계속해서 세계의 무대 위로, 그것도 예전보다 더욱 찬란한 모습으로 드러난다"[72]고 푸코는 표현했다. 정상인들에게 공개의 대상이 되어 발작과 폭력을 드러낸 광인들로 인해 광기는 일종의 동물성으로 간주되기 시작했다. 그럼으로써 광기를 치료하기 위한 조련법이 개발되었고, 광기에 관한 학문적 분류법과 체계가 형성되었다.

동물로 간주된 광인은 결국 인간이 아닌 존재로 귀결되었다. 그 지점에서, 광인이 인간이 아니라는 사실에 타당함을 부여하는 의료 지식과 언설 체계가 만들어진다. 고전주의 의학 지식과 담론의 기나긴 과정 속에서 광기는 '정신착란'이 되었다. 푸코는 "고전주의 시대의 광기에 대해 내릴 수 있는 가장 단순하고 가장 일반적인 정의는 바로 정신착란"이라고, "정신착란은 광기 자체이자 동시에 광기의 모든 현상을 넘어 광기를 진실로 구성하는 무언(無言)의 선험성"[73]이라고 말한다.

사람들은 국가에 의한 체계적 감호제도 운영과 의학적 치료를 통해 광인이 사라졌다고 생각했지만, 푸코가 말하고 있는 '대공포'의 시간, 즉 18세기 중반과 후반, 광기에 대한 두려움이 확산하기 시작했다. 사람들은 자신들이 광기에 오염되어 광인이 될 지도 모른다는 공포에

72 푸코, 『광기의 역사』, p. 266.

73 푸코, 『광기의 역사』, pp. 394–395.

사로잡혔고, 그로 말미암아 광기에 대한 사회적 관심이 증대되었다. 광인에 대한 그와 같은 부정적 분위기는 교도소 내 광인들과 함께 수감된 사람들의 불만을 초래했다. 이제 교도소에서 광인과 다른 유형의 수감자들은 근본적으로 상이한 대상들로 나뉘어져야 했고, 국가는 그 지점에서 광인들을 대상으로 하는 새로운 수감 공간을 고민하지 않을 수 없었다. 그런데 이 대공포의 시간은 보편적 인권이 주창되는 혁명의 시간이기도 했다. 푸코는 "누구도 정신병자를 감옥에 집어넣고도 부끄러워하지 않았다"는 당대 프랑스 의사 에스키롤(Jean-Etienne Esquirol)의 발언을 예로 들고 있다.[74] 푸코는 "그 세기 전체로 이러한 메아리가 울려 퍼지는데"[75]라고 말하면서, 그 의견을 당대의 시대정신과 연결했다. 혁명의 정신을 따라 이제 광인을 다룰 새로운 공간이 탄생한다. 정신병원이다.

> 이제 우리는 실마리를 찾았다. 우리는 18세기의 근저에서 광인이 마치 절로인 듯 갈라져 나오고 고유한 자리를 차지한다는 것을 알아차리는 순간부터, 어떻게 19세기의 정신병원이 가능하게 되었고 정신의학이 활기를 띠게 되었으며, 광인의 권리가 마침내 주장되었는가를 분명히 이해할 수 있다.[76]

푸코가 묘사하고 있는 정신병원 모델은 영국의 퀘이커교 목사 튜크(William Tuke)와 프랑스의 병리학자 피넬(Philippe Pinel)의 정신병원이

74 푸코, 『광기의 역사』, pp. 617-618.
75 푸코, 『광기의 역사』, p. 618.
76 푸코, 『광기의 역사』, p. 616.

다. 푸코는 보편적 인권이라는 근대적 명령에 의해 설립된 이 정신병원에서 매우 특이한 통제의 구조를 본다.

튜크의 정신병원은 본질적으로 종교적 가족 공동체 모델이었다. 그곳에서 간수와 광인은, 마치 부모와 자녀 관계처럼, 보호, 도덕적 교화, 훈육의 관계로 맺어진다. 간수가 광인을 가르치고 명령할 수 있는 것은, 그가 광인에 비해 이성적으로 우월한 존재이기 때문이다. 자연스럽게 광인은 이성적으로 미성숙한 존재가 되는데, 미성년 상태로 말미암아 정신병원에서 종속적이고 복종적인 존재로 살아야하고, 간수는 그 광인을 지배할 수 있는 권한을 보유한다.[77]

그와 달리 피넬의 정신병원은 반(反)가족적이다. 왜냐하면 피넬의 정신병원에서 광인은 자신만의 공간에서 침묵을 강요받고 과오를 반성하는 고립적 구조에 놓여 있기 때문이다. 피넬은 간수의 훈육과 명령에 복종함으로써 이성적인 인간이 되기 위해 노력하는 튜크의 치료 원리와는 다른, 절대적 고독 속에서 자기 자신을 들여다보며 실수를 되새겨 봄으로써 오류와 죄의식의 존재라는 사실을 깨닫게 하는 원리다. 말하자면, 정신병원에서 광인은 내면의 거울에 자신을 비춰봄으로써 스스로를 미친 사람으로 인정할 것을 강요받는 구조다. 푸코의 표현을 인용한자면, "광인들의 공동체에 이와 같은 종류의 거울을 배치했고, 그래서 결국 광인은 마지못해 자신을 미친 사람으로 간파하지 않을 수 없다"[78]는 것이다.

---

77 푸코, 『광기의 역사』, p. 748.

78 푸코, 『광기의 역사』, p. 762.

서구의 기나긴 역사와 지성사를 통해 형성된 광기와 광인에 대한 이성적 인식체계는 매우 특이한 인간 모델을 탄생시켰다. 그것은 일종의 구조주의 언어학의 의미 모델이기도 한데, 인간은 이성을 기준으로 정상과 비정상이라는 이분법적 차이 속에서 스스로의 정체성을 확립하도록 강제된다는 것이다. 이성이 인간의 정상, 올바름, 바람직함을 나누는 유일하고 궁극적인 기준이기 때문이다. 그렇게 보면, 푸코가 말한 정신병원은 단순히 치료소가 아니라 근대세계에서 이성과 비이성, 정상성과 비정상성을 나누는 물리적, 제도적, 공간적 기준이다. 근대인에게서 정신병원은 정상적 인간의 의미를 형성하는 일종의 거울인바, 정상인은 정신병원에 갇히지 않은 사람, 그러니까 이성을 상실하지 않는 사람이라는 차이의 구조 속에서 자신의 정체성을 구축한다. 반대로 광인 또한 정신병원 안과 바깥의 이성적 인간들을 자신들이 회복해야 할 정상적 인간으로 인식한다. 이러한 사실은 근대 이성의 세계를 살아가는 인간들은, 정상인이든 광인이든, 모두 진정한 의미에서 주체일 수 없다는 점을 말해준다. 그들은 공히 자기 바깥의 존재에 비추어 스스로를 규정하는 종속적 존재에 머물러 있기 때문이다. 상징계 속에서 주체의 환상을 지니고 살아가는 라캉의 주체, 구조화된 자본주의 사회 속에서 이데올로기 국가장치에 의해 스스로를 주체로 착각하는 알튀세의 주체에 비유될 만하다.

푸코의 철학은 근대적 주체의 내적 모순을 폭로하는 작업을 통해 프랑스 구조주의의 핵심적 테제 속으로 들어갔다. 하지만 그는 거기서 멈추지 않고 근대적 주체의 대안을 상상한다. 그 점에서 탈구조주의로

부르는 푸코의 후기 철학은 끝없이 자기 바깥에서 자신의 존재 근거를 찾아야 하는 분열적인 근대적 주체와 근본적으로 다른, 진정한 의미에서 내적인 자립성을 지닌 주체를 디자인하려 한다. 그 주체는 자신의 욕구, 자신의 필요, 자신의 의지에 충실한, 그리하여 자유로운 언어적 실천을 수행하는 '윤리적 주체'다.

푸코는 1981년 1월 꼴레주 드 프랑스(Collège de France)에서 행한 강의에서 '자기배려'라는 개념을 이야기한다.[79] 그는 "자기배려는 자기 자신에 대한 배려이고, 자기 자신을 돌보는 행위이며, 자기 자신에 몰두하는 행위입니다"[80]라고 말하고 있다. 푸코는 그리스 델포이 신전에 기록되어 있는 경구 '너 자신을 알라'의 의미를 해석하면서 자기배려 개념으로 들어간다. 그는 그 경구가 자신에 대한 철학적 인식 이상의 의미를 지니고 있음을 강조하는데, 재판정에서 행한 소크라테스(Socrates)의 발언들을 그 근거로 든다. 소크라테스는 무죄로 풀려난다고 해도 아테네 시민들이 재물과 명예의 소유만이 아니라 자신의 영혼을 다듬고 훌륭하게 하는 데 노력해야 한다는 가르침을 계속 전파할 것임을 역설했다. 반대로 사형판결이 내려진다고 해도 그 불행은 오히려 아테네 시민들에게 있을 것인데, 왜냐하면 끊임없이 스스로를 배려하게 하는 다른 사람이 나타나지 않는 한, 스스로의 덕성을 쌓는 데 마음을 쓰게 하는 마지막 사람을 잃게 될 것이기 때문이다. 여기서 푸코는 소크라테스가 "나는 여러분들이 무엇이든 자기가 소유한 것들에 마음을 쓰기보다는

79 이하 내용은 하상복, 『푸코&하버마스: 광기의 시대, 소통의 이성』의 7장(푸코와 자기배려의 인간)을 수정, 재구성한 것이다.

80 미셸 푸코, 심세광 옮김, 『주체의 해석학』, 동문선, 2007, p. 41.

우선 자기 자신을 돌봄으로써 가능한 한 탁월하고 현명한 사람이 되도록 [……] 여러분들 각자를 설득해 보려고 했습니다"[81]라고 한 발언에 주목하고 있다.

고대 그리스의 삶에 비추어보면 자신을 안다는 것은 단순히 무지에 대한 깨달음이 아니라 자신의 내면과 영혼을 들여다보고 갈고 닦으면서 지혜로운 자가 되기 위한 성찰과 실천의 과정이라고 푸코는 주장한다. 그러므로 자기배려는 "자기 자신을 돌보기, 자기 자신을 배려하기, 자기 자신으로 되돌아가기, 자기 자신에 은거하기, 자기 자신에게서 즐거움을 발견하기, 오직 자기 자신 안에서만 쾌락을 추구하기, 자기 자신과 더불어 지내기, 자기 자신과 친구가 되기, 성채 속에 있는 것처럼 자기 자신 안에 있기, 자신을 치료하기, 자기 자신을 경배하기, 자기 자신을 존중하기"[82]와 같은 개념과 결합되어 있다.

푸코에 따르면 이러한 자기배려는 서양 고전고대의 오랜 전통이었다. 그는 그리스와 로마 시대의 사례들을 통해 자기배려의 입체적 의미에 접근한다. 푸코는 소크라테스와 귀족 청년 알키비아데스와의 대화를 다룬 플라톤 대화편 『알키비아데스』를 텍스트로 삼는다. 명성 있는 부유한 집안의 후손 알키비아데스는 자신의 능력을 기반으로 정치적 성공을 꿈꾸었다. 소크라테스는 알키비아데스에게 통치가 무엇인지, 통치의 자질을 소유하고 있는지를 묻고 알키비아데스는 통치에 대해 무지하고 스스로 그러한 능력을 지니지 못함을 인식한다. 이에 소크라테

---

81 푸코, 『주체의 해석학』, p. 47.

82 푸코, 『주체의 해석학』, p. 55.

스는 먼저 자기 자신에 전념해야 할 필요가 있음을 역설한다. 여기서 자기배려는 일종의 통치가가 되기 위한 덕목으로 등장한다.[83]

그런데 통치에 연결되었던 자기배려 개념은 헬레니즘과 로마 시대에 이르러 중대한 의미상의 변화를 보인다. 자기배려는 정치적 다스림이 아니라 자신을 위해 필요한 덕성, 통치자가 되고자 하는 사람들만이 아니라 모든 사람이 전 생애에 걸쳐 수행해야 하는 삶의 양식으로 바뀐다. 그렇게 되면서 자기배려에는 스스로를 관조하고 성찰하는 관념적 성격보다 영혼의 정화를 위한 실천의 성격이 더 중요해졌다. 가령, 헬레니즘 시대 에피쿠로스 철학에서 자기배려는 죽을 때까지 자신의 영혼을 갈고 닦는 실천 행위로 이해되기 시작했다.

푸코는 로마의 철학자 세네카(Lucius Seneca)의 스툴티시아(stultitia) 개념에 주목하고 있다. 이 개념은 "아무 결정도 내리지 못하고 아무 것에도 만족하지 못하는"[84] 상태를 뜻한다. 자기배려의 부재상태인 바, 자기 내부로 침잠하지 못하고 외부의 욕망, 정념, 환상 등에 노출된 영혼을 가리킨다. 이 영혼을 치료할 방법이 바로 자기배려의 기술이다. 이 방법적 기술과 관련해 푸코는 마르쿠스 아우렐리우스(Marcus Aurelius)의 삶으로 들어간다. 푸코는 그가 스승에게 보낸 한 서신을 예로 들어 설명하고 있다. 스승에게 전하는 제자의 이야기는 지극히 일상적이다. 그는 감기 때문에 늦잠을 자야 했음을, 새벽에 읽은 책을, 아픈 목을 다스리기 위해 한 조치를, 점심으로 먹은 음식을, 포도를 따고 들어와

83 푸코, 『주체의 해석학』, pp. 70–79.

84 푸코, 『주체의 해석학』, p. 164.

서 어머니와 한 대화를, 목욕을 하고 먹은 저녁을 아주 자세히 묘사한다. 그러면서 제자는 스승을 향한 자신의 애정을 감추지 않는다. 아우렐리우스는 "사랑하는 프론토 선생님. 선생님께서 어디 계시든지 선생님께서는 저의 최고이시며, 저의 사랑이시고, 저의 기쁨이십니다. 선생님과 저와의 거리가 얼마나 되나요. 저는 선생님을 흠모하지만 선생님께서는 지금 제 곁에 계시지 않네요"라고 고백한다.[85]

푸코는 이 일상적 편지에서 건강과 양생술(養生術), 노동, 대화, 사랑 등 자기배려의 다양한 측면을 관찰한다.[86] 이 예를 통해 푸코는 자기배려란 "자신의 신체와 영혼을 동시에 돌보는"[87] 생활의 기술로서 개인의 실존 전반에 걸쳐 수행해야 하는 노력임을 인식한다. 이 자기배려는 궁극적으로 외부에 대한 관심의 시선을 거두고 자기 내부의 고유한 의지와 욕망을 들여다보는 기술이다. 이 자기배려를 통해 사람들은 자기 바깥의 것들에 예속되어 빠지지 않으면서 자신의 세계 내부로 침잠할 수 있다. 마르쿠스 아우렐리우스의 사례를 통해 우리는 자기배려의 덕성을 지닌 주체가 되기 위한 두 요소를 만나는데, 바로 타자와 말이다. 마르쿠스 아우렐리우스가 자신의 육체와 영혼을 섬세하게 관찰하고 관리하는 자기배려는 스승이라는 타자의 존재에 근거한다. 그는 자신의 스승에게 아주 솔직하게 자신이 얼마나 스스로에게 충실했는지를 고백한다는 것이다. 여기서 우리는 이때의 타자가 근대의 이성적 주체의 적대적 거울로서 타자와 어떻게 다른가, 라는 질문을 제기할 수 있다. 이

85 미셸 푸코, 이희원 옮김, 『자기의 테크놀로지』, 동문선, 1997, pp. 52–54.

86 푸코, 『주체의 해석학』, p. 197.

87 푸코, 『주체의 해석학』, p. 141.

에 대해 푸코는 다음과 같이 답한다.

> 개인은 생활의 어떤 순간에도 결코 인식하지 못했던 주체의 위상을 향해 나아가야 합니다. 그는 비 주체를 자기와의 충만한 관계에 의해 규정된 주체의 위상으로 대체해야 합니다. 그는 자신을 주체로 구축해야 하며, 바로 여기에 타자가 개입해야 합니다. 우리는 자기 실천의 모든 역사에서, 보다 일반적으로 말해 서구 주체성의 역사에서 아주 중요한 테마를 바로 이 지점에서 발견합니다. 이제 스승은 더 이상 기억의 스승이 아닙니다. 그는 타자가 모르고 있는 바를 알면서 그것을 그에게 알려주는 사람이 아닙니다. 그는 타인이 모르고 있다는 사실을 알면서 그가 알고 있지 못하는 바를 어떻게 자신이 알고 있는지를 그에게 증명해 보이는 자도 아닙니다. 스승은 이러한 놀이에 관여하지 않습니다. 스승은 이제 개인의 개혁과 개인이 주체로서 자신을 구축하는 일을 지도하는 자입니다.[88]

여기서 타자로서의 스승은 이성과 비이성의 지적 차이에 빠지지 않고 제자가 자기배려의 주체가 될 수 있도록, 그가 자신의 고유한 육체와 영혼의 운동을 잘 인지하고 감지할 수 있게 이끌어주는 존재다. 그것은 궁극적으로 두 사람 사이에서 마음이 열려 솔직하게 말할 수 있는 윤리, 즉 푸코가 묘사하는 '파레지아'(partêsia) 위에서 성립한다.[89] 이 윤리는 푸코가 제시한, 근대적 언어의 질서 원리인 금지, 분할과 배척,

88 푸코, 『주체의 해석학』, p. 163.

89 푸코, 『주체의 해석학』, pp. 172-173.

진리 의지[90]에 선명히 대비된다.

이 파레지아의 본질은 타자를 전제로 하지만 타자를 의식하지 않는, 주체 스스로의 언어적 실천이다. 이 파레지아는 자신의 진실한 모습을 언어적으로 표출하는 도덕적 실천이다. 푸코는 이 파레지아를 통해, 타자의 세계에 둘러싸인 채 타자와의 비교를 통해, 타자와의 대비를 통해 자시의 주체성을 만들어가는 근대적 주체로부터 해방될 가능성을 본다.

푸코가 광기의 역사를 추적하면서 그리고 지식의 역사를 고고학적으로 탐구하면서 근대적 주체가 보편적 진리로부터 얼마나 멀리 떨어져 있는가를, 그 주체가 해방을 이야기하면서 새로운 지배와 폭력에 대한 얼마나 강렬한 정치적 욕망을 지닌 모순적 존재인가를 밝혀내고자 했다면, 들뢰즈는 진리 인식의 차원에서 근대적 주체가 지닌 한계와 무능력을 폭로함으로써 근대적 주체와 진리의 연관성을 무력화하고자 한다. 또한, 푸코가 그 근대적 주체의 대안으로 자기배려를 본질로 하는 윤리적 주체 개념을 제시했다면, 들뢰즈는 이성의 형식으로 확정되어버린 근대적 주체 너머 유동적 주체 혹은 다양체 개념을 상상하려 한다.

푸코가 그러했던 것처럼, 들뢰즈 또한 니체 사상으로부터 커다란 영향을 받았다. 들뢰즈는 『니체와 철학』(*Nietzsche et la philosophie*)에서 진리의 본질과 그 진리의 사유에 관한 근대적 체계를 비판하고 있다. 들

90 미셸 푸코, 이정우 옮김, 『담론의 질서』, 서강대학교 출판부, 1998, pp. 10-17; 미셸 푸코, 오트르망 심세광·전혜리 옮김, 『담론과 진실』, 동녘, 2017, p. 24.

뢰즈는 진리 발견의 근대적 원리를 정립한 철학자, 특히 칸트를 문제 삼았는데, 칸트는 진리를 탐구하고 파악하고자 했지만 그 진리가 어떠한 가치를 지니는지, 진리를 따라야 하는 이유가 무엇인지, 진리를 추구하는 주체가 누구인지에 대한, 말하자면 진리에 관한 보다 근원적인 질문을 제기하지 않았다고 비판했다. 오직 그 진리는 마땅히 참된 세계를 형성하는 것으로 이해되었고, 그 진리를 파악하는 인간 또한 참된 존재로 간주되어왔기 때문이다.[91] 이 참된 인간은 "속임을 당하길 원하지 않으며, 자신이 속임을 당하도록 내버려두지 않는"[92] 존재로 간주되었다. 그는 진리의지를 가지고 참된 세계를 향해 나아가는 존재로 인식되었다. 들뢰즈는 그 진리의지를 가진 철학적 주체와 그 주체의 사유를 정립한, 아직까지 참된 것으로 드러나지 않은 전제들을 자세히 이야기한다.

> 사유의 독단적인 이미지는 다음의 주된 세 주장 속에서 나타난다. (1) 사람들은 우리에게, 사유자인 한에서 사유자는 **진리**를 원하고 사랑하고(사유자의 진실성), 사유로서의 사유는 명백히 진리를 소유하고 있거나 포함하고 있으며(관념의 본유성, 개념들의 **선험성**), 사유하는 것은 어떤 능력의 자연적 발휘이기 때문에 진리와 더불어 사유하기 위해서는 '참으로' 사유하는 것으로 충분하다(사유의 올바른 본성, 보편적으로 배분된 양식)고 말한다. (2) 또 사람들은 우리가 사유에 낯선 힘들(육체, 정념, 감각적 관심들)에 의해 진리로부터 등을 돌린다고 말한다. 우리가 사유하는 존재이

91 질 들뢰즈, 이경신 옮김, 『니체와 철학』, 민음사, 1998, pp. 174-175.
92 들뢰즈, 『니체와 철학』, p. 175.

기만 한 것은 아니기 때문에 우리는 오류를 범하고 허위를 진리로 착각한다. **오류**, 이것은 사유 그 자체 속에서의 사유와 대립하는 외부 힘들의 유일한 효과다. (3) 마침내 사람들은 우리에게 제대로 사유하고 참으로 사유하기 위해서는 하나의 **방법**으로 충분하다고 말한다. 방법이라는, 인위적인 것이지만 그것에 의해 사유의 본성을 만나고 우리가 그 본성에 동의하며 그것을 변화시키고 우리 주위를 다른 곳으로 돌리게 하는 낯선 힘들의 효과를 벗어난다. 방법에 의해 우리는 오류를 벗어난다.[93]

서구 근대 인식론은 진리 발견의 구도에서 인식 주체와 인식 대상의 이항구조 위에 서 있음을 우리는 앞서 살펴보았다. 근대 인식론에서 진리는 주체가 대상을 향해 나아가는 의지에 의해 그 모습을 드러낸다. 그러니까 인식 주체의 능동성은 진리를 발견하려는 지적 의지에 의해 추동되는데, 그 인식 주체에게는 자신의 정신 내부에 대상 세계의 진리를 파악할 수 있는 선험적 형식 또는 경험적 형식이 내재하고 있기 때문이다. 칸트는 '이성 비판'의 이름으로 인식 주체와 인식 대상 사이에서 진리 발견을 위한 방법을 엄격하게 정립했다.

한편, 진리를 향한 사유는 인간 정신을 혼란스럽게 하는 육체적 속성에 의지하지 않은 것이어야 한다고 근대 인식론은 주장하고 있다. 사유는 감각적 활동과는 무관한 세계라는 전제 위에서다. 비록 사유의 시작이 감각적 경험에서 출발하는 것이라고 주장하는 경험론이라도 진리는 그 경험적 대상세계 넘어, 관념들의 결합이라는 사유의 힘에 의해 도달한다고 이야기한다.

93 들뢰즈, 『니체와 철학』, p. 188(강조는 원문).

들뢰즈는 인식 주체가 의심할 나위 없이 진리의지를 보유하고 있는지, 대상 세계를 주체의 형식으로 표상하는 사유만이 진리 발견의 원리인지, 감각적 활동은 정말로 진리 발견에 적합한 것이 아닌지를 묻고 있다. 나아가 들뢰즈는 그와 같은 인식 활동으로 도달한 진리의 본질을 고찰하는데, 진리는 "추상적인 보편자"[94]로 등장한다는 것이다. 근대 인식론의 진리는 구체적인 내용들이 빠져버린 관념들의 결합체, 논리적 형식, 추상적 범주들의 언어적 형식이라는 말이다. 그러니까 근대 인식론의 진리는 사유하는 정신에 의해 표상됨으로써 추상화되고 관념화된 세계에 머물러 있다고 들뢰즈는 이야기한다. 진리의지를 보유한 인식 주체가 대상세계를 자신의 형식으로 끌어들여 재구성함으로써 진리를 인식하는 이 근대적 방법에 대한 들뢰즈의 근본적 비판은 『차이와 반복』(*Différence et répétition*)에서 다시 다루어지고 있다. 들뢰즈는 앞서 이야기한 근대 인식론의 세 가지 전제를 '보편적 본성의 사유라는 원리', '공통감의 이상', '재인의 모델', '재현의 요소'로 규정하면서 논의하고 있다.

들뢰즈는 "철학의 암묵적 전제는 **보편적 본성의 사유**(*Cogitatio natura universalis*)에 해당하는 공통감 안에 자리하고, 철학은 이 보편적 본성의 사유에서 출발할 수 있다"고 말한다. 철학은 "**사유 주체의 선한 의지와 사유의 올바른 본성**"이라는 도덕적 전제 위에 성립했다는 것이다. 이러한 사유는 "참과 친근하고, 형상적으로 참을 소유하며, 질료 상으로는 참을 원하"는 것으로, "또 모든 사람들 각각이 사유한다는 것의 의

94 들뢰즈, 『니체와 철학』, p. 188.

미를 알거나 알고 있는 것으로 간주"되는 이미지 위에 성립한다.[95] 다음으로, 들뢰즈는 사유의 역량은 이 세상에 가장 잘 분배되어 있다는 데카르트의 주장을 환기하면서, 그것을 "사람들이 기억력과 상상력이 모자라고 심지어 귀도 밝지 못하다는 것을 어쩔 수 없이 한탄하게 되면서도 지성과 사유의 관점에서는 언제나 그런대로 공평하다고 느낀다는"[96] 의미로 해석한다. 그러니까 사유 능력이 보편적인 속성이라는 차원에서 공통감을 이야기한다는 것이다.

이어서 논의되는 재인(再認)의 모델은 외양으로는 상이한 대상들이 하나의 동일한 개념적 대상으로 인식된다는 모델로서 그 모델은 궁극적으로 "사유하는 주체의 통일성"을 전제로 한다. 들뢰즈는 그 주체를 진리 인식에 관한 데카르트 모델의 핵심 개념인 코기토로 명명한다.[97] "재인의 모델 안에서 이 사유는 다른 모든 인식능력들이 같음의 형식을 향하도록 그 방향을 정해 놓았다"[98]고 말하면서 들뢰즈는 사유 주체를 진리의 담지자로 설정한 근대철학의 본질로 들어가고 있다. 아마도 칸트의 초월론적 철학이야말로 그러한 재인 모델의 완결체라고 말할 수 있을 것이다. 들뢰즈는 "『순수이성비판』의 초판에서 그는 사유하는 인식능력들 각각의 기여도를 측정하는 세 가지 종합을 상세하게 서술한다. 이 종합들은 재인의 종합이라는 세 번째 종합에서 절정에 달

---

95 질 들뢰즈, 김상환 옮김, 『차이와 반복』, 민음사, 2004, pp. 293–294(강조는 원문).

96 들뢰즈, 『차이와 반복』, p. 297.

97 들뢰즈, 『차이와 반복』, p. 299.

98 들뢰즈, 『차이와 반복』, p. 300.

하고, 이 재인의 종합은 이러저러한 대상의 형식 안에서 표현되며, 이 때 이 대상 형식은 모든 인식능력들이 관계하는 '나는 생각한다'의 상관항에 해당한다"[99]고 주장한다. 이 재인 모델은 재현이라는 개념과 연결되는데, 특정한 정신적 주체 속에 내재된 개념적 원리가 주체의 의지에 의해 감각적인 형태나 이미지로 다시 드러내는 과정으로 재현을 이해한다면, 이 재현의 요소에는 명백히 진리를 체현하고 있는 주체에 대한 강조가 내포되어 있다고 말해야 한다. 그리하여 재현된 대상들은 주체의 개념에 의해 서로 같은 것인지, 혹은 다른 것인지로 규정된다.[100]

그런데 이 전제들은 비단 근대 인식론에 한정된 것이 아니다. 들뢰즈는 그 전제들은 서구 인식론의 궁극적 기원에 놓여 있다고 주장하고 있다. 그는 플라톤의 철학 체계를 근본적으로 문제 삼는 사유를 통해 근대 인식론에 대한 비판을 심화하고 자신의 반근대주의 철학을 디자인 한다. 「플라톤주의를 전복하기」(Renverser le platonisme)란 논문이 그것이다.

플라톤의 철학은 '이데아–현상', '본질–외양'이라는 존재론적 이분법 위에서 진리의 위계 구조로 구축되어 있다. 물질적이고 감각적인 현상과 외양의 세계는 그야말로 다양하고 이질적인 것들로 구성되어 있다. 그와 달리 이데아는 현상계의 물질성과 감각성을 완전히 벗어난 순수한 관념의 세계다. 그러므로 이데아 세계는 생성과 소멸, 변화로부

99 들뢰즈, 『차이와 반복』, p. 302.

100 들뢰즈, 『차이와 반복』, p. 307.

터 자유로운, 영속성과 영원성을 본질로 하는 진리의 세계다. 현상계 속 외양들은 자신의 특수한 물질성과 감각성을 두르고 있어서 완전한 개별자로 존재하는 것 같지만, 그 사물들은 공통의 본질로 이어져 있다. 가령, 다양한 색깔과 물질적 요소들로 구성된 꽃들이 현상계를 채우고 있지만 그 이질적이고 개별적인 식물들에 대해 우리가 꽃이라는 개념으로 부르는 것은, 그것들이 모두 꽃이라는 본질적 속성을 지니고 있기 때문이다. 하나의 사물이 일정한 의미를 부여받아 존재하게 되는 데에는 그 본질적 속성을 소유하고 있기 때문인데, 그 본질적 속성, 즉 개념은 이데아계에 존재하는 것으로서 현상계의 무 규정적인 사물들에 존재 근거를 부여하는 궁극적 원천이 된다. 그 점에서 이데아계는 현상계를 존재하게 만드는 원리가 되고, 그 둘 사이에 진리의 위계가 성립한다. 진리란 변화에 종속되지 않는 영원한 존재에 대한 앎이라는 명제 위에서, 플라톤은 무분별하고 개별적인 세계를 초월해 그것들의 존재와 의미를 근거지우는 관념 그 자체를 파악하는 것이야말로 진리 인식이라고 통찰했다. 그렇게 보면 이데아를 향한 지적 의지 속에서 진리 인식의 길이 열린다. 한편, 앞서 살펴본 것처럼, 플라톤 철학의 존재론적 질서에서 외양은 물질과 이미지로 구분되는데, 이미지는 물질적 외양의 감각적 재현이라는 점에서 진리로부터 가장 멀리 떨어진 것으로 규정된다. 나아가 이 이미지는, 플라톤 대화편 『국가』에서 동굴의 비유가 말해주는 바와 같이, 진리 인식을 방해하는 허구이고 환영에 불과한 것으로 간주된다.

들뢰즈는 문학과 예술을 철학적 텍스트로 삼아 플라톤의 이데아론으로부터 근대 인식론에 이르는, 진리 인식의 궁극적 토대를 해체하고 새로운 인식원리를 수립하고자 한다. 그는 프루스트(Marcel Proust)의 『잃어버린 시간을 찾아서』(*A la recherche du temps perdu*)에서 이른바 '표상적 사유'라는 근대적 사유 너머 비표상적 사유[101]로 불리는 새로운 사유의 가능성을 향한 중대한 상상력을 마주한다.

소설은 주인공 '나'(마르셀)의 잠에 관한 이야기로 시작한다. 잠에서 깨어난 마르셀은 "내 정신은 내가 어디 있는지 알려고 뒤척거리지만 결국 알지 못한 채, 사물이며, 고장이며, 세월이며 이 모든 것이 어둠 속에서 내 주위를 빙빙 돌았고", "그러다 시간과 형태의 문턱에서 망설이는 내 생각이 그 방을 식별하려고 여러 상황들을 연결하는 동안, 내 몸이 먼저 그 방을 기억해냈다"고 추억했다. 몸은 "침대 종류라든가 문들의 위치, 창문의 채광, 복도의 존재, 그리고 내가 그 방에서 잠들면서 또는 깨어나면서 했던 생각들까지도 기억해냈다."[102] 또한 주인공 '나'는 인간의 과거를 포착하는 방법에 대해 이야기하는데, "지나가버린 과거를 되살리려는 노력은 헛된 일이며, 모든 지성의 노력도 불필요하다. 우리 지성의 영역 밖에, 그 힘이 미치지 않는 곳에, 우리가 전혀 생각도 해 보지 못한 어떤 물질적 대상 안에(또는 그 대상이 우리에게 주는 감각 안에) 숨어 있다. 이러한 대상을 우리가 죽기 전에 만나거나 만나지

101 서동욱, 『차이와 타자: 현대철학과 비표상적 사유의 모험』, 문학과지성사, 2000, 특히 서문 참조.

102 마르셀 프루스트, 김화영 옮김, 『잃어버린 시간을 찾아서1: 스완네 집 쪽으로1』, 민음사, 2012, p. 20.

못하는 것은 순전히 우연에 달렸다"[103]고 말한다. 주인공의 이러한 경험과 생각은 논리적 사고와 지성이라는 것이 얼마나 무기력한가, 라는 메시지를 담고 있는 것처럼 보인다. 논리적 의식은 투명한 상황에서는 정확한 판단을 수행하지만 잠에서 깨어난 자리에서는 그 어떤 지적 능력도 발휘하지 못한다. 오히려 몸의 감각, 몸의 무의식이 더 신뢰할만하다. 그것은 지나버린 시간과 공간을 떠올리려고 할 때에도 마찬가지다. 우리의 지성은 현재적 시공간에 대한 인식은 정확할지 모르지만 지나서 사라진 세계에 대해서는 무기력함을 드러낸다. 오히려 물질과 그 물질에 의해 우연히 만들어지는 몸의 감각이 과거를 알아낼 수 있다.

주인공의 입을 통해 표현된 세계 인식에 대한 프루스트의 이러한 관점은 너무나도 유명한, 소설 속 일화에서 한층 더 인상적인 이미지로 구축된다. 어느 추운 겨울날 저녁 어머니가 주신 차와 마들렌 과자를 맛본 '나'는 형용할 수 없는 맛과 쾌감을 느낀다. "도대체 이 강렬한 기쁨은 어디서 온 것일까?"라고 물은 나는 "찻잔을 내려놓고 정신 쪽으로 향한다. 정신이 진실을 발견해야 한다"[104]는 생각에서다. 소설의 이야기는 이렇게 이어진다.

> 나는 도대체 이 알 수 없는 상태가 무엇인지 아무런 논리적인 증거도 대지 못하지만, 다른 모든 것들이 그 앞에서 사라지는 그런 명백한 행복감과 현실감을 가져다주는 이 상태가 무엇인지 물어보기 시작한다. 그것을 다시 나타나게 하고 싶다. 생각의 흐름을 거슬러 올라가 차의 첫 모금을 마신 순간으로 되돌아가 본다.

103 프루스트, 『잃어버린 시간을 찾아서1: 스완네 집 쪽으로1』, p. 85.
104 프루스트, 『잃어버린 시간을 찾아서1: 스완네 집 쪽으로1』, p. 87.

> 똑 같은 상태가 보이지만 새로운 빛은 없다. 나는 정신에게, 사라져가는 감각을 붙잡을 수 있도록 좀 더 노력해 달라고 부탁한다. [……] 그러나 정신이 뜻을 이루지 못하고 피곤해하는 것을 느끼자 나는 반대로 정신에게 지금까지 거부해왔던 기분전환을 하거나 다른 것을 생각하면서, 최후의 시도에 앞서 기운을 차릴 것을 요구한다. 그런 다음 두 번째로 나는 정신 앞에서 모든 것을 비우고 아직도 생생한 그 첫 번째 모금의 맛을 정신 앞에 내민다. 그러자 내 안에서 무엇인가가 꿈틀하며 위로 올라오려고 움직이는 것을 느낀다.[105]

나는 그것이 "그 맛과 연결되어 맛의 뒤를 따라 내게로까지 올라오려고 애쓰는 이미지, 시각적인 추억"[106]이라고 확신한다. 자신의 의지와 무관하게 올라오고 있는 그 추억의 이미지를 통해 나는 그 맛이 어릴 적에 먹곤 했던 과자의 맛이었음을 깨닫는다. 나는 그 순간 어릴 적 살았던 동네의 모습이 생생하게 떠오르는 것을 경험한다. "이제 우리 집 정원의 모든 꽃들과 스완 씨 정원의 꽃들이, 비본 냇가의 수련과 선량한 마을사람들이, 그들의 작은 집들과 성당이, 온 콩브레와 근방이, 마을과 정원이, 이 모든 것이 형태와 견고함을 갖추며 내 찻잔에서 솟아나왔다."[107]

우연히 만들어진 입안에 풍기는 맛의 의미를 찾고 싶어 하는 마르셀의, 지성에 대한 의존도는 너무나 강렬하다. 그는 아무런 답을 주지

---

105 프루스트, 『잃어버린 시간을 찾아서1: 스완네 집 쪽으로1』, pp. 87–88.

106 프루스트, 『잃어버린 시간을 찾아서1: 스완네 집 쪽으로1』, p. 88.

107 프루스트, 『잃어버린 시간을 찾아서1: 스완네 집 쪽으로1』, p. 91.

못하는 지성을 계속 자극한다. 하지만 결국 지성은 마르셀에게 아무런 이야기도 해주지 못한다. 오히려 지적 활동을 멈추자 그 맛의 의미가 갑작스럽게, 그리고 선명하게 모습을 드러낸다. 여기서 마르셀은 그 어떤 지적이고 논리적인 사유로는 불가능한 일, 어릴 적 자신이 살던 마을의 모든 모습을 복원한다. 그는 그 힘이 자신의 지적 의지가 아니라 자기 몸을 자극한 촉각 이미지라는 것을 깨닫는다.

들뢰즈는 프루스트의 소설을 분석한 책 『프루스트와 기호들』(*Proust et les signes*)에서 "잃어버린 시간 찾기는 곧 진리 찾기다. 이렇게 말할 수 있는 까닭은 진리란 본질적으로 시간에 관련된 것이기 때문이다"[108]라고 주장하고 있다. 그렇다면 소설에서, 지나간 시간 속으로 사라진 진리는 어떻게 찾아지는가? 들뢰즈는 "진실은 친화성이나 [진리를 인식하고자 하는 인식 주체의 자발적인] 선의지를 통해서 찾게 되는 게 아니다. 진실은 비자발적인 기호들로부터 '누설되는 것'"[109]이라고 답한다. 반 근대적 진리 선언이다. 진리를 향한 의지를 가지고 능동적으로 세계로 들어가는 근대적 주체의 진리 능력에 대한 안티테제다.

소설 속 진리 발견의 길에서 만난 주체와 대상의 관계는 완전히 역전된다. 근대적 믿음을 버리지 못하는 주인공은 지성의 진리능력에 깊이 의지하지만, 결국 진리는 그가 우연히 만난 사물, 그리고 그 사물이 자신에게 만들어준 특정한 이미지가 가져다주었기 때문이다. 주체는 세계의 우연한 자극에 의해 사유하고 진리를 향하도록 강제되는 것처

108 질 들뢰즈, 서동욱·이충민 옮김, 『프루스트와 기호들』, 민음사, 1997, p. 39.

109 들뢰즈, 『프루스트와 기호들』, p. 41.

럼 보인다. 그러한 문제 지평에서 들뢰즈는 우연히 주체에게 나타나 주체의 사유를 자극하는, 어떻게 보면 주체에게 가해지는 폭력이라고 할 수 있는 그 사물을 '기호'라고 말하고 진리 발견의 새로운 원리로서 주체와 기호의 '마주침'을 이야기하고 있다.

> 프루스트는 '방법'이라는 철학적 이념에 '강요'와 '우연'이라는 이중적 이념을 대립시킨다. 진리는 어떤 사물과의 마주침에 의존하는데, 이 마주침은 우리에게 사유하도록 강요하고 참된 것을 찾도록 강요한다. 마주침의 [속성인] 우연과, 강요의 [속성인] 압력은 프루스트의 두 가지 근본적인 테마다. 대상을 우연히 마주친 대상이게끔 하는 것, 우리에게 폭력을 행사하는 것 – 이것이 바로 기호다. 사유된 것의 필연성을 보장하는 것은 마주침의 우연성이다. 우연한 것이며 피할 수 없는 것이라고 프루스트는 말한다. '그 우연성은 그것들의 진정성의 징표임에 틀림없다고 느껴졌다. 내 발부리에 부딪힌 정원의 두 포석을 일부러 찾아간 것은 아니었다.' '나는 진실을 원한다'라고 말하는 사람이 바라는 바는 무엇인가? 그는 강요되고 강제될 때만 진실을 바랄 수 있다. 그는 그런 기호에 관해서, 마주침의 차원에서 진실을 바랄 수 있다.[110]

들뢰즈가 기호라고 부르는 것은 근대적 이미지 원리에서는 파악하기 힘든 사물들이다. 왜냐하면 근대적 사유에서 이미지는 관념적이고 주체 환원적이기 때문이다. 즉 재현의 산물로 이미지를 이해한다는 것이다.[111] 하지만 프루스트 소설 속 기호로서 사물들은 주체의 의지와는

---

110 들뢰즈, 『프루스트와 기호들』, pp. 41–42.

111 하상복, 『이미지, 상징·재현·운동의 얼굴』, pp. 39, 64.

무관하게 존재하고 운동한다. 그것들은 주체의 구성물로서 재현된 것이 아니라, 자신의 고유한 물질성을 지니고 있고 현재에서 과거로, 현재적 공간에서 기억의 공간으로의 초월을 이끄는 상징이다.[112] 들뢰즈는 바로 근대를 넘어선 비재현적 이미지들이 우연에 의해 주체와 조우하는 과정 속에서 주체가 사유하게 하고 진리를 발견하게 하는 원리에 주목한다. 이 때의 주체는 근대적 인식론이 설정한 능동적 주체와는 달리, 자신의 의지와 무관하게 외적인 이미지에 의해 사유하도록 강제되는 존재라는 점에서 '수동적 주체'로 불릴만하다. 들뢰즈가 『차이와 반복』에서 이야기하고 있는 주사위놀이의 비유에는 이성적 의지의 논리를 따라가는 근대적 주체가 아니라 우연성, 끊임없는 이질성의 힘에 지배되는 수동적 주체의 조건이 놓여 있는 것처럼 보인다.

> 여기서 중요한 것은 주사위 놀이이고, 열린 공간으로서의 하늘 전체이며, 유일한 규칙으로서의 던지기이다. 이때 독특한 점들은 주사위 위에 있고, 물음들은 주사위들 자체이며, 명법은 던지기이다. 이념들은 던지기[놀이]들의 결과로 따라 나오는 문제제기적인 조합들이다. 이는 주사위놀이가 우연을 폐기조차 하지 않기 때문이다. [……] 반면 주사위놀이는 단번에 우연을 긍정한다. 각자의 던지기는 매번 모든 우연들을 긍정한다. 던지기들의 반복은 계속 유지되고 있는 어떤 똑 같은 가설에도, 동일성을 띤 어떤 불변의

112 여기서 우리는 바르트(Roland Barthes)가 사진 분석에서, 스투디움(studium)에 대비되는 개념으로 제시한 '푼크툼'(punctum)을 떠올린다. 사진의 주체가 의도하지 않은, 사진 속에서 우연히 만들어진, 균열되고, 갈라지고, 비정형적인 이미지로서 푼크툼은 사진을 바라보는 이에게 갑각스런 깨달음을 던져주는 기호다. 롤랑 바르트, 김웅권 옮김, 『밝은 방』, 동문선, 2006.

규칙에도 더 이상 종속되어 있지 않다.[113]

이 수동적 주체가 진리를 발견하게 하는 원천은, 소설 속 마르셀의 경험이 말해주는 것처럼, 이성이 아니라 신체의 감각이다. 이 수동적 주체는 현재적 시간에 고착된, 이성적 의식의 존재가 아니라 자신의 신체적 감각을 따라 시간을 거슬러 올라갔다 다시 내려오는 무의식적 욕망의 존재다. 그러한 방향에서 들뢰즈는 근대적 주체의 핵심 개념 '코기토'(생각하는 나)를 재규정한다. "정확히 말해 이념들은 바로 코기토의 사유들, 사유의 미분들이다. 또 코기토 배후에는 어떤 균열된 '나'가 있고, 이 나는 자신을 가로지르는 시간의 형식에 의해 처음부터 마지막까지 쪼개져 있다. [……] 이념들은 그 균열의 틈바구니에서 우글대고 있고, 그 균열의 가장자리로 계속 나오고 있다. 이념들은 그 틈바구니의 안팎을 끊임없이 드나드는 가운데 수없이 상이한 방식들로 구성되고 있다"[114]고 이야기한다. 이 균열된 코기토는 "사유의 무의식에 해당한다. 사실 나는 무의식을 소유할 권리가 있고, 이 무의식이 없다면 나는 사유할 수 없다."[115]

근대적 이성의 절대적 진리성에 대한 철학적 완결을 시도한 헤겔에게서 이념은 절대정신으로 나타난다. 그것은 자신 속에 진리의 총체를 간직한 실체로서의 이성이다. 들뢰즈는 이 근대적 개념인 이념을 아주 다른 의미로 사용함으로써 반근대적 주체를 향해 나아간다. 그러니까

113 들뢰즈, 『차이와 반복』, pp. 428–429.

114 들뢰즈, 『차이와 반복』, p. 373.

115 들뢰즈, 『차이와 반복』, p. 432.

들뢰즈에게서 이념은 오히려 무의식적 욕망이다. 여기서 우리는 구조주의적 주체 개념이 다시 등장하는 것을 목도한다. 라캉이 데카르트의 코기토를 분열된 주체로 해체했듯이 들뢰즈는 그 코기토를, 무의식적 욕망에 의해 끊임없이 균열되는 주체로 재탄생시킨다. 그는 자신의 의식적 동일성을 유지하는 것이 아니라 시간의 운동을 따라 다른 존재론적 양상을 드러낸다. 그런 맥락에서 들뢰즈는 그 주체를 "다양체"로 설명한다. "참된 실사, 실체 자체는 '다양체'"라고 그는 말한다. 그 다양체는 언제나 자기 동일성 위에 서 있는 존재도 아니고 늘 차이 위에 정립된 존재도 아니다. 오히려 그 다양체는 차이 속에서 통일성을 향해가는 존재다. 그 점에서 다양체는 차이들을 궁극적으로 원초적 동일성으로 통합하려는 근대적 주체에 맞서는 존재다.

아마도 까뮈의 소설 『이방인』(*L'Étranger*)의 주인공 뫼르소야말로 다양체의 구현일지 모른다. 어머니의 사망 소식을 듣고 장례식에 참석하기 위해 떠나는 순간부터 해변에서 낯선 이를 총으로 살해한 뒤 감방에 갇히기까지 뫼르소는 단 하나의 정체성 혹은 동일성으로 규정될 수 없는 존재다. 오히려 그는 매 순간 자신의 무의식적 욕망에 의해 상황을 따라가는 존재, 자신의 욕망 속에서 대단히 모순적이고 균열적인 양상을 드러내는 존재 – 가령, 장례식을 마치고 돌아온 그는 "12시간 동안 실컷 잠잘 수 있겠구나 하고 생각"[116]하면서 기쁨을 느꼈고 아주 쉽게 일상으로 빠져 든다 – 로 나타난다. 그러한 차원에서 들뢰즈는 다양체의 존재근거로서 '차이', 그러니까 궁극적 동일성으로 환원될 운

---

116 알베르 까뮈, 김화영 옮김, 『이방인』, 민음사, 2019, p. 37.

명으로서의 차이, "비-존재 안으로 흩어져버릴"[117] 차이가 아니라 고유한 실체로서, 그 자체로 긍정되어야 할 실체로서의 차이[118]를 사유한다.

117 들뢰즈, 『차이와 반복』, pp. 534. 536

118 들뢰즈, 『차이와 반복』, pp. 475, 663.

11장

에필로그

11장

에필로그

1. 근대와 주체, 문화의 시대에서 대결의 시대까지

홉스봄은 서구 근대의 역사적 시간을 '혁명의 시대', '자본의 시대', '제국의 시대'로 명명했다.[1] 통찰력 있는 이 개념들에서 우리는 서구 근대의 본질적 양상을 발견할 수 있는데, 서구 근대는 총체적인 차원에서 과거와의 단절의 시간이었다는 점이다. 정치혁명을 통해 피치자가 정치적 권리를 보유하고 실천하는 민주주의라는 근본적으로 새로운 정치체제를 탄생시켰으며(혁명의 시대), 경제혁명을 통해 자연적 제약으로부터 해방되어 무한한 생산력과 기술력을 토대로 하는 자본주의라는

1 에릭 홉스봄, 김동택 옮김, 『혁명의 시대』, 『자본의 시대』, 『제국의 시대』, 한길사, 1998.

과거에는 꿈꾸지 못했던 경제체제를 이룩했으며(자본의 시대), 제국주의를 통해 전 지구적 차원에서 총체적으로 실천되는 지배와 피지배 체제를 성립(제국의 시대)시켰다. 홉스봄의 이 세 개념에는, 그처럼 서구 근대가 태동하고 성장하며 확장해간 거대한 운동의 대내외적 흐름을 보여주고 있다. 그런데 홉스봄의 이 세 개념을 앞으로 끌어 올리고 뒤로 밀어 내리게 되면, 우리는 서구 근대의 역사적 운동에 관한 한층 더 다층적이고 입체적인 인식에 도달할 수 있을 것이다.

서구 근대의 기원적 시간이라는 기준에서 출발한다면, 우리는 홉스봄의 조어를 차용해, '문화의 시대'(르네상스), '신앙의 시대'(종교개혁), '과학의 시대'(자연과학혁명), '지식의 시대'(계몽주의)를 이야기하면서 그 시대들을 홉스봄의 '혁명의 시대', '자본의 시대', '제국의 시대'와 연결해 볼 수 있다. 그리고 제국의 시대 이후라는 시간적 자리에 선다면, 2차 대전으로 폐허가 된 서구를 경제사회적으로 복원하고자 했던 시간으로서 '부흥의 시대'와 그 결과로부터 초래된 중대한 정치적 역설인 '68'로 상징되는 시간으로서 '대결의 시대'를 만날 수 있다.

이처럼 서구 근대의 역사적 지평을 앞으로 그리고 뒤로 확장함으로써 서구 근대의 정치경제적, 사회문화적 운동을 그것의 정신적, 지적 원천 그리고 그것으로부터 유래된 중대한 시대적 문제와 결합한다면, 우리는 서구 근대를 이해하기 위한 한층 더 입체적인 관점을 가지게 된다.

여기서 문제를 더 밀고나가 르네상스로부터 20세기 중반 정치적 국면까지의 긴 역사적 시간을 연결해줄 궁극적 원리가 있는가, 있다면 그것은 무엇인가, 라는 질문을 제기할 수 있는바, 우리는 그 원리 중 하나가 주체 개념이라는 대전제 아래, 서구 근대의 탄생과 성장과 위기의 역사적 과정을 추적하고자 했다.

현실 속에서 모든 시대는 하나의 연속선에 자리할 테지만, 시대적 원리의 규명에 관한 방법론적 시각에서라면 명확한 구분선을 설정할 수 있다. 그러니까 언제부터 중세가 소멸하고 근대가 태동했는가를 말하기는 어렵지만, 중세와 근대를 가르는 원리적 지점이 무엇인가를 이야기할 수는 있다는 것이다.

논쟁의 여지가 거의 없다고 볼 수 있는 사실이 있다면 서양 중세는 명백히 인간이 세상의 중심인 시대는 아니었다는 점이다. 존재론적으로, 인식론적으로, 실천적으로, 그 모든 삶의 차원에서 인간은 절대자에 종속되어 있었다. 그 점에서 르네상스의 문명적 새로움을 관찰할 수 있는데, 15세기 이탈리아 반도에서 태동한 새로운 문화는 종교적 굴레로부터 인간을 해방하기 위한 다채로운 문학적, 예술적, 정치적 상상력을 만들고 확장해나갔다. 정치는 신의 질서를 점차적으로 벗어나 현세적 필요의 영역으로 전환되었고, 문학과 예술은 현실을 살아가는 인간의 다채로운 욕망을 그려내었고, 인간의 관점으로 세상을 바라보는 예술적 기법을 창안했다. 지난 시절 캔버스 세계의 중심은 신의 자리였지만, 르네상스의 원근법은 합리적인 세계 인식 능력을 지닌 인간의 눈을 중심의 자리에 배치했다. 근대라는 새로운 문명적 세계를 만들고 성장시켜 나갈 주체는 그렇게 태어났다.

르네상스가 형성해낸 휴머니즘의 기운은 강력한 기독교적 권위와 패권이 유지되고 있던 북서유럽에서 종교개혁이라는 운동으로 나타났다. 죄 사함과 구원을 가능하게 하는 참된 기독교 진리가 무엇인가를 묻는 데서 촉발된 종교개혁은 궁극적으로, 수동적 존재로 머물러 있던 신앙인을 주체적 존재로 전환시키는 결과를 가져왔다. 베버가 밝힌 것처럼, 종교개혁의 세례를 받은 신앙인은 신의 말씀에 무조건적으로 복종하거나 구원의 소망 아래 세상과 단절해 살아가는 수동적 인간의 위치에 더 이상 머물러 있지 않았다. 그는 스스로 신의 말씀을 찾아 읽고 해석하면서 믿음의 길을 찾아가는 합리적이고 주체적인 신앙인으로 거듭났다. 그 새로운 믿음의 주체에게서 초월적 세계와 세속의 세계는 분리되지 않았고, 오히려 세속적 가치에 대한 욕구가 신적 세계로 들어가는 긍정적 신호가 되었다.

종교개혁의 혁명적 시간 속에서 조형된 합리적 주체는 오랜 시간 지적 권위, 종교적 권위로 유지되어온 자연과 우주에 대한 관점에 도전했다. 자연과학혁명을 주도해나간 당대의 지식인들은 본질적으로, 자기 바깥의 존재에 의존하려 하지 않았다. 그들은 자신의 몸과 정신의 사고력과 판단력에 의존해 천체의 운동을 이해하려 했다. 가설, 관찰, 실험, 추론으로 구축된 방법적 원리는 오로지 인간 내부에 자리하고 있는 감각능력과 정신능력만을 사용해 진리를 찾아가는 과학적 주체 모델이었다. 수학적 형식으로 수렴된 그들의 과학적 인식론은 자연과 우주를 수학적 합리성으로 구축된 세계로 환원하는 결과를 가져왔다. 그럼으로써 인간의 합리적 정신과 자연-우주 사이에는 진리의 관점에서 주체와 대상의 관계가 만들어진다. 자연의 진리는 합리적 주체의 관찰과 추론의 힘에 의해 수학적 형식을 따라 그 주체 안으로 들어옴으로써 온전히 드러난다는 인식론적 구조가 성립하게 되었다.

근대 경험론과 합리론이 성립시킨 인식론은 사실상, 근대자연과학 혁명이 만든 인식론 구조의 철학적 반영이라고 말할 수 있다. 세상의 진리는 인간이 그 세상을 경험적으로 관찰함으로써 데이터를 정리하고 그 위에서 하나의 명제를 끌어내는 과정 속에서, 또는 인간의 정신에 내재되어 있는 합리적 추론능력 속에서 그 모습을 드러낸다는 것이 근대 인식론의 근본 원리이기 때문이다. 경험적 인식론과 합리적 인식론의 주체들은 공히 자연세계를 자신의 정신 속으로 끌고 들어와 재구성함으로써 진리를 발견한다는 방법론을 공유한 존재들이었고, 그 점에서 근대 인식론의 지평 위에서 인간과 자연은 주체와 대상이라는 이분법적 구조로 확립된다. 이제 근대적 주체는 자연세계를 나아가 자기 바깥의 세계 일반을 자신의 정신 속으로 끌고 들어와 합리적 언어로 재구성해 진리를 드러내려는 의지와 욕망의 존재로 탈바꿈한다. 그리고 그 주체의 진리 원리는 철학적 세계에 머물지 않고 정치적 실천의 세계를 향해 나아갔다.

과학적 · 철학적 주체는 17-18세기 시민혁명 속에서 정치적 주체의 얼굴을 유감없이 드러냈다. 그들은 정치적 관찰력으로 세상을 바라보고 분석하며, 정치적 이성의 힘으로 참다운 세상의 원리를 인식하고 판단함으로써 더 나은 정치사회, 더 바람직한 공동체, 궁극적으로는 가장 이상적인 세계를 세운다는 주체적 기획가들이었다. 그 실천적 프로젝트를 이끌어간 정치적 인식론은 계몽주의라고 부르는 철학이었다. 그들의 계몽주의는 일종의 정치적 수학이었다. 당대 유럽의 계몽주의

자들 상당수가 근대자연과학혁명의 지적 세례를 받은 지식인들이었다는 사실이 그 명제를 지지해준다. 그리고 정치적 기획은 경제적 기획으로 이어지는데, 더 좋은 사회란 물질적 삶의 조건과 무관할 수 없기 때문이다. 과학적 주체와 대상이라는 이분법적 진리체계는 근대적 주체가 자신들이 꿈꾼 유토피아적 전망을 따라 자연을 재구성하는 것을 가능하게 했고 정당화했다. 근대적 주체는 과학적 지식과 기술을 결합해 자연을 인간적 욕망에 부합하도록 가공함으로써 자신의 주체적 역량을 가속화했다.

이렇게 잉태되고 자라난 근대적 주체가 진리 인식과 실천의 의지로 만들어낸 사회는 너무나도 새롭고 놀랍고 찬미할만한 것이었다. 언제나 지배받는 위치에 머물러 있던 다수의 피치자들이 정치 공동체의 주권자가 되고 보편적 자유와 평등을 향유하게 할 정치제도가, 기술적 합리성에 의해 자연을 무한정 활용할 길을 열어놓음으로써 물질적 풍요를 누리게 할 경제체제가, 신분적 제약과 불평등, 집단적 구속을 넘어 모든 사람이 개인의 자격으로 삶을 영위하게 할 사회체제가 수립되었기 때문이다.

하지만 그렇게 탄생한 근대사회가, 파리라는 도시를 통해 살펴본 것처럼, 무작정 유토피아로 규정될 수는 없었다. 정치적 갈등은 여전했고, 경제적 불평등으로 시끄러웠고, 형식적 자유와 평등 아래 교묘한 억압과 불평등이 온존해 있었기 때문이다. '레미제라블'은 소설 속 가공의 이야기가 아니었다.

그 근대사회는 한편으로는 자신의 내적 모순을 해결하기 위해, 다른 한편으로는 자신이 이룩한 전대미문의 진보적 성과를 전파하기 위해 서구 바깥으로 진출했다. 경제적 합리성과 오리엔탈리즘의 신봉자인 제국주의적 존재로 변신한 근대 주체는 폭력적 식민지배와 상호절멸의 파국적 대결을 초래했다.

'문화의 시대'로부터 '제국의 시대'에 이르는 역사적 파노라마는 근대 주체의 양면성을 보여준다. 그는 해방과 진보의 얼굴과 함께 지배와 동일화의 폭력적 얼굴을 지니고 있다. 여기서 우리는 근대 주체의 모순적·대립적 본성을 어떻게 이해해야 하는가, 라는 사상적 질문을 마주한다.

2. 68 이후 서구의 새로운 위기 – 타자성의 성찰을 향해

1960년대 서구는 대단히 역설적인 정치사회적 상황을 마주했다. 2차 대전으로 모든 것을 폐허로 만든 유럽은 국가적 주도권과 미국의 재정 지원에 힘입어 빠른 속도로 경제성장을 이룩하고 사회적 안정을 회복해나갔다. 그리하여 유럽은 1950년대 다시 풍요의 시대를 향유하게 된다. 하지만 1960년대 서구사회는 세대와 세대가 충돌하고, 자본과 노동이 격돌하고, 선생과 학생이 대립하는 대혼란의 시대를 경험한다. 대의정치에 대한 신뢰가 땅에 떨어졌고, 고등교육에 대한 불신이 고조하고 있었고, 자본주의에 대한 혐오가 극단화되었다. 하지만 그 반대편에서는 여전히 서구적 근대가 만들어낸 정치제도와 교육제도와 경제제도에 대한 무한한 의지와 기대가 유지되고 있었다. 그리하여 1960년대의 서구는 우리가 '68'이라고 부르는 거대한 대결적 정치의 도전을 만나게 된다.

68이 초래한 갈등과 혼란은, 외형적으로는 여러 제도와 관행을 개혁하고 정비해가면서 정리되고 수습되어 갔지만, 서구 지성계가 근대성 논쟁의 무대 위에서 근대와 주체를 근본적으로 반성하고 성찰하는 계기를 만들었다. 서구의 지성들은 68은 왜 일어났는가, 도대체 서구사회의 무엇이 문제인가, 절망적 파국을 뚫고 이룩한 풍요가 왜 정치적 반대의 원인이 되어야 하는가, 라는 질문을 던지고 해법을 찾으려 했다.

그에 대한 해석은 달랐지만, 그 궁극적 원인이 서구 근대와 주체의 역사에 연결되어 있다는 데에는 모두 동의하지 않을 수 없었다. 왜냐하면 20세기 중반 유럽의 비극과 새로운 희망 찾기 그리고 그에 대한 절망적 전망은 모두 유럽이 탄생시킨 근대의 역사적 국면들이었기 때문이다. 68이라는 정치적 시간을 거슬러 올라가자면, 1, 2차 대전을 말하지 않을 수 없고, 그것은 제국주의와 연결되며, 제국주의는 서구가 이룩한 근대 민주주의와 자본주의의 파생물임을 인식하지 않을 수 없다는 이야기다. 그렇다면 제국주의 주체의 등장과 그 주체의 정치경제적 실천은 근대 주체의 필연적 귀결인가, 그 주체의 역사적 발현 과정이 만들어낸 변질 혹은 기형인가? 달리 말하면 제국주의 주체는 근대 주체의 본래적 모습인가, 역사적 계기 속에서 초래된 뒤틀림인가? 근대 주체에게는 여전히 희망적 미래의 가능성이 남아 있는가, 어떠한 전망도 보여줄 수 없는 것으로 전락해 버렸는가? 근대성 논쟁의 핵심적 물음들이었고, 결국 답은 근대와 주체에 대한 근본적인 반성적 사유를 거침으로써 제시될 것이었다. 서구의 근대성 원리 속에는 이미 제국주의의 의지와 욕망이 내재해 있다고 생각하는 관점과, 자유와 해방의 실천 주체로서 서구의 근대성이 특수한 역사적 국면 속에서 일그러진 모습으로 왜곡되었다고 해석하는 관점이 충돌하면서 근대성 논쟁이 뜨겁게 전개되었다.

근대 주체는 역사적 실천 속에서 진보와 해방의 가치를 구현했다고 생각한 이들은 그 주체로부터 새로운 가능성을 견인함으로써 또 하나의 긍정적 미래를 열어내고자 한다. 의사소통합리성 원리 위에 서 있는 하버마스의 상호주체 개념, 근대성에 대한 비판적 사유를 통해 서구 사회의 새로운 희망을 제시하고 하는 기든스(Anthony Giddens)의 '성찰적 근대화' 개념[2] 등에서 우리는 그러한 관점을 만날 수 있다. 하지만 그들에 맞서 근대 주체에게는 어떠한 희망과 전망도 남아 있지 않다고 생각한 이들은 근대 주체를 폐기하고 주체 없음의 세계에 머물거나, 그것과는 근본적으로 상이한 새로운 주체 개념을 모색한다. 푸코가 제시한 윤리적 주체, 들뢰즈의 다양체 개념을 말할 수 있다.

이렇듯 지난 근대를 넘어 새로운 근대를 향해 나아가려던, 또는 근대 이후를 상상하던 서구는 2000년대가 열리면서 대단히 강력한 충격에 사로잡혔고, 너무나도 큰 공포를 던져준 새로운 '타자'를 만나게 된다. 9·11 테러는 서구인들에게 제국주의 시대에서 그들이 동일화하고자 했던 타자가 아니라, 그들의 생존과 문명을 위협하는 공포의 타

2 앤서니 기든스, 울리히 벡, 스콧 래쉬, 임현진 역, 『성찰적 근대화』, 한울, 2010.

자를 육화시켰다. 다른 누구보다 무슬림이라는 타자다. 테러리스트로 규정되어버린 이 위협적인 타자는 미국의 보수주의 정치학자 헌팅톤(Samuel P. Huntington)의 책 『문명의 충돌』(*The Crash of Civilizations and the Remaking of World Order*)[3]에서 자극적인 언어와 예측으로 그 적대적 모습을 드러냈다. 이후 서구사회, 특히 유럽에는 무슬림이 단지 관념 속에 머물고 있는 위험한 타자가 아니라, 현실에 존재하는 공포의 타자가 되기 시작했다. 유럽에는 현재 벌어지고 있는 수많은 테러로 인해 무슬림은 공존의 대상이 아니라 적대와 혐오의 대상이라는 타자 인식이 만들어지고 있다. 근대 주체의 역사적 실험과 평가가 마무리되고 새로운 주체의 가능성을 모색하는 상황에서 형성되고 있는 부정적인 타자 인식과 비극적 경험은 서구 미래의 전망을 어둡게 한다.

어떻게 보면, 이와 같은 정치사회적 국면은 서구가, 이미 역사적·윤리적 정당성의 토대를 상실한 것으로 간주되는 근대의 고립적·폐쇄적·적대적 주체로 회귀할 가능성을 만들어낼지 모른다는 예측을 불러일으킨다. 그 점에서 그 비극적 상황은 역설적으로 '타자'에 대한 성찰 필요성과 당위성을 서구에게 부여한다. 타자로부터의 사유, 타자를 통해 주체의 존재성을 확립하는 사유, 이는 매우 급진적으로 보인다. 왜냐하면 그것은 주체로부터가 아니라 주체 바깥의 존재로부터 주체의 존재근거를 규명하는 철학적, 윤리학적 사유이기 때문이다.

레비나스의 타자철학[4]에 주목하게 되는 이유다. 문화적 차이로 촉

---

3 새무얼 헌팅톤, 이희재 옮김, 『문명의 충돌』, 김영사, 1997.

4 윤대선, 『레비나스의 타자물음과 현대철학』, 문예출판사, 2018, p. 9.

발된 위기와 적대 앞에 선 서구가 과거의 주체모델로 퇴행하지 않게 하는 중대한 철학적, 윤리적 사유의 토대는 타자에 대한 그의 선구적인 사유로부터 만들어낼 수 있을 것으로 보이기 때문이다. 레비나스는 시간을 통해 주체와 타자를 사유하면서 이렇게 이야기하고 있다.

> 참으로 어떻게 홀로 있는 주체 속에서 시간이 출현하는가? 홀로 있는 주체는 스스로를 부정할 수도 없고, 무(無)를 소유하지 못한다. 만일 시간이 [움직이지 않고] 제자리걸음을 하고 있다는 환상을 갖지 않는다면, 다른 순간의 절대적 이타성은 결정적으로 그 자신인 주체 안에 있을 수 없다. 이 이타성은 오로지 타인으로부터만 나에게 올 수 있다. [……] 만일 시간이 타인에 대한 나의 관계를 통해 구성된다면 시간은 나의 순간에 대해 외재적이며, 또 관조에 의해 주어지는 대상과도 다른 것이다. 시간의 변증법은 타인과의 관계의 변증법 자체다. 즉 그것은 홀로 있는 주체의 변증법의 항들과는 다른 항들을 통해서 연구되어야 하는 대화다. 사회적 관계의 변증법은 새로운 유형 개념들의 연관을 제공할 것이다. 그리고 시간에서 필연적인 무, 주체가 어떻게 해볼 수 없는 무는 사회적 관계로부터 나온다.[5]

시간은 인간에게 죽음과 무라는 사건을 만들어낸다. 인간은 그 특별한 현상 속에서 자신의 실존으로부터 제기되는 근원적인 질문을 만난다. 그러나 만약 내 앞에 타자가 없다면 나는 그와 같은 존재론적 질문을 던지지 못한다. 나 스스로는 어떠한 시간도 인식할 수 없기 때문

---

5 에마뉘엘 레비나스, 서동욱 옮김, 『존재에서 존재자로』, 민음사, 2018, pp. 158–159.

이다. 오직 타자의 부재를 통해 나는 시간의 출현을 인지하고 그 속에서 나의 죽음과 무를 만난다. 그러므로 나의 실존의 근거는 나로부터가 아니라 타자로부터 발생한다. 주체는 스스로의 내적 반성이 아니라 타자를 통해 체험하는 비극을 통해 도덕적 존재, 초월적 존재가 되는 것이다.

참고 문헌

기든스, 앤서니·벡, 올리히 · 래쉬, 스콧, 임현진 역, 『성찰적 근대화』, 한울, 2010.

김민정, 「맑스주의 연구에서 알튀세르가 제기한 질문과 그 영향」, 『현대사상』 제24호, 2020.

김상환, 「라깡과 데카르트」, 김상환·홍준기 엮음, 『라깡의 재탄생』, 창작과비평사, 2002.

강영한, 『르네상스와 유토피아 사상』, 탐구당, 1989.

강정인, 『서구중심주의를 넘어서』, 아카넷, 2004.

까뮈, 알베르, 김화영 옮김, 『이방인』, 민음사, 2019.

골드만, 뤼시엥, 이춘길 옮김, 『계몽주의 철학』, 지양사, 1985.

곽영직 · 이문남, 『자연과학의 역사』, 북힐스, 2001.

구니이치, 우노, 이정우 · 김동선 옮김, 『들뢰즈, 유동의 철학』, 그린비, 2008.

김기흥, 「히틀러의 민족사회주의 정책에 대한 기독교회의 태도」, 『신앙과 학문』 25(2), 2020.

김대륜, 「산업혁명과 자본주의」, 박윤덕, 『서양사 강좌』, 아카넷, 2016.

김덕영, 『루터와 종교개혁: 근대와 그 시원에 대한 신학과 사회학』, 길, 2017.

김상봉, 『서로주체성의 이념: 철학의 혁신을 위한 서론』, 길, 2007.

김상봉, 『자기의식과 존재사유: 칸트철학과 근대적 주체성의 존재론』, 한길사, 2009.

김영나, 「르네상스 미술가와 미술교육: 워크숍에서 아카데미로」, 『미술사논단』 12월호, 1995.

김영식, 『과학혁명』, 아카넷, 1991.
김영한, 「루터와 뮌처」, 『서강인문논총』 20, 2006.
김요섭, 「개선과 개혁: 에라스무스와 루터의 종교개혁 이해 비교」, 『개혁논총』 42집, 2017.
김유동, 『아도르노 사상』, 문예출판사, 1993.
김종영, 「히틀러 연설에 나타난 반유대주의」, 『독어학』 20권, 2009.
김형효, 『구조주의 사유체계와 사상: 레비-스트로쓰, 라깡, 푸코, 알튀쎄르에 관한 연구』, 인간사랑, 1989.
나이, 조지프, 양준희·이종삼 옮김, 『국제분쟁의 이해』, 한울 아카데미, 2015.
노명식, 『프랑스혁명에서 빠리 꼼뮨까지: 1789-1871』, 까치, 1980.
노명우, 『계몽의 변증법: 야만으로 후퇴하는 현대』, 살림, 2005.
데카르트, R., 소두영 옮김, 『방법서설/성찰/철학의 원리/정념론』, 동서문화사, 2007.
데카르트, R., 이현복 옮김, 『방법서설, 정신지도를 위한 규칙들』, 문예출판사, 2004.
뒤르켐, 에밀, 노치준·민혜숙 역, 『종교생활의 원초적 형태』, 민영사, 1992.
드브레, 레지스, 정진국 옮김, 『이미지의 삶과 죽음』, 글항아리, 2011.
들뢰즈, 질, 이경신 옮김, 『니체와 철학』, 민음사, 1999.
들뢰즈, 질, 김상환 옮김, 『차이와 반복』, 민음사, 2004.
들뢰즈, 질, 서동욱·이충민 옮김, 『프루스트와 기호들』, 민음사, 2016.
디드로, 드니, 이충훈 옮김, 『미의 기원과 본성 - 철학적 탐구』, 도서출판b, 2012.
디드로, 드니, 이충훈 옮김, 『백과사전』, 도서출판b, 2014.
디어, 피터, 정원 옮김, 『과학혁명: 유럽의 지식과 야망, 1500-1700』, 뿌리와 이파리, 2011.
라이프니츠, 고트프리트 빌헬름, 이상명 옮김, 『신인간지성론』, 아카넷. 2020.
라이프니츠, 고트프리트 빌헬름, 배선복 옮김, 『모나드론 외』, 책세상, 2020.
라인하르트, 폴커, 이미선 옮김, 『루터, 신의 제국을 무너트린 종교개혁의 정치학』, 미래의창, 2017.

라캉, 자크, 홍준기 · 이종영 · 조형준 · 김대진 옮김, 『에크리』, 새물결, 2019.
램브래히트, S. P., 김태길·윤명로·최명관 옮김, 『서양철학사』, 을유문화사, 1983.
레비나스, 에마뉘엘, 김도영 · 문성원 · 손영창 옮김, 『전체성과 무한』, 그린비, 2018.
레비나스, 에마뉘엘, 서동욱 옮김, 『존재에서 존재자로』, 민음사, 2018.
레비-스트로스, 클로드, 박옥줄 옮김, 『슬픈 열대』, 한길사, 1998.
레비-스트로스, 클로드, 안정남 옮김, 『야생의 사고』, 한길사, 1999.
레비-스트로스, 클로드, 임봉길 옮김, 『신화학2: 꿀에서 재까지』, 한길사, 2008.
레비-스트로스, 클로드, 류재화 옮김, 『오늘날의 토테미즘』, 문학과지성사, 2012.
로비기, 소피아, 이재룡 옮김, 『인식론의 역사』, 가톨릭대학교 출판부, 2004.
로크, 존, 강정인 · 문지영 옮김, 『통치론』, 까치, 1996.
로크, 존, 정병훈 · 이재영 · 양선숙 옮김, 『인간 지성론』, 한길사, 2015.
루소, 장-자크, 김영욱 옮김, 『사회계약론』, 후마니타스, 2018.
루카치, G., 박정호 · 조만영 옮김, 『역사와 계급의식』, 거름, 1999.
루터, 마르틴, 황정욱 옮김, 『독일 민족의 그리스도인 귀족에게 고함』, 길, 2017.
류성민, 「나는 결코 루터를 따르지 않는다: 에라스무스의 '자유의지에 대하여'의 분석」, 『신학저널』 46집, 2020.
르 고프, 자크·트뤼옹, 니콜라스, 체계병 옮김, 『중세 몸의 역사』, 이카루스 미디어, 2009.
르그랑, 제라르, 정숙현 옮김, 『라루스 서양미술사: 르네상스』, 생각의나무, 2004.
르낭, E., 신행선 옮김, 『민족이란 무엇인가』, 책세상, 2012.
마키아벨리, 니콜로, 강정인 옮김, 『군주론』, 까치, 1994.
마키아벨리, N., 박상훈 옮김, 『군주론』, 후마니타스, 2014.
만하임, 카를, 임석진 옮김, 『이데올로기와 유토피아』, 김영사, 2012.
메이슨, 스티븐 에프, 박성래 옮김, 『과학의 역사 I』, 까치, 1987.

머레이, 피터 · 머레이, 린다, 『르네상스 미술』, 시공아트, 2013.
모스, 조지 L., 이민경 옮김, 『종교개혁』, 탐구당, 1984.
문지영, 「자유주의와 근대 민주주의 국가: 명예혁명의 정치사상」, 『한국정치학회보』 45집 1호, 2011.
미드, G. 허버트, 나은영 옮김, 『정신, 자아, 사회』, 한길사, 2010.
민경식, 「츠빙글리의 종교개혁과 『취리히 성서』」, 『Canon&Culture』 제11권 2호, 2017.
바그너, 미하엘, 「프랑스혁명(1789-1799)」, 페터 벤데, 권세훈 옮김, 『혁명의 역사』, 시아출판사, 2004.
바르트, 롤랑, 김웅권 옮김, 『밝은 방』, 동문선, 2006.
바우만, 지크문트, 정일준 옮김, 『현대성과 홀로코스트』, 새물결, 2013.
바이저, 프레데릭, 이신철 옮김, 『이성의 운명』, 도서출판 b, 2018.
박삼열, 「데카르트 실체 개념의 문제점과 후대 합리론자들의 해결방안」, 『철학논집』 20권, 2010.
박양식, 『종교개혁 시대의 천년왕국운동』, 한국학술정보, 2011.
박윤덕, 『서양사강좌』, 아카넷, 2016.
박은재, 「'영국의 명예를 위하여': 1930년대 영국 파시스트 연합의 반유대주의에 대한 영국 노동당의 대응」, 『서양사론』 137권, 2018.
박은정, 『자연법 사상: 실천을 위한 보편이론』, 민음사, 1987.
박효근, 「주네브, 새로운 유토피아를 꿈꾸다」, 『서양중세사연구』 제46호, 2020.
백종현, 『이성의 역사』, 아카넷, 2017.
버어키, R. N., 권용립 · 신연재 옮김, 『정치사상사』, 녹두, 1985.
버크, 에드먼드, 이태숙 옮김, 『프랑스혁명에 관한 성찰』, 한길사, 2008.
버터필드, 허버트, 차하순 옮김, 『근대과학의 기원』, 탐구당, 1980.
베버, 막스, 박문재 옮김, 『프로테스탄트 윤리와 자본주의 정신』, 현대지성, 2019.
베버, 막스, 박성환 옮김, 『경제와 사회1』, 문학과지성사, 1997.
벤데, 페터, 권세훈 옮김, 『혁명의 역사』, 시아출판사, 2004.
벤데, 페터, 「영국혁명(1640-1660)」, 페터 벤데, 권세훈 옮김, 『혁명의 역사』, 시아출판사. 2004.
벤야민, 발터, 김정아 옮김, 『아케이드 프로젝트 1, 2』, 문학동네, 2005.

벨렌로이터, 헤르만, 「미국혁명(1763–1787)」, 페터 벤데, 권세훈 옮김, 『혁명의 역사』, 시아출판사, 2004.
보름스, 프레데릭, 주재형 옮김, 『현대 프랑스 철학』, 길, 2014.
보카치오, 조반니, 박상진 옮김, 『데카메론 1』, 민음사, 2012.
볼테르, 송기형 · 임미경 옮김, 『관용론』, 한길사, 2001.
북이너스, 『르네상스 미술과 아름다움』, 북이너스, 2015.
브랜트, 애리, 김원식 옮김, 『이성의 힘: 하버마스 의사소통행위이론에 대한 입문』, 동과서, 2000.
사르트르, 장–폴, 정소성 옮김, 『존재와 무』, 동서문화사, 2009.
사이드, 에드워드 W., 박홍규 옮김, 『오리엔탈리즘』, 교보문고, 1999.
샤틀레, 프랑수아, 심세광 옮김, 『이성의 역사 – 에밀 노엘과의 대담』, 동문선, 2004.
세, 앙리, 나정원 옮김, 『18세기 프랑스 정치사상』, 아카넷, 2000.
서동욱, 『차이와 타자: 현대철학과 비표상적 사유의 모험』, 문학과지성사, 2000.
서정복, 『살롱문화』, 살림, 2003.
소쉬르, 페르디낭드, 최승언 옮김, 『일반언어학 강의』, 민음사, 1990/2006.
솔레, 로베르, 이상빈 옮김, 『나폴레옹 이집트 원정기: 백과전서의 여행』, 아테네, 2013.
송태현, 『이미지와 상징』, 라이트 하우스, 2005.
슈미트, 칼, 김효전 · 정태호 옮김, 『정치적인 것의 개념』, 살림, 2012.
신혜진, 「루터와 칸트의 시대 인식과 개혁정신: ‘선’ 판단의 주체 문제와 ‘자유의지’」, 『신학사상』 184집, 2019.
스피노자, B., 황태연 옮김, 『에티카』, 비봉출판사, 2014.
아도르노, 테오도르, 홍승용 옮김, 『부정 변증법』, 비봉출판사, 1999.
안 리타, 『사랑이 사랑이기 이전에』, 홀로씨의 테이블, 2019.
알튀세르, 루이, 서관모 옮김, 『마르크스를 위하여』, 후마니타스, 2017.
야콥슨, 로만 · 모리스 할레, 박여성 옮김, 『언어의 토대: 구조기능주의 입문』, 문학과지성사, 2009.
양명수, 『아무도 내게 명령할 수 없다: 마르틴 루터의 정치사상과 근대』, 이화여자대학교 출판문화원, 2018.
양재혁, 「에드워드 사이드의 오리엔탈리즘 분석과 재현」, 『사림』 제69호,

2019.
엘리아데, M., 이은봉 옮김, 『성과 속』, 한길사, 1998.
오덕교, 『종교개혁사』, 합동신학대학원출판부, 2005.
와인버그, 제러드 L., 홍희범 옮김, 『제2차 세계대전사』, 길찾기, 2016.
우튼, 데이비드, 정태훈 옮김, 『과학이라는 혁명』, 김영사, 2020.
울만, 프레드, 황보석 옮김, 『동급생』, 열린책들, 2017.
유성웅, 「신의 의지와 힘을 인간의 의지와 힘으로 대체시킨 반역자」, 『미술세계』 1월호, 1985.
윤대선, 『레비나스의 타자물음과 현대철학』, 문예출판사, 2018.
윤영돈, 「샤프츠베리와 허치슨의 미적 도덕성에 관한 연구」, 『윤리교육연구』 8권, 2005.
윤용선, 「러시아 10월 혁명과 독일 반유대주의: '유대 볼셰비즘'을 중심으로」, 『전국서양사 연합 학술발표논문집』, 2007.
융거, 볼프강, 채운정 옮김, 『카페하우스의 문화사』, 에디터, 2002.
위스트리치, 로버트 S., 송충기 옮김, 『히틀러와 홀로코스트』, 을유문화사, 2004.
이광래, 『미셸 푸코: 광기의 역사에서 성의 역사까지』, 민음사, 1989.
이보형, 「미국혁명의 성격과 의의」, 『미국학논집』 11권, 1978.
이수진, 『르네상스 조각과 건축의 상관성 연구: 미켈란젤로를 중심으로』, 창원대학교 교육대학원, 2009.
이양호, 「칼빈의 종교개혁의 사회사적 배경」, 『기독교사상』 29(10), 1986.
이영재, 「데이비드 흄의 '공감' 개념에 관한 연구」, 『한국정치학회보』 48(4), 2014.
이상엽, 「프란체스코 페트라르카의 『칸초니에레』 연구」 『이탈리아어문학』, 제14집, 2004.
이승수, 「보카치오의 『데카메론』에 나타난 이탈리아 초기 인문주의 – 운명과 사랑의 테마를 중심으로」, 『이탈리아어문학』 제43집, 2014.
이을호 편, 『계몽주의 시대의 서양철학』, 중원문화, 2008.
이종은, 「영국혁명의 의의 및 크롬웰의 역할」, 『정치사상연구』 2집, 2000.
이진경, 『근대적 시공간의 탄생』, 그린비, 2010.
젤리스, 자크, 주경철 옮김, 「몸, 교회 그리고 신성함」, 다니엘 아라스 · 로이 포터 · 조르주 비가렐로 외 지음, 『몸의 역사1: 르네상스부터 계몽주의 시대까지』, 길, 2014.

정동준, 「프랑스 대혁명과 파리의 카페들: 팔레 루아얄 지역을 중심으로」, 『세계 역사와 문화연구』 第57집, 2020.

정원래, 「종교개혁 시기의 세 가톨릭 권력자들: 교황들, 카알5세, 그리고 프란시스 1세」, 『신학지남』 87(4), 2020.

제레, 프랑수와, 고선일 · 유재명 옮김, 『인류의 영원한 굴레, 전쟁』, 부키, 2005.

제바스티안, 하프너, 안인희 옮김, 『비스마르크에서 히틀러까지』, 돌베개, 2016.

조긍호 · 강정인, 『사회계약론 연구』, 서강대학교 출판부, 2012.

조승래, 「18세기 영국의 애국주의 담론과 국민적 정체성의 형성」, 한국서양사학회 편, 『서양에서의 민족과 민족주의』, 까치, 1999.

주은우, 『시각과 현대성』, 한나래, 2003.

진태원, 「라깡과 알튀세르」, 김상환 · 홍준기 엮음, 『라깡의 재탄생』, 창작과비평사, 2002.

짐멜, 게오르그, 김덕영 옮김, 『근대 세계관의 역사: 칸트, 괴테, 니체』, 길, 2007.

차명수, 「산업혁명」, 배영수 편, 『서양사 강의』, 한울 아카데미, 1992.

차인석, 『사회인식론』, 민음사, 1987.

최창모, 『기억과 편견: 반유대주의의 뿌리를 찾아서』, 책세상, 2004.

칸트, 이마누엘, 이한구 편역, 『칸트의 역사철학』, 서광사, 2009.

칸트, 이마누엘, 백종현 옮김, 『순수이성비판 1』, 아카넷, 2013.

칸트, 임마누엘, 백종현 옮김, 『실천이성비판』, 아카넷, 2009.

칸트, 임마누엘, 백종현 옮김, 『판단력 비판』, 아카넷, 2009.

카프라, 프리조프, 이성범 · 구윤서 옮김, 『새로운 과학과 문명의 전환』, 범양사, 1985.

칼뱅, 장, 이은선 옮김, 『기독교 강요』, 지식을만드는지식, 2014.

코핀, 주디스, 손세호 역, 『새로운 서양 문명의 역사(하): 근대 유럽에서 지구화에 이르기까지』, 소나무, 2014.

콩도르세, 마르퀴 드, 장세룡 역, 『인간 정신의 진보에 관한 역사적 개요』, 책세상, 2002.

테브나즈, 피에르, 김동규 옮김, 『현상학이란 무엇인가』, 그린비, 2011.

토스카노, 알베르토, 문강형준 옮김, 『광신, 어느 저주받은 개념의 계보학』, 후마니타스, 2013.
푸코, 미셸, 이광래 옮김, 『말과 사물: 인문과학의 고고학』, 민음사, 1987.
푸코, 미셸, 이희원 옮김, 『자기의 테크놀로지』, 동문선, 1997.
푸코, 미셸, 이정우 옮김, 『담론의 질서』, 서강대학교 출판부, 1998.
푸코, 미셸, 이정우 옮김, 『지식의 고고학』, 민음사, 2000.
푸코, 미셸, 심세광 옮김, 『주체의 해석학』, 동문선, 2007.
푸코, 미셸, 이규현 옮김, 『광기의 역사』, 나남출판, 2003.
푸코, 미셸, 이혜숙 · 이영목 옮김, 『성의 역사 3』, 나남출판, 2004.
푸코, 미셸, 오트르망 심세광 · 전혜리 옮김, 『담론과 진실』, 동녘, 2017.
프루스트, 마르셀, 김희영 옮김, 『잃어버린 시간을 찾아서』, 민음사, 2011.
플라톤, 박종현 옮김, 『국가/정체』, 서광사, 2005.
피어슨, 크리스토퍼, 박형신 · 이택면 옮김, 『근대국가의 이해』, 일신사, 1997.
피히테, 요한 G., 황문수 역, 『독일국민에게 고함』, 범우사, 1994.
핑크, 브루스, 이성민 옮김, 『라캉의 주체: 언어와 향유 사이에서』, 도서출판 b, 2010,
하버마스, 위르겐, 한승완 옮김, 『공론장의 구조변동: 부르주아 사회의 한 범주에 관한 연구』, 나남, 2001.
하버마스, 위르겐, 장춘익 옮김, 『의사소통행위이론1: 행위 합리성과 사회 합리화』, 나남, 2006.
하버마스, 위르겐, 장춘익 옮김, 『의사소통행위이론2: 기능주의 이성 비판을 위하여』, 나남, 2006.
하비, 데이비드, 김병화 옮김, 『모더니티의 수도 파리』, 글항아리, 2019.
하상복, 「한국의 민주화와 민족주의 이념의 정치(1945−1987)」, 『동아연구』, 49(49), 2005.
하상복, 『푸코&하버마스: 광기의 시대, 소통의 이성』, 김영사, 2009.
하상복, 『죽은자의 정치학: 프랑스, 미국, 한국 국립묘지의 탄생과 진화』, 모티브북, 2014.
하상복, 『이미지, 상징 · 재현 · 운동의 얼굴』, 커뮤니케이션북스, 2017.
하상복, 『하버마스의 '의사소통행위이론' 읽기』, 세창미디어, 2022.
하이데거, 마르틴, 이기상 옮김, 『기술과 전향』, 서광사, 1962/1993.

하워드, 마이클, 최파일 옮김, 『제1차 세계대전』, 문학동네, 2015.
하프너, 제바스티안, 안인희 옮김, 『비스마르크에서 히틀러까지』, 돌베개, 2016.
할라스, 니홀라스, 황의방 옮김, 『나는 고발한다』, 한길사, 2015.
헌팅톤, 사무엘 P., 이희재 옮김, 『문명의 충돌』, 김영사, 1997.
화이트헤트, A. N., 오영환 옮김, 『과학과 근대세계』, 서광사, 2008.
호르크하이머, 막스 · 아도르노, 테오도르, 김유동 옮김, 『계몽의 변증법』, 문학과지성사, 2001.
호르크하이머, 막스, 박구용 옮김, 『도구적 이성 비판』, 문예출판사, 2006.
헤겔, G. W. F., 두행숙 옮김, 『헤겔의 미학강의 1』, 은행나무, 2010.
헤센, J., 이강조 옮김, 『인식론』, 서광사, 1986.
홍태영, 「프랑스 공화국과 공화주의의 탄생: 프랑스혁명 전후 그 구성을 둘러싼 논의들」, 『한국정치연구』 제30집 2호, 2021.
화이트, 마이클, 김명남 옮김, 『교회의 적, 과학의 순교자 갈릴레오』, 사이언스북스, 2009.
황설중, 「버클리와 회의주의」, 『철학연구』 제44집, 2011.
후설, 에드문드, 이종훈 옮김, 『유럽학문의 위기와 선험적 현상학』, 한길사, 1997.
후설, 에드문드 · 핑크, 오이겐, 이종훈 옮김, 『데카르트적 성찰』, 한길사, 2002.
헬무트, 에크하르트, 「명예혁명(1688−1689)」, 페터 벤데, 권세훈 옮김, 『혁명의 역사』, 시아출판사, 2004.
홉스, 토마스, 신재일 엮어 옮김, 『리바이어던』, 서해문집, 2007.
홉스봄, E. J., 외, 박지향 · 장문석 옮김, 『만들어진 전통』, 휴머니스트, 2004.
홉스봄, E. J., 강명세 옮김, 『1780년 이후의 민족과 민족주의』, 창작과비평사, 1994.
홉스봄, 에릭, 김동택 옮김, 『혁명의 시대』, 한길사, 1998.
홉스봄, 에릭, 김동택 옮김, 『자본의 시대』, 한길사, 1998.
홉스봄, 에릭, 김동택 옮김, 『제국의 시대』, 한길사, 1998.
흄, 데이비드, 김혜숙 옮김, 『인간의 이해력에 대한 탐구』, 지식을만드는지식, 2012.

히틀러, 아돌프, 서석연 옮김, 『나의 투쟁: 상』, 범우사, 2021.
힐베르크, 라울, 김학이 옮김, 『홀로코스트, 유럽 유대인의 파괴 1』, 개마고원, 2008.
힐쉬베르거, 요하네스, 강성위 역, 『서양철학사: 상 · 하』, 이문출판사, 2008.

Apostolidès, Jean−Marie, *Le prince sacrifié: théâtre et politique au temps de Louis XIV*, Editions de Minuit, 1982.
Apostolidès, Jean−Marie, *Le Roi-machine: spectacle et politique au temps de Louis XIV*, Editions de Minuit, 1985.
Balandier, Georges, *Le Pouvoir sur scènes*, Balland, 1992.
Barbier, Frederic, *Gutenberg's Europe: The Book and the Invention of Western Modernity*, Polity, 2017.
Berger, John, *Ways of Seeing*, British Broadcasting Corporation and Penguin Books, 1972.
Berkeley, George, *Principles of Human Knowledge, Three Dialogues*, Oxford University Press, 1996.
Bonnet, Jean-Claude, *Naissance du Panthéon*, Payard, 1998.
Burtt, E. A., *The Metaphysical Foundations of Modern Science*, A Doubleday Anchor Book, 1954.
Davis, J. C., *Utopia & The Ideal Society: A study of English Utopian Writing 1516-1700*, University Press of Cambridge, 1981.
Domarus, Max, *Hitler: Speeches and Proclamations*, vol. 2, I. B. Tauris, 1990.
Eisenstadt, Samuel Noah, *Patterns of Western Modernity*, Pinter, 1987.
Fénelon, François, *Dialogues des morts*, Actes Sud, 1994.
Fénelon, François, *Les Aventures de Télémaque*, Gallimard, 1995.
Gerth, H. H., and Mills, C. W.(tr. and eds.), *From Max Weber: Essays in Sociology*, Oxford University Press, 1946.
Giesey, Ralph E., “Models of rulership in French royal ceremonial”, Sean Wilentz(ed.), *Rites of Power: symbolism, ritual and politics since the Middle ages*, University of Pennsylvania Press, 1985.
Gould, Lewis L., *The Spanish-American War and President McKinley*, The University Press of Kansas, 1982.

Gutierrez, Hanz, "Protestantism and contemporary individualism-dialoguing with Zygmunt Bauman(1925-2017)", *Spectrum*, http://spectrummagazine.org, 2017(검색일: 2022년 5월 10일).

Granger, Gilles-Caston, *La raison*, PUF, 1955/1993.

Greenfeld, Lisa, *Nationalism: Five roads to modernity*, Harvard University Press, 1993.

Griffin, Roger, *Modernism and Fascism: The Sense of a Beginning under Mussolini and Hitler*, Macmillan, 2007.

Habermas, Jürgen, Thomas McCarthy(tr.), *Legitimation Crisis*, Beacon Press, 1975.

Henry, John, *The Scientific Revolution and the Origins of Modern Science*, Palgrave MacMillan, 1997.

Jervis, John, *Exploring the Modern: Patterns of Western Culture and Civilization*, Wiley, 1999.

Johnson, J. Roderick, *Contribution of Martin Luther to the concept of individual liberty and its antecedents*. Theses, Dissertations & Professional Papers. University of Montana. 1965.

Kertzer, David, *Rituals, Politics & Power*, Yale University Press, 1988.

Kramnick, I. F. · M. Watkins, *The Age of Ideology: Political thought, 1750 to the Present*, Prentice-Hall, Inc, 1979.

Lavaud, L., *L'Image*, GF flammarion, 1999.

Leone, Ann, "La Princesse de Clèves and the Politics of Versailles Garden Design", *Mosaic* 27/2, 1994.

Lévi-Strauss, Claude, "Structural Analysis in Linguistics and in Anthoropology", Clare Jacobson & Brook Grundfestschoepf(tr.), *Structural Anthropology*, Basic Books, INC, 1963.

Lévi-Strauss, Claude, *Les structures élementaires de la parenté*, PUF, 1966.

Mark, Max, *Modern Ideologies*, St. Martin's Press, 1973.

Marin, Louis, *Politiques de la Représentation*, Editions KIME, 2005.

Martin, Jean-Clement, "Introduction: Représentation et Pouvoir à l'époque révotionnaire(1789-1830)", *Représentation et Pouvoir: Le Politique symbolique en France(1789-1830)*, Presses Universitaire de Rennes, 2007.

Mignolo, Walter D., *The Darker Side of Western Modernity: Global Futures, Decolonial Options*. Duke University Press. 2011.

Mosse, G. L., "The Mystical Origins of National Socialism", *Journal of the History of Ideas*. vol. 22, no. 1, 1961.

Shaftesbury, *Characteristics of Men, Manners, Opinions, Times*, Lawrence E. Klein (ed.). Cambridge University Press. 1999.

찾아보기

주제어

ㄱ

ㄴ

ㅇ

ㅈ

ㅊ

인명

ㄱ

ㄴ

ㄷ

ㄹ

ㅁ

ㅂ

ㅎ

책명